云南省学位委员会办公室研究生优质课程项目成果

Real Estate Finance and Project
INVESTMENT AND FINANCING

房地产金融与项目投融资

何元斌 ◎主编

中国财经出版传媒集团
经济科学出版社
Economic Science Press
·北京·

图书在版编目（CIP）数据

房地产金融与项目投融资／何元斌主编． -- 北京：
经济科学出版社，2025.6． -- ISBN 978-7-5218-6992-7
Ⅰ．F293.33
中国国家版本馆 CIP 数据核字第 2025MP3060 号

责任编辑：初少磊　杨　梅
责任校对：杨　海
责任印制：范　艳

房地产金融与项目投融资
FANGDICHAN JINRONG YU XIANGMU TOURONGZI
何元斌　主编
经济科学出版社出版、发行　新华书店经销
社址：北京市海淀区阜成路甲 28 号　邮编：100142
总编部电话：010-88191217　发行部电话：010-88191522
网址：www.esp.com.cn
电子邮箱：esp@esp.com.cn
天猫网店：经济科学出版社旗舰店
网址：http://jjkxcbs.tmall.com
北京季蜂印刷有限公司印装
787×1092　16 开　21.5 印张　400000 字
2025 年 6 月第 1 版　2025 年 6 月第 1 次印刷
ISBN 978-7-5218-6992-7　定价：86.00 元
（图书出现印装问题，本社负责调换。电话：010-88191545）
（版权所有　侵权必究　打击盗版　举报热线：010-88191661
QQ：2242791300　营销中心电话：010-88191537
电子邮箱：dbts@esp.com.cn）

前 言

本书以房地产项目投融资为主线，从投资角度介绍项目投资的价值判断、风险分析以及税收制度；从消费者角度介绍住房贷款的运作与管理；从融资角度分析房地产项目融资的渠道与成本，阐述房地产企业债务融资和权益融资的内容及运作模式，以及房地产信托与资产证券化等内容；从宏观角度分析货币、财税和土地等对房地产金融市场的影响与政策干预。

随着中国改革开放的全面深入、工业化和新型城镇化建设的持续推进，房地产业也必将迎来更加市场化的机遇和挑战。未来房地产业发展将面临重大变革：产业发展模式之变——由规模和速度转向质量和效益、市场化与政府管理模式之变——长效机制的建立、投资格局之变——产业的跨界融合。因此，房地产业的持续、快速、健康发展，也对相关人才提出新的、更高的要求，实施人才战略也将成为未来房地产企业发展的关键。

本书在内容设计上，遵循理论与实务相结合的原则，坚持与时俱进，适应社会经济发展的要求，反映研究生人才培养模式和教学改革的最新成果，力争能够全面系统地阐述本学科的先进理论与方法。本书基本涵盖房地产项目投融资的全过程，并给出相关的阅读与讨论内容，能在学习中起到抛砖引玉的作用，把握专业发展前沿，注重科学性、系统性、先进性，充分体现了改革开放和社会主义现代化建设实践成果，对本领域内近年来出现的新问题、新现象进行了分析和探讨，通过专题讨论、案例分析和思考题等方式引导学生展开思辨能力训练，保证了内容的实践性、时效性和前瞻性。本书注重培养学生的学习能力、实践能力和创新能力，使学生能够更为广泛地了解房地产金融与项目投融资的基础理论、方法及其相关研究领域的最新理论与实践成果。

在本书的编写过程中，我们参阅了大量的相关教材，引用了同行专家、学者的论著等有关资料，在此表示衷心的感谢！同时，感谢经济科学出版社的杨梅编辑对本书的支持与帮助！

本书编者致力于向读者奉献一本既有一定理论价值又有较高使用价值的教科书。

本书适合房地产开发与管理专业、工程管理专业等普通本科生、研究生及理论工作者阅读，也是从事房地产业务，尤其是房地产金融业务工作人员的业务参考书。

由于编者的水平有限及实践经验不足，加之时间仓促，书中难免存在疏漏和不足之处，恳请各位读者批评指正，以使此书不断完善。

何元斌
2024 年 12 月

目录 Contents

第一章 房地产金融概述 / 1

第一节 房地产与房地产金融 / 1
第二节 房地产金融市场 / 13
第三节 房地产空间（物业）市场与资产市场 / 18
第四节 主要内容 / 24

第二章 房地产投资分析 / 31

第一节 房地产投资概述 / 31
第二节 房地产投资开发模式 / 39
第三节 房地产投资项目的财务评价 / 44
第四节 房地产投资价值判断 / 60

第三章 房地产投资风险 / 66

第一节 房地产投资风险概述 / 66
第二节 房地产投资风险分析 / 72
第三节 房地产投资风险防范与控制 / 84

第四章 房地产消费贷款 / 91

第一节 房地产抵押贷款概述 / 91
第二节 住房抵押贷款的运作 / 98
第三节 住房抵押贷款的管理 / 111

第五章　房地产开发投资的税收制度 / 124

第一节　财产税收制度概述 / 124
第二节　我国房地产开发投资的税费制度 / 127
第三节　房地产开发投资的税改——"营改增" / 143

第六章　房地产项目投资与融资 / 154

第一节　房地产项目投资构成和估算 / 154
第二节　房地产融资 / 168
第三节　房地产项目的资金筹措 / 175
第四节　房地产项目的资金成本与融资方案择优 / 179

第七章　房地产企业债务融资 / 190

第一节　房地产企业债务融资概述 / 190
第二节　房地产企业贷款融资 / 191
第三节　房地产企业债券融资 / 209

第八章　房地产企业上市与资产重组 / 220

第一节　房地产企业上市融资概述 / 220
第二节　房地产企业上市融资的条件与流程 / 226
第三节　房地产企业资产重组 / 234

第九章　房地产信托投资与资产证券化 / 246

第一节　信托概述 / 246
第二节　房地产信托 / 252
第三节　房地产资产证券化 / 259
第四节　住房抵押贷款证券化 / 264

第十章　房地产金融市场的外部干预 / 285

第一节　房地产金融调控的基本原理 / 285
第二节　房地产金融调控政策的作用与影响 / 293
第三节　我国房地产金融调控政策与实践 / 298

附录 / 315

参考文献 / 333

第一章

房地产金融概述

本章学习目标

- 掌握：房地产金融的基本概念与特征；房地产金融市场的构成要素；房地产金融市场的功能。
- 熟悉：房地产与房地产业的概念；房地产的属性；房地产金融市场及其构成要素；物业市场与资产市场的概念及其相互联系。
- 了解：房地产业与金融业的关系；房地产市场与土地市场的关系。

第一节 房地产与房地产金融

一、房地产与房地产业

（一）房地产的概念

关于房地产（real estate）的概念界定，目前理论界主要有房产和地产统一论、房地产的广义与狭义论、不动产（real property）等阐述。房产和地产统一论认为，"房地产是指土地及其定在土地之上的建筑物、构筑物和其他附属物的总称"（张红，2013）；"房地产是房产及其所占的地产的总称，一般来说，房地产不等同于房产和地产之和，因为没有房产的地产不属于房地产的范畴"（叶剑平和谢经荣，2005）。房地产的广义与狭义论认为，广义的房地产是指土地、土地上的永久性建筑物、基础设施，以及诸如水、矿藏和森林等自然资源，还包括与土地、房屋权属有关的权利或利益；狭义的房地产是指房屋的建筑部分与建筑地块有机结合的整体和它们衍生的各种物权。不动产①是指不能移动或者若移动则损害其价值或用途的物，包括附着于地面或位于地上和地下的附属物以及物质实体和依托于物质实体上的权益，如土地以及房屋、林木等附着在土地上的物。由于房屋及其占用的土地是不动产的主体和基本组成部分，于是将不动产认为是房地产的理论化概念。不动产物权是指以不动产为客体的物权，包括不动产所有权②（如房屋所有权、土地所有权）、用益物权③（如建设用地使用权、土地承包经营权等）以及不动产抵押权④（如房地产抵押权）。

为了理解和辨析房地产的含义，曹振良（2003）认为，首先要明确界定房地产定义的一般原则：①房和地的耦合不可分原则，即房地产是由房和地有机整合而成的复合概念，"房依地而建，地为房载"；②只有承载用地（建筑用地、城市用地等）才是构成房地产复合概念中的"地"，即对于养力用地（种植、养殖用地等）和富源地（森林、矿藏等地）两类用地，只有转化为建筑用地后，才能成为房地产中的"地"；③界定房地产一般要从房屋建筑出发，土地是先于房屋建筑而存在，是相对独立的概念，而房屋是后天依地而建的建筑物，因此，以房为基础，才能定义房地产；④房地产定义的层次性，即房地产的内涵有不同的层次（房屋建筑的不同用途类型而形成不同的使用功能）。

综上所述，可以用图1-1表示房地产、房产、地产和不动产的关系。

因此，按照上述的定义原则，房地产是指建筑地块和建筑地块上以房屋为主的永久性建筑物及其衍生的权利。另外，需要注意的是，房屋建筑和其占有的土地在实体上是不可分的，但是在法律上可能存在不同的产权主体，如在我国，城市土地是属于国家所有，拥有房屋产权（所有权）的业主，只拥有有限期的土地使用权（叶剑平和谢经荣，2005）。根据建筑物的用途不同，房地产又可以分为住宅房地产、非住宅房地产和其他房地产。

---

① 《中华人民共和国民法典》涉及不动产的征收、征用、登记等相关条款，并未对不动产进行界定。但《不动产登记暂行条例》第二条规定，本条例所称不动产，是指土地、海域以及房屋、林木等定着物。

② 《中华人民共和国民法典》第二百四十条规定："所有权人对自己的不动产或者动产，依法享有占有、使用、收益和处分的权利。"

③ 用益物权只能设立在不动产上，也只有不动产才有设立用益物权的必要，是指权利人享有的对他人所有的不动产或动产在一定范围内加以使用、收益的定限物权。

④ 不动产抵押权是指为了担保债权的实现，债务人或者第三人不转移对不动产（建筑物和其他土地附着物）的占有作为债权的担保，在债务人不履行债务时，债权人依法享有的拍卖该不动产并优先受偿的权利。

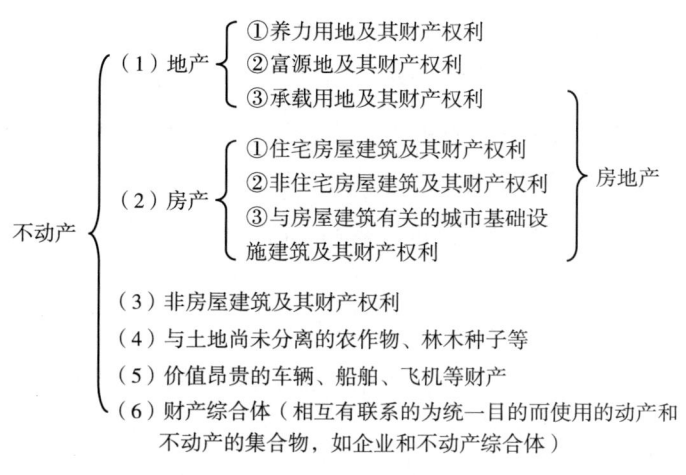

图 1-1 房地产、房产、地产和不动产的关系

资料来源：曹振良等. 房地产经济学通论［M］. 北京：北京大学出版社，2003：3.

（二）房地产的属性

对于房地产的属性，可以从土地的资源属性、经济活动的物质载体、房地产产权交易的法律规范以及房地产的社会价值等方面来理解。相对于一般商品而言，房地产具有其特定的自然属性和经济属性（曹振良，2003）。对于住房而言，除了具有特定的商品属性外，还具有社会保障属性。

1. 房地产的自然属性

房地产的自然属性主要体现在房地产位置的固定性（不可移动性）、耐久性、异质性以及土地资源的有限性。

房地产位置的固定性指的是房地产所在空间所占的位置具有固定性和不可移动性。房地产位置的固定性决定了房地产的开发利用具有明显的地域特征，房地产在市场中的交易，使其物权发生转移，而并不发生实物的空间移动。因此，尽管房地产的位置具有固定性，但房地产的交易取决于房地产的用途和其所涉及的权利，即交易可以跨区域进行。

相对于一般商品而言，房地产的各种设施（建筑物或构筑物）使用年限较长，属于耐用消费品。作为房地产资产和权益的载体，土地可以被开采、腐蚀、荒废或是改变用途，但是土地一般是可以长久使用的。因此，房地产使用的耐久性就使得房地产商品可以在市场上进行一次或多次投入市场流通，实现房地产产权的多次交易。

房地产的固定性和其自身属性（如用途、结构、位置、朝向、层数等属性）差别较大使其具有异质性。房地产的异质性也决定了其价格的差异性，包括不同城市间房地产价格的差异和同一城市不同区位的房地产价格差异两个方面，这就意味着房地产市场不可能是一个完全竞争的统一市场。而这种异质性和一定时期内各分割市场的小交易量可能导致市场信息的不完全和不对称，使房地产市场成为交易费用较高的具有区域性和垄断性市场。因此，为了降低市场的交易费用，就需要房地产中介服务机构（如房地产经纪、估价、营销、法律服务业等）来提供信息服务，提高市场运行效率。

2. 房地产的经济属性

房地产的经济属性主要体现在高价值、稀缺性、投资与消费的双重性、外部性等方面。

房地产的高价值特性是指相对于其他商品而言，房地产的建造和购买都需要大量的货币支出。此外，房地产交易过程中还附有如房地产税、保险费、产权登记费等大量的费用支出。因此，房地产的高价值特性使房地产开发、经营以及消费都高度依赖于金融市场，房地产租赁也成为了房地产交易的一种重要方式。

房地产的稀缺性主要取决于土地供给的稀缺性和土地所有权的垄断性。首先，土地属于不可再生资源，其供给总量是固定的，在有限的可供开发利用的土地中，必须保证农业、生态环境等方面对土地的需求。城市化的发展和对土地需求的不断增加，使城市的建设用地变得更加有限和稀缺。其次，由于土地的异质性和位置的固定性使可开发利用的土地具有一定的垄断性，在特定地段和规划条件下，土地的短期供给是缺乏弹性的，这也就意味着我们不可能通过重复利用土地资源或是在短期内转换土地用途来增加土地的供给，也就决定了房地产供给的刚性。因此，国家作为城市土地的所有者，有必要对房地产的开发、生产、流通以及消费等环节采取相应的控制措施，实行土地资源的社会集约化管理。

房地产既可以作为一种生产要素用于生产消费（如工业厂房、商业用房等），也可以作为居民生活消费（如住房），因此，房地产具有投资与消费的双重性。另外，由于房地产的位置固定性、使用的耐久性、功能的异质性以及价值的增值性等，使房地产也能成为一种重要的投资品。尽管房地产的投资回收期长、变现能力较差、流动性较低，但在一般通货膨胀的情况下，投资房地产比其他资产更具有保值和增值的功能。因此，房地产已成为现代西方发达国家的重要投资渠道。

住房货币化改革二十多年来，我国房地产业发展规模之大、速度之快、格局变化之快都是让世界瞩目的。1998～2018 年，我国房地产投资额和商品房销售额实现了持续快速增长，增幅逐年递增，而且每年商品房销售额的增长率均高于房地产投资的增长率，总体上呈现出较强的需求拉动增长的态势。2000～2018 年全国房地产开发完成投资年平均增长约 19.3%。2007 年以来，政府持续采取一系列措施，通过加强土地市场建设、压缩房地产信贷、加快和完善房地产信息收集系统等，抑制部分地区增长过快的房地产投资，适当控制房地产市场价格，促进房地产市场健康发展。

房地产的外部性。由于房地产与周围环境（如区位、交通状况、配套服务设施等）是密不可分地联系在一起的，房地产的利用及价值常常受周围环境状况变化的影响，这就是所谓的相互影响、溢出效应或外部效应。例如，城市的发展规划（交通状况、区位功能布局、基础设施的建设状况等）对房地产的开发利用价值的影响。在大城市的城市边缘地带，随着城市轨道交通等便捷程度的提高，学校、医院、通信、消防等基础设施的完善以及生活的便利和治安环境的逐步改善等，都能直接影响区域内的房地产的价值。此外，区域内房地产开发项目之间的相互影响，如一些重要的国际性会议的召开，都会伴随着大规模的如餐饮、娱乐、度假旅游以及休闲购物等基础设施项目的建设，这些都会极大地带动周围的房地产的发展，从而反映出较强的溢出效应。

3. 住宅房地产的社会保障属性

住房商品化、社会化是市场经济发展的必然要求。而居住权又是实现人权的基本保障，住房市场化并不等于将所有人的住房需求都推向市场，由于住房的社会保障属性和市场机制本身的缺陷，仅依靠市场机制无法解决住房领域（尤其是低收入社会群体难以按市场价格购买或租赁住房）的社会公平问题。国内外经验都表明，住房关系民生，特别是低收入家庭的住房问题不仅是经济问题，也是社会问题和政治问题。

在国情基础上，房地产业健康发展的首要标志是"人人享有适当住房"，解决城市低收入家庭住房困难问题是房地产市场调控的重要内容，也是建设和谐社会的重要内容，是深受广大老百姓拥护的惠民工程，政府将责无旁贷。因此，在充分发挥市场调节作用的同时，一方面，政府以监管者身份对住房市场进行监管，实现市场机制对商品房资源的有效配置；另一方面，政府以直接参与者的身份承担起住房保障的责任，尤其是对低收入家庭的基本住房保障问题，建立住房保障体系，并成立专门的住房管理机构，保障中低收入者的住房权利。

2016 年 12 月，中央经济工作会议首次提出，要坚持"房子是用来住的，不是用来炒的"的定位，要求回归住房居住属性。此后，与房地产相关的部门陆续出台了与之相配套的政策，内容涉及房企融资、购房者信贷等方面。2022 年 7 月，国家发展改革委印发《"十四五"新型城镇化实施方案》强调，坚持"房子是用来住的、不是用来炒的"定位，建立多主体供给、多渠道保障、租购并举的住房制度，夯实城市政府主体责任，稳地价、稳房价、稳预期。建立住房和土地联动机制，实施房地产金融审慎管理制度，支持合理自住需求，遏制投资投机性需求。

2023年2月，习近平总书记在《求是》杂志发表署名文章《当前经济工作的几个重大问题》。文章指出，要把恢复和扩大消费摆在优先位置，支持住房改善、新能源汽车、养老服务，以及教育、医疗、文化、体育服务等消费。坚持"房子是用来住的、不是用来炒的"定位，加快建立多主体供给、多渠道保障、租购并举的住房制度。2023年两会期间发布的政府工作报告指出，加强住房保障体系建设，支持刚性和改善性住房需求，解决好新市民、青年人等的住房问题。有效防范化解优质头部房企风险，改善资产负债状况，防止无序扩张，促进房地产业平稳发展。

（三）房地产与虚拟经济

现代市场经济发展的趋势表明，作为资本密集型产业，房地产业能够直接参与生产和消费的重要物质财富，是家庭财富、企业资产以及社会财富的重要组成部分；与此同时，随着经济的虚拟化，资本化定价方式越来越泛化，房地产作为一种投资工具和投资对象，也成为了除金融资产以外的另一重要的虚拟资本。

在房地产市场运行过程中，按照期望效用理论和资本化定价的要求，房地产投资者的投资目的是通过房地产未来预期的价值增值（房地产的需求增加、土地的增值等）而获取收益，并通过投资多样化来减少投资的风险。实际上，在现代的房地产投资与融资实务中，根据房地产产生的现金流量进行估价的"收益资本化法"仍是决定房地产投资的最主要的估价方式，只是在估算现金流量时需要考虑更多的因素，以达到更好的预测效果（布鲁格曼和费希尔，2021）。因此，从投资的行为和目的看，进行房地产投资和金融市场的投资在本质上是一致的，即投资的目的就是获益，并不直接参与生产和消费市场中的实际经济活动。

房地产之所以具有虚拟特性，主要是取决于房地产本身的特性，即房地产实现资本的虚拟化主要决定于以下三个基本条件：一是土地资源的稀缺性和房地产商品的开发建设周期较长，使得房地产的市场供给缺乏弹性，尤其是对土地资源而言，可供房地产开发利用的土地资源是有限的，而陡峭的供给曲线使房地产需求的增加更多地体现为价格的上升而不是供给的增加（李杰和王千，2006）；二是房地产的可投资性，作为生产和生活的必需品，房地产使用的耐久性和不需计提折旧的土地使房地产可以成为一种重要的投资工具；三是作为资本密集型的房地产业，需要通过金融市场提供开发的融资渠道，这就使房地产的基本价值不仅仅取决于建造或重置成本，而更多的是决定于未来预期的价值，即房地产价格具有不确定性和波动性。

作为具有虚拟资本特性的房地产，房地产市场与金融市场的联系日益紧密，房地产投资可以通过金融与保险市场实现投资的证券化，将投资者与房地产之间的物权转换为股权、债券等有价证券，解决房地产开发投资过程中的融资和资金流通的问题，从而使房地产开发项目获得金融资本的支持，有效地提高房地产市场的资本配置效率。同时，由于房地产为人们提供了不可缺少的生产和生活的空间，它与其他金融资本相比，房地产与实际经济的联系更为紧密，即房地产始终可以作为实物资产用于实际生产和消费。

房地产具有虚拟资本的特性，从房地产实际的生产、消费、流通等环节和房地产的构成来看，对房产和地产的物权转移（资产的占有与使用）是同步的，但对于房产和地产的定价特性却是有所区别的。对于房产的价格而言，增量房产的价格主要取决于相关的建筑成本，而存量房产的价格取决于建筑物的重置成本，即现有价格水平下建造相同建筑所消耗的成本，当然，存量房产也可以作为投资对象并通过证券化市场来实现资产的虚拟化。由于土地资源的稀缺性和不可再生性，即土地不可能通过任何生产来增加供给，相对于房产，土地的价格不可能由相关的建造或生产成本决定，而主要是取决于预期未来收益的现值。因此，地产比房产具有更强的虚拟性。

（四）房地产业

房地产业（real estate industry）是指从事房地产产品生产经营的行业，它是房地产经济实际运行与发展的"载体"。尽管如此，目前我国学术界和有关实际工作部门对房地产的基本内涵和功能定位持有不同的观点。张永岳和陈伯庚（1998）认为，房地产业是指从事房地产开发建设、租售经营以及与此紧密相关的中介服务（如融资、置换、装修、维修、物业管理等）经济活动的行业，其强调的是房地产业是兼有生产和服务（经营管理）职能的产业。叶剑平和谢经荣（2005）认为房地产业是房地产开发、经营、管理与服务等一系列经济活动的总称，房地产业的经济活动主要限于流通领域，在国民经济分类中属于第三产业。房地产业具体包括房地产开发经营业、房地产管理业、房地产经纪与代理业三个方面。

对于房地产的产业定位的分歧实际上主要集中于房地产业是属于流通领域的第三产业，还是属于生产与经营兼备的生产经营型产业，即房地产是否具有第二产业的特性。曹振良等（2003）则认为，从一般经济运行机理来说，现代房地产业是兼备第二、第三产业的生产经营型产业，即可称为广义的房地产业；从国民经济核算和统计管理的角度看，房地产业应归类于流通领域的第三产业，即可称为狭义的房地产业。

二、金融与房地产金融

（一）金融与金融市场

1. 金融与金融业

金融（finance）是指资金在借贷、投资、融资等过程中的筹集、配置、使用和清偿等一系列活动。传统金融的概念是研究货币资金的流通的学科，而现代的金融本质就是经营活动的资本化过程。从事金融活动的机构主要有银行、信托投资公司、保险公司、证券公司、投资基金，还有信用合作社、财务公司、金融资产管理公司、邮政储蓄机构、金融租赁公司，以及证券、金银、外汇交易所等。

金融在现代经济中占有核心地位，金融是现代经济中调节宏观经济的重要杠杆，也是国家重要的核心竞争力，承担着资金融通、市场定价、资源配置、信息提供、结构调整等重要功能，是推动高质量发展、建设现代化经济体系和提升国家核心竞争力的重要组成部分。党的十八大以来，党中央积极稳妥推进金融改革，不断增强金融机构的资金配置能力，有力地支撑了经济社会发展大局。经济是肌体，金融是血脉，两者共生共荣。实体经济是物质财富的源泉、国家强盛的根基，服务实体经济是金融的本源，金融一旦脱离实体经济的支撑，就会成为无源之水、无本之木。

金融业是指专门从事金融活动，提供金融服务的行业。金融业主要包括银行业、证券业、保险业、信托业、租赁业以及与之相关的金融服务行业等共同构成了金融业体系，涉及资金的融通、配置和管理，即通过提供存贷款、证券发行与交易、保险保障、资产管理等各种金融产品和服务，来满足社会经济活动中对资金融通和风险管理的需求。金融业在现代经济体系中占据核心地位，发挥着优化资金配置、调节经济活动、反映和监督经济状况等重要功能，为经济发展提供了重要的支撑和保障。同时，金融业还承担着风险管理和社会保障的重要职能，为社会的稳定和谐提供了有力支持。

随着科技创新和社会经济的发展，现代金融业正经历着前所未有的变革。科技金融是现代金融业的重要驱动力，人工智能（artificial intelligence，AI）和数字技术的应用提升服务效率和客户体验，数字金融的应用场景不断拓宽，从支付结算到财富管理，再到保险服务，数字金融正在全方位地改变金融服务的形态和模式。创新数字金融产品和服务，提升金融服务的智能化、便捷化和个性化水平，满足客户的多元化需求。随着全球对环境保护和可持续发展的重视,绿色金融成为金融行业的新热点。金融机构纷纷推出绿色信贷、绿色债券等金融产品,支持绿色项目和环保产业。绿色金融的发展不仅有助于应对气候变化和环境污染,还推动了经济结构的绿色转型。此外,金融市场国际化是现代金融业发展的必然趋势。随着全球经济一体化的加深,金融市场开放程度的不断提高,跨国金融交易日益频繁。金融机构通过拓展海外市场、参与国际金融合作等方式,提升自身的国际竞争力。同时,金融市场国际化也推动了金融产品和服务的创新,促进了全球金融资源的优化配置。

2. 金融市场

金融市场(financial market)是指在经济运行过程中,资金供应者和资金需求者双方通过金融工具进行交易而融通资金的市场,通过金融交易活动实现资金的有效配置。金融市场分为狭义的金融市场和广义的金融市场。狭义的金融市场是指资金融通的场所,即指有价证券(主要是债券与股票)发行与流通的场所;广义的金融市场是指各类金融机构及个人的货币资金交易和资金流动的总和(即一切与信用货币的发行、保管、兑换、结算,融通有关的经济活动),包括与货币流通和信用有关的一切经济活动。

在金融市场中通过股票、债券、基金、期货、期权等金融工具,帮助投资者实现资产的增值,同时也为企业和政府筹集资金。交易主体主要包括个人、企业、各级政府和金融机构。

根据资金融通时是否通过中介机构,资金融通(简称为融资)可将金融市场的融资活动分为直接融资和间接融资两种。直接融资是指企业或个人直接向资金供应方(如个人投资者、机构投资者或金融机构)募集资金,即通过发行股票、债券或其他金融工具来实现。在直接融资中,资金的流动路径是直接从资金供应方到资金需求方。间接融资则是通过商业银行、证券公司和保险公司等金融机构来完成的,金融机构作为中介,将资金从资金供应方收集起来,并通过银行贷款、债券投资、股票投资等方式将资金提供给资金需求方。

(二)房地产金融

1. 房地产金融的概念

房地产金融(real estate finance)是在房地产开发、流通和消费过程中,通过货币流通和信用渠道所进行的筹资、融资及相关金融服务的一系列金融活动的总称。房地产金融业务的内容主要包括吸收房地产业存款,开办住房储蓄,办理房地产贷款,从事房地产投资、信托、保险、典当和货币结算以及房地产有价证券的发行和代理发行与交易等。因此，房地产金融的基本任务是运用多种金融方式和金融工具筹集与融通资金，支持房地产开发、流通和消费，促进房地产再生产过程中的资金良性循环，保障房地产再生产过程的顺利进行。

房地产金融有广义和狭义之分。广义的房地产金融是与房地产活动有关的一切金融活动；狭义的房地产金融表现为一些具体的金融形式，如对房地产银行发行债券，成立住房储蓄机构，安排房地产企业和基金上市，成立按揭类的证券公司，抵押贷款证券化等。

房地产金融作为经济学的一个分科，是房地产业与金融业密切结合的产物，是一门应用性很强的学科，房地产金融主要研究房地产经济领域内资金融通的运动及其规律性，有别于一般工商企业资金的融通。房地产金融主要包括吸收房地产业存款，开办住房储蓄，办理房地产贷款，从事房地产投资、信托、典当和货币结算、发行房地产股票与债券、房地产信托投资、房地产保险、房地产金融风险、房地产担保机制、房地产金融税制、房地产金融市场等。

2. 房地产金融的特征

由于房地产金融的融资对象房地产具有与普通商品不同的特点，即房地产具有位置固定性、使用的耐久性、产品的多样性以及区域性等，使房地产资金的占用量大、周转期较长，并具有增值性，从而决定了房地产金融是一个相对特殊的金融领域。因此，房地产金融有着与一般金融或金融市场不同的特征。

（1）房地产金融的收益好、安全性较高。

房地产金融一般属于有担保（包括第三方保证和物权担保）的长期信用，以不动产为抵押品来保证贷款的偿还，以确保履行贷款合同的各项条款，当债务不能履行时，债权人有权行使该担保物权（主要为抵押权和质押权），无论债务人是否还负有其他债务或是否将该担保物转让他人，都能从该担保物的执行中获得债权的优先清偿。因此，贷款机构（商业银行）在办理个人住房消费贷款时，通常要求借款人必须提供所购住房作为贷款的抵押担保。房地产开发商在项目开发贷款期限通常在3～5年左右，而且贷款金额大，所以，银行通常也要求开发商提供房地产抵押或第三方保证，银行为争取少数信誉良好和实力较强的优质房地产开发商，也可以采用信用贷款。同时，房地产位置的固定性可产生区位价值，功能的耐久性充分体现其使用价值，而土地的稀缺性将导致土地的地租、地价不断上涨，随着社会经济的发展和市场供求关系的变化，从长期来看，房地产具有位置固定性、产权明晰、使用期限长、价值高、保值增值性强等特性，这也可以为房地产金融提供进一步的信用支持。

总而言之，房地产作为抵押物而进行的贷款项目，对贷款机构来讲，债权可靠，具有较高的安全性,正是房地产业的丰厚利润和城镇化进程中的住房需求支撑着房地产金融机构的高收益。当然,在房地产金融活动中,由于存在诸多不确定性的风险因素,有可能使预期的房地产收益与实际的房地产金融收益相背离,而导致房地产金融风险。

(2)房地产金融资金运用的中长期性。

以房地产为抵押品进行的贷款大多用于土地和房屋的购置、开发、改良、建设等,而土地开发、改良以及房屋的建设周期一般都较长,而且开发投资的资金量较大,投资价值的回收需要较长时间。房地产融资的偿还期限一般都较长,国外很多土地开发和房屋建设贷款项目的最长期限可达30~40年,我国住房抵押贷款的最高年限为30年。因此,房地产开发投资需要金融机构为房地产市场提供长期、稳定的金融支持。

(3)房地产信贷资产的流动性较差。

在一般情况下,房地产金融和其他金融一样,其负债大多为期限较短、流动性较强的短期负债,但其资产则具有期限较长、额度较大的特点。当该项信贷资产规模占银行信贷资产总量的比重较大时(通常为25%~30%),银行便可能面临资金的流动性风险。为了增强此类资产的流动性,目前许多国家对房地产抵押贷款实行证券化。通过房地产抵押贷款证券化将期限长、额度大的抵押债权进行小额分割,以有价证券的形式,通过资本市场进行融资,这便使长期的抵押贷款资产具有很好的流动性。自2021年以来,在政策和市场等多重因素作用下,房地产开发商流动性风险加剧,部分房地产开发商债务违约、项目停滞,导致房地产开发投资、商品房销售、土地出让等各项数据全面下滑。

(4)房地产金融具有较强的政策性。

房地产金融是政府推动有关土地政策、金融政策和产业政策的重要措施,通过调节投资结构、信贷利率和信贷方向等政策措施,调整土地利用结构、房地产投资结构、住房消费行为等,进而规范房地产信贷市场的发展,以实现政府宏观调控的目标。由于房地产关系到国计民生,直接影响城乡经济的发展和人民生活的安居乐业。因此,作为房地产金融的主要组成部分,住宅产业及住房金融都带有浓厚的社会性和政策性,受政府政策的干预较强,受社会经济发展计划、产业政策和城市规划及土地利用规划的限制,同时也受政府各种优惠政策的扶持。

(5)房地产金融的杠杆效应明显。

杠杆效应是指借助外部资金进行投资,以期望通过借款的利息支付和资本收益之间的差异来实现投资回报的一种投资策略。房地产金融的杠杆效应是指在房地产市场中，投资者或购房者通过借贷资金进行投资或购房的行为，从而放大其投资回报或居住需求的经济现象。在房产交易中，借款人投资小部分的资金作为首付款，然后再借入首付款与购房总价格的差额，发挥首付款的杠杆作用。利用杠杆作用来购置投资性财产普遍提高了现金回报率。房地产企业经常把借贷融资作为筹集项目资金的主要手段，通过贷款融资来提高权益资产的收益率。

财务杠杆效应和财务风险是影响企业资本结构决策的重要因素，资本结构决策需要在财务杠杆利益与其相关的风险之间进行合理的权衡。房地产的杠杆效应是一种复杂的经济现象，它既有可能带来收益也有可能带来风险。政府和监管机构也在努力控制杠杆效应，防止过度投机和不合理的价格上涨。

三、房地产业与金融业的关系

（一）房地产业需要金融业的支持

一方面，房地产业是一个资金密集型的行业，房地产开发投资需要提供大量资金的金融机构的支持。以银行、证券公司、基金公司等金融机构通过筹资和融资的功能，吸收社会闲散资金，提供贷款、发行债券、股票等方式为房地产开发商和购房者提供资金的筹集、融通和结算等各种金融服务，使房地产开发建设项目能按计划完工，有效地促进房地产业的发展。另一方面，房地产消费资金信贷带动房地产有效需求，有金融业的支持，借助住房储蓄银行、房地产抵押贷款等形式，可以大大地缓解居民购房压力，实现住房消费需求。

（二）房地产业推动金融业的发展

房地产具有保值增值的功能，这使得房地产成为金融机构理想的抵押品和投资品。随着房地产市场的繁荣发展和房地产业专业化程度的不断提高，房地产市场的稳定性和增值潜力为金融机构提供了可靠的回报，金融机构通过投资房地产，可以获得稳定的收益，并分散投资风险。房地产市场的繁荣也会带动相关金融服务的需求增加，如房屋抵押贷款、房地产投资信托等，进一步推动了金融业的发展。同时，房地产市场的活跃也带动了建筑、装修、家具和家电等相关产业的发展，房地产金融直接相关的配套服务业精细化为房地产企业、房地产消费者、各类金融机构提供了所需的专业服务，从而促进了就业和经济增长。

（三）房地产业与金融业的相互影响

房地产业与金融业的相互影响体现在以下几个方面。一是房地产市场的价格波动与金融市场密切相关。金融市场的利率、汇率等因素会影响房地产市场的供求关系，从而影响房价。例如，利率下降会降低购房成本，刺激房地产市场需求，导致房价上涨；反之，则可能导致房价下跌。二是房地产市场和金融市场之间存在着风险传递的关系，即房地产市场的风险会通过金融市场传递到整个经济体系。例如，房地产市场的泡沫破裂会导致银行不良贷款增加，从而影响金融市场的稳定。同样，金融市场的危机也会导致投资者信心下降，影响房地产市场的需求。三是政策调控与相互影响。政府通过货币政策、财政政策等手段来调控和影响房地产市场与金融市场。例如，通过调整利率、汇率等货币政策手段来影响房地产市场和金融市场的供求关系；通过调整税收政策、土地政策等财政政策手段来影响房地产市场的发展。

第二节 房地产金融市场

一、房地产金融市场及其构成要素

（一）房地产金融市场

房地产金融市场（real – estate financing market）是指与房地产市场有关的金融活动，即围绕房地产生产、流通和消费过程进行的货币流通和信用活动及相关的所有经济活动的总称，包括房地产筹资、融资、信托、变现及有价证券的发行和转让等。房地产金融市场是房地产市场与金融市场相结合的产物，为房地产行业的健康发展提供了有力的金融支持。同时，它也促进了金融市场的多元化和专业化发展，推动了金融资源的优化配置。多元化的房地产金融活动，不仅为房地产金融市场增添了活力，而且将金融业与房地产业密切结合起来，便于国家运用有关金融运行机制，对中国房地产业发展进行宏观调控。

经过三十余年的发展，中国基本形成了以银行信贷融资为主，以股权、信托和债券等融资方式为辅的房地产金融市场。目前中国房地产金融市场主要包括商业银行、住房公积金管理中心和住房储蓄银行等金融机构从事房地产信贷业务，在房地产业发展的过程中，几乎都有商业银行信贷的介入，其已然成为房地产市场所需资金的主要提供者。

（二）房地产金融市场的构成要素

房地产金融市场主要由融资主体、信用中介、金融工具等要素构成。

1. 融资主体

房地产金融市场的融资主体包括资金融通的供给方和需求方。政府通过制定房地产金融政策和法规，引导市场健康发展；金融机构（资金供给方）提供贷款、债券、股票等金融工具，为房地产市场提供资金支持；房地产开发商（资金需求方）利用这些金融工具进行项目开发、建设和运营；投资者和购房者（资金需求方）则通过参与市场，实现其投资或居住需求。

2. 信用中介

信用中介是指在资金需求方和供给方之间起桥梁与媒介作用的专门组织机构，主要包括各类商业银行、投资公司、证券公司、财务公司、保险公司、信托公司、基金公司等。公司通过吸收存款、发行金融工具、债券或证券等方式募集资金用于发放开发贷款、投资，或者为资金需求方发行债券或证券，通过这些金融活动进行中介服务。

3. 金融工具

房地产金融市场的金融工具是指在房地产金融市场上同货币相交易的各种金融契约，它既是筹资者发行据以筹集资金的凭据，也是投资者出让资金使用权获取利息或收益的凭证。主要金融工具包括商业票据、债券、股票、保险单、基金股份，以及各种未到期的住房存款单和住房抵押贷款契约等。

房地产金融市场的功能主要包括资金筹集、资金运用、风险管理等。资金筹集功能是指市场通过发行金融工具，从投资者手中筹集资金，为房地产项目提供资金支持；资金运用功能则是指市场将筹集到的资金投向具有盈利潜力的房地产项目，实现资金的增值；风险管理功能则是指市场通过金融工具的组合和风险管理策略，降低投资风险，保障投资者的利益。

（三）房地产金融市场的分类

房地产金融市场作为金融市场的一个重要组成部分，其基本职能是为房地产的生产、流通和消费筹集资金和分配资金。按照不同的标准，房地产金融市场可以有以下不同的分类方式。

1. 按市场层次的不同，房地产金融市场可分为一级市场和二级市场

房地产金融一级市场是房地产资金初始的交易市场，是房地产金融市场的基础部分，主要包括金融机构对房地产资金需求者的各种信贷业务。房地产信贷资金运用主要是各项贷款、委托贷款，购买债券。房地产金融市场的借款人主要包括居民个人、房地产开发企业、建筑企业以及其他非房地产企业等。

房地产金融二级市场是房地产信用的再交易再流通市场,即房地产金融中介机构将持有的房地产贷款以及证券的形式或直接出售给二级市场机构的过程和房地产有价证券的再转让过程,是房地产金融市场的核心部分。

房地产金融一级市场和二级市场的联动形成了完整的资金链。二者的关系如图1-2所示。

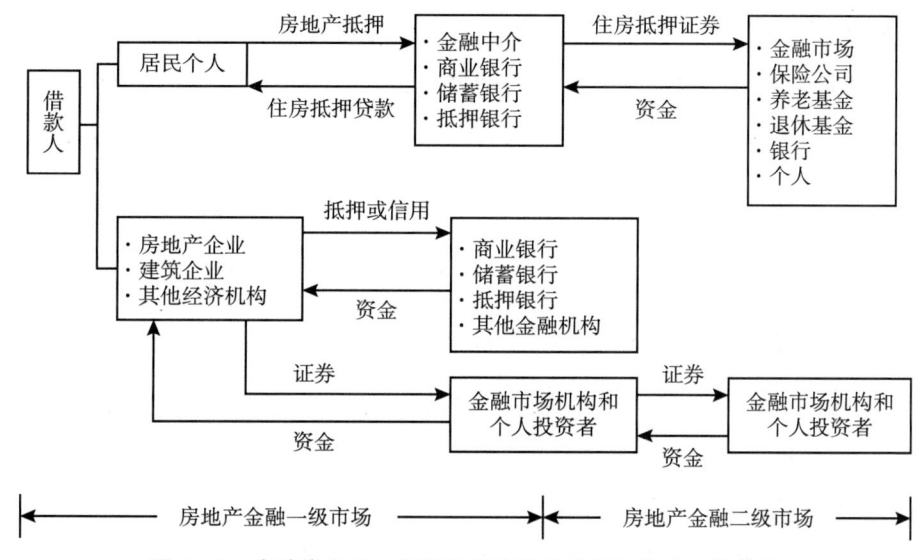

图1-2 房地产金融一级市场与房地产金融二级市场的关系

2. 按服务对象的不同,房地产金融市场可分为房产金融市场和地产金融市场

房产金融市场是指银行或其他金融机构为房屋再生产所进行的资金融通市场,住宅金融市场在其中占据重要位置。

地产金融市场是指以土地作抵押物而向金融机构获得资金信贷的交易活动关系的总和。地产金融包括农地金融和市地金融,其业务主要是:以土地为抵押品,筹集融通资金,以达到对土地进行开发和利用的目的。地产金融一般以债券化的方式开展业务,具有债权可靠、利息率低、还贷期长、运作安全的特点,是银行比较乐意从事的业务。

房产金融市场和地产金融市场并不是截然分立的,二者有着紧密的联系,它们相互影响相互作用,共同构成完整的房地产金融市场。

3. 按金融交易工具期限的不同,房地产金融市场可分为货币市场和资本市场

货币市场是指在短期(一年之内)进行资金融通和借贷的金融交易市场,为满足短期资金需求,提供流动性强的金融工具。短期金融工具包括票据、短期债券等,其主要特点是期限短、流动性强、风险相对较低。在房地产金融市场中,货币市场主要涉及如房地产企业的短期运营资金需求、房地产项目的短期过桥贷款等短期资金的融通和借贷。

资本市场（即长期资金市场）是指期限在一年以上的各种融资活动组成的市场，为满足长期资金需求，提供具有长期投资价值的金融工具。由于在长期金融活动中涉及资金期限长、风险大，且具有长期较稳定的收入，类似于资本投入，因此被称为资本市场。在房地产金融市场中，资本市场主要涉及房地产相关长期资金的融通和投资，如房地产开发贷款、房地产投资信托（REITs）、房地产债券等。这些金融工具为房地产企业提供了长期稳定的资金来源，有助于其进行长期的项目开发和运营。

二、房地产金融市场的功能与运行

（一）房地产金融市场的功能

房地产金融市场在组织房地产金融资产、金融产品或金融工具交易的过程中，发挥着重要的功能。

1. 资源配置功能

房地产金融市场通过发行股票、债券、基金等金融工具，从投资者手中筹集资金，为房地产项目的开发、建设、运营提供资金支持。这些金融工具可以吸引不同风险偏好和收益需求的投资者，从而拓宽房地产项目的资金来源。同时，房地产金融市场通过市场机制将筹集到的资金按照投资者的意愿和项目的需求进行配置，实现资金的有效利用和资源的优化配置。

2. 风险管理与控制

房地产金融市场涉及的风险包括市场风险、信用风险等。房地产金融市场的主体可以通过信用评估、分散投资、购买保险等多样化的金融工具和风险管理与控制措施降低投资风险并保障资金安全。同时，政府也通过监管措施，加强对房地产金融市场的风险管理。

3. 价格发现

价格发现功能是指市场通过买卖双方的交易活动，确定房地产资产合理价格的过程，其核心在于市场供求关系的相互作用。房地产金融市场通过供求关系来决定金融工具的价格，从而反映了市场对房地产项目的预期和评估，为投资者判断项目的投资价值和合理决策提供科学依据。价格发现功能在房地产金融市场中起着至关重要的作用，通过价格发现，市场能够将资金引导到更有价值的房地产项目上，实现资源的优化配置。同时,一个高效的价格发现机制能够确保市场上的价格与房地产资产的真实价值保持一致,避免市场出现明显的错估现象,从而维护市场的稳定运行。

4. 提供和增强流动性

房地产金融市场为金融资产所有者进行资产交易提供机会和条件,创造了金融资产的流动性。房地产金融市场上的金融中介以住房储蓄贷款、债券等形式将房地产领域的闲散货币资金集中起来,作为房地产开发、经营和房地产商品消费者的资金来源,化解房地产开发、经营和购房者资金短缺带来的问题,增强了市场的流动性,也为资金供给者的闲散资金寻找投资渠道。

5. 降低交易成本

随着房地产金融市场的交易组织、交易规则和管理制度逐步完善,专业的房地产金融机构和咨询机构,通过税费优惠、简化交易流程、提升金融服务效率和加强市场监管与信息服务等措施,有效控制交易过程中所产生的如税费、手续费、中介费等费用,可以有效地降低交易成本(包括搜寻成本和信息成本),提升市场活跃度,促进价格发现,为房地产等金融资产的交易提供便利,从而促进市场的健康发展。

6. 宏观调控

房地产金融市场的宏观调控功能主要体现在通过利率、信贷、财税等多种金融手段调节房地产市场的资金流动和供求关系,以实现市场的稳定和健康发展。一是通过调整存款准备金率、利率等货币政策工具,控制市场上的资金供应量,进而影响房地产市场的资金流动和借贷成本;二是通过调整房产税、土地增值税等税收政策,影响房地产市场的供需关系,影响投资者的购房意愿,稳定市场需求;三是通过金融产品体系促进相关企业的融资,增加市场资金流动性,拓宽房地产融资渠道;四是通过制定和完善相关法律法规与政策,规范房地产市场行为,保护消费者权益,保障市场健康运行。

(二)房地产金融市场的运行

房地产金融市场的运行是指在市场主要参与主体之间进行的交易,涉及资金筹集、资金运用、市场监管方面。

一是资金筹集。银行、证券公司、基金公司等金融机构,通过发行债券、股票、吸收存款等方式筹集资金;房地产开发商则通过银行贷款、债券融资、股权融资、信托融资等多种方式筹集资金。二是资金运用。开发商筹集到的资金主要用于房地产项目的开发、建设、运营和销售等环节；金融机构还可以通过投资房地产证券、REITs等金融产品来参与房地产投资。三是市场监管。央行、银保监会等机构负责对金融机构和房地产企业的行为进行监督和检查，通过制定和执行相关政策、法律法规来监管房地产金融市场的运行，防范金融风险，维护市场秩序。

随着数字化、智能化和绿色化的发展趋势以及政策环境的不断完善，房地产金融市场也迎来了更多的发展机遇。一是融资渠道多元化。除了传统的银行贷款和债券融资外，房地产开发商还将加强股权融资、REITs等新型融资工具的应用。二是数字化转型加速。数字化技术的应用将提高地产金融的效率和风险管理能力，降低运营成本。三是绿色化趋势明显。随着绿色金融和可持续发展理念的普及，绿色地产金融将推动房地产行业的绿色转型。总之，随着市场的发展和政策的完善，房地产金融市场将继续发挥其重要作用，为房地产行业的可持续发展提供有力支持。

随着城市化的深入推进，以城市老旧小区维修与改造、城中村改造、棚户区改造、城市低效用地再开发以及地下管廊建设等为主的城市更新将成为未来房地产发展的主要业务内容。党的二十届三中全会提出，加快构建房地产发展新模式。因此，金融机构要围绕城市更新改造、租赁住房等重点领域，加快形成支持城市更新的金融服务新模式。要更加重视从供需两侧发力，降低居民购房成本，更好支持刚性和改善性住房需求，助力构建房地产发展新模式。此外，党的二十大报告强调，要加快建立多主体供应、多渠道保障、租购并举的住房制度。《2023中国城市长租市场发展蓝皮书》数据显示，当前我国拥有近2.6亿人的租房群体为房屋租赁市场提供了巨大的需求基础。商业银行需要在服务长租住宅开发建设、投资孵化、持有运营以及租赁类项目产业基金、资产证券化等方面有更多创新性制度设计与安排。

第三节　房地产空间（物业）市场与资产市场

一、房地产物业市场与资产市场的概念

房地产兼有消费品和投资品的双重属性。房地产作为一种投资品时，资产（投资）市场决定其价格和生产；而作为一种消费品时，物业（空间）市场决定了房地产的租金水平。因此，房地产市场存在相互联系的空间市场和资产市场。

（一）房地产物业市场

在房地产物业市场上，房地产为家庭和企业提供生活和生产的空间。对于家庭，

物业空间是其消费的商品之一，家庭对其需求取决于家庭收入和使用空间的成本；对于企业，物业空间是生产要素之一，企业对空间的需求取决于产出水平和租用空间的成本。他们既可以通过租赁房地产，也可以通过拥有房地产来获得空间带给他们的效用，需要相应地支付租金或住房所有权成本（住房价格在拥有年限中各年的摊销值，可看作是等效租金）。物业市场上的需求者是需要使用房地产空间的家庭和企业，供给则来源于房地产资产市场，即目前所存在的房地产资产的数量。

（二）房地产资产市场

在房地产资产市场上，房地产被当作一种资产被家庭和企业持有和交易，其目的是获取投资收益。投资收益包含两个部分：一是在拥有房地产期间内每单位时间（如每年）所获得的租金（或等效租金）；二是在转售时所实现的增值收益。为获得房地产所带来的投资收益，必须拥有房地产，这一点与空间市场是不同的。房地产资产市场中的需求者是希望通过拥有房地产而获取收益的家庭和机构投资者，新增供给的来源则是新建的建筑数量，供给量的大小取决于房地产价格和重置成本之间的关系。

二、房地产物业市场和资产市场之间的联系和均衡状态——四象限模型分析

房地产物业市场（spacet market/property market）和资产市场（asset market/capital market）是紧密联系的。以下通过四象限静态模型对房地产物业市场和资产市场的关系进行分析（见图 1-3）。

在物业市场中，供给是由资产市场决定的，而需求则取决于租金和企业产出水平、家庭收入、家庭总数等外生经济变量，当供给和需求相等时所对应的租金即为物业市场的租金水平。物业市场和资产市场存在着两方面的联系：一方面，物业市场中被确定的租金水平决定着资产市场的需求；另一方面，物业市场的供给由资产市场所决定。每一个象限对应着一个方程，反映出在市场均衡状态下，房地产租金、价格、新建设量和存量之间相互依存的关系（需要说明的是，这里所指的是在某一时点的市场均衡状态）。在资产市场和物业市场之间有两个接合处：一是物业市场上形成的租金水平是决定资产需求的关键因素；二是两个市场在开发或者建设部分也有接合点。

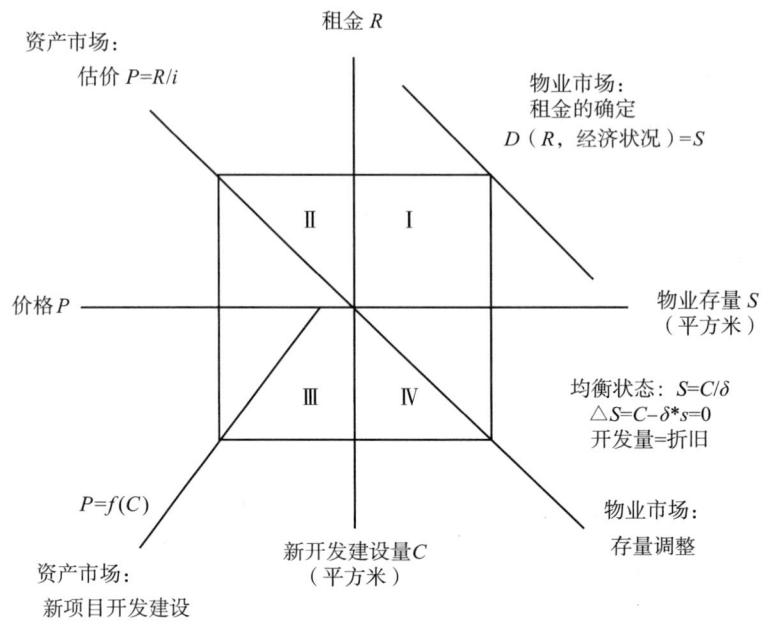

图 1-3 房地产资产市场与物业市场的互动关系

物业市场的第Ⅰ象限，在给定的外部经济条件下，物业市场的存量供求关系决定了房地产租金的水平，即 $D(R, Economy)=S$。当外部经济条件发生变化时，物业市场的需求曲线的位置将发生变化（向外或向内移动）。

资产市场的第Ⅱ象限的曲线反映租金和价格的关系，$P=R/i$，即由资本化率（租金价格比率）反映。资本化率作为一种外生变量，是根据利率和资本市场上各种资产（股票、债券、短期存款）的投资回报而定的，主要受经济活动中的长期利率、预期的租金上涨率、与租金收入流量相关的风险和政府对房地产的税收政策等四方面因素影响。当射线以顺时针方向转动时，资本化率提高；逆时针方向转动时，资本化率下降。

资产市场的第Ⅲ象限，反映房地产价格与新建量之间的关系。从长期看，房地产价格应当等于其重置成本，房地产新开发建设量 C，应该保持在使物业价格 P 等于房地产开发成本 $f(C)$ 的水平上，即 $P=f(C)$。价格横轴截距是保持一定规模的新开发量所要求的最低单位价格（每单位物业空间）。

物业市场的第Ⅳ象限，反映房地产新建设量与存量的关系。每年新开发建设量（增量）被转换成为房地产物业的长期存量。在一定时期内，存量变化 ΔS，等于新建房地产数量减去由于房屋拆除（折旧）导致的存量损失，即 $\Delta S=C-\delta S$（δ 为灭失率）。

房地产市场存在着一种均衡状态，在这种状态下，租金和价格都不发生变化，价格与重置成本相同，新增量和灭失量相等，房地产资产存量保持不变。这种均衡状态是转瞬即逝的，大部分时间市场都处于一种不均衡的状态，但总是在向均衡状态回复，围绕均衡状态进行上下波动。

可以利用四象限模型解释外生经济变量对房地产市场的影响。例如，当人口增长或收入水平提高时，居民对空间的需求就会上升，而空间市场上的供给并不能迅速增加，供不应求导致租金上升。租金的上升使房地产资产市场的收益水平提高，房地产资产的价格也随之提高，从而刺激房地产开发活动的活跃，使开发量超过灭失量，资产存量增加，从而满足空间市场新增的需求，这就达到了一个新的均衡状态。

当经济增长时，人们收入增加，对空间的需求亦随之增长。假设其他条件不变，这种增长导致需求曲线（图 1-4 中为一直线）D 向外移动，结果是：租金水平 R 上升→物业价格 P 上升→新开发建设量 C 上升→物业存量 S 上升→满足需求。

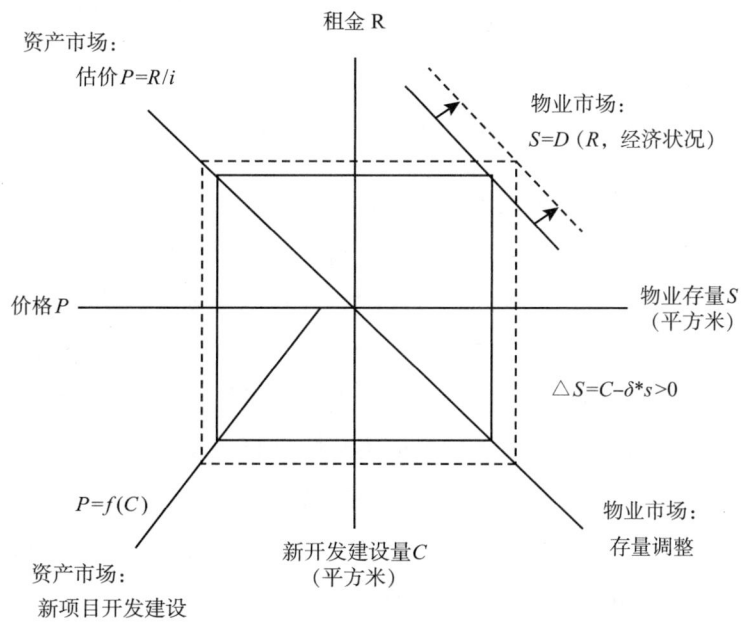

图 1-4 房地产物业市场与资本市场（市场需求变化）

长期利率水平也会对投资者的预期产生影响，进而影响到房地产供需均衡状况。假设资本市场能对各种资产的价格进行有效调整，使各种投资在进行风险调整后，能够获得社会平均的投资回报，那么，利率上升使得投资者愿意将资金投向其他的经济领域，如买债券，房地产市场资金减少，价格下跌。利率下跌，房地产市场资金流入增加，价格逐渐上升。无论何种情形，最后供求双方会达到一种均衡。

利率下降的均衡机制为：利率下降→房地产物业价格 P 上升→新开发建设量 C

增大→市场存量 S（供给）增加→租金下降，需求上升→达到均衡（见图 1-5）。

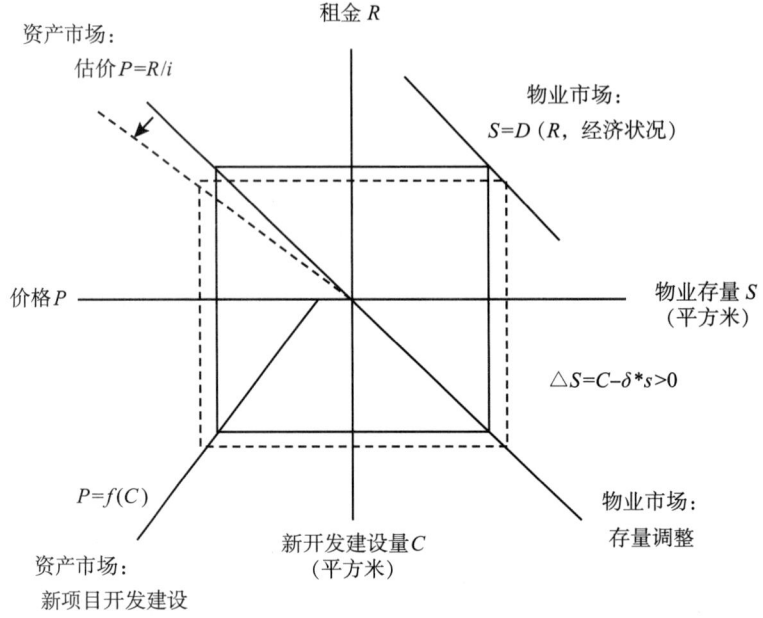

图 1-5 房地产物业市场与资本市场（利率变化）

当新开发建设项目的开发成本发生变动时，如较高的短期利率使开发项目融资难度上升，导致新建物业的成本加大，并导致新开发建设量减少；政府出台较为严格的区域规划或其他的建筑法规，也可能增加开发成本和降低新项目开发建设的获利水平（如对开发产品的要求，城市拆迁安置）。这些涉及供应因素的负面变化，会使得第Ⅲ象限内的价格成本曲线向外移，进而影响到整个供求平衡。

作用机制为：开发成本上升，价格成本曲线外移→新开发建设量下降→物业存量增加值下降→物业供给下降→租金上升→拉动价格上升（见图 1-6）。

三、房地产市场与土地市场互动关系

通过房地产增量市场的需求传导，土地市场和房地产存量市场之间也有着紧密的联系。将土地出让市场和房地产增量市场、房地产增量市场和存量市场相互作用的四象限模型合在一起，如图 1-7 所示。

当经济膨胀、人口增长、居民可支配收入提高时，对存量房地产的需求就会加大。而存量市场的反应首先是空置率的减小，存量房地产价格缓慢上升。在特定时期，存量市场的供给是不变的。因此，当空置率减小到自然空置率时，存量市场的供给不再增加。

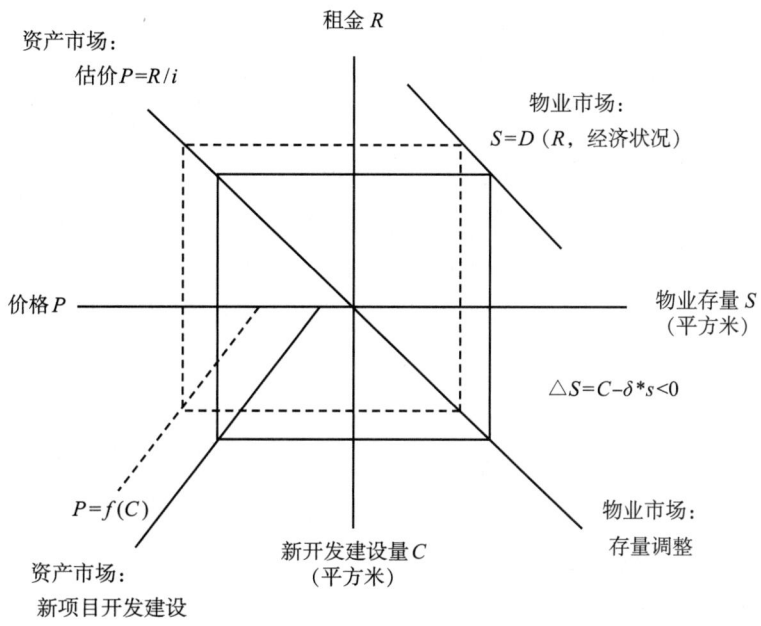

图1-6 房地产物业市场与资本市场(开发成本变化)

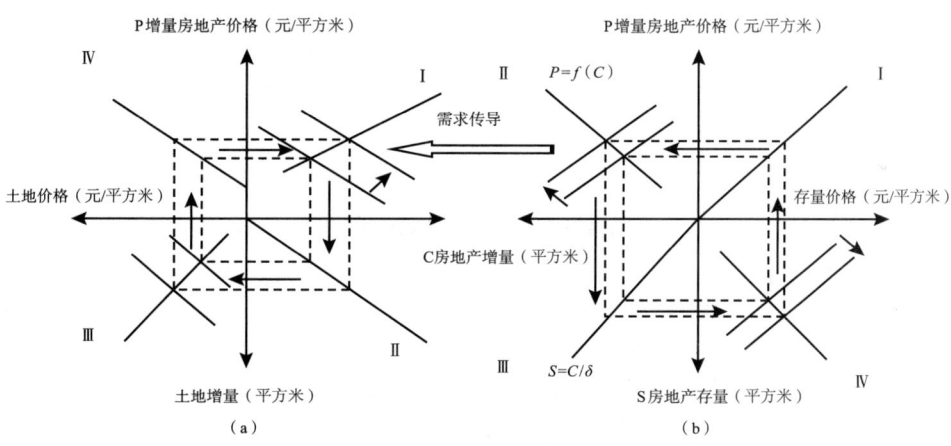

图1-7 土地出让市场、房地产增量市场和存量市场的整体互动关系

当经济发展时,房地产市场的需求增加,图1-7(b)Ⅳ象限的需求曲线向右移动,致使存量房地产价格上涨。在房地产增存价格比不变的情况下,推动增量房地产价格上涨,当上涨的存量房地产价格决定的房地产增量价格高于其重置成本时,便形成了对增量市场的需求。也就是说,当存量市场不断膨胀的需求不能得到充分满足时,在价格机制的作用下,这部分的需求转化为对增量市场的需求(见象限Ⅰ和象限Ⅱ)。

一方面,增量市场的需求增加,刺激房地产开发建设量增加,通过房地产增存

量关系 $S = C/\delta$ 传导，不断增加的建设增量进入交易市场使得存量市场的房地产供给增加，改变了存量市场的供给水平（象限Ⅲ），从而抑制房地产存量市场中的价格上升。

另一方面，通过房地产增量市场的需求传导，当房地产增量市场不能满足其需求时，在容积率的作用下（即房地产增量与土地供应量关系一定时），转变成对土地需求的增加［图1-7（a）的象限Ⅱ］，在土地市场的供求作用下形成土地的需求价格，地价经过房地产项目的开发过程，转为新的房地产增量价格（见象限Ⅲ和Ⅳ）。

由此可见，房地产存量市场、房地产增量市场和土地出让市场在需求传导机制下形成整体的互动关系，存量市场的需求应该是整个房地产市场发展的源头，它取决于经济的发展、人口的变化等对于使用空间的需求，即存量房地产价格→增量房地产价格→地价→土地出让量。

这些变量之间完全可以通过市场机制联系起来，即从需求的角度来看，房地产三个子市场的作用关系为：存量市场的需求→增量市场的需求→土地市场的需求。

可见，房地产市场需求的调控对象应该是存量市场的需求。当存量市场的需求水平改变后，房地产市场内部的市场机制通过对增量市场的需求作用，最终引致对土地市场的需求。

第四节　主要内容

本书以房地产项目投融资为主线，主要从投资角度介绍项目投资的价值判断、风险分析以及税收制度；从消费者角度介绍住房贷款的运作与管理；从融资的角度分析房地产项目融资的渠道与成本，阐述房地产企业债务融资和权益融资的内容及运作模式，以及房地产信托与资产证券化等内容；从宏观角度分析货币、财税和土地等对房地产金融市场的影响与政策干预。本书在内容设计上，遵循理论与实务相结合的原则，基本涵盖房地产项目投融资的全过程，并在每章给出相关的阅读与讨论内容，能在学习中起到抛砖引玉的作用，使学生能够更为广泛地了解房地产金融与项目投融资的基础理论、方法及其相关研究领域的最新理论与实践成果。

本书的主要内容结构框架如图1-8所示。

第一章 房地产金融概述

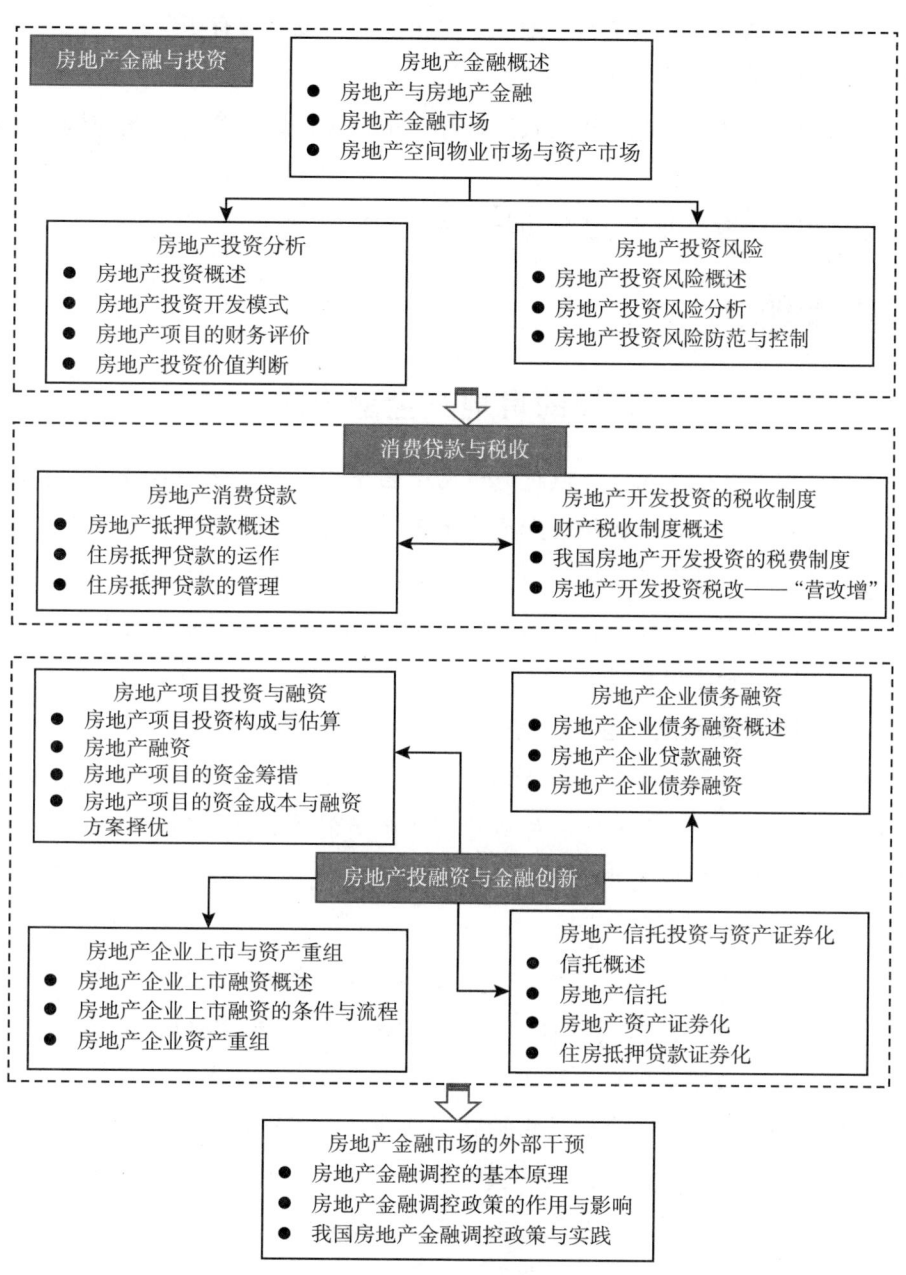

图 1-8 内容结构框架

思考题

1. 如何理解房地产、房产、地产和不动产的基本含义？
2. 什么是房地产金融？房地产金融的特征有哪些？
3. 简述房地产业与金融业的关系。

4. 什么是房地产金融市场？房地产金融市场的构成要素有哪些？

5. 房地产金融市场的功能有哪些？

6. 如何理解房地产物业市场与资产市场？试论述房地产物业市场与资产市场的关系？

7. 如何理解房地产市场与土地市场互动关系？

补充阅读

国外的房地产金融模式

国外的房地产金融模式主要通过完善的金融架构、多样化的融资工具、政府支持等措施来促进房地产市场的健康发展。由于不同的国情和经济发展水平，各国也根据自身国情和市场需求不断调整和优化房地产金融政策，以适应经济发展的需要，形成了不同的房地产金融模式，归纳起来，国际上具有代表性的主要有证券型、基金型、储蓄型和混合型四种模式。

1. 以美国为代表的证券融资型模式

美国是国际上房地产金融市场最发达、制度体系最健全、品种最丰富的国家。自20世纪70年代以来，几乎所有的房地产业金融创新工具都起源于美国。到目前房地产金融在美国金融业务中所占份额越来越高。美国房地产金融模式概括起来，主要有以下三个方面特征。

（1）美国房地产金融体系完善，专业分工度高。美国的房地产金融市场分为一级市场（贷款发放市场）和二级市场（贷款证券化和交易市场），一级市场是以商业性金融为主导，由储蓄机构、商业银行、抵押银行、人寿保险公司和其他商业金融机构构成，直接为家庭或企业提供抵押贷款业务。其中，抵押银行是美国最具特色的房地产金融机构之一，专门从事以土地、房屋和其他不动产为抵押办理长期贷款业务，不接受存款，不经营结算业务。二级市场以政策性金融为主导，主要是从事买卖抵押贷款的市场。在抵押贷款发起后，部分储蓄机构和全部抵押银行将贷款出售给联邦国民抵押协会（Fannie Mae）、联邦住宅贷款抵押公司（Freddie Mae）、政府国民抵押贷款协会（Ginnie Mae）等专门从事房地产金融二级市场业务的机构。这些机构通过发行债券或其他类型的债务工具来筹集其购买贷款所需资金。两个市场均具备高度的专业分工，不同的金融机构专注于不同类型的房地产金融业务，同时政府通过提供相关保险担保服务对房地产金融体系实施了有力的间接干预。

（2）房地产金融市场的竞争性与开放性。美国各类金融机构均可参与房地产金融业务，不存在垄断或被高度依赖的金融机构。1968年开始，美国联邦政府先后制定了《跨州土地销售信息完全披露法》、《消费者信贷保护法》（Z条例）、《房地产交割程序法》等一系列法规以保证了市场的充分竞争性和透明度。

（3）房地产融资工具多样化、抵押贷款证券化程度高。美国是全球资产证券化规模最大、结构最复杂的国家。美国创新推出住房贷款证券化产品，大幅提高二级市场房贷流动性、降低购房成本。此外，美国政府提供隐性担保，联邦国民抵押协会和联邦住宅抵押公司融资成本低、债券流动性强，政府财政支出压力较小。第二次世界大战以来，随着美国宏观经济环境的变化，各种不同的房地产金融工具在不同的经济环境中应运而生。20世纪70年代末，除固定利率抵押贷款（FRM）外，还出现了渐进还款抵押贷款（GPM）、共享升值型住房抵押贷款（SAM）、可调整利率抵押贷款（ARM）、价格水平调整抵押贷款（PLAM）、逆向年金抵押贷款（RRAM）和附担保账户抵押贷款（CMO）等多种房地产金融创新产品，为不同时期美国的房地产业发展起到了重要的支撑作用，另外，商业地产抵押贷款支持证券（CMBS）、房地产投资信托基金（REITs）住房抵押贷款支持证券（RMBS）和资产支持证券（ABS）等，为房地产企业提供了丰富的融资选择。

2. 以德国为代表的储贷结合模式

1885年，德国成立第一家持续经营的住房储蓄机构"全民住房储蓄社"，第二次世界大战结束后，德国在面临住房短缺的同时，也面临着严峻的资金短缺，政府集中资金投资工商业以复苏经济，因此，以专业经营、广泛参与、先存后贷、固定低息等自给自足的住房储蓄模式得以发展。德国储贷结合的住房金融模式具有以下特点。

（1）专业经营，资金封闭循环。德国住房储蓄机构实行专业经营，除住房储蓄外不能从事其他风险性金融业务，可购买国债等低风险证券，但信贷资金只能用于为参加住房储蓄的居民提供购房、建房、改建等贷款。

（2）自愿储蓄，政府给予补贴。住房储蓄是一种自愿契约，旨在通过互助形式实现自助。储蓄的参与门槛较低，只需满足最低合同金额和最低存款年限要求。低收入居民也可参与住房储蓄体系，政府提供储蓄补贴。通过有机融合政府作用与市场机制，以满足中低收入群体住房需求、保持国内住房市场整体稳定、防范金融风险等政策目标。德国《住房储蓄银行法》规定，只有住房储蓄银行才能够办理住房储蓄，国家对于居民储蓄唯一的住房储蓄奖金只能通过参加住房储蓄才能享受得到，充分调动了居民参加住房储蓄的主动性。超过1/3的居民参与到住房储蓄中，为住房储蓄模式的发展提供了充沛的低成本资金。

(3)"先存后贷",公平配贷。贷款数额与存款数额挂钩,储户通过存款不断积累自身信用以获得贷款资格,住房储蓄机构依据存款期限、还款贡献、利率等指标,对达到配贷条件的申请者进行配贷评价,评价值高的优先配贷,在储蓄达到足够的信用保障程度时,银行进行相应水平的配贷。

(4)低息贷款,提供长期稳定的固定低利率。住房储蓄银行通过储户的共同储蓄来改善参与群体的整体社会福利,体现了互助合作精神。德国最大的住房储蓄机构施威比豪尔银行提供一种标准产品,其贷款利率仅为2.15%,具有8年的储蓄期和10年的还款期。低贷款利率结合政府奖励,使低存款利率的住房储蓄成为德国居民的重要投资工具。

3. 以新加坡为代表的社会福利基金主导模式

作为新兴市场经济国家,新加坡房地产金融的核心是中央公积金制度。1955年新加坡建立由中央公积金局(Central Provident Fund,CPF)负责管理的强制储蓄型中央公积金制度,初期服务于养老,1968年开始,"居者有其屋"计划实施,公积金开始用于购买组屋,1981年拓展至私宅。目前中央公积金制度已成为全面覆盖养老、住房、医疗、家庭保护、子女教育等的综合性社会保障制度(见图1-9)。实践证明,新加坡的中央公积金制度于国于民都是有利的,对调控国民经济起着重要的作用,提供了经济高速发展的资本,对新加坡的金融体系、节制消费、抑制通货膨胀都有着巨大的影响力和明显的作用。这种模式具有以下特点。

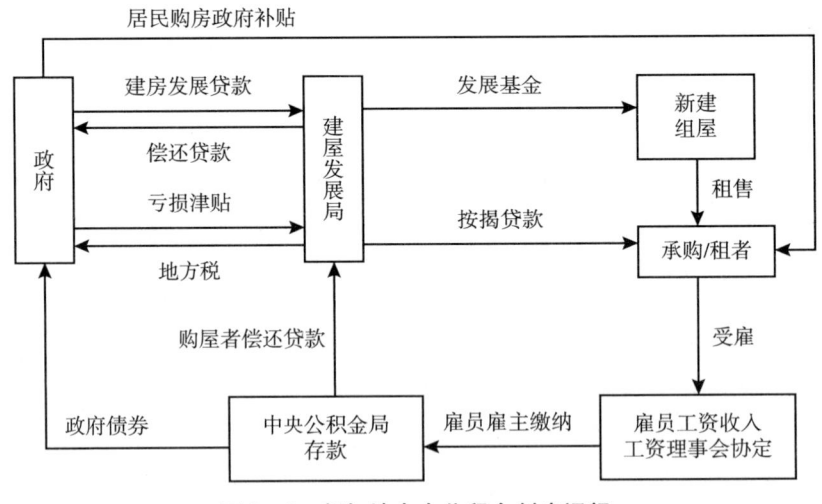

图1-9 新加坡中央公积金制度运行

(1)实行强制储蓄型中央公积金制度。公积金受新加坡公积金法保护,根据《中央公积金法》规定,新加坡所有公民和永久居民,不论是雇员还是雇主,都必须按月强制缴纳公积金,任何人不得拒绝或延迟缴纳,否则需如数补缴且加罚利息,公积金存款利息按月结算,并入公积金本金,免交所得税。除购房及部分投资外,公积金存款只有在雇员退休后才可动用。同时,公积金既不能用来偿债,也不构成遗产。新加坡公积金缴交率由公积金局根据经济和居民收入水平变化进行相应的调整。1955年公积金成立之初,雇主和职工缴纳的公积金比例均为5%。自2025年1月起,新加坡政府对CPF制度进行了一系列重要调整,根据雇员年龄,公积金缴费率为每月工资的12.5%~37%。

(2) 保障项目全,推行封闭式管理,保证专款专用。中央公积金覆盖人群较广,保障项目全,专款专用,覆盖退休、医疗、住房、家庭保护及资产增值等领域。分设四大账户:普通账户(ordinary account, OA),主要用于购房、支付保险、教育支出和投资等;特别账户(special account, SA),用于积累退休资金,成员年满55岁时会转移到退休账户;保健储蓄账户(medisave account, MA),专门用于支付住院和经核准的医疗保险费用;退休账户(retirement account, RA),主要用于满55岁退休后的生活支出。此外,新加坡《中央公积金法》严格限制公积金的提取和投资:一是实施最低存款额规定,会员动用普通账户和特别账户进行资本投资时,须确保账户规定限额;二是会员运用公积金账户投资所得须返回个人账户;三是会员退休提取时,普通账户和保健账户须保证规定金额,用于转入养老账户。

(3) 房地产投资证券化。在公积金管理与运作成功经验的基础上,为打造亚洲的REITs中心,新加坡于1998年开始探讨组建新加坡房地产投资信托基金(S-REITs),借鉴美国的成功经验,新加坡政府营造有利于REITs发展的政策环境。如对REITs不征税,即派发股息时免征所得税;允许公积金投资于REITs;任何个人投资者投资于REITs所获取的分红全部免税;外国公司投资REITs只需缴纳18%所得税,REITs买卖房地产免征3%印花税等等。这些鼓励措施极大地促进了房地产投资信托基金和房地产业发展。新加坡第一只房地产信托基金在2002年7月上市,截至2019年底,在新加坡交易所上市的共有35只REITs、6只合订信托以及2只财产信托,贡献了2019年新加坡股市日成交额的24%。新加坡已经发展成为仅次于日本的亚洲第二大REITs市场。

4. 以日本为代表的混合型房地产金融模式

为了解决第二次世界大战后城镇居民的住房问题,日本政府积极推行政府、民间和个人"三位一体"投资建造住宅政策和活跃房地产金融市场的策略,并在此基础上形成了独具特色的混合型房地产金融模式。以住宅金融公库(Government Housing Loan Corporation, GHLC)为核心,民间机构与官方的政策性住房金融相结合,通过政府出资和发行债券等方式筹集资金,为购房者提供低息贷款,使日本能够在短时间内解决住房问题。1950年颁布《住宅金融公库法》，由政府全额出资成立专门的住宅政策性金融机构——住宅金融公库，为企业及个人建设和购买住房提供长期低息资金，资金主要来源于中央财政拨款；1951年颁布《公营住宅法》，由地方政府和公共团体通过新建、收购、租赁等方式获取住宅低并价出租给低收入群体；1955年出台《住宅公团法》成立特殊法人"日本住宅公团"，通过出售或租赁的方式解决城市区域中等收入群体住房问题。日本住房金融具有以下主要特点。

（1）发展公营住宅，鼓励私人投资。政府在提供公营住宅的同时，也鼓励私人投资，支持多样化住宅模式发展，其中，公营住宅是指由地方政府在国家的补助下建造的、由地方住宅供给公社经营并专门出租给住房困难的低收入者的一种住宅。公营住宅的模式旨在降低住房成本负担、解决低收入家庭的住房问题，其资金来源主要是财政资金，同时也通过发行债券、会员募资等形式进行筹资。借鉴美国经验，2003年，日本住宅金融公库向商业化金融机构购买抵押贷款并发行投资于房地产抵押贷款证券（MBS）。

（2）住房储蓄与贷款制度。家庭住房储蓄达到一定额度后可优先购买政府建造的公共住房，并且从住房金融公库获得贷款。以住宅金融公库为代表的官方金融机构是住房信贷市场中重要供给者，日本政府通过住宅金融公库提供低息贷款、财政政策提供补贴、税收政策进行减税优惠进行金融支持。对员工以较低的利率发放贷款，既有利于提高员工对企业的归属感和忠诚度，也有利于解决员工住房问题。2007年住宅金融公库改建为住房金融支援机构（Japan Housing Finance Agency，JHF），业务重点从住房抵押一级市场转向住房贷款资产证券化，形成了以住房抵押贷款资产证券化业务为主、住房贷款保险业务和住房贷款业务为辅的业务模式。改建后的住房银行市场化程度显著提高，对财政资金依赖度大幅下降，2011~2022年，财政资金占比由57.2%降至4.4%。

（3）亚洲最早的REITs市场。20世纪90年代，日本在资产泡沫破裂后经历了漫长的经济衰退，房地产市场长期低迷。为提振经济，日本选择REITs作为商业地产新开发项目的资金来源，推动资金流入房地产市场。2000年11月，日本修改了本国的《信托投资公司法》，允许信托投资资金投资于商业不动产领域，并明确了成立REITs的相关必要条件，成为亚洲首个推出REITs产品的国家。虽然经历过2008年的全球金融危机、2011年的日本大地震，以及2020年后持续三年的新冠疫情，J-REITs都有过短期的波动，但总体而言J-REITs发展较为健康。截至2023年，J-REITs有58只上市股市，市值22万亿日元，折合人民币约10000亿元，为世界第二大、亚洲第一大REITs市场。

第二章 房地产投资分析

> **本章学习目标**
>
> - **掌握**：房地产投资的基本概念与内涵；房地产投资项目财务评价的主要内容与步骤。
> - **熟悉**：房地产投资的类型与特征；房地产开发投资的主要模式；项目财务评价的指标；房地产投资的影响因素。
> - **了解**：房地产投资价值判断的主要方法（收益资本化法、市场比较法、成本法）。

第一节 房地产投资概述

一、房地产投资的概念与内涵

（一）投资和房地产投资

投资（investment）是指特定经济主体（个人或机构）为获取未来货币增值或收益为目的，预先垫付一定量的货币或其他资源而从事某项事业的经济活动。从广义上来讲，这里的资源可以是各种生产要素，如资金、土地、人力、技术、管理、智力等；从狭义上来讲，这里的资源特指资金。相对于投机来说，投资所经历的时间周期更长一些，是为了在未来一定时间段内获得某种比较持续稳定的现金流收益。

在市场经济活动中，投资是普遍存在的经济现象。在房地产投资分析中一般使用狭义上投资的概念，即主要是指资金的投入。

房地产投资（real estate investment）是指国家、集体或个人等投资主体，将一定的资金直接或间接地投入到房地产开发、经营、管理、服务和消费等活动中，期望获得未来价值增值或收益的行为。房地产投资的主要内涵包括以下内容。

（1）房地产投资的主体多元，可以是各级政府、各类企业或个人投资者。各级政府和企业是主要投资者，银行等金融机构主要是通过房地产相关金融资产的交易进行间接投资，个人作为投资主体主要是从事房地产买卖，如果要进行房地产开发投资，则须注册企业法人才能进行投资。

（2）房地产投资涉及房地产开发经营和中介服务等领域，包括房地产开发、经营、管理、服务和消费等方面。

（3）房地产投资的主要目的是获得经济效益或价值增值，但同时应兼顾社会效益和环境效益。政府与企业的投资目标有所差异，政府注重于社会保障与公平（如城市公共服务设施、保障性住房的建设等），而企业则更偏重获取经济效益，即获取投资利润最大化、实现投资本金安全和保值、获得长期增值潜力和规避通货膨胀风险等。

（二）房地产投资的三要素

房地产投资的三要素指的是区位、时机和质量。

1. 区位（location）

房地产投资区位的选择（地段要素），对房地产投资的成败有着至关重要的作用。房地产地段不仅指其所处的地理位置，同时还指其社会位置，后者主要包括人口素质、教育水平、服务业水平、交通、通信、生活设施状况等。房地产具有增值性取决于土地的增值性，而土地的增值潜力与地段关系密切，增值潜力大的地段是房地产投资获利的首要条件。

2. 时机（opportunity）

时机的选择（时机要素），即为房地产投资的最佳时机，出售的最佳时机。在房地产投资中，对于时机的把握很重要。合理的投资时机决策，要求投资者对宏观经济的运行、经济的周期性波动、区位条件、市场需求特点、居民收入水平和消费偏好等进行深入调查、系统研究和分析，才能顺势而动，把握投资时机。

3. 质量（quality）

质量是房地产开发投资的生命线。房地产投资质量是指房地产投资对象的优劣程度，包括房地产本身的质量和管理质量。房屋本身的质量包括性能、寿命、可靠性、安全性、经济性五个方面；房地产管理质量同样重要，高水平的管理既能吸引顾客、留住顾客，又可扩大宣传、增加收入，它与房地产本身的质量相辅相成。

二、房地产投资的类型

依据不同的划分标准，房地产投资可以划分为不同的类型，一般可以归结为以下四种形式。

（一）按房地产投资形式划分

按房地产投资形式不同，可以将其划分为直接投资和间接投资两大类。两者的区别在于投资者是否直接参与房地产相关的投资和管理工作。

1. 房地产直接投资

房地产直接投资是指投资者直接投资于房地产开发或购买房地产，并参与有关的投资管理。根据直接投资的目的不同，可分为房地产开发投资和房地产置业投资两种形式。

（1）房地产开发投资是指投资者从购买土地使用权开始，通过项目策划、规划设计、施工建设等一系列活动，建成可以满足人们需要的房产，然后租售给其他投资者或使用者，从而收回投资成本，实现投资利润。房地产开发投资形成房地产市场上的增量供给，对于单个项目投资项目而言，其投资周期相对较短（一般为2～5年），风险较大，预期回报率较高。

（2）房地产置业投资是指投资者购买已建成物业（包括新建增量房地产和存量二手房）的行为。目的是通过转售或出租来获取资本收益或者稳定的经常性收入。置业投资一般从长期投资的角度出发，可获取保值、增值、收益和消费等方面的利益。

当房地产开发投资建成后的房地产用于出租或自主经营（如商场、酒店、写字楼等）时，短期开发投资就转变为长期置业投资。

2. 房地产间接投资

房地产间接投资是指投资者投资与房地产相关的证券市场的行为。间接投资一般不直接参与房地产经营管理活动，其具体形式包括购买房地产开发、投资企业的股票或债券，投资于房地产投资信托基金或房地产抵押贷款证券等。

（1）购买房地产企业的股票或债券。房地产投资规模大，需要筹集大量资金，除银行贷款外，发行股票或债券也是房地产企业常用的融资方式。对于房地产间接投资者，投资于房地产企业的股票或债券，成为企业股东或债权人，从而分享部分房地产开发收益，一般不直接参与房地产企业的经营管理活动。

（2）投资于房地产投资信托基金（real estate investment trust，REITs）。房地产信托基金多采用公司拥有资产的形式，将股东的资金吸引到房地产投资中，由专门投资机构进行房地产投资经营管理，以基金的方式购买、开发、管理和出售房地产资产，并将投资综合收益按比例分配给投资者。

（3）投资于房地产抵押贷款证券（mortgage-backed security，MBS）。购买以个人住房抵押贷款权益为支持的证券也是间接投资的一种类型。其主要做法是将银行所持有的个人住房抵押贷款汇集重组成抵押贷款集合（资产池），通过政府、银行、保险公司或担保公司等担保，转化为信用等级较高的证券出售给投资者。购买房地产抵押贷款证券的投资者可以间接地获取房地产投资者的收益。

（二）按房地产投资的用途划分

按房地产投资的用途不同，可以将其划分为住宅房地产投资、商业房地产投资、工业房地产投资和特殊用途房地产投资。

1. 住宅房地产投资

住房是为人们提供生产生活的空间，是人们安居乐业、社会和谐稳定以及经济持续发展的关键所在。城镇居民住宅主要包括商品房和保障性住房两大类，商品房包括普通商品住宅、高档公寓和别墅等；保障性住房主要包括经济适用房、廉租住房、公共租赁房等。住宅是人类最基本的生存条件之一，对住宅的需求是随着社会经济的发展和人口的增长而不断增长的，对特定住宅的需求还取决于其区位和环境等因素。因此，住宅房地产投资市场潜力大，投资风险也相对较小。

2. 商业房地产投资

商业房地产也称为经营性房地产，主要包括写字楼、商场、酒店、购物中心和各种服务设施等，这类房地产主要以出租经营为主，竞争较为激烈，投资收益较高，风险较大，而且商业房地产投资成本一般高于其他物业房地产投资成本。商业房地产投资的区位条件关系到城市级差地租所能产生的超额利润及其增值潜力，因此，投资者对其所在的区位条件、市场定位、客流量及商业氛围要求很高，是投资者获利的关键因素。

3. 工业房地产投资

工业房地产通常为人们的生产活动提供空间，包括轻工业厂房、重工业厂房、高新技术产业用房等。一般来说，工业房地产对投资者的吸引力通常小于商业房地产，因为工业用房地产适用性差、技术性强、变现能力弱。工业房地产投资对交通、水、电、能源、通信等要求高，不一定要靠近市中心或繁华地段，因此投资成本较低。

4. 特殊用途房地产投资

特殊用途房地产主要包括加油站、停车场、休闲场所、高尔夫球场、码头车站、高速公路等。这类房地产交易量小，适用性较差，其经营内容常常受到政府的管制或特许，因此，这类房地产的投资多属于长期投资，投资者靠日常经营活动的收益来回收投资，取得收益。

（三）按房地产投资经营方式划分

按房地产投资经营方式不同，可以将其划分为出售型房地产投资、出租型房地产投资和混合型房地产投资。

1. 出售型房地产投资

出售型房地产投资是指房地产投资以预售或开发完成后出售的方式得到收入、回收开发资金、获取开发收益，实现预期投资目标。

2. 出租型房地产投资

出租型房地产投资是指以预租或开发完成后出租的方式得到收入、回收开发资金，获得开发收益，实现预期投资目标。

3. 混合型房地产投资

混合型房地产投资是出售型和出租型的综合，是指房地产投资以预售、预租或开发完成后出售、出租、自营的各种组合方式得到收入、回收开发资金、获取开发利润，实现预期投资目标。

（四）按房地产投资对象划分

按房地产投资对象可以分为地产投资、房产投资、物业管理和服务投资。

1. 地产投资

地产投资是指投资于土地，通过对土地进行开发和再开发，以出租或出售的方式经营，从而获取投资收益。最主要的形式就是土地开发投资，进一步可以分为旧城区土地开发投资和新城区土地开发投资两类。

（1）旧城区土地开发投资是指在原有城区范围内对土地进行改造、置换和再开发，产生的"溢出效应"实现城市土地增值，以提高旧城区土地利用价值的投资。

旧城区土地开发投资主要是进行"三通一平"（水通、电通、路通和场地平整）或"七通一平"（通给水、排水、通电、通路、通信、通暖气、通天然气或煤气，以及场地平整）等土地平整和基础设施建设，即生地变熟地，其成本主要包括拆迁费和旧城区改造费两项。源于区位优势，旧城区土地开发投资的优点是一般具有良好的获利前景，缺点是开发费用高昂、环境污染较严重、受规划限制大等。

（2）新城区土地开发投资是指在原有城市建设区以外对土地进行开发，将农用地转变为非农建设用地的投资。新城区土地开发投资主要包括土地征用费和城市基础设施建设费。新城区土地开发投资的优势在于受周围环境制约少、城市规划条件限制少、拆迁安置补偿费低等，但新城区土地开发投资的不利之处在于新区一般都是不具备开发建设条件的土地，配套设施少，基础设施条件不完备。

2. 房产投资

房产投资主要是用于房屋开发和建设的投资，它是固定资产投资中非生产性建设投资的重要组成部分。目前，房屋开发投资由土地征用费及拆迁补偿费、前期工程费、房屋建筑安装工程费、公共配套设施费、基础设施建设费、开发管理费和投资借款利息支出等构成。

3. 物业管理和服务投资

物业管理和服务投资是指用于物业管理与相关服务（如安全、卫生、维修、保养等），以及房地产项目建设、流通、消费等提供咨询、估价、经纪等多元化中介服务的投资。物业管理金一般来源于物业维修基金、物业管理服务费以及物业管理公司的经营性收入等几个途径。物业管理和服务投资一般都属于长期投资，具有服务性、流动性和灵活性的特点，在房地产业中起着重要作用，随着我国房地产市场的发展，物业管理和服务投资具有广阔的投资前景。

三、房地产投资的特征

（一）房地产投资对象的固定性和不可移动性

房地产投资对象是不动产，土地及其地上建筑物都具有固定性和不可移动性。一般情况下，当投资的建筑物及其某些附属物空间位置固定时，就不能移动，这会给房地产供给和需求带来重大影响，如果投资失误会给投资者和城市建设造成严重后果，所以投资决策对房地产投资更为重要。

（二）房地产投资的高成本性

房地产业是一个资金高度密集的行业，一宗房地产的投资，少则几百万，多则上亿元的资金，这主要是由房地产本身的特点和经济运行过程决定的。房地产投资的高成本性主要取决于以下几个方面。

（1）土地开发的高成本性。由于土地的位置固定性、资源的相对稀缺性和不可替代性等，土地所有者在出售和出租土地时会按照土地预期的生产能力和位置、面积、环境等特点，作为要价的依据，以收取较高的报酬。此外，土地开发必须投入一定的资本进行开发，才能被利用，由此决定土地开发的高成本。

（2）房屋建筑的高价值性。房屋建筑的高价值性主要是指建筑安装成本高，即要耗费大量的建筑材料和物资，需要有大批技术熟练的劳动力、工程技术人员和施工管理人员，要使用许多大型施工机械。此外，由于建筑施工周期一般较长，占用资金量较大，需要支付大量的利息成本。

（3）房地产经济运作中交易费用高。房地产开发周期长、环节多，涉及的管理部门及社会各方面的关系也多。这使得房地产开发在其运作过程中，包括广告费、促销费、公关费都比较高昂，从而也增大了房地产投资成本。

（三）房地产投资的回收期长

房地产投资过程一般是指从土地所有权或使用权的获得、建筑物的建造，到建筑物的投入使用，直至收回全部投资资金，一般需要3～5年时间。房地产投资的资金回收期长，主要原因包括：一是房屋的建筑安装工程期较长，而且受到土地投资市场、综合开发市场、建筑施工市场、房产市场等的制约；二是房地产市场本身是一个相当复杂的市场，一般投资者必须聘请专业人员来进行辅助工作，才能完成交易；三是如果房地产投资是以出租为主的，租金回收的时间一般较长，整个房地产投资回收期也会延长。

（四）具有环境约束性

建筑物是一个城市的构成部分，具有不可移动性。因此，在一个城市中客观上要求有一个统一的规划和布局。城市的功能分区，建筑物的密度和高度，城市的生态环境等等都构成外在的制约因素。房地产投资必须服从城市规划、土地规划、生态环境规划的要求，把微观经济效益和宏观经济效益、环境效益统一起来，才能取得良好的投资效益。

（五）低流动性（变现性差）

房地产投资成本高，不像一般商品买卖可以在短时间内完成交易，投资者一旦将资金投入房地产买卖中,其资金很难在短期内变现。此外,房地产市场中存在交易分散、信息不完备程度高等特点,使搜寻时间延长,买卖双方需要一段时间的搜寻和议价,实现双方心理承受价格的匹配,才可能达成交易。房地产的变现性差往往会使房地产投资者因为无力及时偿还债务而破产。

(六) 受政策影响较大

由于房地产在社会经济活动中的地位和作用,使政府对房地产市场倍加关注。当房地产市场出现剧烈波动时,政府可以通过经济手段,如土地供给、公共住房、财政税收和房地产金融等政策,以及行政手段和法律手段等对房地产市场实行宏观调控,政策的变化会对房地产的市场价值,进而对房地产投资意愿、投资效果产生影响。因此,房地产投资受到政府宏观调控和市场干预政策的影响较大。

(七) 存在效益外溢和转移

房地产投资收益状况受其周边物业、城市基础设施与市政公用设施和环境变化的影响。政府在道路、公园、博物馆等公共设施方面的投资,能显著提高附近房地产投资的价值和收益水平。例如,城市快速轨道交通线的建设,使沿线房地产资产由于出租率和租金水平的上升而大幅升值;大型城市改造项目的实施,也会使周边房地产资产的价值大大提高。从过去的经验来看,能准确预测到政府大型公共设施建设并在附近预先投资的房地产投资者,都获得了巨大的成功。

(八) 投资的专业性较强

在房地产开发投资过程中,需要投资者在获取土地使用权、规划设计、工程管理、市场营销、项目融资等方面具有管理经验和能力。房地产置业投资,也需要投资者考虑租户、租约、维护维修、安全保障等问题,即使置业投资者委托了专业物业资产管理公司,也要有能力审查批准物业管理公司的管理计划,与物业管理公司一起制定有关的经营管理策略和指导原则。此外,房地产投资还需要房地产估价师、会计师、律师等提供专业服务,以确保置业投资总体收益的最大化。

四、房地产投资的影响因素

影响房地产投资的因素较多,其中主要因素有投资环境(如经济、社会、政治、政策等)、投资者自身和投资对象等多个方面。

(一) 投资环境因素

影响房地产投资环境的因素主要包括经济、社会文化、政治和行政、政策法律和市场供求等。影响房地产投资的经济因素主要有经济发展状况、居民储蓄、消费水平、财政收支及金融状况、居民收入水平等；社会因素主要有社会秩序、城市化水平和人口水平等；政治和行政因素主要有政治局势、城市发展战略和城市规划等，城市发展战略和城市规划则对房地产用途、建筑类型、容积率等产生具体而细致的影响；政策法律因素主要指房地产政策、金融政策、税收政策和相关法律法规。

(二) 投资者自身因素

影响房地产投资的自身因素主要包括投资者的资金实力、投资经验、经营管理水平、投资者对市场的判断与把握能力，以及其他因素（如投资需求、兴趣）等。

(三) 投资对象因素

投资对象因素主要包括投资项目所在区位、交通条件、地质条件、土地面积和建筑面积、规划条件、房屋施工质量、房屋用途、装修档次、房屋结构类型、规划条件以及配套设施等。

除上述因素之外，还包括通货膨胀、科技发展水平等其他因素。

第二节 房地产投资开发模式

房地产开发实践中形成很多的开发模式，大都是在房地产企业发展模式背景下形成的，因此本节谈到的房地产开发模式实质上是结合房地产企业发展模式来阐述的。

一、多元化开发模式

传统的房地产开发模式是以房地产开发商为主导，开展包括征用土地、建筑、销售和管理房屋等为一体的众多业务。这种模式就要求房地产企业能够基于自身的发展方向，完善战略性主导项目，并加强与房地产相关企业的合作关系，形成互为补充、相互促进的产业链。推动房地产业由传统模式向多元化充分协调发展转型，是加快新兴地产模式的探索和拓展,即把商业地产、旅游地产、养老地产和文化地产、工业地产等作为特色重点,积极培育新的增长点,建立多元化房地产开发产业链,助推房地产企业实现优化升级。

多元化开发模式有混业开发(横向一体化)、纵向一体化和综合项目开发等。

(一) 混业开发

混业开发是指开发企业跨行业的相互渗透与互动发展,包括金融业、建筑材料行业、建筑施工及装饰装修行业等。以涉足金融投资行业为例,这种经营方式,能够适应房地产开发资金量大的需求,有效地改善开发项目的现金流状况。

房地产行业具有"混业"的功能。因此,将金融、策划、开发、销售、建筑、资产管理和物业管理等要素组织在一起,形成一个"混业"开发企业,房地产业务流程中每个节点都有专业人士参与的经营管理链,用全程参与的方式去完成房地产的投资开发,特别是商业地产的投资、开发、建设、管理、经营。

随着我国房地产市场深度调整,房地产消费结构也在发生变化,房地产企业加快了探索城市更新与新业态的融合发展的步伐,从住宅地产、商业地产拓展到文化地产、旅游地产、休闲体育度假地产、智慧地产、物流地产、房地产互联网金融,房地产的开发模式已经发生了翻天覆地的变化,形成了以房地产为主业的"房地产+X"模式和以其他业务为主业的"X+房地产"模式。

(二) 纵向一体化开发

纵向一体化开发是指开发企业实行房地产开发建设与物业资产管理并举的经营方式。房地产企业采取一体化的开发模式能有效地发挥业务的协同效应,在实践中证明其优于单一地产或单一建筑的业务模式。房地产企业纵向一体化可以使房地产与物业资产管理贯穿房地产项目从项目策划、规划设计、建设到物业服务的全寿命周期,将整条房地产产业链整合集中在自己手上,有利于协调和统一管理,有利于企业避税,防止企业利润外流,并提高房地产的开发效率和品质,实现房地产价值最大化。当然,一体化开发模式也可能带来管理难度和管理成本的增加(如施工人员增加和工作协调与管理难度增加)。另外,随着房地产业务的跨区域发展,要在异地区域实现一体化,需要在异地建立相应的建筑分子公司或项目部,管理成本也会随之增加。

富力地产的一体化经营,基本包括了房地产开发的上下游产业,即从选址、购地、策划、设计、工程、销售到物业服务、中介代理,富力地产都是通过自己的专业公司来完成的。碧桂园的一体化开发模式，是从项目的设计、建筑、装修、销售直至项目建成后的物业管理均由公司自行承担及实施，从而确保能够长期有效地控制综合开发成本，并同时赚取开发程序中的每一笔利润。

（三）综合项目开发

综合项目常见于诸如集居住、商业、旅游、娱乐于一体的主体社区，具有购物、餐饮、休闲娱乐、综合服务等功能的集合式商业经营地产项目等一类开发项目。在新常态下，房地产行业正经历着从简单的住宅产品生产，到复合、跨界、相互融合共享的服务平台的转变。随着互联网、信息经济、智能技术向房地产领域的渗透和拓展，房地产的定位、功能也有所变化。

深圳的华侨城包含了住宅、商业、酒店、主题公园、社区公园、体育健身、教育设施等多种业态；绿地跨界民宿、文化城等领域；雅居乐形成"物业管理、教育、环保、地产"四大产业格局；华业、金茂、京投等品牌地产企业都不约而同步入转型行列，开启多元化发展道路，为企业业绩增长提供新方向。

从房企跨界多元化经营看：一方面有利于拓宽利润渠道、分散经营风险；另一方面能够使房企在抵御市场竞争和环境变化所带来的风险时，更加灵活，也更具抵抗力。

二、专业化开发模式

在专业化开发模式下，开发企业的投资经营活动集中在相对较窄的产品类型范围内，有利于房地产产品开发、经营与管理技术的不断成熟与创新，有利于减少产品转型所带来的成本。专业化开发模式可以从以下角度进行分类。

（一）特定物业类型开发

开发企业根据对自身资源（包括资金、实力和经营）的评价以及对所处市场的独特认识，可以选择某类物业类型作为企业相对专一的开发对象，实现专业化开发。例如，专注于住宅市场的专业化、标准化的万科开发模式；专注于大型商业综合体组团开发的商业地产创新的万达模式；专注于城市中心商业综合体开发的 SOHO 中国模式。

（二）协作型开发方式

特定业务领域开发是一种非一体化、非全能型的开发方式，它围绕开发过程中某种业务领域（开发企业的核心领域）来进行开发经营。特定业务领域开发可以采取土地整理、以开发流程为纽带的协作型房屋、基础设施建设等开发方式。

协作型开发方式是以开发流程管理为纽带的协作型开发方式，其实质就是开发企业专注于自己最擅长的业务或核心业务，然后购买其他社会化专业机构提供的最擅长业务服务，如市场专业咨询、报建专业代理、工程管理咨询、专业营销策划服务等，从而形成高协作性的开发流程，使得开发企业超脱一般的协调与技术细节，专注于企业战略管理和资金运作。当然，购买服务不是单纯追求最低成本，更重要的是获取开发品质和成本控制中的最优。例如，深圳地铁集团以土地注资形式入股万科，万科称未来双方将依托"轨道+物业"模式，通过联合开发，实现优势互补。万科在与新世界的合作开发中，双方采取的是联合竞买的模式，成立合资公司，以约34亿港元投得荃湾西站六区物业发展项目，万科置业只占有20%的权益。[1][2]

三、其他开发模式

（一）定向开发模式

定向开发的服务对象一般是机构客户，开发企业按客户的订购要求开发土地，进行房屋设计、建造和经营，在定向开发模式下，开发商能够较好地规避市场风险。定向开发房地产合同一般约定双方的权利义务是：开发商负责项目报建、建设、交付使用并为客户办产权证；客户方负责确定房型和户数，按约定支付购房款或项目工程款。

我国的保障性住房建设、棚户区改造以及企事业单位安置房等房地产开发项目一般采用定向开发模式。定向开发模式也可采用专业代建，即开发商将市场定位、产品定位、设计营造、销售以及运营服务等一整套专业服务，通过商业代建、政府代建及资本代建三大业务模式，帮助房地产行业的投资人与合作伙伴在房地产开发中获得收益，并实现专业化、精细化、品牌化。作为房地产开发代建4.0体系的开创者，绿城管理集团坚持"品质、信任、效益、分享"的核心价值，通过项目管理整合资源、输出品牌及标准，以管理创造价值。[3]

（二）服务性开发模式

服务性开发主要是指房地产开发商输出项目管理模式与服务，为大型产业地产

---

[1] http://house.people.com.cn/n1/2017/0825/c164220-29493612.html.
[2] https://finance.eastmoney.com/news/1349,20130125270263855.html.
[3] https://www.cx150.com/news/show-88999.html.

项目提供市场分析、项目定位、规划建议、营销策略、商业模式设计、项目操作、资源整合、商业招商等整合运营服务。这种开发模式通常可认为是一种"虚拟"开发方式（服务对象是其他开发企业），以推动当地开发项目的实施。开发企业也可以提供一种纯咨询服务，通过提出开发项目的解决方案，开展业务服务，贯穿房地产开发项目的全过程。例如，专注于商业不动产全方位整合运营的恩次方商业集团，是中国商业不动产全方位整合运营服务机构。竞优国际集团成立于 1987 年，30 多年来始终如一地致力于为房地产开发、物业管理、建筑施工、酒店及高尔夫行业提供集成的业务解决方案，客户遍及五大洲 18 个国家和地区。万达集团、龙湖地产、万科、中海地产等国内知名房地产要求均选择了竞优软件。[1][2]

（三）互联网+的创新模式

互联网应用给我国经济社会带来了深刻的影响和变化，与传统产业融合也催生了许多新型业态和新兴产业。目前，"智慧城市""物联网""云计算""大数据"等新兴产业呈现出非常大的发展潜力，而房地产行业"互联网+"模式可以说是与上述新兴产业发展密切相关、相互促进。2014 年，冯仑提出了万通自由筑屋定制梦，就是搭建一个互联网平台，集结一群购房者，根据购房者的集体意愿，提供造房团队，由这个平台全程跟踪建造进程，提供后勤支援。2015 年 5 月，中国平安在入股碧桂园之后，双方携手推出首个"开发众筹"项目，项目以每平方米为单位而不是按套进行资金的募集，把项目包装成保险、债券或者余额宝那样的金融产品，将众筹建房的行为变成购买金融产品。稳盈财富成立于 2015 年 11 月，是金地集团旗下互联网金融平台，旨在依托于房地产生态，围绕客户"选家、筑家、居家"等生活场景，提供供应链金融、置业理财、消费金融等服务。[3]

在互联网经济时代，一方面，通过业务流程再造，实现房地产企业差异化需求的整合能力和高弹性的建设组织能力，将形成房地产开发企业的核心竞争力；另一方面，通过战略合作的服务平台，整合开发商、建筑商、设计和其他投资方，实现资源整合和开发企业的结构调整及优化。

（四）产业地产开发模式

产业地产是指在新经济和城市经营背景下，以地产为载体，以实现财富的持续

---

[1] http://www.n821.com
[2] https://www.163.com/dy/article/EP98KRFH05383B3E.html.
[3] https://www.163.com/dy/article/BGM85ID605158PR0.html.

增长为目标,专业化地提供城市化、工业化、产业化集群空间物质载体的部门。作为一种新的城市发展空间理念正逐渐兴起,产业地产在推动企业加速孵化、产业集聚、区域经济发展等方面具有重要作用。根据开发主体的不同,产业地产的开发模式主要分为产业园区开发模式、主体企业引导模式、产业地产商模式和综合运作模式四种。

产业园区开发模式是目前我国最常见的产业地产开发模式,是以政府为主导,根据城市规划发展的需要,经招商引资、土地出让等方式引进符合相关条件的产业发展项目。主体企业引导模式是指在特定产业领域内具有强大实力的企业,获取大量的自用土地后建造一个相对独立的工业园区,通过土地再开发,建立完善相应配套设施,以出让、项目租售等方式引起其他同类企业的聚集,实现整个产业链的打造及完善。产业地产商模式是地产开发商在工业园区或其他地方获取土地,建设基础设施以及厂房、仓库、研发楼等,然后以租赁、转让或合资等方式进行项目的经营和管理,最后获取开发利润的开发模式。从本质上来说,产业地产商模式与传统的住宅开发模式并没有太大的差别。综合运作模式是指产业园区开发模式、主体企业引导模式和产业地产商模式混合运用的开发模式。综合运作模式既能充分发挥政府的指导性,同时也能发挥市场的灵活性,权责明确,有利于引入多元投资主体实施综合性、大规模成片开发项目。

第三节 房地产投资项目的财务评价

财务评价是房地产开发项目投资分析的核心内容。

财务评价是工程项目经济评价的第一步,是从企业或项目的角度,根据国家现行财税制度和现行市场价格,计算项目的投资费用、产品成本与产品销售收入、税金等,进而计算和分析项目的盈利能力、清偿能力以及外汇平衡能力等财务状况,据以判断项目的财务可行性,并得出财务评价的结论。

在完成房地产市场调查与预测、开发项目策划、开发项目投资与成本费用估算、开发项目收入估算与资金筹措计划编制等基础工作后,就可以通过编制财务报表、计算财务评价指标,对房地产开发项目的财务盈利能力、清偿能力和资金平衡情况进行财务评价。

房地产开发项目财务评价报表包括基本报表和辅助报表。一些基础性数据(如成本、收入等)都存储于辅助报表中,这些辅助报表通过某种对应关系生成基本报表。通过基本报表就可以对项目进行财务盈利能力、清偿能力及资金平衡分析。

一、财务评价的概念、内容与步骤

(一) 财务评价的概念与内容

1. 财务评价的概念

财务评价是房地产开发项目投资分析的核心内容。其目的在于根据国民经济、社会发展战略和行业地区发展规划的要求,从企业或项目的角度,在完成房地产市场调查与预测、开发项目策划、开发项目投资与成本费用估算、开发项目收入估算与资金筹措计划编制等基础工作的基础上,通过编制财务报表、计算财务评价指标,对房地产开发项目的财务盈利能力、清偿能力和资金平衡情况进行分析论证,最大限度地提高投资效益,为项目的科学决策提供可靠的依据。财务评价必须保证评价的客观性、科学性、公正性,坚持定量分析与定性分析相结合、以定量分析为主以及动态分析与静态分析相结合、以动态分析为主的原则。

投资者可根据项目财务评价的结论、项目投资的财务经济效果和投资所承担的风险程度来决定项目是否应该投资建设。

2. 财务评价的主要内容

对于房地产投资而言,财务评价主要包括项目财务盈利能力分析和项目清偿能力分析两方面。盈利能力的指标主要反映房地产投资的财务效益,即考察拟投资(开发)项目竣工上市后是否盈利、盈利能力有多大、盈利能力是否足以满足项目可行的要求为条件,以确定投资项目经济效果的优劣。财务盈利分析指标主要有投资回收期、净现值、内部收益率等。项目的清偿能力主要指项目偿还借款和清偿债务的能力,即在筹集资金之际,提供资金者不仅要考察项目是否具有债务清偿能力,还要考察资金偿还期限是否符合有关规定,项目是否具备所要求的清偿债务能力。分析房地产投资项目的清偿能力的指标主要有资产负债率、流动比率、速动比率、借款偿还期、外汇平衡等。

(二) 财务评价的主要步骤

1. 分析和测算项目的财务数据

分析和测算财务数据包括对项目总投资、资金筹措方案、成本费用、销售收入、税金和利润,以及其他与项目有关的财务数据进行分析、鉴定和评估。财务数据估算一定要遵循真实、准确、符合现行经济法规的原则,才能确保结果的客观、准确。

2. 分析财务基本报表

财务基本报表是根据财务数据填列的，也是计算反映项目盈利能力、清偿能力的技术经济指标的基础，所以在分析和估算财务数据之后，需要对财务基本报表进行分析和评估，主要是对现金流量表、利润表、资金来源与运用表、资产负债表等进行分析和评价，一是要审查基本报表的格式是否符合规范要求；二是要审核所填列的数据是否准确。

如果格式不符合要求或者数据不准确，则要重新编制表格，填列分析人员所估算的财务数据。

3. 分析财务效益指标

财务效益指标包括反映项目盈利能力的指标和项目清偿能力的指标。反映项目盈利能力的指标包括静态指标（投资利润率、投资利税率、资本金利润率等）和动态指标（财务内部收益率、财务净现值等）；反映项目清偿能力的指标包括投资回收期、借款偿还期、资产负债率、流动比率和速动比率等。对财务效益进行分析和评估，一是要审核计算方法是否正确；二是要审核计算结果是否准确。如果计算方法不正确或计算结果有误差，则需要重新计算。

4. 提出财务分析结论

将计算出来的有关指标运用前述分析方法进行分析，并从财务角度提出项目可行与否的结论。

5. 进行不确定分析

不确定分析包括盈亏平衡分析和敏感性分析两种方法，主要分析项目抗风险的能力和适应市场变化的能力等。

（三）财务基准收益率的设定

1. 基准收益率的影响因素

基准收益率是企业或行业或投资者以动态的观点所确定的投资方案最低标准收益水平。它表明投资决策者对项目资金时间价值的估价，是投资资金应当获得的最低盈利水平，是评价和判断投资方案在经济上是否可行的依据，是一个重要的经济参数。企业财务评价中应用的基准贴现率可以理解为一种资金的机会成本（opportunity cost）。

基准收益率的确定一般以行业的平均收益率为基础，同时综合考虑资金成本、投资风险、通货膨胀以及资金限制等影响因素。对于国家投资项目，进行经济评价时使用的基准收益率是由国家组织测定并发布的行业基准收益率；非国家投资项目，由投资者自行确定，但应考虑以下因素。

(1) 资金成本和机会成本（i_1）。

资金成本是为取得资金使用权所支付的费用。项目投资后所获利润额必须能够补偿资金成本，然后才能有利可言。因此，基准收益率最低限度不应小于资金成本。投资的机会成本是指投资者将有限的资金用于除拟建项目以外的其他投资机会所能获得的最好收益。换言之，由于资金有限，当把资金投入拟建项目时，将失去从其他最好的投资机会中获得收益的机会。显然，基准收益率应不低于单位资金成本和单位投资的机会成本两者的最高值，这样才能使资金得到最有效的利用。这一要求可用下式表达：

$$i_c \geq i_1 = \max\{单位资本金, 单位投资机会成本\} \quad (2-1)$$

如果工程项目完全由企业自有资金投资建设，可参考行业基准收益率确定项目基准收益率，这时可将机会成本等同于行业基准收益率；假如投资项目资金来源包括自有资金和贷款时，最低收益率不应低于行业基准收益率与贷款利率的加权平均收益率。如果有好几种贷款方式，贷款利率应为加权平均贷款利率。

(2) 风险贴补率（i_2）。

在整个项目计算期内，存在着发生不利于项目的环境变化的可能性，这种变化难以预料，即投资者要冒着一定风险作决策。所以在确定基准收益率时，仅考虑资金成本、机会成本等因素是不够的，还应考虑风险因素。通常，以一个适当的风险贴补率 i_2 来提高 i_c 值。也就是说，以一个收益水平增量补偿投资者所承担的风险，风险越大，贴补率越高。为此，投资者自然就要求获得较高的利润，否则他是不愿去冒风险的。为了限制对风险大、盈利低的项目进行投资，可以采取提高基准收益率的办法来进行项目经济评价。

一般来说，从客观上看，资金密集型项目的风险高于劳动密集型项目；资产专用性强的项目的风险高于资产通用性强的项目；以降低生产成本为目的的项目的风险低于以扩大产量、扩大市场份额为目的的项目。从主观上看，资金雄厚的投资主体的风险低于资金拮据者。

(3) 通货膨胀率（i_3）。

在通货膨胀影响下，各种材料、设备、房屋、土地的价格以及人工费都会上升。为反映和评价出拟建项目在未来的真实经济效果，在确定基准收益率时，应考虑通货膨胀因素。

通货膨胀以通货膨胀率 i_3 来表示，通货膨胀率主要表现为物价指数的变化，即通货膨胀率约等于物价指数变化率。由于通货膨胀年年存在，因此，通货膨胀的影响具有复利性质。一般每年的通货膨胀率是不同的，但为了便于研究，常取一段时间的平均通货膨胀率，即在所研究的计算期内，通货膨胀率可以视为固定的。

（4）资金限制。

资金越少，越需要精打细算，使之利用得更加有效。为此，在资金短缺时，应通过提高基准收益率的办法进行项目经济评价，以便筛选掉盈利能力较低的项目。

2. 基准收益率的确定方法

基准收益率的测定可以采用代数和法、资本资产定价模型法、加权平均资金成本法、典型项目模拟法、德尔菲专家调查法等方法，也可以同时采用多种方法进行测算，将不同方法测算的结果互相验证，经协调后确定。

（1）代数和法。

若项目现金流量是按当年价格预测估算的，则应以年通货膨胀率 i_3 修正 i_c 值。这时，基准收益率可近似地用单位投资机会成本、风险贴补率、通货膨胀率之代数和表示，即：

$$i_c = (1+i_1)(1+i_2)(1+i_3) - 1 \approx i_1 + i_2 + i_3 \quad (2-2)$$

若项目的现金流量是按基年不变价格预测估算的，预测结果已排除通货膨胀因素的影响，就不再重复考虑通货膨胀的影响。即：

$$i_c = (1+i_1)(1+i_2) - 1 \approx i_1 + i_2 \quad (2-3)$$

上述近似计算的前提条件是 i_1、i_2、i_3 都为较小的数。

（2）资本资产定价模型法。

采用资本资产定价模型法（CAPM）测算行业财务基准收益率的公式为：

$$K = K_f + \beta \times (K_m - K_f) \quad (2-4)$$

式中：K——权益资金成本；

K_f——市场无风险收益率；

β——风险系数；

K_m——市场平均风险投资收益率。

风险系数是反映行业特点与风险的重要数值，也是测算工作的重点和基础。应在行业内抽取有代表性的企业样本，以若干年企业财务报表数据为基础数据，进行行业风险系数测算。

市场无风险收益率，一般可采用政府发行的相应期限的国债利率；市场平均风险投资收益率可依据国家有关统计数据测定。

测算出的权益资金成本，可作为确定财务基准收益率的下限，再综合考虑采用其他方法测算得出的行业财务基准收益率并进行协调后，确定基准收益率的取值。

(3) 加权平均资金成本法。

采用加权平均资金成本法（WACC）测算基准收益率的公式为：

$$WACC = K_e \frac{E}{E+D} + K_d \frac{D}{E+D} \qquad (2-5)$$

式中：$WACC$——加权平均资金成本；

　　　K_e——权益资金成本；

　　　K_d——债务资金成本；

　　　E——股东权益；

　　　D——企业负债。

权益资金与负债的比例可采用行业统计平均值，或者由投资者进行合理设定。债务资金成本为公司所得税后债务资金成本。权益资金成本可采用式（2-4）资本资产定价模型确定。

根据式（2-5）测算出的行业加权平均资金成本，可作为全部投资行业财务基准收益率的下限，综合考虑其他方法得出的基准收益率并进行调整后，确定全部投资行业财务基准收益率的取值。

(4) 典型项目模拟法。

采用典型项目模拟法测算基准收益率，应在合理时间区段内，选择一定数量的具有行业代表性的已进入正常生产运营状态的典型项目，采集实际数据，计算项目的财务内部收益率，对结果进行必要的分析，并综合各种因素后确定基准收益率。

(5) 德尔菲专家调查法。

采用德尔菲（Delphi）专家调查法测算行业财务基准收益率，应统一设计调查问卷，征求一定数量的熟悉本行业情况的专家，依据系统的程序，采用匿名发表意见的方式，通过多轮次调查专家对本行业建设项目财务基准收益率取值的意见，逐步形成专家的集中意见，对调查结果进行必要的分析，并综合各种因素后确定基准收益率。

通过上述讨论，可进一步认识到，要正确确定基准收益率，其基础是资金成本、机会成本，而投资风险、通货膨胀和资金限制也是必须考虑的影响因素。

二、财务评价的报表编制

房地产开发项目财务评价报表包括基本报表和辅助报表。一些基础性数据（如成本、收入等）都存储于辅助报表中，这些辅助报表通过某种对应关系生成基本报表。通过基本报表就可以对项目进行财务盈利能力、清偿能力及资金平衡分析。

（一）基本报表

1. 现金流量表

现金流量表反映房地产项目开发经营期内各期（年、半年、季度、月）的现金流入和现金流出，用以计算各项动态和静态评价指标，进行项目财务盈利能力分析。按投资计算基础的不同，现金流量表分为以下几种。

（1）项目投资现金流量表。

该表不分投资资金来源，以全部投资作为计算基础，用以计算全部投资财务内部收益率、财务净现值及投资回收期等评价指标，考察项目全部投资的盈利能力，为各个投资方案（不论其资金来源及利息多少）进行比较建立共同的基础。房地产开发投资项目全部投资现金流量表如表 2-1 所示。

表 2-1　　　　　　　　投资项目全部投资现金流量　　　　　　　　单位：万元

序号	项目	开发经营期				合计
		1	2	……	n	
1	现金流入					
1.1	销售收入					
1.2	租金收入					
1.3	自营收入					
1.4	净转售收入					
1.5	其他收入					
1.6	回收固定资产余值					
1.7	回收经营资金					
2	现金流出					
2.1	开发建设投资					
2.2	经营资金					
2.3	运营费用					
2.4	修理费用					
2.5	增值税和税金及附加					
2.6	土地增值税					
2.7	所得税					
3	净现金流量					
4	累计净现金流量					
5	净现值（$i_c=$）					
6	累计净现值					

注：（1）该表适用于独立法人的房地产开发项目（项目公司）；
　　（2）开发建设投资中应注意不包含财务费用；
　　（3）在运营费用中应扣除财务费用、折旧费和摊销费。

（2）资本金现金流量表。

该表从投资者整体的角度出发，以投资者的出资额作为计算基础，把借款本金偿还和利息支付视为现金流出，用以计算资本金财务内部收益率、财务净现值等评价指标，考察项目资本金的盈利能力。房地产开发投资项目资本金现金流量表如表2-2所示。

表2-2　　　　　　　　　　　投资项目资本金现金流量　　　　　　　　　　单位：万元

序号	项目	开发经营期				合计
		1	2	……	n	
1	**现金流入**					
1.1	销售收入					
1.2	租金收入					
1.3	自营收入					
1.4	净转售收入					
1.5	其他收入					
1.6	长期借款					
1.7	短期借款					
1.8	回收固定资产余值					
1.9	回收经营资金					
2	**现金流出**					
2.1	开发建设投资					
2.2	经营资金					
2.3	运营费用					
2.4	修理费用					
2.5	增值税和税金及附加					
2.6	土地增值税					
2.7	所得税					
2.8	借款本金偿还					
2.9	借款利息支付					
3	**净现金流量**					
4	**累计净现金流量**					
5	净现值（$i_c=$　　）					
6	累计净现值					

计算指标：财务内部收益率、财务净现值

注：该表适用于独立法人的房地产开发项目（项目公司）。非独立法人的房地产开发项目可参考本表使用，同时应注意开发企业开发建设投资、经营费用、所得税和债务等的合理分摊。

（3）投资者各方现金流量表。

该表以投资者各方的出资额作为计算基础，用以计算投资者各方财务内部收益率、财务净现值等评价指标，反映投资者各方投入资本的盈利能力。房地产开发投资项目投资者各方现金流量表如表2-3所示。

表2-3　　　　　　　　　　项目投资者各方现金流量　　　　　　　　单位：万元

序号	项目	开发经营期				合计
		1	2	……	n	
1	现金流入					
1.1	应得利润					
1.2	资产清理分配					
1.3	回收固定资产余值					
1.4	回收经营资金					
1.5	净转售收入					
1.6	其他收入					
2	现金流出					
2.1	开发建设投资出资额					
2.2	经营资金出资额					
3	净现金流量					
4	累计净现金流量					
5	净现值（$i_c=$）					
6	累计净现值					

计算指标：财务内部收益率、财务净现值

注：该表适用于独立法人的房地产开发项目（项目公司）。

2. 损益表

该表反映房地产项目开发经营期内各期的利润总额、所得税及各期税后利润的分配情况，用以计算投资利润率、资本金利润率及资本金净利润率等评价指标。

在估算所得税时，应注意开发商发生的年度亏损，可以用下一年度的税前利润弥补；下一年度税前利润不足弥补的，可以在5年内延续弥补；5年内不足弥补的，用税后利润弥补。在实际操作中，房地产开发项目的所得税，采用了按销售收入一定比例预征的方式，即不论项目整体上是否已经盈利，只要实现了销售收入，就按其一定比例预征收所得税。

税后利润的分配顺序，首先是弥补企业以前年度的亏损，然后是提取法定盈余公积金，之后是可向投资者分配的利润。房地产开发投资项目损益表如表2-4所示。

表 2-4　　　　　　　　　　房地产投资项目损益　　　　　　　　　单位：万元

序号	项目	开发经营期 1	2	……	n	合计
1	**营业收入**					
1.1	销售收入					
1.2	租金收入					
1.3	自营收入					
2	**营业成本**					
2.1	商品房销售成本					
2.2	出租房经营成本					
3	**运营费用**					
4	**修理费用**					
5	**增值税和税金及附加**					
6	**土地增值税**					
7	**利润总额（1-2-3-4-5）**					
8	**所得税**					
9	**税后利润（7-8）**					
9.1	盈余公积金					
9.2	应付利润					
9.3	未分配利润					

注：该表适用于独立法人的房地产开发项目。

3. 资产负债表

资产负债表反映企业一定日期全部资产、负债和所有者权益的情况。在对房地产开发项目进行独立的财务评价时，不需要编制资产负债表。但当房地产开发经营公司开发或投资一个新的房地产项目时，通常需要编制该企业的资产负债表，以计算资产负债率、流动比率、速动比率等反映企业财务状况和清偿能力的指标。房地产开发投资项目的资产负债表如表 2-5 所示。

表 2-5　　　　　　　　　　房地产投资项目资产负债　　　　　　　　　单位：万元

序号	项目	开发经营期 1	2	3	4	5	……	n	合计
1	**资产**								
1.1	流动资产								
1.1.1	应收账款								
1.1.2	存货								

续表

序号	项目	开发经营期							合计
		1	2	3	4	5	……	n	
1.1.3	现金								
1.1.4	累计盈余资金								
1.2	在建工程								
1.3	固定资产净值								
1.4	无形资产及递延资产								
	资产合计								
2	**负债**								
2.1	流动负债总额								
2.1.1	应付账款								
2.1.2	流动资金借款								
2.1.3	其他短期借款								
2.2	长期借款								
	负债合计								
3	**所有者权益**								
3.1	资本金								
3.2	资本公积金								
3.3	累计盈余公积金								
3.4	累计未分配利润								
	所有者权益总和								
	负债及所有者权益总和								

计算指标：资产负债率（％）；流动比率（％）；速动比率（％）

注意：资产负债表是所有企业的基本财务报表，对于房地产开发商而言，反映的是企业的整体资产负债表、所有者权益的报表。

（二）辅助报表

辅助报表包括项目总投资估算表、开发建设投资估算表、经营成本估算表、土地费用估算表、前期工程费估算表、基础设施建设费估算表、建筑安装工程费用估算表、公共配套设施建设费估算表、开发期税费估算表、其他费用估算表、销售收入与增值税及附加估算表、出租收入与增值税及附加估算表、自营收入与增值税及附加估算表、投资计划与资金筹措表和借款还本付息估算表。

借款还本付息计划表主要反映项目借款情况，安排还款计划，并估算归还借款的资金来源，房地产开发投资项目的借款还本付息估算表如表2-6所示。

表 2-6　　　　　　　　房地产投资项目借款还本付息估算　　　　　　　　单位：万元

序号	项目	开发经营期							合计
		1	2	3	4	5	……	n	
1	年初贷款累计								
2	本年贷款								
3	本年应付利息								
4	本年应还本金								
5	年末贷款累计								
6	还本来源								
6.1	财务费用								
6.2	折旧费								
6.3	摊销费								
6.4	余留折旧与摊销费								
6.5	利润垫付								
7	偿还贷款利息合计								

注：当年利息 =（年初借款利息 + 当年借款/2）× 年利率。

（三）财务报表的编制

房地产开发项目财务报表之间的关系如图 2-1 所示。财务报表的编制可以手工计算，也可以采用 Microsoft Excel 软件进行编制。

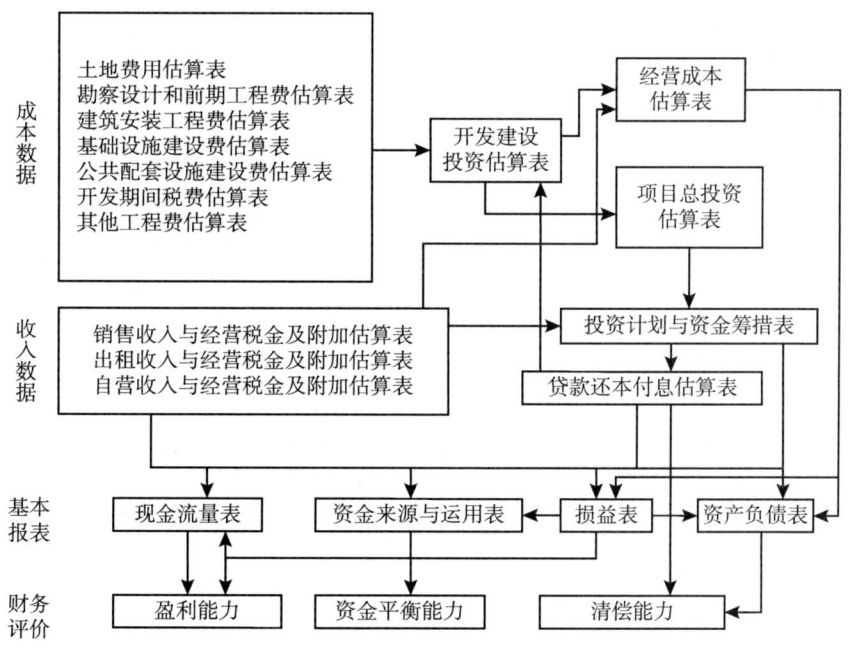

图 2-1　房地产投资项目财务报表关系

三、房地产开发投资项目的财务评价指标

房地产开发投资项目财务评价是考察项目的盈利能力和清偿能力。盈利能力指标是用来考察项目盈利能力水平的指标，包括静态指标和动态指标两类。其中，静态指标是在不考虑资金的时间价值因素影响的情况下，直接通过现金流量计算出来的经济评价指标。静态指标的计算简便，通常在概略评价时采用。动态指标是考虑了资金的时间价值因素的影响，要对发生在不同时间的收入、费用计算资金的时间价值，将现金流量进行等值化处理后计算出来的经济评价指标。动态评价指标能够较全面地反映投资方案整个计算期的经济效果，适用于详细可行性研究阶段的财务评价和计算期较长的投资项目。

由于房地产开发投资项目与房地产置业投资项目的效益费用特点不同，在实际操作中，两种类型投资项目的经济评价指标体系略有差异。

（一）反映盈利能力的指标

反映项目盈利能力的指标包括两大类，即静态指标和动态指标，是否考虑了资金的时间价值问题是区别这两类指标的关键。

1. 静态指标的计算与分析

静态指标是不考虑资金时间价值因素影响的指标，主要包括投资利润率、投资利税率、资本金利润率和资本金净利润率等指标。项目财务评价的静态指标的计算与分析如表2-7所示。

表2-7　　　　　　　　项目财务评价的静态指标计算与分析

指标		备注
投资利润率	投资利润率 =（利润额/投资额）× 100%	利润额分为税前利润额和税后利润额 投资额 = 投资 + 贷款利息
投资利税率	投资利税率 =（利税额/投资额）× 100%	利税额为利润总额与销售税金及附加之和
资本金利润率	资本金利润率 =（利润额/资本金）× 100%	利润额为税前利润，资本金为项目的全部注册资金
资本金净利润率	资本金净利润率 =（税后利润额/资本金）× 100%	资本金净利润率是投资者最在意的一个指标，因为它反映了投资者自己的出资所带来的净利润

(1) 投资利润率。

投资利润率，又可称为投资收益率或投资回报率，主要用来评价项目的获利水平。其计算公式为：

$$投资利润率 = (利润额/投资额) \times 100\% \quad (2-6)$$

式（2-6）中，投资额是包括建设期贷款利息的总投资，利润额是房地产开发商品的销售（出租）净收入，如住宅销售净收入、土地使用权转让净收入等。

在实际计算中，将利润额分为税前利润额和税后利润额两部分。前式中各参数为：

$$税前利润额 = 销售收入销售成本 - 销售税金还贷额$$

$$税后利润额 = 税前利润额 - 所得税$$

$$投资额 = 投资 + 贷款利息$$

计算出来的投资利润率要与规定的行业标准投资利润率或行业的平均投资利润率进行比较。当投资利润率高于行业标准投资利润率或行业的平均投资利润率时，认为项目可以考虑接受。

(2) 投资利税率。

投资利税率是项目利税额与投资额的比值，它也是表明投资效果的一种指标。计算方法类似投资利润率，其计算公式为：

$$投资利税率 = (利税额/投资额) \times 100\% \quad (2-7)$$

式（2-7）中，利税额为利润总额与销售税金及附加之和。其中可以是税后利润，但要注意不能重复计算。

利润额可以是税前利润，计算出的投资利税率同样要与规定的行业标准投资利税率或行业平均投资利税率进行比较，如果前者大于或等于后者，则认为项目是可以考虑接受的。

(3) 资本金利润率。

资本金利润率是项目的利润额与项目资本金的比例，其计算公式为：

$$资本金利润率 = (利润额/资本金) \times 100\% \quad (2-8)$$

式（2-8）中，利润额为税前利润，资本金为项目的全部注册资金。

计算出的资本金利润率要与行业的平均资本金利润率或投资者的目标资本金利润率进行比较，如果前者大于后者或等于后者，则认为项目是可以考虑接受的。

(4) 资本金净利润率。

资本金净利润率是项目税后利润与项目资本金之比，计算公式如下：

资本金净利润率 =（税后利润/资本金）×100%   (2-9)

资本金净利润率是投资者最在意的一个指标，因为它反映了投资者自己的出资所带来的净利润。

2. 动态指标的计算与分析

动态指标是指考虑资金时间价值因素影响的指标，主要包括投资回收期，财务净现值和财务内部收益率，依据现金流量表计算，如表 2-8 所示。

表 2-8　　　　　　　　项目财务评价的动态指标计算与分析

指标		备注
投资回收期（动态）	$\sum_{t=0}^{n} F_t (1+i_0)^{-1} \geq 0$ n = 累计净现金流量出现正值的前一年份 +（前一年累计净现金流量折现值/出现正值的净现金流量折现值） $Ft = (CI - CO)_t$——第 t 年净现金流 i_0——基准贴现率	全面考虑了货币的时间价值，在给定基准贴现率的条件下，考察用投资方案获得的净现金收入，用于偿还全部投资的时间。 $n \leq n_0$（小于基准回收期，项目可行）
财务净现值（FNPV）	$FNPA(i) = \sum_{i=0}^{N}(CO-CI)_t(1+i)^{-t}$ N——项目计算期 i——项目的目标折现率	净现值（FNPV）大于零，说明项目用其净效益抵付了相当于折现率计算的利息后还有盈余，项目可行
财务内部收益率（FIRR）	$FIRR = i_1 + \dfrac{FNPV(i_1)}{[FNPV(i_1)-FNPV(i_2)]}(i_2-i_1)$ $FNPA(i_1)$、$FNPA(i_2)$——当贴现率为 i_1 和 i_2 时的净现值	当设定基准贴现率 i_0 之后，财务内部收益率的评价准则为：$i_0 <$ FIRR，投资项目可行。 当 $i_2 \sim i_1$ 相距的值越小，插值计算的结果越精确

（1）动态投资回收期。

动态投资回收期是全面考虑了货币的时间价值，在给定基准贴现率 i_0 的条件下，考察用投资方案的净现金收入，用于偿还全部投资的时间。

通常情况下，投资回收期越短越好，这表示能在较短的时间内回收原始投资。或者，当计算所得的回收期小于或等于国家（或部门）规定的基准回收期时，即 $n \leq n_0$，表示项目的经济性较好，项目可行。

（2）财务净现值。

财务净现值（FNPV）是指项目按行业的基准收益率或设定的目标收益率将项目计算期内各年的净现金流量折算到投资活动起始点的现值之和，是房地产开发项目财务评价中的一个重要经济指标。

(3) 财务内部收益率。

财务内部收益率（FIRR）是指项目在整个计算期内，各年净现金流量现值累计等于零时的折现率，是评估项目营利性的基本指标。财务内部收益率的经济含义是在项目寿命期内项目内部未收回投资每年的净收益率。同时意味着，到项目寿命期终了时，所有投资可以被完全收回。财务内部收益率可以通过内插法求得。

（二）反映清偿能力的指标

项目清偿能力分析主要是考察项目计算期内各年的财务状况及偿清能力，其具体要计算资产负债率、借款偿还期、流动比率、速动比率等指标。房地产投资项目的清偿能力的指标计算与分析如表2-9所示。

表2-9　　　　　　　　项目财务评价的清偿能力指标分析与计算

指标		备注
资产负债率	资产负债率 =（负债总额/资产总额）×100%	从债权人角度：他们最关心的是贷款的安全度； 从投资人角度：他们关心的是全部资本利润率是否超过借入款项的利率； 从财务角度：经营者应当审时度势，充分估计预期的利润和增加的风险
流动比率	流动比率 =（流动资产总额/流动负债总额）×100%	一般认为，合理的最低流动比率是2
速动比率	速动比率 =（流动资产总额 - 存货/流动负债总额）×100%	通常认为，合理的速动比率为1，低于1的速动比率被认为是短期偿债能力偏低
借款偿还期（国内）	$I_d = \sum_{t=1}^{P_d} R_t$ I_d——建设投资国内借款本金和利息之和； P_d——国内借款偿还期（从借款开始年计算）； R_t——第t年可用于还款的资金	国内借款偿还期是指在国家财政规定及项目具体财务条件下，以项目投产后可用于还款的资金，偿还建设投资国内借款本金和建设期利息（不包括已用自有资金支付的建设期利息）所需要的时间

1. 资产负债率

资产负债率反映了项目计算期内各个年份所面临的财务风险程度及偿债能力。判断企业的资产负债率是否合理，因债权人、投资人和经营者的立场、角度不同而有所区别。从债权人角度看，他们最关心的是贷款的安全性。当资产负债率较低时，则表明企业偿债保证能力较强，则债权人的贷款风险相对较小。因此，他们希望资产负债率越低越好。从投资人角度看，他们关心的是全部资本利润率是否超过借入款项的利率。如果全部资本利润率超过借款利率，则通过"杠杆作用"，投资人的所得利润就会放大，反之亦然。

因此，他们希望在全部资本利润率高于借款利率的条件下，资产负债率越大越好。反之，如果全部资本利润率低于借款利率，资产负债率越小越好。此外，企业资产负债率过高，也意味着该企业的财务风险很大。值得指出的是，判断企业的资产负债率是否合理，还取决于外部的经济环境、国家和地区的经济发展阶段等条件，同时取决于同行业、同地区企业的平均资产负债率。

2. 流动比率

流动比率反映了项目计算期各年偿付流动负债的能力。一般认为，合理的最低流动比率是2，这是因为，处在流动资产中变现能力最差的存货金额，约占流动资产总额的一半，剩下的流动性较大的流动资产至少要等于流动负债，这样项目的短期偿债能力才会有保证。

计算得出的流动比率，只有和同行业平均流动比率相比，才能知道这个比例是高还是低。但这种比较并不能说明流动比率高低的原因，所以要深入分析。只有进一步考察项目流动资产和流动负债所包括的内容以及经营上的因素，如营业周期、应收账款数额、存货周转速度等，才能得出流动比率指标正确合理的比率值。

3. 速动比率

速动比率是从流动资产中扣除存货部分，再除以流动负债的比值。该指标反映了项目快速偿付流动负债的能力。通常认为，合理的速动比率为1，低于1的速动比率被认为是短期偿债能力偏低。

在计算速动比率时，把存货从流动资产中剔除的原因主要有：一是在流动资产中存货的变现速度最慢；二是由于某种原因，部分存货可能已经损耗或报废，但还没有处理；三是部分存货已抵押给某债权人；四是存货估价还存在着成本与合理市价相差悬殊的问题。

4. 借款偿还期

计算出的借款偿还期，要与金融机构或其他有关部门规定的贷款期限进行比较，一般不应超过规定的期限。否则，项目是不可以接受的。

第四节 房地产投资价值判断

常见的房地产资产估价方法有多种，如成本法、收益资本化法、市场比较法、假设开发法等。对于房地产投融资活动而言，收益资本化法最为重要，它源于资产定价理论,是将房地产实物资产与金融资产进行价值比较和转换的重要工具。而成本法和市场比较法也是在投资活动中比较常用的方法,它们可以从其他视角来弥补收益资本化法的不足。

一、收益资本化法

(一) 收益资本化法的概念

收益资本化法(income capitalization)也称收益法、收益还原法。收益资本化法是通过预测评估对象的未来收益,选择适当的报酬率或资本化率、收益乘数将其折现到估价时点价值的估价方法。资产定价理论中的基本估值模型就是收益资本化法的基本公式,是将某项资产未来自由现金流,以一定的资本化率贴现而得到的价值。将预测的未来收益转化为价值的过程被称为资本化,资本化率则是将房地产的净收益还原或转换成价格的比率,用收益资本化法获得的房地产资产价格称为收益价格,而资产价值的大小取决于其产生现金流的能力。但是,如果资产没有收益或收益无法用货币计量以及风险报酬率无法计算,那么该资产无法使用收益法评估。另外,收益法对未来收益预测、风险报酬率的确定等具有一定主观性,这也影响了资产评估的准确性。

收益资本化法适用的估价对象是具有收益性房地产(income-producing property),或商业地产(commercial real estate),如出租型公寓、写字楼、商店、酒店、旅馆、餐馆、游乐场、影剧院停车场、汽车加油站、标准厂房(用于出租的)、仓库(用于出租的)、农地等。这些估价对象不限于其本身目前是否有收益,只要周围类似房地产有收益可以参照即可。

(二) 收益资本化法的步骤与计算

用收益资本化法估价一般分为四个步骤:
(1) 收集并验证可用于预测估价对象未来收益的相关数据,如估价对象及类似房地产过去和现在的收入、费用等数据资料;
(2) 预测估价对象未来持有年的各年净收益;
(3) 求取资本化率或收益乘数;
(4) 选用合适的直接资本化法公式计算收益价值。

房地产投融资活动中使用的收益资本化的计算方式有两种,一种是考虑出售价值;另一种是资产到期价值为零。

(1) 考虑出售价值的收益资本化公式。

$$PV = \sum_{t=1}^{n} \frac{I_t}{(1+Y)^t} + \frac{s}{(1+Y)^n} \qquad (2-10)$$

式中：PV——现时的房地产资产价值；

I_t——第 t 年末的资产净收益；

Y——资本化率；

s——第 n 年末出售房地产时的价格。

通常在房地产估价中采用的是无限年制的收益法公式，即 $P = \frac{NOI}{i}$，其中 NOI 是该物业资产第一年的净收益，i 是资本化率，此方法也称为直接资本化法。在现实的投资活动中仅考虑第一年的净经营收益是不准确的，以此来衡量一项房地产资产投资价值的风险较大。因为未来该项房地产资产出售的价格不仅包含了未来该项资产的出租收益，还包括了其他无法量化的潜在收益。因此，在当前的房地产政策制度和通胀压力下，许多投资者并不关心出租收益，却非常重视出售价格。

(2) 房地产资产到期价值为零的计算公式（即有限年期的计算公式）。

$$PV = \sum_{t=1}^{n} \frac{I_t}{(1+Y)^t} \qquad (2-11)$$

式（2-11）是对有限年期经营的商业性质的房地产所采用的估值方法。例如，在某些政府出让土地并事先声明在土地租期到期后无偿收回土地的商业性房地产项目，可以采取此计算公式计算。

二、市场比较法

市场法也称市场价格比较法（market approach），是指通过比较被评估资产与最近售出类似资产的异同，并对类似的市场价格进行调整，从而确定被评估资产价值的一种资产评估方法。市场比较法的理论依据是房地产价格形成的替代原则（大数法则），即同一种商品在同一市场上具有相同的市场价格。

市场比较法对房地产资产估值的适用对象是那些具有交易性的房地产资产。

市场比较法主要用于房地产市场发达，在同一市场中有充足类似房地产的交易案例的地区。市场比较法除可直接用于评估土地的价格或土地租金外，还可用于其他估价方法中有关参数的求取。目前由于中国房地产市场交易量的稳定增加，在个人住房抵押贷款和房地产交易税费征缴过程中，市场比较法已成为金融机构和政府税务机关常用的房地产资产估值方法。

当然，需要强调的是，资产的市场价格受当时的市场环境影响很大，市场交易双方经常处于不平等地位。市场法求得的资产价值有时也不一定合理、真实，因为在市场参与者群体非理性的情况下，房地产价值也可能被高估或低估，造成房地产市场价格偏离了房地产本身价值。因此，需要深刻把握当前市场的价格和资产价值的差异，避免用价格取代价值，对可比参照物的选择要谨慎。

三、成本法

成本法（cost approach）是求取某项房地产资产在估价时点的重新购建价格，然后扣除折旧，以此估算出估价对象的客观合理价格或价值的方法。成本法的理论依据是以卖方角度的生产费用价值论。由于在房地产投融资活动中对资产的估值主要是依照其产租能力的大小，故对成本法的使用较少，通常是作为卖方出售资产时的底价参考，也可以作为企业房地产资产的财务账面价值的对比参考。

成本法的适用对象是既无收益又很少发生交易的房地产（如学校建筑等），适用条件是该商品可自由进入市场和大量重复生产。

运用成本法对某项房地产资产进行估值一般包括以下步骤。

（1）搜集有关房地产开发的成本、税费、利润等资料；
（2）估算重新建造价格；
（3）估算折旧；
（4）求得最终计算价格。

有关房地产开发的成本、税费、利润等资料包括客观市场价格、建造年代、结构类型、耐用年限、已使用年限、残值率、实际新旧程度、重置价格、基准地价等。

成本法是政府对企业和个人房地产交易征税和收费的依据，会计师在对企业资产进行价值分析或折旧处理时也常采用成本法。但该方法的缺陷是没有考虑资产未来为其投资者或所有者带来的收益。因此，企业在清产核资中，会计一般采用成本法，在并购或重组的谈判中倾向于市场比较法和收益资本化法，以获得更多的资产对价筹码。

? 思考题

1. 如何理解房地产投资的内涵？
2. 房地产投资的类型有哪些？
3. 房地产投资具有哪些特征？

4. 房地产投资的影响因素有哪些？
5. 房地产的开发模式有哪些？
6. 什么是财务评价？财务评价的主要内容有哪些？
7. 简述房地产开发项目的财务评价一般步骤。
8. 什么是收益资本化法？用收益资本化法估价的一般步骤是什么？
9. 什么是市场比较法？其使用条件是什么？
10. 什么是成本法？运用成本法对某项房地产资产估值的一般步骤如何？

补充阅读

房地产投资分析中的价值与价格

1. 市场价值和投资价值

房地产资产的市场价值（market value）也称市场价格，是指在一个具备公平交易需要的一切条件下的完全竞争开放市场中，某一物业销售的最可能价格。所谓公平交易的假设条件是指交易双方对市场的认知度、交易时的议价能力和双方的地位都是相等的，而最可能交易价格认为买卖双方在认知和议价能力方面多数是不对等的，价格有时会受到交易主体一方的意愿影响。最可能交易价格是房地产评估常用术语，认为是待估房地产在某一时点多数市场交易主体各自认同的最可能价格的均值。由于房地产市场是一个不完全竞争市场，市场交易价格与房地产价值可能并不一致。

房地产投资价值（investment value）是指投资者对投资物业未来收益的价值判断。在评估房地产投资价值时，它可能是潜在购买者愿意支付某一物业的最高价格，或是潜在卖方愿意接受的最低价格，因此，这种对物业未来价值的预测与判断是因人而异的。从广义的视角来看，投资价值反映了投资者对某一房地产资产未来收益能力和附加权益价值的综合判断。需要注意的是，某些附加权益是无法准确量化的。

市场价值和投资价值的区别与联系：理论上市场价值是客观的、非个人意志的价值，而投资价值则是建立在主观的、个人偏好基础上的价值。在某一时点和空间上，市场价值是唯一的，而投资价值则是因人而异。投资价值与市场价值的评估方法可能基本相同，只是其中参数选取的立场可能不同。投资者估算的物业投资价值通常等于或大于该物业的市场价格时，是其投资行为或市场交易能够实现的基本条件。

2. 交易价格、最可能销售价格和交易区间

交易价格（transaction price）是指房地产资产实际交易过程中发生的真实价格

（成交价），是由买卖双方通过议价过程决定的。交易价格可能是公平竞争价格，也可能是垄断价格，市场交易双方地位不平等。房地产评估人员要想得到市场价格，需要进行多因素修正。

最可能销售价格（most probable selling price）是对未来房地产资产交易中成交的一种可能性估计。它是指在现行市场条件下，按照目前的某一物业的销售价格和认知条件，在合理的时间范围内，某一物业最可能实现的销售价格。由于房地产的交易双方各自掌握的信息不同，因此对某一物业的最可能销售价格的预测结果可能不一致。

交易区间（transaction range）是指买卖双方都能获得的收益的价格范围。由于某一物业的投资价值对买卖双方而言都是不同的，通常卖方在出售物业时将该物业的交易价格设置在一个较低的价格下限，而买方则将此设置在一个较高的价格上限，实际交易价格就落在交易区间内。如果交易双方的期望差异较大，则无法形成这个交易区间。

第三章 房地产投资风险

本章学习目标

- 掌握：房地产投资风险的内涵、特点和分类；房地产投资风险的识别、度量与评价。
- 熟悉：房地产投资风险定性和定量评价方法；房地产投资风险的防范策略。
- 了解：房地产投资风险防范的核心问题；房地产投资风险防范原则。

第一节 房地产投资风险概述

风险无处不在、无时不有，风险渗透在人类社会的各个领域。在纷繁复杂、瞬息万变的世界里，无论是客观存在的自然界、意识形态的精神世界，还是人类自身的政治、经济、社会、军事、文化等活动，都存在无法预知和把握的、突发的、无法控制的一面，被称为风险。房地产投资是一个从早期资本投入到效益产出之间有一个时间跨度的过程，存在各种如未来市场需求、成本和收益不确定性和内外部环境的变化带来的投资风险。因此，投资决策者选择任何一项投资方案都将承担一定的投资风险，房地产投资风险分析是房地产投资项目分析的一个重要组成部分。

一、房地产投资风险

(一) 风险的含义

风险（risk）是指在人类社会中，由于各种难以预测的因素的影响，使行为主体的期望目标与实际状况之间发生差异，给行为主体造成经济损失的可能性。

风险存在于一切领域，各领域的学者从不同的角度和目的研究风险。风险的定义最初出现在1901年美国威利特（Willet）的《风险与保险的经济理论》中，他指出："风险是关于不愿意发生的事件发生的不确定性的客观体现。"该定义强调了风险的客观性和不确定性。此后，一些专家学者也对风险进行了界定。英国的史蒂芬·鲁比（S. Ruby）认为，"在投资决策活动中，风险可以被认为是决策的实际结局可能偏离它的期望结局的程度。" 1921年，美国经济学家奈特（Knight）在《风险、不确定性和利润》中对风险与不确定性进行了明确区分。1964年，美国风险管理专家威廉姆斯（Williams）和汉斯（Hens）在其风险管理的经典著作《风险管理及保险策划》中将风险定义为"给定情况下的可能结果的差异性。"

现代管理学之父彼得·德鲁克（P. Drucker）将风险定义为"超过期望的不确定性"，即不确定性事件的发生可能会导致与预期结果不符的情况。美国学者劳伦斯·J·吉特曼等也在其著作《投资学基础》中提到：风险是投资者不能收到期望的或要求的投资收益率的偶然性或可能性，风险是相对于期望收益或可能收益的方差。《牛津现代高级英汉双解词典》对风险的解释为：遭遇危难、遭受损失和伤害的可能性和机会。1983年，日本学者武井勋在《风险理论》中归纳出风险定义应具备三个基本要素：(1) 风险与不确定性有所差异；(2) 风险是客观存在的；(3) 风险可以被测算。

国内一些风险管理学者认为：风险是指在给定条件下，特定时间内发生不良后果的可能性。

综上所述，风险的定义可表述为：在给定的情况下和特定的时间内，预期结果与实际结果之间的差异，即风险的大小及风险程度的高低取决于结果的差异。风险一般具有四要素：一是事件（不希望发生的不利事件）；二是事件发生的概率（事件具有不确定性）；三是事件的影响（后果/损失）；四是导致风险的原因。风险具有客观存在性和普遍性、风险事件发生的随机性、风险事项的可测可控性等特征。

（二）房地产投资风险

投资风险是经济学领域研究的，存在于投资活动中的风险，是指投资主体为实现其投资目的而对未来经营、财务活动可能造成的亏损或破产所承担的风险。例如，股票可能会被套牢，债券可能不能按期还本付息，房地产价格可能会下跌等都是投资风险。投资风险是投资主体决定是否投资所进行预测分析的最主要内容。

房地产投资风险是指由于不确定性因素的影响所引起的房地产投资收益与预期收益之间的偏离程度。房地产投资具有的最大优势是可以获得较高的利润，但是它与一切类型的投资一样存在风险，特别是由于房地产投资价值量大、周期长、位置的不可移动性以及市场竞争不充分等特点，使房地产投资的风险程度更高。

在房地产投资活动中，风险的具体表现形式有以下几方面：

（1）高价买进的房地产，最终以较低的价格卖出；

（2）尽管卖出价高于买入价，但是仍低于预期价格；

（3）投资于房地产商品的货币资金由于某种原因遭受各种损失，使投资资金不能按期收回，或不能收回；

（4）由于财务方面的原因，在违背自己意愿的情况下抛售房地产。

由于融资规模大、投资周期长、受环境和政策约束大、产品具有较强的地域性和行业关联性等特征，使房地产投资成为一项具有高风险的综合性的经济活动。因此，正确认识房地产投资风险的内涵与特征，对房地产投资项目进行财务分析和可行性研究的基础上，进一步综合分析房地产投资项目在未来建设和运营过程中潜在的多种风险因素，揭示投资风险来源，辨别投资风险类别和程度，提出规避、转移投资风险的对策，对于建立和完善房地产投资风险控制和管理机制、减少风险损失、降低风险发生的可能性、提高投资活动的效率等具有重要的意义。

二、房地产投资风险的特征与类型

（一）房地产投资风险的特征

1. 风险的客观性

房地产投资风险是客观存在的，不以投资者的意志为转移，因为导致房地产投资风险的各种不确定因素是客观存在的，如政策、经济、法律、市场供求、通货膨胀、利率、自然灾害风险等。因此，房地产投资风险必然是无处不在、无时不有的。房地产投资风险的客观性要求投资者采取正确的态度，要承认和正视风险，并积极予以应对。

2. 风险的随机性与多样性

由于房地产投资的整个过程涉及社会、经济、技术等各个方面，而且房地产具有投资品与消费品的二元性、消费与生产的双重性，使房地产投资的不确定性因素比其他投资工具复杂得多，呈现出随机性的特点。在通常情况下，房地产投资风险主要有政策风险、社会风险、经济风险、技术风险及自然风险等。由于房地产投资形式的差异，不同类型的房地产投资面临多种多样的风险，具体如表3-1所示。

表3-1 不同房地产投资形式的风险比较

投资形式	投资特点	主要风险
土地开发	流动变现性高、投机性高、依赖土地增值	·土地使用制度变革、规划调整、需求变化、产业政策、地价调整、法律风险
住宅	变化较活跃、变现性高、租售可调整	·住房制度改革、消费行为变化、购买力变化、利率变化、治安风险、按揭风险
写字楼	收入固定、房价增值	·产业政策变化、区域发展、管理风险
商业、服务业用房	租赁收入、有限变现	·交通调整、购买力变化、区域经济发展
工业用房	租赁收入、低变现性	·环保政策变化、公众干预、技术风险

3. 变现差的风险和风险的相对性

房地产是一个资金密集型行业，投资开发周期长，资金来源对外部依赖性大。当投资者需要在短时间内将房地产转换为现金时，由于房地产市场的流动性相对较低，一旦资金来源出现问题，进而会诱发流动性风险。

同时，房地产投资具有风险的相对性，即不同的投资对象、不同的市场条件、不同的区位条件，具有不同的风险。例如，汇率风险对于国际投资者来讲是必须考虑的因素，而对国内投资者则是次要的因素。由于投资者主观认识和投资策略的差异，使各类投资主体面临的风险也不同。随着市场条件和社会经济的发展变化，风险的形式和内容都会发生变化。

4. 高收益与高风险

在城镇化进程中，由于人口的增加、社会经济的发展，人们对房地产的需求日益增加，而房地产供给受到土地资源稀缺性的约束，使得房地产价格不断上涨，从而刺激房地产投资的增加。与此同时，由于房地产开发与经营环节较多、周期较长、投入资源较多，不确定性因素较多，加之财务杠杆的双刃性，使房地产开发与经营活动具有高风险性。风险与收益并存的意义在于房地产投资的高风险，对于房地产投资者来说，如果能够正确认识并且充分管理风险，就有可能提高其收益。利润与风险共存，从行业壁垒的选择效应上看，高风险行业总是能给理性的投资者带来超额利润。

（二）房地产投资风险的类型

房地产投资风险是指由于不确定性因素的影响所引起的房地产投资收益与预期收益之间的偏离程度。由于房地产投资的周期长、投资额大、影响因素复杂等原因，房地产投资面临的风险因素复杂，风险因素引起的后果严重，所以在房地产投资过程中必须对风险因素进行判断与分析。房地产投资的风险主要体现在投入资金的安全性、期望收益的可靠性、投资项目的流动性和资产管理的复杂性四个方面。房地产投资存在以下几种类型的风险。

1. 房地产投资决策风险

房地产投资决策阶段是整个开发过程中直接关系到建设项目成败的关键环节，也影响着投资者的经济效益和社会效益。因此，在投资决策阶段，投资者应保持清醒的头脑，不仅要考虑可能的收益，更要有强烈的风险意识。房地产投资决策风险主要有投资时机把握、投资物业区位选择、投资物业类型选择等方面。

（1）投资时机风险。

由于房地产投资开发受宏观经济形势、政策调控、市场需求的影响很大，加之房地产市场具有高度的复杂性和周期性，选择合适的投资时机，保证项目开发完毕后有良好的市场需求，对房地产投资者意义非常重大。一般而言，经济发展趋势是影响开发时的主要因素，在经济发展的成长期，各类房地产需求旺盛，市场处在不断上升的势头，适时推出房地产项目可望获得较好的收益；当经济不景气时，失业增加，收入下降，房地产市场需求也随之下降，供过于求，房地产价格下降，物业租售所需时间加长，甚至租售不出去，此时投资房地产将导致资金占用和投资成本的上升，预期的收益变成了实际的亏损，房地产投资者要承受开发时机不当产生的巨大损失。

（2）投资物业区位风险。

房地产区位的选择关系到房地产投资开发的价值和租金收入。因此，开发房地产区位的选择是成功的关键所在。房地产区位不仅指所处的地理位置，如不同城市、地区和区域位置，以及同一区域中的不同地段，同时还包括其社会位置，如人口因素、教育水平、服务水平、交通通信、生活设施等。土地所处区域内的自然条件与社会、经济、行政等因素产生的综合效应以及未来的发展趋势，决定着土地的潜在收益能力。房地产的不可移动性和地区性的特点，导致房地产开发收益因地点不同而异，投资决策时必须充分考虑土地区位条件决定的土地潜在收益和土地潜在用途。

（3）投资物业类型风险。

在特定的区位上，不同物业类型选择极大地影响着开发投资的成功与否以及开发商盈亏。各种不同类型的物业对区位的敏感程度不同，因此，其抗风险的能力也就不同。例如，商业物业对位置的敏感程度最大，商业楼宇对顾客的吸引力在很大程度上取决于其物业所处的商圈的环境，即距市中心商业区的距离、交通便利程度、临街状况以及周边居民的消费水平与习惯等。即使是同一条街相差仅几十米的商业物业，其收益也可能相差很远。相比之下，住宅与工业厂房的区位收益主要取决于供求水平。

2. 房地产投资的经营风险

经营风险是指房地产开发投资过程中可能出现的经营不善或失误所造成的实际经营结果与期望值背离的可能性。如果房地产开发和流通与销售脱节，势必造成房地产商品积压和资金积压。经营风险主要指房地产商品的售价、租金和空置率等的不确定性带来的风险，它是投资者不可避免且难以控制的风险。例如，由于投资者得不到准确充分的市场信息而可能导致经营决策的失误，或者是因企业管理水平低、对于市场变化的应对能力欠缺，以致使房地产产品积压过高，经营费用增加，利润低于期望值等。

3. 房地产投资的流动性风险

流动性风险主要是指市场中因消费者购买能力较低而导致房地产商品不能在市场中消化而变成货币或延迟变成货币，从而给房地产经营者造成损失的风险。房地产投资的流动性风险与市场价格波动、供求关系变化以及房屋价格与借款人收入之间的关系变化有关。

房地产项目的流动性较差是由房地产投资的特性所决定的，因此，房地产投资具有更高的流动性风险，特别是处于房地产投资需求疲软的时期。在市场经济条件下，经济、社会、法律、政策、居民收入等因素都会影响房地产市场的运行，从而产生流动性风险。从本质上说，流动性风险是一种需求风险。在市场经济体制中，由于消费者购买力的变化，导致房地产市场需求的变化，使得房地产销售难以实现，销售下滑、回款放缓、融资收紧等情况下，给房地产投资者带来损失，流动性风险的加剧可能进一步引发流动性危机。

4. 房地产投资的财务风险

财务风险是指由于房地产投资主体财务状况恶化而使房地产投资者面临着不能

按期或无法收回其投资报酬的可能性。房地产开发企业负债经营的目的是借助杠杆效应减少平均负担的固定成本，从而增加额外收益。但是，高比例的财务杠杆使房地产投资面临不可忽视的财务风险。投资者运用财务杠杆，大量使用贷款，实施负债经营，这种方式虽然拓展了融资渠道，但是增大了投资的不确定性，加大了收不抵支、抵债的可能性，特别是当房地产市场疲软，销售不畅，利润下降时，杠杆效应就会呈现负影响状态。

5. 房地产投资的通货膨胀风险

通货膨胀风险是指由于物价水平上升致使房地产投资者未来收益减少而形成的风险。风险的高低与通货膨胀率的大小密切相关。由于房地产商品价格具有与物价同步波动的趋势，因而房地产投资具有保值、增值，并能抵御因通货膨胀带来的投资风险，尤其是房地产价格的年平均上涨率高于同期年平均通货膨胀率时。但实际上，如果通货膨胀率过高，可能会导致房地产投资的回报率不足以弥补通货膨胀带来的损失，从而影响投资者的实际收益。因此，对于房地产投资者来说，了解和应对通货膨胀风险是非常重要的。投资者应该密切关注经济形势，合理规划投资策略，以减少通货膨胀对房地产投资的影响。

6. 房地产投资的利率风险

房地产投资的利率风险是指利率的变化给房地产投资者带来损失的可能性。利率的变化对房地产投资者主要有两方面的影响：一是对房地产实际价值的影响，如果采用高利率折现会影响房地产的净现值收益；二是对房地产债务资金成本的影响，如果贷款利率上升，会直接增加投资者的开发成本，加重其债务负担。

除了上述风险之外，房地产投资还存在由政治（尤其是对外投资）、经济、社会等因素的变动引起的社会风险，以及由地震、火灾、滑坡等不可抗力因素引起的自然风险。

第二节　房地产投资风险分析

一、房地产投资风险识别

（一）投资风险识别的概念与方法

风险识别是风险分析的基础，往往是通过对经验数据的解析、风险调查、专家咨询等方式，运用系统论的方法对房地产开发投资项目进行全面考察和综合分析，找出潜在的各种风险，进行比较、分类，确定各影响因素之间的相关性与独立性，判断其发生的可能性及其对项目的影响程度，并按其重要性进行排序。

根据房地产开发投资项目的自身特点，风险识别通常采用的方法有调查问卷、财务报表法、专家调查法、情景分析法和经验数据法等。

（二）投资风险识别需注意的问题

（1）房地产开发投资项目在不同的阶段存在的风险有所不同；

（2）不同的投资项目的风险因素具有其特殊性；

（3）对于房地产开发投资项目的各主要参与主体而言，可能面临的风险不同；

（4）风险因素的构成具有明显的层级性，风险识别应层层剖析，尽可能分析到最基本的风险源；

（5）正确判断风险因素间的相关性与独立性；

（6）风险识别应注意借鉴历史经验，要求分析者具有丰富、创造性和系统观念。

二、房地产投资风险的度量与评价

（一）房地产投资风险的度量

风险的大小（即风险量）不仅与风险事件发生的概率有关，还与风险损失的多少有关。因此，房地产投资风险的度量主要包括风险的损失程度和风险事件发生的概率两方面。

对于一个具体的房地产投资项目，风险量 R 为风险发生概率 p（probability）和潜在的损失量 q（risk event value）的函数。投资项目风险量 R 即可表示为：

$$R = f(p, q) = p \times q \tag{3-1}$$

（二）房地产投资风险的评价

风险评价是对投资项目风险进行综合分析，是在风险识别和度量（估计）的基础上，通过建立投资项目风险的系统评价模型，列出风险因素发生的概率与概率分布，计算风险可能导致的损失量，确定项目的整体风险水平，并进行风险的分级评估。我们可以采用风险坐标图表示风险等级，分别以风险发生的概率和风险发生的损失两个风险特征值为坐标轴，来划分投资项目风险等级。如图 3-1 所示。

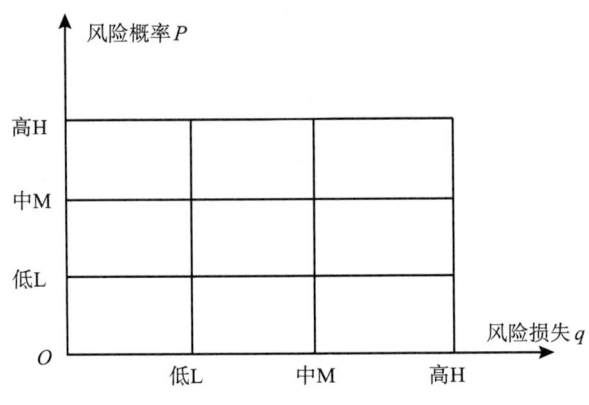

图 3-1　投资项目的风险等级

上述推荐的投资项目风险等级划分标准只作为参考，并不是风险等级判定的唯一依据。

三、房地产投资风险定性分析

对于房地产投资风险分析主要有定性分析和定量分析两类。定性分析是指对风险的质的方面进行分析、研究以确定房地产风险的基本性质和确定其内部规律性。运用定性分析方法我们就可以对房地产风险有整体的了解，以便进行更深入的研究来降低风险、取得更大的收益。常见的定性风险分析方法有头脑风暴法、德尔菲法、幕景分析法。

（一）头脑风暴法

头脑风暴法（brain - storming）是 20 世纪 30 年代由美国科学家奥斯本提出的一种改善群体决策的方法。组织群体决策时，要集中有关专家召开专题会议，主持者以明确的方式向所有参与者阐明问题，说明会议的规则，尽力创造融洽轻松的会议气氛，保证群体决策的创造性，提高决策质量。

头脑风暴法是房地产风险分析中常用的一种风险识别方法，它通过小组会议的方法，使与会者（房产专家）畅所欲言，鼓励大家提出新观点、新思想、新方法，得到新的启发，在积极讨论的气氛下对各种情况进行分析、对各种问题提出创造性的解决方法。其实质是通过谈论产生思维的共振、激发与会人员的灵感和思想以便获得对房地产投资风险的分析和规避的新的思想、创意。

头脑风暴法的主持工作，最好由对决策问题的背景比较了解并熟悉头脑风暴法的处理程序和处理方法的人担任。头脑风暴主持者应能激发参加者的思维"灵感",促使参加者感到急需回答会议提出的问题。主持者需要采取询问的做法,但也只局限于会议开始之时,一旦参加者被鼓励起来以后,新的设想就会源源不断地涌现出来。此时,主持者只需根据"头脑风暴"的原则进行适当引导即可。

头脑风暴法的所有参加者,都应具备较高的联想思维能力。在进行"头脑风暴"(即思维共振)时,应尽可能提供一个有助于把注意力高度集中于所讨论问题的环境。参会者的发言量越大、意见越多种多样、所论问题越广越深,出现有价值设想的概率就越大。一些最有价值的设想,往往是在已提出设想的基础之上,经过"思维共振"的"头脑风暴",迅速发展起来的设想,以及对两个或多个设想的综合设想。因此,头脑风暴法产生的结果,应当认为是专家成员集体创造的成果,是专家组这个宏观智能结构互相感染的总体效应。

头脑风暴法比较简单直观,所以比较适合于问题单纯、目标明确的风险识别。头脑风暴法的优点是能较快地集中各个专家的意见,得出关于风险识别的结论;缺点是受心理因素影响较大,有人可能会碍于面子而不好意思发表自己的见解或受到其他专家的影响、受权威的意见左右等。

(二)德尔菲法

德尔菲法(Delphi technique)是在 20 世纪 40 年代由赫尔姆和达尔克首创,经过戈尔登和兰德公司进一步发展而成的。1946 年,兰德公司首次采用这种方法进行预测,后来该方法被迅速、广泛地采用。在房地产开发投资项目的可行性研究中,德尔菲法经常被用于项目风险分析与预测,是投资决策的重要分析工具。

德尔菲法本质上是一种反馈匿名函询法。德尔菲法依据系统的程序,采用匿名发表意见的方式,即调查专家背对背,不得互相讨论和横向联系,只能与调查人员发生关系,通过多轮次调查专家对问卷所提问题的看法,经过反复征询、归纳、修改,最后汇总成专家基本一致的看法,作为预测的结果。这种方法具有广泛的代表性,较为可靠。

德尔菲法的具体实施步骤如下(见图 3-2)。

(1)组成专家小组。建立预测问题工作组,根据所要讨论的议题确定调查专家,一般不超过 20 人,并设计专家调查表。

(2)向所有专家提出所要预测的问题及有关要求,并附上有关这个问题的所有背景材料,同时请专家提出还需要什么材料。之后,由专家做书面答复。

(3)各个专家根据他们所收到的材料,提出自己的预测意见,并说明自己是怎样利用这些材料并提出预测值的。

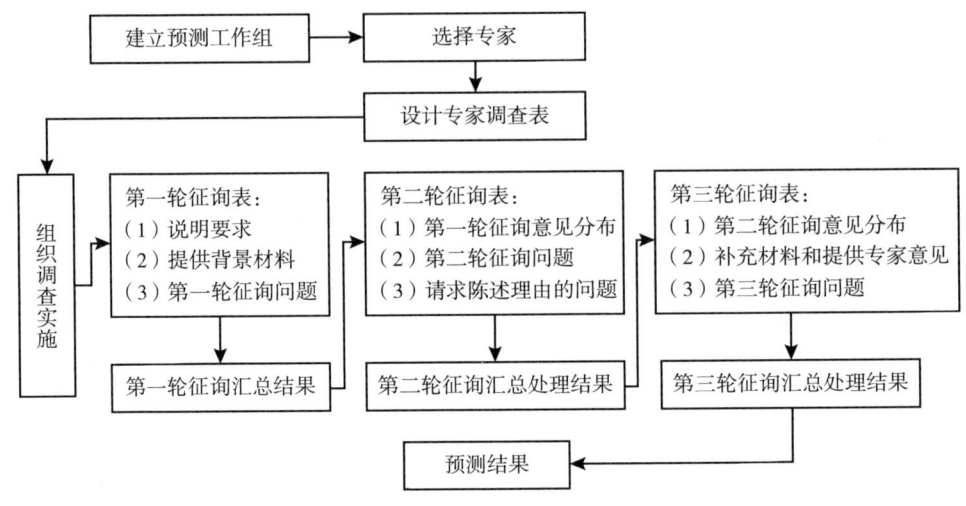

图 3-2 德尔菲法的具体步骤

（4）将各位专家第一次判断意见汇总，列成图表，进行对比，再分发给各位专家，让专家比较自己同他人的不同意见，修改自己的意见和判断。也可以把各位专家的意见加以整理，或请身份更高的其他专家加以评论，然后把这些意见再分送给各位专家，以便他们参考后修改自己的意见。

（5）将所有专家的修改意见收集起来，汇总，再次分发给各位专家，以便做第二次修改。逐轮收集意见并为专家反馈信息是德尔菲法的主要环节。收集意见和信息反馈一般要经过三四轮过程重复进行，直到每一个专家不再改变自己的意见为止。

（6）对专家的意见进行综合处理。对于不同意见就可以利用数理统计的方法来计算方差和期望值以确定专家们的意见集中于那些大的方向性建议上，使整个专家意见更加明朗。

德尔菲法作为一种主观、定性的方法，不仅可以用于预测领域，而且可以广泛应用于各种评价指标体系的建立和具体指标的确定过程中。

由于德尔菲法中每个人的观点都会被收集，故可以避免群体决策中可能出现的缺点，另外，管理者在征集意见和作出决策时，一些重要观点不应被忽视。

（三）幕景分析法

幕景分析法又称情景分析法（scenarios analysis），是一种能够识别关键因素及其影响的方法，通过描述未来某种状态来分析其对未来的影响。幕景分析法是由美国壳牌公司的科研人员皮尔·沃克（Pierr Wark）于 1972 年提出的，是根据发展趋势的多样性，通过对系统内外相关问题的系统分析，设计出多种可能的未来前景，用类似于撰写电影剧本的手法，对系统发展态势作出自始至终的情景与画面的描述。幕景分析法主要是通过提醒决策者注意某种措施可能引起的风险，需要进行监视的风险范围，关键因素对未来的影响，新生技术对未来的影响等。幕景分析法在环境影响评价、金融风险管理、项目风险管理等领域得到广泛应用。

幕景分析法研究的重点是：当引发风险的条件和因素发生变化时，会产生什么样的风险，导致什么样的后果等。幕景分析法既注意描述未来的状态，又注重描述未来某种情况发展变化的过程，有助于扩展决策者的视野和增强对未来的分析能力。因此，幕景分析法在房地产投资项目风险分析中，通过构建和比较不同场景，帮助决策者理解未来可能的状态及其影响，更好地理解房地产市场的未来趋势和潜在风险，从而作出更明智的投资决策。

幕景分析法可以扩展决策者的视野，增强分析未来的能力。但是，在应用幕景分析法时有局限性，要注意避免"隧道眼光"（tunel vision）现象。因为所有幕景分析都是围绕目前的状况和信息水平进行考虑，可能与实际进程存在一定的偏差，就像从隧道中看洞外的世界一样有局限性。所以，为避免此现象带来弊端，幕景分析法最好能与其他分析方法一同使用。

四、房地产投资风险定量分析

常见的投资项目风险定量分析方法有层次分析法、模糊评价法、统计和概率法、灰色评价法、蒙特卡洛法（MC）、盈亏平衡点法等。限于篇幅，本书主要介绍盈亏平衡点法、敏感性分析法、概率分析法、层次分析法和蒙特卡洛法。

（一）房地产投资项目的盈亏平衡分析

盈亏平衡分析又称为保本分析或损益临界或本量利分析，实质上是分析成本、产销量、盈利三者之间的关系，以及通过项目盈亏平衡点（BEP）来分析项目成本与收益的平衡关系的一种确定性分析方法。主要用来判断企业适应市场变化的能力以及考察项目的抗风险能力。在房地产投资分析中，这种方法的作用是，找出投资项目的盈亏临界，确定合理的房地产开发投资规模，并对其盈利能力及风险程度进行进一步了解。

销量、成本、盈利这三者之间的关系有的呈线性关系，有的呈非线性关系。

1. 线性盈亏平衡分析

在房地产投资分析中，运用线性盈亏平衡分析法，具有以下几个约束条件。

（1）开发建设量与销售（出租）量相等，即开发建设项目的建筑面积能全部销售（出租）出去；

(2) 在产品销售（出租）期内，固定成本不发生变化；

(3) 变动成本是建筑面积（产销量）的线性函数；

(4) 销售（出租）收入与建筑面积呈线性关系，且平均单位售价不变；

(5) 同时开发几种不同类型房地产产品时，应将之组合折算成一种产品。

如图3-3所示，横坐标为产销量（投资规模），纵坐标为成本和销售收入。假定在一定时期内，产品价格不变时，销售收入 TR 随产销量的增加而增加，呈线性函数关系。产品总成本 TC 是指固定总成本和变动总成本之和，当单位产品的变动成本不变时，总成本也呈线性变化。

根据利润=销售收入-销售税金-固定成本-可变成本，即为：

$$Z = PQ(1-r) - (F + C_V Q) \quad (3-2)$$

式中：P——单位产品价格；

Q——产销量；

F——固定成本；

C_V——单位可变成本；

r——销售税率。

令式（3-2）为0，即盈亏平衡，即解出盈亏平衡时的产销量 Q_{BE} 为：

$$Q_{BE} = \frac{F}{P(1-r) - C_V} = \frac{F}{P - P \times r - C_V} \quad (3-3)$$

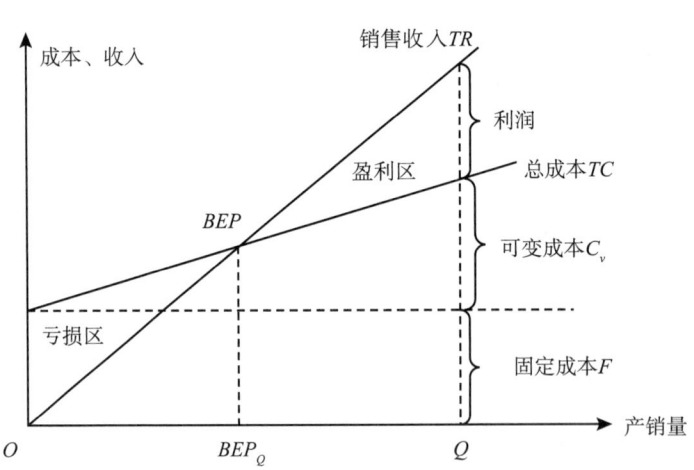

图3-3 线性盈亏平衡分析

投资项目的销售收入线与总成本线的交点是盈亏平衡点（BEP-保本点），表明技术方案在此产销量下总收入与总成本相等，即没有利润，也不发生亏损。在此基础上，增加产销量，销售收入超过总成本，收入线与成本线之间的距离为利润值，形成盈利区；反之，形成亏损区。

由图 3-3 可以看出，当产销量在 $0 < Q < BEP_Q$ 范围时，线 TC 位于线 TR 之上，此时投资项目处于亏损状态；而当产量在 $Q > BEP_Q$ 范围时，线 TR 位于线 TC 之上，此时投资项目处于盈利状态。

2. 非线性盈亏平衡分析

在实际项目的开发投资过程中，房地产产品的销售收入与销售量之间、成本费用与产量之间，并不一定呈现出线性的关系。销售也会受到市场需求的影响而呈非线性变化，这就需要进行非线性盈亏平衡分析。

非线性盈亏平衡分析的基本原理与线性盈亏平衡分析基本相同，即运用基本的盈亏平衡方程求解，可能会出现两个以上的盈亏平衡点，需判断各区间的盈亏情况。非线性盈亏平衡曲线如图 3-4 所示，具有 Q_{BE1} 与 Q_{BE2} 两个平衡点。

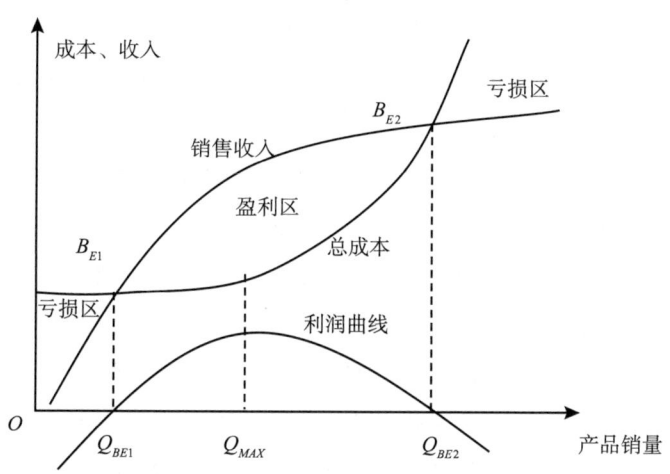

图 3-4 非线性盈亏平衡曲线

由图 3-4 可见，当产品销量小于 Q_1 时或大于 Q_2 时，项目都处于亏损状态，只有当产量处于 $Q_1 \leq Q \leq Q_2$ 时，投资项目才处在盈利区域，因此 Q_1 和 Q_2 是项目的两个盈亏平衡点。

分别用一元二次曲线表示总成本费用和销售收入函数，则运用销售收入等于总成本的基本方程求解，即可求得盈亏平衡点以及最优规模。当然，盈亏平衡点的求得前提是已知投资项目的总成本费用和销售收入函数。

运用盈亏平衡分析法预测经济形势变化带来的影响，分析项目抗风险的能力，为投资方案的优劣分析与决策提供重要的科学依据。但是，由于盈亏平衡分析仅仅是讨论成本、销量等不确定性因素的变化对投资项目盈利水平的影响，却不能从分析中判断项目自身盈利能力的大小；另外，盈亏平衡分析是一种静态分析，没有考虑资金的时间价值和项目整个寿命期的现金流量的变化，因此，仅以盈亏平衡点的高低来判断投资方案的优劣，并不一定能够得到最优方案。

（二）房地产投资项目的敏感性分析

敏感性分析是投资项目评价中常见的一种不确定性分析方法，是分析、预测投资项目的主要经济效果指标（如内部收益率、净现值、投资回收期等）对主要不确定因素变化（投资、成本、价格和建设工期等）而发生变动的敏感程度。敏感性分析的目的是在充分了解和掌握项目风险因素及风险程度的情况下，考察投资项目承受风险的能力。

敏感性分析包括单因素敏感性分析和多因素敏感性分析两种。

1. 单因素敏感性分析

单因素敏感性分析是指每次只考虑一个因素的变动，而假设其他因素保持不变时所进行的敏感性分析称为单因素敏感性分析。即假设某一不确定性因素变化时，其他因素不变，各因素之间是相互独立的。单因素敏感性分析具有简单、直观的优点，但却只考虑了各因素独立的变化，忽略了各因素之间的相互影响。

单因素敏感性分析一般按照以下几个步骤进行。一是确定分析指标。根据经济评价深度和项目的特点选择评价指标进行分析，常见的敏感性分析指标有投资回收期、方案净现值和内部收益率。二是选择需要分析的不确定性因素。影响项目经济评价指标的不确定因素很多，在选择需要分析的不确定因素时要与选定的分析指标相联系。否则，当不确定性因素变化一定幅度时，并不能反映评价指标的相应变化，达不到敏感性分析的目的。三是计算不确定性因素变动对分析指标影响效果。根据实际情况设定不确定因素的变动幅度（如 ±5%、±10%、±15%、±20%等），计算不确定性因素每次变动对技术方案经济效果评价指标的影响。四是确定敏感因素。根据各因素的变化对经济效果指标的影响，判别出各个因素的敏感程度。五是根据敏感因素对技术项目方案评价指标的影响程度，找出对项目经济技术指标影响最大的风险因素，据此判断项目承担风险的能力。

单因素敏感性分析方法适合于分析项目方案的最敏感因素，但它忽略了各个变动因素综合作用的可能性。无论是哪种类型的技术项目方案，各个不确定因素对项目方案经济效益的影响，都是相互交叉综合发生，而且各个因素的变化率及其发生的概率也是随机的。因此，研究和分析经济评价指标受多个因素同时变化的综合影响，研究多因素的敏感分析，更具有实用价值。

2. 多因素敏感性分析

多因素敏感性分析是指同时改变两个或两个以上相互独立的不确定性因素进行

分析，估算多因素同时发生变化时对项目经济效果评价指标的影响程度和敏感程度。

多因素敏感性分析要考虑可能发生的各个因素不同变动幅度的多种组合，计算起来要比单因素敏感性分析复杂得多。多因素敏感性分析一般是在单因素敏感性分析基础上进行，而且分析的基本原理和单因素敏感性分析大致相同，需要注意的是，多因素敏感性分析中的假定同时变动的多个不确定性因素是相互独立的，且各因素发生变化的概率相同。另外，多因素敏感性分析计算比多因素敏感性分析计算复杂得多，通过以下一个例题介绍双因素敏感性分析。

[例题] 设某出租经营的房地产，固定资产投资为 17000 元，年租金收入为 35000 元，年经营费用为 3000 元，项目经济寿命为 10 年，固定资产残值为的 20000 元，基准收益率为 13%（见图 3-5），试就初始投资和年租金收入对该项目的净现值进行双因素的敏感性分析。

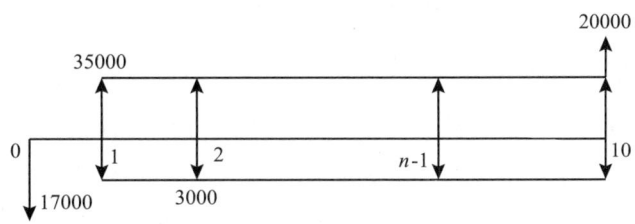

图 3-5 本经营项目的现金流量

解：根据上述条件，设 x 表示初始投资变化的百分数，y 表示同时改变的年租金收入的百分数，则

$NPV(13\%) = -17000(1+X)(P/A,13\%,10) - 3000(P/A,13\%,10) + 2000(P/F,13\%10)$

如果 $NPV(13\%) \geq 0$，则该投资方案收益率在 13% 以上。即

$9531.6 - 170000C + 189918 \geq 0$，简化 $Y \geq -0.0502 + 0.8952X$

在以初始投资变化百分数 x 为横坐标和以年租金收入变化百分数 y 为纵坐标的平面图上，我们可知 $Y = -0.0502 + 0.8952X$ 与 X、Y 轴分别交于（5.62，0）和（0，-5.02）点作出 $Y = -0.0502 + 0.8952X$ 的一条直线，即 $NPV(13\%) = 0$ 的直线，则可以得到图 3-6。

图 3-6 中由 $NPV(13\%) = 0$ 直线分割成两个区域。斜线以上的区域，$NPV(13\%) > 0$，也就是该区域上的任何一对 XY 的变化率组合，该项目均能得到 13% 以上的投资收益率，而且该组合离开 $NPV(13\%) > 0$ 直线的距离越远，其抗风险的能力也越强；斜线以下的区域，$NPV(13\%) < 0$，该区域中任何一个 XY 的变化率组合均会使该投资的收益率低于 13%。从图 3-6 可以看出，项目对投资的增加相对较为敏感。

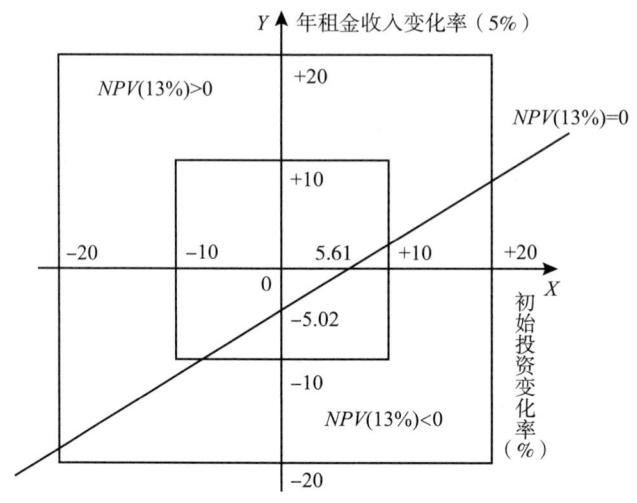

图 3-6 双因素敏感性分析

敏感性分析是一种动态不确定性分析，是投资项目风险评估中不可或缺的组成部分。敏感性分析具有分析指标能与项目方案经济评价指标紧密结合，分析方法容易掌握，便于分析，便于决策等优点，有助于找出影响项目方案经济效益的敏感因素及其影响程度，对于提高项目方案经济评价的可靠性具有重大意义。但是，敏感性分析没有考虑各种不确定因素在未来发生变动的概率，这可能会影响分析结论的准确性。实际上，各种不确定因素在未来某一幅度变动的概率一般是不同的。另外，通过敏感性分析找出某一敏感因素未来发生不利变动的概率很小，因而实际上所带来的风险并不大，以至于可以忽略不计，而另一个不太敏感的因素未来发生不利变动的概率很大，实际上带来的风险比那个敏感因素更大。为了弥补敏感性分析的不足，在进行房地产投资项目评估和决策时，尚须进一步作概率分析。

（三）房地产投资项目的概率分析

概率分析是在房地产投资项目风险与决策中，根据不确定性因素在一定范围内的随机变动，分析确定这个变动的概率分布和它们的期望值以及标准差，进而为项目的决策提供可靠依据的一种分析方法。概率分析既可直接以项目投入产出因素的变化作为随机变量来分析，也可直接以项目经济效益指标作为随机变量来进行分析。

概率分析需要确定项目风险因素变化的可能性概率及其分布情况，其主要步骤为：一是选定一个不确定性因素作为分析对象，此因素应是所有因素中最为不确定的；二是将其余因素假设为确定因素；三是分析这个不确定因素可能的状态及其概率，并列出概率分布表；四是计算投资项目经济指标的期望值，以及反映其风险大小的标准差。

概率的确定通常利用专业人员的丰富经验和专家意见,在充分利用市场调查数据资料的基础上,经过某种统计手段或预测估计的方法计算出来的,具有一定的主观性。因此,概率值的确定是进行概率分析的关键。

需要注意的是,期望值只能说明在实际运作中项目的不确定因素最有可能出现的状况。在许多投资项目决策中,不仅要了解期望值,还需要计算各种不确定因素下可能出现状况的概率分布的方差,并以此作为决策的主要依据。

(四) 层次分析法

层次分析法(analytial hierarchy process,AHP)是美国数学家萨蒂(Saaty)于20世纪70年代提出的一种系统分析方法。该方法的基本思路是:将要解决的问题分层系列化,即根据问题的性质和要达到的目标,将复杂的问题分解为若干层次和若干要素,并在同一层次的各要素之间进行简单的比较、判断和计算,得到不同方案的风险水平,从而为方案的选择提供决策依据。

在房地产投资项目风险分析中,层次分析法提供了一种灵活的、易于理解的风险评价方法。该方法的基本步骤:一是风险识别,建立房地产投资项目的风险指标体系。通过专家调查等方法,对风险进行识别和分类,并按照房地产投资项目的风险(目标层)分解结构(RBS)的分解,将项目的风险分解为政治风险、经济风险、社会风险、自然风险、技术风险和管理风险等(判据层),而这些风险又可以进一步分解为具体风险因素(指标层),并将风险等级分为高风险、较高风险、中等风险、较低风险和低风险5个等级。二是对项目风险评估模型求解。首先,根据专家对指标层(因素层)间各因素的相对重要性判别(判断矩阵),求得各因素的权重值(权重向量);其次,运用线性代数方法求解特征向量,确定最大特征根λ_{max}。三是进行一致性检验。采用专家凭经验、直觉的主观判断,那么就要对专家主观判断的一致性加以检验。一般检验不通过,就需要专家重新评价,调整其评价值,然后再检验,直至通过为止。四是通过对房地产投资项目的多方面风险因素进行评估,根据各因素之间的权重进行综合排序,最终找出风险度最大的影响因素,进而采取相应的措施进行风险管控。

层次分析法还可以和模糊数学(如模糊聚类)、BP神经网络等其他理论结合使用来提升项目投资决策的效果。

(五) 蒙特卡洛法

蒙特卡洛(Monte Carlo)法,又称随机抽样统计试验方法,是估计经济风险和工程风险常用的一种方法。蒙特卡洛法是一种多元变化的方法，用概率分布来表示每个不确定因素，通过对随机变量进行统计实验和随机模拟，抽样计算足够多的次数，能直接处理所有的不确定因素中的各种情况，最后给出所有不确定因素产生风险的概率分布。对于一个房地产投资项目而言，能否带来投资收益是项目决策者关注的首要问题，通常将投资未来的收益（净现值或内部收益率）以及其相对于预期的偏离程度作为衡量风险的指标，用数学方法在计算机上模拟实际事物发生的概率过程，在复杂的情况下能快速而准确地对风险作出评价。使用蒙特卡洛法分析包括以下基本步骤。

（1）确定风险分析所采用的评价指标（如净现值、内部收益率等），并编制成清单。

（2）确定对项目评价指标有重要影响的风险变量。

（3）经过调查和专家分析，确定风险变量的概率分布。

（4）为各风险变量独立抽取随机数。

（5）由抽得的随机数转化为各风险变量的抽样值。

（6）根据抽得的各风险随机变量的抽样值，组成一组项目评价基础数据。

（7）根据抽样值组成基础数据计算出评价指标值。

（8）重复（4）~（7）步，直到达到预定的模拟次数。

（9）整理模拟结果所得的评价指标的期望值、方差、标准差及其概率分布、累计概率，绘制累计概率图。同时，检验模拟次数是否满足预定的精度要求。

（10）计算项目评价指标大于等于基准值的累计概率。

应注意的问题是，在运用蒙特卡洛模拟法时，假设输入变量之间是相互独立的，在风险分析中会遇到输入变量的分解程度问题。一般而言，输入变量分解得越细，输入变量个数也就越多，模拟结果的可靠性也就越高。但是，变量分解过细往往会造成变量之间有相关性，就可能导致错误的结论。从理论上讲，模拟次数越多，模拟结果的可靠性越高，但实际上一般应在200～500次为宜。此外，由于蒙特卡洛模拟要求变量服从一定的概率分布，而实际概率的分布不一定是完全拟合某一分布律。这就要求市场调研能够获得尽量多、尽量准确的初始数据，在对数据进行初步处理时，才能够得到更精确拟合概率分布，从而提高蒙特卡洛模拟的效率。

第三节　房地产投资风险防范与控制

为了避免事件发生的不良后果，减少事件造成的各种损失，即降低风险成本，人们应用管理科学的原理和方法来应对和规避风险，于是便出现风险管理（risk management）。威廉姆斯（Williams）等认为，"风险管理是通过对风险的识别、衡量和控制而以最小的成本使风险所致损失达到最低程度的管理方法"。彼得·德鲁克（P. Drucker）在《成果管理》中指出，"风险是商业的本质，追逐风险和承担风险是企业的基本职能"。

一、房地产投资风险防范的核心问题与原则

（一）房地产投资风险防范的核心问题

对于房地产投资者而言，在投资决策时往往应解决以下问题：
（1）造成损失风险的原因有哪些？
（2）这些风险是否可以被规避？
（3）存在的风险是否可以得到控制？
（4）怎样才能尽量减少损失？
（5）是否需要将风险转移？

（二）选择风险防范措施的原则

1. 风险防范贯穿项目的决策、项目的建设及运营全过程

一个房地产投资项目从策划与决策，到项目的建设与运营阶段，是一项复杂的系统工程。就投资项目的经济风险而言，可能涉及宏观经济形势、市场变化、技术水平、自然条件等方面，因此，需要从可行性研究、投资决策、项目立项、规划设计，到项目实施及运营的各阶段采取相应的风险防范措施，才能防患于未然。

2. 风险防范的针对性

对于房地产投资项目风险防范，根据项目的区位特征、开发的物业类型、市场的供给需求与价格、社会经济发展状况等，针对项目的主要风险因素提出相应的风险防范措施，并定期进行风险评估与调整，以达到降低风险的影响程度。

3. 风险防范的可行性

投资项目风险防范措施应当在立足于客观条件基础上，针对项目面临的各类风险因素，提出切实可行的防范措施。

4. 风险防范的经济性

风险的防范是需要付出代价的，因此，投资项目的风险防范需要对防范措施所付出的代价和风险可能带来的损失进行权衡，旨在寻求在尽可能小的代价下获取最

大的风险收益。

二、房地产投资风险的防范策略

任何房地产投资项目都存在着不确定因素及其带来的风险，进而影响投资者的投资效益。因此，投资者在房地产项目投资决策时，应在风险估计和评价的基础上，为避免风险发生、减小风险发生的可能性或减小风险后果的损失程度而采取各种措施。常见的风险防范措施有风险规避、风险转移、风险降低等策略。

（一）风险规避

风险规避（risk avoidance）是指当投资项目风险潜在威胁发生可能性太大，不利后果也太严重，又无其他策略可用时，主动放弃项目或改变项目目标与行动方案，从而规避风险的一种策略。例如，通过对于房地产市场的深入调研分析，制定相应的投资策略，避免因市场波动、政策变化及经济周期等因素引起的风险；通过对借款方或租户的信用状况的严格审查与评估，选择可信赖的借款方或租户，以规避信用风险；通过对法律法规和相关合同条款的熟悉与掌握，以规避法律风险，等等。当然，如果分析发现项目投资的预期收益不能补偿所带来的风险，且经调整之后此问题尚不能得以解决，投资者应放弃该投资项目。风险规避在有效防止了投资风险的同时，也放弃了项目投资获利的机会。

（二）风险转移

风险转移（risk transfer）是指将风险及其可能造成的损失全部或部分转移给他人。其目的不是降低风险发生的概率和不利后果的大小，而是通过合同、财务责任、保险等手段，在风险发生时将损失的一部分转移到第三方身上。

（1）契约、合同形式的风险转移。通过契约和合同形式将风险对象的资产或活动连同其风险损失的财务负担和法律责任转移给非保险的第三人，以达到降低风险发生频率和降低风险损失程度的目的。例如，房地产开发商可以通过工程项目总承包合同的签订，将投资项目建设期的风险（原材料价格上涨、工期延长等）转移给项目承包方；可以通过拆迁承包合同的签订，将投资项目征地拆迁中存在的各种风险转移给承包方。

（2）财务责任形式的风险转移。财务责任的风险转移是一种非保险形式的风险转移，是通过发行股票、寻求投资伙伴等方式寻求投资项目的外部资金支持，将一部分投资收益连同财务责任、风险损失转移给第三方的风险转移形式。

（3）保险形式的风险转移。保险形式的风险转移是指投资者向保险公司缴纳一定数额的保险费，通过签订保险合约来对冲风险，以投保的方式将风险转移到保险公司。根据保险合约，投资风险事故一旦发生，保险公司将承担投保人由于风险所造成的损失，从而将投资风险转移给保险公司。

（三）风险降低

减轻风险（risk reduce）是指投资者在不能将部分风险规避或转移的情况下，通过各种措施减少不利的风险事件的后果和可能性，使其降低到一个可以接受的范围，这是一种具有积极意义的风险处理手段。在通常情况下，项目投资者可通过建立风险管理意识、多元化投资组合、合理融资和资金管理、充分尽职调查、积极应对市场变化以及定期风险评估和调整等方法，最大限度地降低投资风险，以取得理想的投资回报。

在项目投资决策中，还应注意采取以下风险防范的措施。

（1）通过多个可行方案的技术、经济的论证与比较，寻找最优的项目投资方案。

（2）对于有关工程项目重大技术难题的潜在风险因素，应做好必要的技术专项研究、论证和实验，以避免投资项目的技术风险。

（3）严格遵循和把握相关法律法规，必须经规划和自然资源部门的审批，确保项目用地列入年度用地计划、合法合规，并符合土地用途、建设控制区划、建筑密度等规划要求。

（4）加强对承包商、供应商的审查，确保与合法、有资质的单位进行合作，以降低法律风险并确保项目的顺利进行。

（5）对影响项目投资、质量、工期进度等风险因素（如材料市场价格、汇率、利率、市场供求等），在编制项目投资估算、制订投资计划和进行经济收益分析时，应做到留有余地，谨慎决策，并在项目实施过程中进行适时、有效的监控，确保投资项目的顺利实施。

思考题

1. 什么是房地产投资风险？房地产投资风险的具体表现形式有哪些？
2. 与其他投资风险相比，房地产投资风险的特征有哪些？
3. 房地产投资风险的种类有哪些？

4. 投资风险识别的方法有哪些？投资风险识别需注意哪些问题？
5. 头脑风暴法有什么特点？适用于何种情况？
6. 什么是德尔菲法？德尔菲法的具体实施步骤如何？
7. 幕景分析法的含义是什么？其主要适用于哪些方面？
8. 什么是盈亏平衡分析？线性盈亏平衡分析的前提条件有哪些？
9. 敏感性分析的目的是什么？分哪几个步骤？
10. 房地产投资风险防范的核心问题是什么？
11. 选择风险防范措施的原则是什么？简述房地产投资风险的防范策略。

阅读与讨论

星河湾"鄂尔多斯"的投资经验借鉴

星河湾集团（前身为广州宏宇集团）创立于1994年，是中国最早从事城市高品质不动产开发的企业之一。星河湾集团在广州、上海、北京等一线大城市持续开发多个高档住宅区，成功打造星河湾品牌。从2001年广州星河湾的一举成名，到2005年北京星河湾的空前成功，再到2009年浦东星河湾的销售创举，星河湾每一个产品的推出都震撼了业界。星河湾地产以其建筑、环境、配套、服务等方面的优异品质，领先的行业标准，构建世界级的中国名片。

《北京城市总体规划（2004—2020年）纲要》修编方案中，朝青板块（被称为CBD后花园和CBD商务服务区）从仓储用地调整成为居住用地。2001年，星河湾集团挥师北上，以"舍得气度、用心执着和创新的精神"，倾心打造位于朝阳区朝阳北路的北京星河湾，该项目用地面积520亩，总建面约60万平方米，以打造现楼实景的开发模式运作四年。2005年6月，北京星河湾第一期畅园20多万平方米的产品首次公开亮相，社区立体化园林、高品质室内装修、重点小学、双语幼儿园、四季会、酒店式公寓等同期形成，开盘价高达1.5万元/每平方米（2004年，北京星河湾楼盘周边住宅价格只有5000元/平方米左右），震动北京楼市，被媒体称为"品质地产代表""全成品豪宅"领军者。随着市政、环境、交通的不断完善，给众多进驻朝青板块的开发商注入了强劲的信心。2009年8月，浦东星河湾开盘首日，创造了中国地产"640亿"的销售纪录。

2005年，广州星河湾获得国家级建筑业大奖——"詹天佑大奖优秀住宅小区金奖"；北京星河湾、广州星河湾分别于2004年、2005年荣获联合国规划署认可的、素有"绿色奥斯卡"之称的"国际花园社区"金奖；2008年11月7日，星河湾荣获 CNBC（美国消费者新闻与商业频道）"2008 国际房地产亚太区最佳公寓大奖"。不到十年时间，星河湾创造了一种新的开发模式——品质地产的开发模式，并且坚持不懈地攀登了品质地产的顶峰。星河湾以卓越的建筑理念，国际级的专业化交楼标准，优质的物业服务，成为当代中国高尚生活社区的典范。同时，开创性地成立星河湾大会，把影视圈、金融圈等社会名流的星河湾大量优质业主整合，实现跨界资源整合的圈层平台营销。

星河湾一度被誉为"豪宅教父"，一时间风光无限。2010 年星河湾迎来业绩巅峰，以 135 亿元跻身房企 TOP20 梯队。2012 年，在中国做以精装修领军高档住宅的"星河湾"地产集团却在鄂尔多斯遭遇"神像"坍塌！进而元气大伤。据报道，2011 年鄂尔多斯预计新建住房面积超过 2000 万平方米，这意味着每天有将近 6 万平方米住房推向市场，而鄂尔多斯总人口不过 150 万人，经计算，人均新增面积达到 13 平方米。可见，鄂尔多斯当地对于楼房的需求已经达到饱和，倘若未来被限购，形势可能更为严峻。

更为糟糕的是，与鄂尔多斯楼市崩盘有关的消息被媒体轮番报道，炒得沸沸扬扬，在多年累积的泡沫破灭之后，鄂尔多斯楼市迎来"寒冬"。鄂尔多斯"星河湾"项目也麻烦缠身，涉嫌违法占地，被曝无证开工、占用保障房供地指标、违规批建高尔夫球场等，遭到原国土资源部通报批评，公司高层被问责。

2012 年，太原星河湾又曝出"精装修门"事件，一度酿成业主集体抗议、打砸办公室的恶性风波。最终星河湾不仅公开致信业主道歉，还出动集团最高管理层出面协商业主的补偿问题。星河湾鄂尔多斯项目被迫"腰斩"出货，大肆造势的鄂尔多斯星河湾，曾经被描述成"一个心情盛开的地方"，以惨淡的成交收场。

由此可见，星河湾在二三线以下城市的营销太过依赖轰动效应，但后期的持续力却难如人意。依靠一线城市创下的品牌效应，想在太原、鄂尔多斯一炮而红，快打快收，但是市场变化和公司的预期有反差，其对营销资源的投入未必有长线考量。2013 年 8 月 25 日，上海闵行星河湾二期开盘，开盘均价 35000 元/平方米，较其一期 45000 元/平方米的价格大幅下降，如果去掉精装修的价格，已与周边 30000 元/平方米的高端住宅相差无几。尽管蓄客几个季度，价格也大幅下调，但其开盘的去化率仍然不足 70%。在销售造势上，星河湾甚至打出"现在你也买得起星河湾"这样的宣传语，让上海业内人士感慨这家豪宅标杆企业如今走下神坛的窘境。

因此，转型是星河湾的必然之举，如果还孤注一掷地高举高打，不接地气，那面对的只能是没落和衰亡。星河湾号称高端品质是砸出来的，但目前随着建安成本和人力成本的上升，这种双向逼迫使企业不可能继续不计成本地投入来打造"奢华"感觉。资深的房地产业内人士认为,星河湾鄂尔多斯是战略性选址失误,鄂尔多斯和星河湾此前进入的任何一个城市都不同,本地人支撑有限,也无法吸引外地人来投资。房子快速增值的时代过去了,自用需求与城市有关。房价在投资投机需求拉动下,短期内可以偏离价值,但长期必向价值靠拢。时间会证明,空置率高企的鄂尔多斯楼市将以悲剧收场。

资料来源:

①星河集团官网:http://www.star-river.com/article/13

②"星河湾:从辉煌到困境的艰难转型之路",https://baijiahao.baidu.com/s?id=1832790464185051685&wfr=spider&for=pc

③"星河湾违规用地被查 鄂尔多斯项目未来去向成谜",https://cd.news.fang.com/2012-07-26/8181239.htm

④"星河湾难成"时代范本":项目溃败多地曝质量问题 规模八年停滞疑似资金链吃紧",http://finance.china.com.cn/news/20190627/5016119.shtml

第四章

房地产消费贷款

本章学习目标

- **掌握**：住房抵押贷款的相关概念、特征；住房抵押贷款的风险内涵。
- **熟悉**：住房抵押贷款的运作要素；住房抵押贷款的运作程序；住房抵押贷款的风险及防范。
- **了解**：住房抵押贷款的分类；住房抵押贷款的偿还。

第一节 房地产抵押贷款概述

房地产抵押贷款在房地产金融中地位突出，是房地产领域比较成熟的融资渠道之一。国家统计局数据显示，2005~2022年，我国每年住房投资占房地产投资比重基本在70%以上。据中国人民银行统计，2023年末，我国房地产贷款余额52.63万亿元，个人住房贷款余额38.17万亿元，同比略有回落。可见，住房金融在房地产金融活动中占有十分重要的地位。

一、房地产抵押贷款的相关概念

（一）抵押贷款和抵押权

1. 抵押贷款和抵押权

抵押贷款是指借款人提供一定抵押财产的物权作为还款担保，以保证贷款的到期偿还。抵押贷款的核心是抵押权,根据《中华人民共和国民法典》(以下简称《民法典》)第三百九十四条规定,抵押权是指抵押权人(债权人)对抵押财产(担保财产)享有的优先受偿权,即为担保债务的履行,债务人或者第三人(抵押人)不转移财产的占有,将该财产抵押给债权人的,债务人不履行到期债务或者发生当事人约定的实现抵押权的情形,债权人拥有从其抵押财产折价或者拍卖、变卖该财产的价款中优先受偿的权利。《民法典》第三百九十五条规定,抵押财产的范围可以是建筑物和其他土地附着物;建设用地使用权;海域使用权;生产设备、原材料、半成品、产品;正在建造的建筑物、船舶、航空器;交通运输工具;法律、行政法规未禁止抵押的其他财产。

2. 抵押权特征

作为一种重要的物权担保,抵押权具有以下特征。

(1) 抵押权是在债务人或第三人的特定财产上设定的担保物权,其本质上是价值权,是以担保财产的交换价值确保担保债权的清偿。

(2) 抵押权是从属于主债权而存在的,并随着债权的清偿而消失。

(3) 抵押权担保的债权具有优先受偿权,即有抵押权担保的债权,债权人能就抵押财产卖得的价金优先于债务人的普通债权人而受清偿。

(4) 抵押权是不转让标的物占有的物权,抵押权的公示主要是登记,抵押权的成立和存续只需要登记,不需要转让标的物占有。

(5) 抵押权属约定担保物权而非法定担保物权,即当事人可以自由地就抵押财产、抵押期限、抵押担保范围以及当事人认为需要约定的其他事项进行约定,并在抵押合同或者主债权合同中的抵押条款中予以明确。

(二) 房地产抵押贷款

2004年8月30日发布的《商业银行房地产贷款风险管理指引》中对房地产贷款的定义为:房地产贷款是指与房产或地产的开发、经营、消费活动有关的贷款。房地产消费贷款是指贷款人向借款人发放的用于购买各类房地产(包括住房和非住房)的贷款,而住房消费贷款又分为住房信用贷款和住房担保贷款(如住房抵押担保贷款、住房质押担保贷款和住房保证贷款),如图4-1所示。

房地产抵押贷款是指银行以借款人或第三人拥有的房地产(包括住宅、办公楼、商店、工厂等)作为抵押物发放的贷款。抵押物担保的范围包括银行房地产抵押贷款的本金、利息和实现抵押物抵押权的费用及抵押合同约定的其他内容。房地产抵押人在抵押期间不得随意处置受押房地产,受押房地产的贷款银行作为抵押权人有权在抵押期间对抵押物进行必要的监督和检查。在贷款债务履行期届满，如贷款人未清偿贷款本金和利息，贷款银行可以与借款人协议以抵押的房地产折价或拍卖，变卖该抵押物所得的价款偿还贷款本金和利息；协议不成的，贷款银行可以向法院提起诉讼，通过法律途径清偿贷款银行的债权。

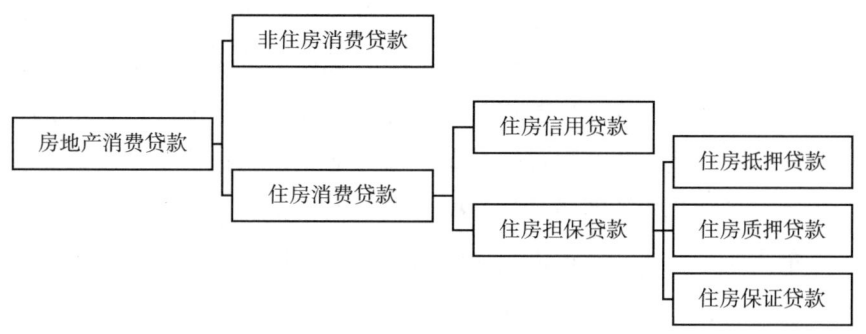

图 4-1 房地产消费贷款的分类

资料来源：张红. 房地产金融学（第二版）[M]. 北京：清华大学出版社，2013：41.

若设定房地产抵押权的土地使用权是以划拨方式取得的，则依法处分该房地产后，应首先从处分所得的价款中缴纳相当于应缴纳土地使用权出让金的款额后，贷款银行方可受偿；此外，抵押的房地产折价或拍卖、变卖后，其可用于清偿的价款超过或不足贷款银行债权数额时，多余部分归借款人所有，不足部分由借款人清偿。

根据《城市房地产抵押管理办法》（2021年修订）第八条规定，下列房地产不得设定抵押：

（1）权属有争议的房地产；

（2）用于教育、医疗、市政等公共福利事业的房地产；

（3）列入文物保护的建筑物和有重要纪念意义的其他建筑物；

（4）已依法公告列入拆迁范围的房地产；

（5）被依法查封、扣押、监管或者以其他形式限制的房地产；

（6）依法不得抵押的其他房地产。

（三）房地产抵押贷款的特征

房地产抵押贷款的特征主要体现在以下几个方面。

第一，房地产抵押贷款是以抵押为前提建立的贷款关系。从融通资金的方式来说，抵押贷款是按一定的抵押方式，以借款人或第三人的财产作为抵押物发放的贷款，是一种依据贷款项目的风险程度和抵押物价值进行评估发放的贷款。与抵押贷款不同，保证贷款主要是以第三人承诺在借款人不能偿还时，按约定承担一般保证或者连带责任保证为前提而发放的贷款；质押贷款则是按一定的质押方式经借款人或第三人动产或权利作为质押物发放的贷款。

关于抵押贷款和质押贷款的区别在于：一是抵押贷款中用来抵押的财产是房地产或不动产，而质押贷款中用作质押的则是动产（如有价证券、票据等）或权利；二是是否转移担保财产的占有，即抵押物的占有权仍归债务人或第三人所有，而在质押方式中，所质押动产或权利的占有权则从债务人或第三人转移至债权人。

第二，以房地产抵押为条件的贷款。在通常情况下，房地产抵押贷款的借贷双方都不以直接取得房地产资产为目标，而是以房地产作为抵押条件来达到资金融通的目的。房地产抵押贷款的实质是一种融资关系而不是商品买卖关系。对于房地产抵押贷款的借方，其目的是通过借款融资而取得购买房地产资产的资金，实现对房地产等资产的拥有，而不以出售抵押的房地产为目的；对于房地产抵押贷款的贷方，取得房地产抵押权也不是为了实际占有房地产，而是为了在贷出资金未能按期回收时，作为一种追偿贷款本息的保证。

第三，房地产抵押贷款的现实性。房地产抵押贷款的现实性主要是相对于保证贷款而言的。在保证贷款方式下，保证人所承担的是一种未来责任，而非现实责任。未来责任可能是一种虚拟的责任，因为只有在债务到期，债务人不能履约的情况下，保证行为才会实际发生。因此，在办理保证担保时，保证方并不一定需要提供实实在在的保证财产。而房地产抵押贷款则是现实的责任担保，虽然所抵押的房地产在抵押期届满前并未实际转移到贷款方手中，但房地产抵押行为是借款方获得贷款的先决条件，抵押人必须提供抵押财产，否则，借款方就不能获得贷款。可见抵押责任是现实的，房地产抵押贷款具有现实性。

第四，抵押贷款的借贷双方不仅具有债权债务关系，还存在出押受押关系。借款人既是债务人又是出押人，贷款人既是债权人又是受押人。另外，为保证抵押双方的权利和义务，必须签订房地产抵押合同，并应到房地产管理部门进行抵押登记，使其发生法律效力。还清贷款全部本息后，房地产抵押合同即告终止。

二、住房抵押贷款的概念与特征

（一）住房抵押贷款

住房抵押贷款是指由银行的金融机构发放的，以个人或家庭为贷款对象，以购买住房或与住房有关的用途为目的，以住房的物权为抵押、按照约定的计息方式，在还贷期内分期还本付息的贷款。通常情况下，住房贷款主要是指个人住房贷款。1998 年，以住房制度改革以及中国人民银行颁布的《个人住房担保贷款管理办法》为标志，我国的个人住房抵押贷款进入快速发展阶段。

（二）住房抵押贷款的特征

住房抵押贷款具有以下特征。

（1）贷款面向个人而不是企业或项目。

（2）住房抵押贷款是与住房有关的贷款，包括购买、修葺、装修住房等用途的贷款。

（3）贷款数额大、时间长，一般期限为 10~30 年，多采用分期付款的偿还方式。

（4）住房抵押贷款的风险防范措施齐全。贷款机构会要求以住房作为抵押财产和防范抵押贷款风险的主要手段，以抵押二级市场产品创新来防范流动性风险。

（5）贷款活动受到政府有关部门的严格监管。

（6）住房抵押贷款业务成本高，效益好。

三、住房抵押贷款的分类与作用

（一）住房抵押贷款的分类

依据资金来源、贷款利率和计息方式等不同分类标准，房地产抵押贷款可分别划分为多种类型。

（1）按贷款的资金来源可分为住房商业性贷款、住房公积金贷款和组合贷款。个人住房商业性贷款是指银行用其信贷资金所发放的自营性贷款，即具有完全民事行为能力的自然人，以其所购买的产权住房（或银行认可的其他担保方式）为抵押购买住房时，作为偿还贷款的保证而向银行申请的住房商业性贷款（抵押贷款是商业性贷款中的一种贷款方式）。住房公积金贷款是指住房公积金管理中心运用申请公积金贷款的职工所缴纳的住房公积金，委托商业银行向购买、建造、翻建、大修自住房的住房公积金缴存人和在职期间缴存住房公积金的离退休职工发放的房屋抵押贷款。公积金贷款是指缴存住房公积金的职工享受的贷款，国家规定，凡是缴存公积金的职工均可按公积金贷款的相关规定申请个人住房公积金贷款。住房公积金贷款具有政策补贴性质，贷款利率低于同期商业银行贷款利率。组合贷款是政策性和商业性贷款组合的总称，即符合个人住房商业性贷款条件和缴存住房公积金的借款人，以所购住房（或其他银行认可的担保方式）作为抵押，同时向银行申请个人住房公积金贷款和个人住房商业性贷款。

（2）按贷款利率和计息方式可分为固定利率住房抵押贷款、可调利率住房抵押贷款和可转换抵押贷款。个人住房固定利率贷款是指在贷款期限内，贷款利率保持固定不变（不随市场利率变化而改变）的个人住房贷款。固定利率个人住房贷款能够帮助借款人有效规避贷款利率升高的风险，锁定借款成本。因此，这种贷款方式在利率上升时对借款人相对有利。可调利率住房抵押贷款是指在贷款期内，贷款利率并非固定，而是可调整的。可调利率抵押贷款又分为随价调整住房抵押贷款和可变利率住房抵押贷款。随价调整住房抵押贷款是指借款人按照事先约定的利率确定先期月还款额，在约定的一定时间后，根据某种市场价格指数对贷款余额进行调整，并根据新的贷款余额计算每月分期还款额。可变利率住房抵押贷款是根据市场利率指数，按照借贷双方约定的条件，调整贷款利率和还款方式的抵押贷款种类。可转换抵押贷款是指在贷款期限以内借款人可以选择将贷款由原来的可调整利率转变为固定利率的个人住房抵押贷款。采用可转换住房抵押贷款，借款人不仅可以享受可调整利率贷款所带来的较低的首期利率，而且可以根据需要转换成固定利率贷款，有效回避因利率上升所带来的风险。

可调利率抵押贷款的做法是金融机构计算贷款利率采取分期结算的办法，抵押贷款的利率可定期重新设定，在最初的"优惠"低利率到期之后，通常每12个月会重新设定一次。为了吸引客户，可调利率抵押贷款的初始利率可低于固定利率抵押贷款，贷款人将在利率上涨中得到回报。

住房抵押贷款利率是以央行基准利率为基础，各大银行根据市场情况和自身政策在基准利率上下浮动一定的比例来确定的。因此，借款人在办理贷款时需要了解清楚当时的利率情况，并在合同中明确约定好利率和还款方式等相关条款，以避免因利率变化而产生不必要的纠纷和损失。

（二）住房抵押贷款的作用

（1）增强居民住房的购买能力，促进住房市场化和房地产消费市场的发展。住房抵押贷款是以银行业务经营多样化和房屋买卖与房地产市场的发育为基础的。作为安居乐业的重要家庭财富，居民在住房消费时往往面临着短期支付能力与高额的住房价格之间的矛盾。通过住房抵押贷款，可以大大地提高居民的购房能力，以拟购房产产权作抵押，获得银行的贷款支持，只要支付一笔相对较少的首期款（一般为住房价格的30%），就能提前实现住房消费，促进住房的商品化和自有化，扩大房地产消费市场。另外，住房贷款可以引导消费方向，能够吸引社会资金流向住房消费，有助于建立合理的消费结构。

（2）发挥储蓄功能，调节居民消费行为，促进经济平衡发展。住宅抵押贷款具有储蓄的功能。一方面，居民获得住房抵押贷款，提前实现住房消费，同时为了偿还住房抵押贷款本息，势必进行储蓄，集聚资金以保证按期偿还本息；另一方面，居民参加储蓄，在存足一定金额和一定期限后，可获得数倍的住房抵押贷款，而后按期还本付息。总之，住房抵押贷款可以把居民长期储蓄的购买力，通过住房抵押贷款方式变为现实的购买力；还可以调节居民的消费行为，有利于居民建立较为合理的消费结构；住房抵押贷款的推广，还促进了房地产及相关行业的发展，促进国民经济的全面平衡发展。

（3）确保银行贷款的安全性，保障银行贷款效益，促进房地产金融的发展。住房抵押贷款的发放，需要借贷双方按照《中华人民共和国民法典》（2021年）[①]、《贷款通则》（1996年）[②] 等法律、法规的规定先行签订借款合同和房地产抵押合同。通过借款合同和抵押合同，明确规定各项借贷条件和一般作为抵押人和抵押权人的借贷双方的权利和义务，根本上保障了贷款的本息偿还以及作为抵押物房地产的处理有法可依。银行发放了房地产抵押贷款，在该贷款本息收回之前，拥有对该抵押房地产的抵押权。根据《中华人民共和国民法典》规定："为担保债务的履行，债务人或者第三人不转移财产的占有，将该财产抵押给债权人的，债务人不履行到期债务或者发生当事人约定的实现抵押权的情形，债权人有权就该财产优先受偿。"由此可见，住房抵押贷款既降低了住房抵押贷款的风险，又保证了贷款人较稳定的收益，有利于房地产金融业务的良性循环发展。

（4）住房抵押贷款是金融机构最重要的优质信贷资产。住房抵押贷款在金融机构的贷款中占有很重要的地位。据中国人民银行统计，2023年末，我国个人住房贷款余额38.17万亿元，占金融机构人民币各项贷款余额的16.07%。而且，从长期来看，住房贷款是金融机构优质信贷资产可从其营利性和安全性体现。住房贷款的盈利性：一是住房抵押贷款期限长，通常有较好的和稳定的利息收入；二是住宅抵押贷款可带来手续费和中介费收入；三是住房抵押贷款可以给银行带来长期的社会经济效益，有稳定的个人客户群体。住房贷款的安全性：一是从住房贷款的运作程

[①] 2020年5月28日，十三届全国人大三次会议表决通过了《中华人民共和国民法典》，自2021年1月1日起施行。婚姻法、继承法、民法通则、收养法、担保法、合同法、物权法、侵权责任法、民法总则同时废止。

[②] 为了规范贷款行为，维护借贷双方的合法权益，保证信贷资产的安全，提高贷款使用的整体效益，促进社会经济的持续发展，根据《中华人民共和国商业银行法》等有关法律规定，制定《贷款通则》，自1996年8月1日起施行。

序看，住房抵押贷款对借款人要进行严格的资信审查，并以房地产为抵押物，一般还要参与与抵押贷款有关的保险；二是从实际操作效果看，抵押贷款违约率很低，贷款质量优于其他贷款。

第二节　住房抵押贷款的运作

一、住房抵押贷款概述

（一）住房抵押贷款的构成要素

住房抵押贷款的构成要素是指住房抵押贷款业务开展的相关参与者与基本条件。除了贷款资金来源和可以设定抵押权的房地产以外，住房抵押贷款的构成要素包括贷款人、借款人、抵押权人、借款合同、抵押合同以及保险与公证等。

1. 住房抵押贷款的参与主体

住房抵押贷款的贷款人是由中国人民银行批准，持有《金融机构法人许可证》或《金融机构营业许可证》，并经工商行政管理部门核准登记的商业银行和其他从事房地产抵押贷款业务的金融机构[①]。住房抵押贷款的借款人一般指具有完全民事行为能力、并有稳定的经济收入和偿还贷款本息能力的自然人。根据《中华人民共和国民法典》（2021年）规定，为担保债务的履行，抵押人[②]（债务人或者第三人）不转移财产（如住房——抵押财产）的占有，将该财产抵押给债权人（抵押权人[③]）的，债务人不履行到期债务或者发生当事人约定的实现抵押权的情形，债权人有权就该财产优先受偿。

住房抵押贷款的贷款人一般具有以下权利：一是要求住房抵押贷款的借款人提供与借款相关的资料，根据借款人提供的资料，决定是否贷放相应款项，并确定贷款金额与利息率；二是要求借款人同意办理抵押物登记；三是贷款本息到期时依借款合同约定向借款人收取贷款本金和利息；四是在借款人未能履行借款合同规定的义务时，可以要求借款人提前归还贷款或停止支付借款人尚未使用的贷款，必要时

---

①　我国的商业银行均可发放住房抵押贷款；美国可发放住房抵押贷款机构有抵押银行、商业银行、储蓄与贷款协会互助储蓄银行、信用合作社等；日本的住房抵押贷款机构包括政府的住宅金融公库和一般商业银行等。

②　抵押人是指将依法取得的房地产提供给抵押权人，作为本人或者第三人履行债务担保的公民、法人或者其他组织。

③　抵押权人是指接受房地产抵押作为债务人履行债务担保的公民、法人或者其他组织。

可依法行使抵押权。同时,住房抵押贷款的贷款人主要义务包括:公布房地产抵押贷款业务的种类、范围、程序和贷款利率等信息,并向借款人提供咨询;公开房地产抵押贷款程序审查的资信内容和发放房地产抵押贷款的条件;在收到借款申请后,应当及时给予答复;对借款人的经济情况依法保密。

住房抵押贷款的参与主体除了上述的贷款人、借款人之外,还有担保和保险机构、抵押服务机构。担保和保险机构包括各类保险公司、政府担保和保险机构等。保险公司主要是通过保险,为抵押贷款机构发放贷款风险提供保险,与住房抵押贷款相关的保险有人寿保险、履约保证保险、财产保险等。担保和保险机构主要是对特定的借款主体提供担保和保险。例如,美国联邦住宅管理局和退伍军人管理局分别是对中低收入家庭和退伍军人及家属提供贷款保险;我国当前成立的一些住房抵押贷款担保公司也具有政府性质的担保机构。

住房抵押贷款服务机构主要包括贷款日常维护机构、评估机构、律师事务所等。贷款日常维护机构主要指收取还款额并转交贷款机构;向借款人发出还款通知;在贷款人逾期时提醒借款人;记录贷款本金余额的变化;管理和缴纳不动产税和保险事宜;在形成不良贷款时及时行使取消赎回权,并出售抵押物等。贷款日常维护一般是由贷款机构承担,也可以从专业分工的角度,委托专门的服务机构承担,这些服务机构通常是贷款人的附属机构。经专业评估机构对抵押资产的价值评估是确定抵押贷款额度的基本依据,也是防范抵押贷款风险的重要手段。律师事务所主要是为抵押贷款提供法律依据,如起草贷款协议(合同)、办理抵押物查询鉴定和登记、受托与借款人签订贷款协议、处理违约贷款的法律事务等。

2. 住房抵押贷款的借款合同和抵押合同

住房抵押贷款应由贷款人与借款人签订借款合同。借款合同应当约定贷款用途、金额、利率、支付方式、还款期限、还本付息方式、违约责任和双方认为需要约定的其他事项,如抵押物情况及所投保的险种等。住房抵押贷款还应由抵押人与贷款人签订抵押合同,并依法办理登记。住房抵押合同应当载明:被担保的主债权种类、数额,债务人履行债务的期限,抵押物的名称、数量、质量状况、所在地、所有权权属,抵押担保的范围,抵押当事人认为需要约定的其他事项等。房地产抵押应当凭土地使用权证书、房屋所有权证书办理,抵押人和抵押权人应当签订书面抵押合同。另外,房地产抵押合同签订后,土地上新增的房屋不属于抵押财产。需要拍卖该抵押的房地产时,可以依法将土地上新增的房屋与抵押财产一同拍卖,但对拍卖新增房屋所得,抵押权人无权优先受偿。抵押期间,抵押人可以转让抵押财产。当事人另有约定的,按照其约定。抵押财产转让的,抵押权不受影响。抵押人转让抵押财产的，应当及时通知抵押权人。

根据《中华人民共和国城市房地产管理法》第四十八条规定："依法取得的房屋所有权连同该房屋占用范围内的土地使用权，可以设定抵押权。"由此可见，住房抵押贷款中作为抵押物应具备两个基本条件：一是只要房地产权属合法，土地使用权无论是划拨还是出让，作为统一的抵押物，房地产可以设定抵押权；二是当地上未建成建筑物或无其他地上附着物时，以取得的土地使用权设定抵押权（前提是必须以出让方式获得的土地）。

3. 抵押住房的估价、保险和抵押合同登记

住房抵押贷款设定房地产抵押关系时，应当对抵押物价值予以确定。设定房地产抵押时，抵押房地产的价值可以由抵押当事人协商议定，也可以由房地产价格评估机构评估确定。以房产作为抵押的，为了避免已设定抵押权的抵押物在抵押期间遭受意外损失，造成贷款银行的抵押权落空，借款人需在合同签订前办理房屋保险或委托贷款人代办有关保险手续，而且，保险期限应不低于抵押贷款期限。抵押期内，保险单由贷款人保管。抵押当事人约定对抵押房地产投保的，由抵押人为抵押的房地产投保，保险费由抵押人负担。抵押房地产投保的，抵押人应当将保险单移送抵押权人保管。在抵押期间，抵押权人为保险赔偿的第一受益人。

房地产抵押合同自签订之日起 30 日内，抵押当事人应当到房地产所在地的房地产管理部门办理房地产抵押登记。登记机关应当对申请人的申请进行审核。凡权属清楚、证明材料齐全的，应当在受理登记之日起 7 日内决定是否予以登记，对不予登记的，应当书面通知申请人。

《中华人民共和国城市房地产管理法》规定：抵押权可以随债权转让，当抵押权转让时，应当签订抵押权转让合同，并办理抵押权变更登记。抵押权转让后，原抵押权人应当告知抵押人。经抵押权人同意，抵押房地产可以转让或者出租。抵押房地产转让或者出租所得价款，应当向抵押权人提前清偿所担保的债权。超过债权数额的部分，归抵押人所有，不足部分由债务人清偿。

（二）住房抵押贷款的贷款比例、期限和利率

1. 贷款比例

住房抵押贷款的贷款比例又称贷款成数，是指住房抵押贷款金额占所抵押房地产价值的比例。规定贷款成数，目的是降低贷款银行的放贷风险，我国规定商业性住房抵押贷款最高不得超过 70%，房地产实际价值与贷款金额之间的差额就是借款人的首付额，该首付额构筑成贷款银行抵御风险的一道有效缓冲区。既在一定程度

上免除了所抵押房地产价格下降的风险，又减弱了借款人的违约动机。

贷款比例越大，贷款银行贷放的金额所占比重也就越高，贷款风险随之加大；反之，贷款比例越小，贷款银行发放的贷款金额所占比重就越低，贷款风险也就相应较小。此外，贷款比例也是银行调节房地产信贷规模，进而调节房地产市场需求状况的一个重要手段。较高的贷款比例意味着借款人只需投入较少的自有资金，就能支付若干倍于自有资金规模的房地产购置、开发与经营项目，即财务杠杆较高；反之，低贷款比例意味着低财务杠杆。通过贷款比例的调整，银行能够有效地控制借款人的借款能力，从而控制借款需求，最终影响到房地产市场需求的大小。

我国对于购买住房首付的一般规定，对于公积金贷款购买 90 平方米（含）以下的首套住房，首付比例不得低于 20%，购买 90 平方米以上的首套住房的首付比例不得低于 30%；对于商业贷款，购买首套新房的首付比例为房屋总价的 30%，购买首套二手房的首付比例为房屋评估价的 30%。对于购买二套住房，国家会根据房地产市场制定相应的政策，如 2011 年 1 月 26 日，国务院常务会议研究部署《进一步做好房地产市场调控工作有关问题的通知》（也称"新国八条"），要求强化差别化住房信贷政策，对贷款购买第二套住房的家庭，首付比例不低于 60%，贷款利率不低于基准利率的 1.1 倍。

2. 贷款期限

住房抵押贷款的期限是指从贷款投放到贷款本息收回之间的期限。贷款期限的长短与借款人的信用程度、偿还能力、借款金额以及贷款银行的资金实力密切相关。同时还受国家有关贷款期限政策的约束，目前我国房地产抵押贷款的最长期限为 30 年，实际上一般以 10～20 年居多。给定房地产抵押贷款的本金总额和利率安排，贷款期限的长短与借款人每月偿还额负相关，与借款人利息负担正相关。

3. 贷款利率

贷款利率的高低直接决定了贷款银行收益的多少，也是影响借款人借款成本的最重要因素。一般来说，贷款利率高低与贷款期限正相关，与贷款资金来源成本正相关。我国的住房存、贷款利率一般由中国人民银行制定，其他与住房消费有关的利率由商业银行依据中国人民银行公布的法定利率的上下限来确定。

依据住房抵押贷款利率是否固定，可以分为固定利率抵押贷款和可变利率抵押贷款两大类。固定利率抵押贷款是指预先确定利率和分期付款方式的抵押贷款，在整个贷款存续期内，其利率不受市场利率变化的影响，还贷的方式和期限也是固定不变的；可变利率抵押贷款是指根据市场利率指数，按照借贷双方约定的条件，调整贷款利率和还款方式的抵押贷款种类。

(三) 申请住房抵押贷款需要提供的材料

住房抵押贷款的申请人必须满足一定的条件，并对申请的贷款银行提交贷款申请及相关材料。

(1) 个人住房贷款申请书；

(2) 合法的购房合同、协议书及其他批准文件；

(3) 借款人的有效身份证件、婚姻状况证明和其他必要的证件；

(4) 房产共有人愿意抵押房产的书面证明[①]；

(5) 30%以上的购房首付的发票或收据；

(6) 抵押物权利清单、权属证明文件（如《不动产权证书》）、享有处分权人出具的同意抵押证明，银行认可的评估机构出具的抵押物估值报告；

(7) 保证人同意提供担保的书面意见及保证人的资信证明；

(8) 贷款银行认为必须提交的其他文件和资料。

为提高房子抵押贷款通过率，还可以尽量提供家庭其他财产证明（如另处房产证、股票、基金、现金存折、车辆行驶证等）。

(四) 抵押资产的占用、管理与处分

由于房地产的不可移动性，根据 2021 年修订的《城市房地产抵押管理办法》规定，对于已作抵押的房地产，由抵押人占用与管理。抵押人在抵押房地产占用与管理期间应当维护抵押房地产的安全与完好。抵押权人有权按照抵押合同的规定监督、检查抵押房地产的管理情况。抵押权可以随债权转让。抵押权转让时，应当签订抵押权转让合同，并办理抵押权变更登记。抵押权转让后，原抵押权人应当告知抵押人。经抵押权人同意，抵押房地产可以转让或者出租。[②] 抵押房地产转让或者出租所得价款，应当向抵押权人提前清偿所担保的债权。超过债权数额的部分，归抵押人所有，不足部分由债务人清偿。

抵押权人在下列情况可以有权要求处分抵押的房地产。

(1) 债务履行期满，抵押权人未受清偿的，债务人又未能与抵押权人达成延期履行协议的；

---

① 根据《中华人民共和国民法典》(2020 年) 第四百条的规定，设立抵押权，当事人应当采用书面形式订立抵押合同。

② 抵押人擅自以出售、出租、交换、赠与或者以其他方式处分抵押房地产的，其行为无效；造成第三人损失的，由抵押人予以赔偿。

(2) 抵押人死亡，或者被宣告死亡而无人代为履行到期债务的；或者抵押人的合法继承人、受遗赠人拒绝履行到期债务的；

(3) 抵押人被依法宣告解散或者破产的；

(4) 抵押人违反本办法的有关规定，擅自处分抵押房地产的；

(5) 抵押合同约定的其他情况。

当出现上述情况时，经抵押当事人协商可以通过拍卖等合法方式处分抵押房地产。协议不成的，抵押权人可以向人民法院提起诉讼。[①]

抵押权人处分抵押房地产时，应当事先书面通知抵押人；抵押房地产为共有或者出租的，还应当同时书面通知共有人或承租人；在同等条件下，共有人或承租人依法享有优先购买权。以划拨方式取得的土地使用权连同地上建筑物设定的房地产抵押进行处分时，应当从处分所得的价款中缴纳相当于应当缴纳的土地使用权出让金的款额后，抵押权人方可优先受偿。

处分抵押房地产所得金额，依下列顺序分配。

(1) 支付处分抵押房地产的费用；

(2) 扣除抵押房地产应缴纳的税款；

(3) 偿还抵押权人债权本息及支付的违约金；

(4) 赔偿由债务人违反合同而对抵押权人造成的损害；

(5) 剩余金额交还抵押人。

当处分抵押房地产所得金额不足以支付债务和违约金、赔偿金时，抵押权人有权向债务人追索不足部分。

二、住房抵押贷款的运作流程

通常情况下，住房抵押贷款包括以下运作流程。

(一) 贷款申请及受理

购房人选购住房，与开发商签订购房协议或初步意向，向拟贷款金融机构初步咨询贷款条件，填写住房贷款申请表，按照要求提供相关贷款文件资料（如借款人的合法身份证明、借款人所在单位出具的固定经济收入证明、银行征信等）。

[①] 抵押当事人因履行抵押合同或者处分抵押房地产发生争议的，可以协商解决；协商不成的，抵押当事人可以根据双方达成的仲裁协议向仲裁机构申请仲裁；没有仲裁协议的，也可以直接向人民法院提起诉讼。

(二) 贷款审查与咨询评估

贷款审查分为抵押房地产评估和申请人信用评估两个环节，抵押房地产评估主要是评价房地产的价值和风险；申请人信用评估主要是审查申请人的还款能力和还款意愿。对于贷款机构而言，这是住房抵押贷款的核心步骤，是防范信贷风险的关键。

(三) 协商贷款条件

贷款条件分为贷款机构标准条件和针对特定申请人的贷款条件。标准贷款条件是根据金融监管机构和贷款机构信贷政策制定、所有贷款都必须符合的标准条件。包括贷款机构对借款人、用途、贷款比例、利率、抵押品、担保、还款方式等，而针对特定申请人的贷款条件是指贷款金额、利率、还款方式等作出的具体规定。

(四) 贷款合同签订与公证

按照协商的贷款条件起草和签署贷款合同、落实抵押担保措施、收取有关费用、办理还款和代扣费税手续、贷款文件整理归档等，在贷款审批通过后，进行借款合同的公证，以确保合同的合法性和有效性。

(五) 抵押登记与发放贷款

办理抵押登记手续，将房屋抵押给贷款机构，抵押人（如房产为共有财产，则所有共有人须全部到场）和抵押权人亲自到所属辖区的房产交易中心办理房产抵押登记。贷款机构发放贷款（通过转账方式划入购房合同或协议指定的售房单位或个人账户），购房者收房，并按月还款。

(六) 住房抵押贷款结清

当借款人还清贷款本息后，购房者才能办理完整的解除抵押担保手续。

(七) 贷后管理和不良资产处置

贷后管理是及时监控贷款合同的执行情况、跟踪分析借款人信用状况的变化、及时解决贷款中出现的问题等。对于不良资产的处置，贷款机构一般根据违约的时间和违约严重程度，分别采取催收、协商变更原协议、采取法律诉讼收回抵押物、呆账核销等措施加以解决。

我国申请住房抵押贷款的程序如图 4-2 所示。

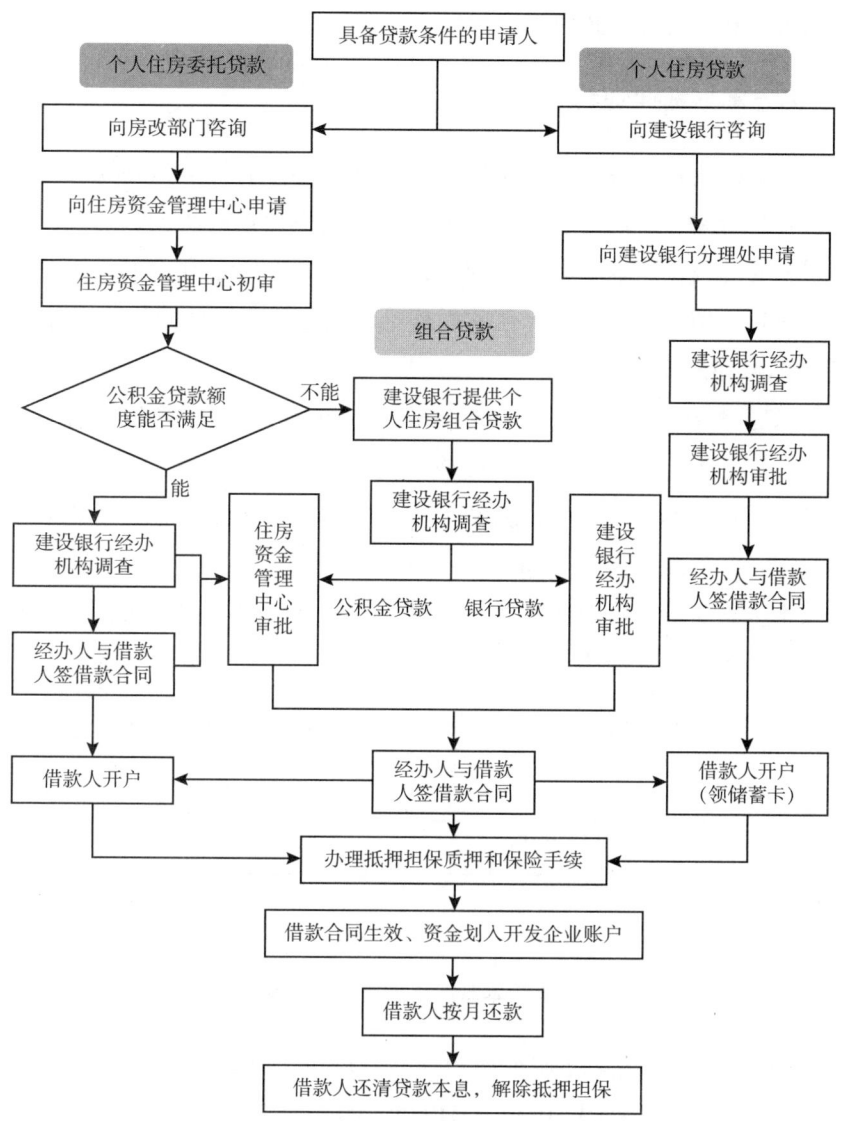

图 4-2 我国申请住房抵押贷款的程序

处分抵押物或质物，其价款不足以偿还贷款本息的，贷款人有权向债务人追偿；其价款超过应偿还部分，贷款人应退还抵押人或出质人。拍卖划拨的国有土地使用权所得的价款，在依法缴纳相当于应缴纳的土地使用权出让金的款项后，抵押权人有优先受偿权。

三、住房抵押贷款的偿还

按照贷款利率和计息方式，目前，我国常见的商业性住房贷款主要有固定利率抵押贷款和可变利率抵押贷款两类。

（一）固定利率抵押贷款

固定利率抵押贷款（fix rate mortgage）是指预先确定利率和分期付款方式的抵押贷款。在整个贷款存续期内，其利率不受市场利率变化的影响，还贷的方式和期限也是固定不变的。根据本金和利息的支付方式不同，固定利率的抵押贷款可以分为等额本息还款抵押贷款、等本金还款抵押贷款和分级还款抵押贷款等种类。

1. 等额本息还款抵押贷款

等额本息还款抵押贷款（constant payment mortgage）也称完全均付抵押贷款，是目前应用最广泛的一种抵押贷款，在整个贷款期内采用本息均等偿还方式，以固定利率按月偿还贷款本息，每月付款额等于以贷款额为年金现值计算的年金。等额本息还款抵押贷款的现金流量图如图4-3所示。

设贷款本金是 P，贷款月利率为 i，贷款 n 期，每月本息偿还额为 A，由年金现值计算公式可得到还款公式为：

$$\text{每月还款额} A = P\frac{i(1+i)^n}{(1+i)^n - 1}[(A/P, i, n) - \text{资金回收系数}] \quad (4-1)$$

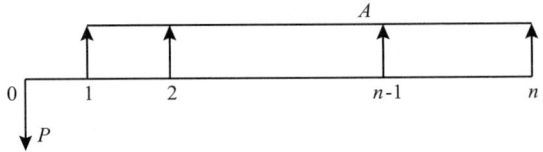

图4-3 等额本息还款抵押贷款的现金流量

[案例4-1]：假设某家庭购买一套住房，房价150万元，首付50万元，全商业贷款100万元，贷款期限20年（240个月），贷款年利率为4.9%（月利率0.4%）。采用等额本息还款方式，则按照式（4-1）计算，每月的还款额（包括本金和利息）如表4-1所示。

表4-1　　　　　某住房抵押贷款等额还本付息偿还借款计算

项目	第1月	第2月	第3月	第4月	第5月	第6月	第7月	第8月	第9月	第10月	第n月	第240月
年初本金（元）	1000000	997539	995068	992586	990095	987594	985082	982560	980027	977485	……	6518
年利率（%）	4.9	4.9	4.9	4.9	4.9	4.9	4.9	4.9	4.9	4.9	……	4.9
月利率（%）	0.4	0.4	0.4	0.4	0.4	0.4	0.4	0.4	0.4	0.4	……	0.4

续表

项目	第1月	第2月	第3月	第4月	第5月	第6月	第7月	第8月	第9月	第10月	第n月	第240月
本月应计利息（元）	4083	4073	4063	4053	4043	4033	4022	4012	4002	3991	……	27
本月还本付息（元）	6544	6544	6544	6544	6544	6544	6544	6544	6544	6544	……	6544
本月应还本金（元）	2461	2471	2481	2491	2502	2512	2522	2532	2543	2553	……	6518
月末本金（元）	997539	995068	992586	990095	987594	985082	982560	980027	977485	974932	……	0

由表4-1中贷款余额的计算方法还可得出每月本息偿还额中本金和利息，还款期内某月本息偿还额中的本金部分就是该月相邻两期贷款余额之差，本息总额中扣除当月本金还款额也就得到相应的利息额。另一种简单的计算方法是先由上期贷款余额乘以贷款月利率，得到本期还款利息，从月偿还额中扣除这部分利息就得到当月偿还本金。

可见，在其他条件不变的情况下，贷款金额、贷款利率与月本息偿还额正相关，贷款期限则与月本息偿还额负相关。此外，由于月还本息的金额是固定不变的，剩余本金随着时间的推移而下降，每月本息偿还额中利息部分的比重逐步下降，而本金部分比率逐渐上升，直到贷款本息全部清偿为止。采用等额本息还款方式，贷款期内借款人支付利息总额为570665.72元。

2. 等额本金还款抵押贷款

等额本金还款抵押贷款（constant amorition mortgage）又称为非均付固定利率抵押贷款，在贷款期内均匀地偿还本金，而每期按剩余本金余额和约定利息率支付利息。

$$月还款额 A = \frac{贷款本金}{贷款期数\ t} + (贷款本金 - 已归还本金累计额) \times 月利率\ i$$

(4-2)

按月计算的贷款期限、贷款额和按月计算的利息率，等额本金还款抵押贷款的每月偿还额的计算公式如表4-2所示。式中的月还款额由两部分组成，第一部分是每月等额偿还的本金，第二部分是第 t 期应偿还利息。由此可见，借款人每月支付的本金是均等的，与贷款期限 t 无关；每月支付的利息随剩余本金的减少而递减，表现为随 t 的增大而减小，所以每月还款额也呈下降趋势。采用等额本金还款方式，贷款期内借款人支付利息总额为492041.67元。

表 4-2　　　　　　　　某住房抵押贷款等额本金还借款计算

项目	第1月	第2月	第3月	第4月	第5月	第6月	第7月	第8月	第9月	第10月	第n月	第240月
年初本金（元）	1000000	995833	991667	987500	983333	979167	975000	970833	966667	962500	……	4167
年利率（%）	4.9	4.9	4.9	4.9	4.9	4.9	4.9	4.9	4.9	4.9	……	4.9
月利率（%）	0.4	0.4	0.4	0.4	0.4	0.4	0.4	0.4	0.4	0.4	……	0.4
本月应计利息（元）	4083	4066	4049	4032	4015	3998	3981	3964	3947	3930	……	17
本月还本付息（元）	8250	8233	8216	8199	8182	8165	8148	8131	8114	8097	……	4184
本月应还本金（元）	4167	4167	4167	4167	4167	4167	4167	4167	4167	4167	……	4167
月末本金（元）	995833	991667	987500	983333	979167	975000	970833	966667	962500	958333	……	0

比较上述两种抵押贷款可以发现两者的主要区别在支付方式和贷款余额上不同：等额本息还款抵押贷款月支付金额固定不变，而等额本金还款抵押贷款月支付金额则是逐年减少的；等额本息还款抵押贷款支付银行的利息大于等额本金还款抵押贷款支付银行的利息。

3. 分级还款抵押贷款

分级还款抵押贷款（graduated payment mortgage）是指在最初的若干年里，月还款额按约定的比率逐年递增，若干年后月还款金额均等，直至贷款全部清偿的贷款方式。依据偿还年限、递增比率的不同组合，可以设计出多种类型的分级还款方案。分级还款抵押贷款是美国消费经济学研究成果与银行信贷理论和实践相结合的产物，是美国储蓄贷款机构专门为年轻的购房群体设计，适用于"有前途"的年轻人。

与等额本息和等额本金抵押贷款相比，分级还款抵押贷款在还款期前期月付款额较低，通常在前5~10年内月付款额以每年2.5%~7.5%的速度递增，随后的剩余期限内还款额保持固定不变。美国联邦住宅管理局根据预期通货膨胀率和贷款利率，设计出不同的分级期限和递增比率的分级还款方案。例如，分级期限分为5年和10年两种，其中，5年期分级抵押贷款，在还款期前5年，每年还款额分别按2.5%、5%和7.5%三种固定速度递增；10年期分级抵押贷款，在最初10年内，每年还款的递增速度为可选的2%或3%，分级期限结束后就转化为等额还款抵押贷款。该项贷款的典型特征是付款额逐步提升，比较适合现期收入不高，但预期收入递增的群体。

分级还款抵押贷款在贷款前期的月还款额小于上述两种贷款方式，在分级期结束后，月还款额大于等额还款抵押贷款。由于分级还款月还款额的变化与居民收入水平的变化趋势相同，降低了借款人前期付款的压力，从而扩大了抵押贷款的市场需求，拓展了贷款机构的抵押贷款业务。此外，由于前期归还本金较少，与等额还款抵押贷款方式相比，在分级还款抵押贷款中借款人往往需要支付更多的利息。

4. 其他固定利率抵押贷款

（1）气球式抵押贷款。

气球式抵押贷款（balloon mortgage）又称膨胀式抵押贷款、漂浮式抵押贷款，是指在贷款前几年中每月按固定数额还款，最后一次偿还所有贷款余额的抵押贷款方式。特点是最后一次付款额比以前历次都大，最后的一笔付款称为气球式付款（balloon payment）。由于气球式抵押贷款的最后一笔付款数额较大，到期时借款人很少能一次性付清，往往需要再次融资，这时的贷款利率根据当时的市场利率来确定，通过部分分期付款的方式，贷款人转移了利率风险。虽然这种方式仍然属于固定利率方式，但它已经具有可调利率方式的某些特点。

（2）逆向年金抵押贷款。

逆向年金抵押贷款（reverse annuity mortgage）是专门针对老年人设计的贷款种类。通常的住房抵押贷款是借款人得到金融机构贷款支付购房款，然后在贷款期内逐月归还这笔贷款。在逆向年金抵押贷款中，借款人现金的流入与流出过程正好相反，在较长的期限内由金融机构定期向借款人提供现金，在贷款期末则由借款人一次性还清贷款本息总额。其实质是把住房抵押给金融机构，由金融机构每月向借款人提供生活费用，期满时，通过出售抵押房地产来清偿贷款。逆向年金抵押贷款的好处在于在不立即改变房产所有权的前提下，解决老人退休"有房没钱"的问题。

（3）增值分享抵押贷款。

增值分享抵押贷款（shared appreciation mortgage）是20世纪80年代美国出现的一种抵押贷款，当时较高的通货膨胀率造成利率居高不下，为了减轻借款人的债务负担，贷款机构以较低的贷款利率发放房地产抵押贷款，同时要求按一定比例分享住房未来的增值，它既可以是固定利率抵押贷款，也可以是可变利率抵押贷款。多用于商业性或收益性不动产上，在住房购买中使用较少。

双周付款抵押贷款就是每两周付款一次的抵押贷款方式，其实质是缩短还款时间间隔，不但有助于降低借款人还款总额，还能降低通货膨胀风险和利率风险。

(二) 可变利率抵押贷款

顾名思义，可变利率抵押贷款是指在贷款期内，贷款利率并非固定，而是可调整的。一般分为随价调整抵押贷款和可调利率抵押贷款两大类。

1. 随价调整抵押贷款

随价调整抵押贷款（price level adjusted mortgage）是指借款人按照事先约定的利率确定先期月还款额，在约定的一定时间后，根据某种市场价格指数对贷款余额进行调整，并根据新的贷款余额计算每月分期还款额就是随价调整抵押贷款。其实质是贷款机构借助按物价水平调整贷款利率的做法，减轻通货膨胀对贷款收益的侵蚀。

随价调整抵押贷款的基本程序如下：

（1）根据市场真实利率和风险补偿率确定第一年贷款利率，按照等额还款抵押贷款公式计算第一年每月还款额；

（2）根据等额还款抵押贷款公式计算第一年年底的贷款余额；

（3）根据第二年年初公布的价格指数调整第二年年初的贷款余额，由第一年年底的贷款余额乘以价格指数得到；

（4）根据第二年年初的贷款余额，用剩余贷款年限和调整后的价格指数计算第二年的每月付款额；

（5）以后各年均根据上一年的价格指数，按照上述步骤重复计算月还款额。

随价调整抵押贷款的主要作用是防范通货膨胀风险。由于通货膨胀的存在，固定利率抵押贷款存在着月付款额倾斜效应，即通货膨胀使名义上每期相等的月还款额实际值并不等，按物价调整后的实际值呈现出前期还款额较高，之后逐期减少的倾斜状态，通货膨胀率越高，倾斜程度越严重。在贷款整个存续期利率固定的情况下，贷款机构基于对通货膨胀的预期，势必索要较高的利率补偿，由此加重借款人前期还款负担，影响潜在的贷款需求。随价调整抵押贷款正好弥补了固定利率抵押贷款的不足，通过及时调整还款额与物价之间的关系，较好地解决月还款额倾斜的问题。此外，随价调整抵押贷款在贷款初始阶段每月还款额明显低于等额还款抵押贷款等固定利率抵押贷款，有效地减轻了借款人的还款负担，对贷款机构拓展业务领域，提高抵押贷款的有效需求具有积极意义。对贷款机构而言，由于这种方式使贷款收益能够更好地与存款利率的变化相适应，从而有助于其降低利率风险。

然而，随价调整抵押贷款缺陷也比较明显：一是随价调整抵押贷款是根据物价指数调整贷款利率，由于物价指数反映的是全社会在一定时期内物价的总体水平，而房价只是这一指数的一个组成部分,用这样一个总体指数对房价进行校正的理论依据不足;二是随着物价调整抵押贷款的目的是将每月还款额与借款人的收入进行匹配,有效地降低通货膨胀引发的倾斜效应,但是这种方式真正有效的前提是借款人的收入水平与物价指数同步变动,而这个前提无法保证;三是贷款价格指数化存在滞后效应,基于历史数据的物价指数反映了过去的情况,调整的还款额却是未来的支付水平,两者之间不存在必然的关系;四是随价调整的抵押贷款即便抵消了通货膨胀的风险,对于纯粹的利率变动风险也无能为力;五是金融机构发放的抵押贷款大多来自居民存款,而要保证稳定的利差收入,就必须使存款利率随物价调整,但在现实中存贷款利率和存贷款结构同步调整很难做到。

2. 可调利率抵押贷款

可调利率抵押贷款(adjusted rate mortgage)是指根据市场利率指数,按照借贷双方约定的条件,调整贷款利率和还款方式的抵押贷款种类。可调利率抵押贷款方式在 20 世纪 70 年代末开始流行,由于当时美国市场利率持续上升,经营固定利率抵押贷款业务的储蓄与贷款协会都不同程度地遭受着损失,可调利率抵押贷款因其贷款利率可以随着市场利率的上升而提高,能向借款人转嫁利率风险而受到金融机构的青睐。因为市场利率指数综合反映了未来实际利率、通货膨胀预期和其他各种金融风险的因素,更适合作为调整抵押贷款利率的依据,因而更能有效地防止利率风险对贷款机构收益的影响。借款人则在承担部分利率风险的同时,也享受了贷款前期较低的利率,进而较低月付款额的优惠。

可调利率抵押贷款方式要求贷款利率与借贷双方共同接受的指数比率挂钩,在签订合同时,借贷双方需要就指数比率、初始利率、附加利率、利率调整周期、利率调整幅度、月还款额增长限制、本金负摊销等方面内容达成协议。可调利率抵押贷款方式目前主要在西方发达国家流行。

第三节　住房抵押贷款的管理

一、住房抵押贷款的风险

当住房抵押的借款人不能按期归还贷款本息时,贷款银行可以行使抵押权,通过依法处分抵押房产来清偿未收回的贷款本息。然而即便如此,贷款银行从事房地产抵押贷款仍然面临诸多风险。

(一)流动性风险

住房抵押贷款的流动性风险主要是指贷款人(如银行)持有的住房贷款债权或抵押资产债权不易变现而遭受损失的可能性。主要表现在资产和负债两个方面:一方面,贷款人可能因为住房贷款债权不易变现,丧失金融市场上更有利可图的投资机会;另一方面,如果存款人要求提取存款,而住房贷款债权不能及时变现,可能发生存款人"挤提"现象,造成贷款机构资金周转不灵。另外,由于银行负债期限较短,而房地产抵押贷款一般期限较长,负债和资产在期限上严重不匹配。流动性是银行保证资产质量的一条重要原则。因此,一旦银行流动性不足,需要在较短的时间内将房地产抵押贷款等资产变现的话,"短存长贷"使流动性风险将有可能演变成流动性危机。

(二)个人信用违约风险

个人信用违约风险主要是指借款人由于家庭、工作、收入、健康等因素的变化,不能按期或无力偿还银行贷款(属于被迫违约),抵押房地产被依法处分后尚不足清偿贷款本息,由此产生损失的可能性。另外,也存在理性违约风险,即借款人主动违约,如当房地产市场价格发生较大幅度下跌,以致尚未清偿的房地产抵押贷款本息余额大于抵押房地产的市场价值时,有可能诱使借款人作出理性违约的决定,进而造成贷款损失。因此,贷款机构对于信用风险的防范,尤其是借款人的信用尤为重视。

(三)住房抵押风险

住房抵押风险主要包括抵押住房贬值和法律风险。抵押住房贬值是指住房在抵押期间贷款,由于经济环境、房地产市场的不景气,抵押房地产价值可能面临缩水,或是抵押资产评估机构管理不规范,为满足借款人的贷款需求,高估抵押房地产价值,当借款人不还款时,银行在处置抵押资产时将会受到损失。此外,贷款人风险意识不强,不按操作流程要求或规章制度办理业务,向借款人以超规定抵押率发放贷款,增大了信贷资产损失风险。

法律风险主要是指抵押住房在交易过程中存在的风险。一是由于借款人所抵押的房地产产权不明确(或产权有争议),或者抵押房地产产权虽然清晰,但借款人存在民事或刑事纠纷,其产权可能被第三方扣押,银行将会面临贷款损失或价格风险;二是抵押登记不完备,未按规定及时办理抵押登记而导致抵押物悬空,抵押权利无效，或由于抵押登记的信息不完全，抵押房地产可能存在查封冻结、"一物多抵"等使贷款银行存在道德或操作风险；三是抵押权难以落实的风险，如可能存在不得拍卖、变卖或者抵债的抵押资产，造成银行抵押权难以实现[①]；四是抵押房地产在租赁期间，也面临处置困难的问题[②]。上述风险都可能使贷款银行的债权落空而导致损失。

（四）利率风险

住房抵押贷款期间采用固定利率时，当市场利率上升压缩了银行的获利空间，从而导致贷款银行的利润损失。即便可调利率抵押贷款，如果利率调整速度过慢，跟不上市场利率上升幅度，同样会导致银行风险暴露。另外，市场利率的下降还会激励借款人提前还款，使贷款银行因不能获得原先约定的利息回报而遭受损失。

（五）通货膨胀风险

房地产抵押贷款回收的本息均是名义收入，而不是经物价调整后的真实款额。如果同期的通货膨胀率升高，银行收回本息的实际价值就将缩水；如果同期通货膨胀率超过贷款利率，那么银行贷款本金回收就会出现问题。

（六）银行经营风险

银行经营风险是指银行自身办理贷款业务时，由于决策失误、管理不善等原因而导致贷款蒙受损失的可能性。包括抵押贷款比例风险、还款方式风险和还款期限风险。抵押贷款比例越高，借款人的压力就越大，意味着借款人违约风险的可能性加大；目前流行的等额还款方式有助于借贷双方了解各自的收益和支出，以便制订长期的资金使用计划，但忽略了资金的时间价值和借款人未来还款能力的考虑，因此，银行需要承担更大的借款人违约风险。另外，商业银行一般规定，购房者向银行贷款的同时必须在保险公司购买房贷险，银行是保险合同的第一受益人，如果未按规定对抵押房地产进行贷前的足额投保，当发生火灾、地震等不可抗力的毁灭性事故，抵押房地产的毁损或价值灭失将给贷款银行带来损失。

---

① 根据《最高人民法院关于人民法院民事执行中查封、扣押、冻结财产的规定》（2021年）第四条，对被执行人及其所扶养家属生活所必需的居住房屋，人民法院可以查封，但不得拍卖、变卖或者抵债。换言之，如果借款人用唯一的一套住房办理了抵押贷款，即使到期不还贷，法院、银行也无权处置抵押物。

② 根据《中华人民共和国民法典》第七百二十五条、七百二十六条规定，租赁物在承租人按照租赁合同占有期限内发生所有权变动的，不影响租赁合同的效力。出租人出卖租赁房屋的，应当在出卖之前的合理期限内通知承租人，承租人享有以同等条件优先购买的权利。

（七）经济周期风险

经济周期风险是指在国民经济整体水平的波动过程中产生的风险。当经济扩张时，居民收入水平提高，市场对房地产的需求量就会增大，房屋的变现不成问题，银行与住房消费者对未来市场的乐观预期，使住房抵押贷款规模大幅增加。当经济萧条时，失业率上升，居民的收入急剧下降，大量贷款无力偿还，即使是抵押给银行的房地产也无法变现，进而导致银行的不良债权和损失。

二、住房抵押管理的特征

住房抵押管理包括抵押权设定的管理、抵押合同订立的管理、抵押监管的管理、抵押登记的管理和抵押物处分的管理等内容，住房抵押管理具有以下特征。

一是住房抵押要具有超前性。即借款人实际取得住房抵押贷款资金以住房抵押为前提，因此，在贷款合同中明确借款人提款的先决条件。二是抵押要满足合规性。要确定抵押房地产是否能进入抵押交易市场，办理抵押的对方当事人是否有资格办理抵押。同时，应注意抵押物的时限性，如设定的抵押期限不得超过土地使用年限。三是住房抵押要具有及时性。贷款银行作为抵押权人和借款人必须依法签订书面抵押合同，并自抵押合同签订之日起30日内，向当地房地产管理部门办理抵押登记，规定要公证的抵押合同必须及时办理公证。四是住房抵押管理不强制要求办理保险。但为了保障抵押物的价值，减少因自然灾害等意外情况对抵押物的影响，银行等抵押权人通常会建议抵押人购买房屋财产保险等相关保险，并明确保险事故发生后的赔偿应保证贷款银行收回贷款本息的权利。五是住房抵押可对抵押物作限制性约定。贷款银行作为抵押权人可在房地产抵押后限制抵押人出租、出借、转借抵押物或者改变抵押物使用的性质，这种限制应当在抵押合同中约定。六是要加强对住房抵押贷款的还款监管。根据贷款合同制定还款计划，明确还款金额、期限、方式（等额本息、等额本金等），监控还款进度，确保借款人按时足额还款，监控借款人收入变化对还款能力的影响，对逾期还款进行预警和催收，对长期逾期或恶意拖欠的借款人，启动法律程序，根据借款人的需求（如提前还款、延期还款），提供合规的调整方案。

三、个人住房抵押贷款的风险防范

由于个人住房抵押贷款风险的复杂性和多变性，需要采取多种措施，对住房抵押贷款风险进行准确的识别和评估、科学的防范和应对、有效的监督和控制，尽可能降低住房抵押贷款风险。

（一）加强银行放贷的操作和流程的管理，完善信贷管理机制

（1）进一步完善商业银行对贷款对象和条件的审核。贷款机构在对借款人咨询和教育上应该投入大量资金，在借款人申请个人住房抵押贷款之前，借款人应到银行等金融机构或专门的咨询机构进行咨询，以确保借款人充分了解住房抵押贷款具体操作流程以及违约等造成的后果。

（2）贷款时，商业银行应实行科学严密的贷款审核程序。银行在审核住房抵押贷款申请时，主要是考察以下因素：首先，判断借款人的还款能力；其次，审查贷款抵押品即住房的当前状况和实际市场价值；最后，调查申请人的信用状况。

（3）发放贷款过程中，可以采取多样化的住房抵押贷款形式。在国外普遍开展的住房抵押与住房储蓄相结合的住房抵押贷款，住房抵押贷款与住房建设基金相结合的住房抵押贷款，可调整住房抵押贷款的利率、期限、首付额等，分期偿还抵押贷款等，我国银行可以借鉴。

（4）贷款后，商业银行应加大监控和管理的力度。商业银行应该建立先进的业务处理系统和监控借款人财务状况的信息系统。利用业务处理系统每天监测报表，一旦出现逾期贷款，就可以立即查明原因，采取相应的措施来防止逾期的继续发展，最大限度地减少银行的损失。另外，由于借款人的财务状况变化较大，因此要对借款人的财务变动状况进行跟踪监控。

（5）违约时商业银行应建立一套有效的违约处理机制。当借款人不能按照贷款合同如期偿还贷款本息时，贷款机构会按照合同进行违约处理，并在贷款期间进行监督，及时发现贷款的逾期和违约，并及时作出相应的处理。

（二）建立个人住房抵押贷款风险预警系统，防范市场风险

（1）建立风险预警的数据库，从各个方面取得数据，不断积累和完善数据的收集整理，为模型开发打下坚实的基础。

（2）开发合适的风险预警模型，对预警区间、警戒线以及指标权重、概率密度函数等设置合理参数。

（3）建立快速反应和预控机制，对风险预警系统显示的潜在风险进行及时处理和化解。

（三）加强个人住房抵押贷款的利率风险管理和流动性管理

（1）开发可调整利率抵押贷款。其利率根据市场利率的不断变化而作周期性调整，利率调整周期可以是1个月、1季度、6个月或者1年。与我国现行的浮动利率相比，它的不同之处在于这种周期性的利率调整将有助于改善商业银行存贷款期限的匹配状况，把由商业银行承担的利率上升的风险转移给贷款人，同时也把由借款人承担的利率下降的风险转移给商业银行。

（2）开发固定利率抵押贷款。这是在抵押贷款合同所规定的还贷期限内，贷款利率固定不变的抵押贷款方式。如果商业银行能够通过获得固定利率资金来源与贷款相匹配，可以避免相应的利率错配和流动性风险。

（3）进行套期保值。我国金融期货市场正逐步开放，商业银行可以运用金融衍生工具实行套期保值进行利率风险管理，通过市场交易抵补资产负债由于利率变化导致的价值变化，如可利用远期利率协议、利率期货和交易所期权等方式进行短期利率风险管理。

（4）大力发展个人住房抵押贷款交易的二级市场。通过该市场，商业银行可将个人住房抵押贷款形成债权出售，换取贷款资金或流动性高的短期债权，提高流动性。

（四）发展个人住房抵押贷款风险转移机制

（1）建立个人住房抵押贷款的保险机制。金融机构可利用各类保险业务品种来分散个人住房抵押贷款风险。保险费用所形成的保险基金金额大、来源稳、使用周期长，有可能部分承担抵押贷款中的风险损失。金融机构可通过以下险种分散抵押贷款业务的风险：一是建立住房抵押贷款信用保证保险。由保险公司开办抵押偿还业务，借款人向保险公司投保抵押偿还险，保险公司充当借款人还贷保证人，一旦借款人无法继续归还住房贷款时，保险公司负责偿还一定比例的贷款损失。二是住房抵押贷款与人寿保险相结合。借款人购买相应年限和金额的住房抵押贷款人寿保险，用于购房人因疾病或意外事故导致身故或伤残时，其家庭其他成员可使用保险公司提供的保证金继续按月归还贷款。以确保不会因借款人中途死亡、残疾以致丧失还款能力而出现被迫违约，抵押住房被处置的风险。三是住房抵押贷款产权保险。该险种确保抵押物本身产权是完整的；贷款机构所得到的抵押权是有效可行的；除了单证上列明的债权人之外，没有其他人有更优先向贷款申请人偿还债务的权利。若因产权纠纷或更高顺位债权人出现时，保险公司将予以赔偿。保险公司必须认真审查借款人的借款资格和偿债能力，积极参与并使其加强自律管理。完善的风险防范机制为抵押贷款保险体系的运作奠定了稳固的基础，有力地推进了住房保险机制的发展。

（2）推进个人住房抵押贷款证券化。住房抵押贷款证券化是指将流动性低，但能产生预期资金流的住房抵押贷款转化成为可以在资本市场上流通的证券的过程。个人住房抵押贷款"存短贷长"的矛盾使商业银行面临着流动性风险、利率风险、信用风险等多种风险，个人住房抵押贷款证券化能从根本上解决商业银行"存短贷长"的矛盾，可以适时推出个人住房抵押贷款证券化，有效地降低商业银行在个人住房抵押贷款上所承受的风险。

（五）加快完善个人征信体系，完善运作机制

个人征信业的欠发达是我国商业银行信贷业务发展的瓶颈制约，完善个人征信体系是我国商业银行信贷业务发展的突破口，因此，个人住房抵押贷款亟须一套完善的个人征信体系来减小其运作风险。一套完善的个人征信体系，可以很好地解决诸如当前假按揭愈演愈烈的情况，因为当一个人出现信用不良记录后，将直接影响其今后社会生活的方方面面，个人信用将提升到一个无比重要的地位。除了完善刚开始建立的个人信用系统，商业银行应该积极建立对借款人资信状况进行评估的方法。建立一套切实可行的个人信用等级评分标准，以控制风险，提高工作效率，合理配置人力资源，优化服务质量。

（六）完善个人住房抵押贷款的法律制度环境

我国虽然已经出台实施了《中华人民共和国城市房地产管理法》《中华人民共和国保险法》《中华人民共和国商业银行法》《个人住房担保贷款管理办法》等相关法律法规，构成了个人住房抵押贷款的法律框架，但缺少具体的、操作性强的配套法律法规，不能从房屋交易、估价、保障等方面对市场主体和市场行为形成硬性的约束，影响了相关业务的发展。因此，我国应尽快制定和颁布关于消费信贷的法律，明确消费信贷活动中相关主体的职责，合理分散信贷风险。在此基础上建立个人破产制度，使个人住房抵押贷款的相关环节均有法可依，减小个人住房抵押贷款的法律风险。

❓ 思考题

1. 什么是抵押权？抵押权具有哪些特征？
2. 什么是房地产抵押贷款？房地产抵押贷款的特征是什么？

3. 根据《城市房地产抵押管理办法》（2021年修订）第八条规定，哪些房地产不得设定抵押？

4. 什么是住房抵押贷款？住房抵押贷款具有哪些特征？

5. 住房抵押贷款的分类有哪些？

6. 住房抵押贷款的作用是什么？

7. 简述住房抵押贷款的运作流程。

8. 什么是固定利率抵押贷款？等额本息还款抵押贷款和等额本金还款抵押贷款有何区别？

9. 什么是分级还款抵押贷款？其特点和实用性如何？

10. 住房抵押贷款具有哪些风险？

11. 个人住房抵押贷款的风险防范措施有哪些？

补充阅读

我国公积金制度的演进与发展

住房公积金是指国家机关和事业单位、国有企业、城镇集体企业、外商投资企业、城镇私营企业及其他城镇企业和事业单位、民办非企业单位、社会团体及其在职职工，对等缴存的长期住房储蓄。职工离退休时本息余额一次结清，退还职工本人。职工个人缴存的住房公积金和职工所在单位为职工缴存的住房公积金，属于职工个人所有。

住房公积金是职工按规定存储起来的专项用于住房消费支出的个人住房储金，具有以下两个特征。

一是积累性，即住房公积金不是职工工资的组成部分，不以现金形式发放，并且必须存入住房公积金管理中心在受委托银行开设的专户内，实行专户管理。

二是专用性，住房公积金实行专款专用，存储期间只能按规定用于购、建、大修自住住房或交纳房租。职工只有在离退休、死亡、完全丧失劳动能力并与单位终止劳动关系或户口迁出原居住城市时，才可提取本人账户内的住房公积金。

按我国规定，企业都应该给在职员工存缴住房公积金，不分国有企业和私营企业。

住房公积金制度是一种社会性、互助性、政策性的住房社会保障制度，有利于筹集、融通住房资金，大大提高了职工的商品房购买能力。发展住房金融是深化城镇住房制度改革的目标之一，也是城镇住房制度改革得以进一步推行的动力。

我国的住房公积金制度是在借鉴新加坡公积金制度的基础上建立起来的。1991年在上海试点，1992年，北京、天津等城市相继建立了住房公积金制度，全国各地随之而逐步推行。1994年7月18日，国务院发布的《国务院关于深化城镇住房制度改革的决定》明确提出，要全面推行住房公积金制度，促进住房公积金制度改革进入全面推进阶段。1998年7月3日，国务院颁布的《关于进一步深化城镇住房制度改革加快住房建设的通知》逐步实行住房分配货币化，通知提出"全面推行和不断完善住房公积金制度，建立健全职工个人住房公积金账户……加强住房公积金管理工作"。1999年3月17日国务院第15次常务会议通过并于4月3日颁布的《住房公积金管理条例》，对住房公积金的缴存、提取、使用、管理、监督、处罚等环节加以规范，保证了住房公积金制度持续、健康发展。《住房公积金管理条例》的发布实施，标志着住房公积金管理已进入法治化和规范化轨道。

2011年，住房城乡建设部联合各个部门，研究修订《住房公积金管理条例》工作，放开个人提取公积金用于支付住房租金的规定。2013年部分城市出台办法，允许患有重大疾病的职工或其直系亲属提取公积金救急。

2014年，住房城乡建设部、财政部、央行三部门发文，取消住房公积金个人住房贷款保险、公证、新房评估和强制性机构担保等收费项目，以减轻贷款职工负担。

2015年，《住房公积金管理条例（修订送审稿）》，拟规定，职工和单位住房公积金的缴存比例均不得低于5%，不得高于12%。自2016年2月21日起，职工住房公积金账户存款利率调整为统一按一年期定期存款基准利率执行，上调后的利率为1.50%。

从2017年7月1日起，全国所有住房公积金管理中心将按照住房城乡建设部发布的《全国住房公积金异地转移接续业务操作规程》要求，通过平台办理住房公积金异地转移接续业务。全国所有住房公积金管理中心将"联网"，通过统一的平台办理住房公积金异地转移接续业务。据不完全统计，目前，北京、上海、福州、广州等20多个城市已经接入全国住房公积金异地转移接续平台。2018年5月15日，北京住房公积金管理中心发布《关于取消身份证明材料复印件作为住房公积金归集和贷款业务办理要件的通知》。

2018年5月，为降低实体经济成本、减轻企业非税负担，住房城乡建设部、财政部、人民银行等部门发布了《关于改进住房公积金缴存机制进一步降低企业成本的通知》提出，各地区2016年出台的阶段性适当降低企业住房公积金缴存比例政策到期后，继续延长执行至2020年4月30日。各地区要对政策实施效果进行评估，并可结合当地实际进一步降低企业住房公积金缴存比例。

2019年10月23日,中央国家机关住房资金管理中心微信号发布,关于简化住房公积金提取业务申请材料的公告,即日起住房公积金提取业务不再提交纸质提取申请书。

住房公积金制度是政策性住房金融的制度安排,目前已成为我国住房金融体系的重要组成部分。住房公积金制度的建立和发展对于深化住房制度改革,全面推进住房货币分配,解决职工住房困难,促进城镇住房建设等发挥了积极的作用。

党的十九大报告中提出"房住不炒,租售同权"的政策目标,要求住房回归居住属性,反映了广大人民对于住有所居的强烈期盼。这一目标的实现,离不开住房公积金制度作用的发挥。作为我国政策性住房金融的主体,住房公积金制度应当以政策性为基础,以金融功能为辅助,以服务公众住房消费为导向,以期更好地服务于公众的住房需求。要实现这一目标,住房公积金制度必须从公平和效率两个方面入手,通过对公平的追求激发效率的提升,通过效率的提升更好地保证公平的实现。

阅读与讨论

美国次贷危机形成、发展与借鉴

美国次贷危机(subprime lending crisis),即次级房贷危机,是指2007年一场发生在美国,因次级抵押贷款机构破产、投资基金被迫关闭、股市剧烈震荡引起的金融风暴,进而蔓延到全世界并引起全球金融动荡和经济滑坡的一场危机。

1. 次贷危机产生的背景

(1)次级抵押贷款的兴起。次级抵押贷款是一个高风险、高收益的行业,指一些贷款机构向信用程度较差和收入不高的借款人提供的贷款。美国次级抵押贷款市场通常采用固定利率和浮动利率相结合的还款方式,即购房者在购房后头几年以固定利率偿还贷款,其后以浮动利率偿还贷款。美国次级抵押贷款是房地产抵押贷款市场上的一种金融产品创新,产生于20世纪80年代早期,经过缓慢发展,到90年代中后期,次级抵押贷款得到快速发展(在经受东南亚金融危机的影响后,短暂回落),2000年以后,随着美国房地产业的持续繁荣,次级抵押贷款市场进入兴旺时期。

一系列法案为次级贷款市场提供了良好的法律环境。1977年通过的《社区再投资法》鼓励贷款者向低收入者提供房贷;1980年的《存款机构解除管制与控制法案》使贷款人可以通过收取高利息来扩大对低等级借款人房贷;1982年的《另类抵押贷款交易评价法案》则允许灵活利率(固定利率和浮动利率结合)贷款;1986年的《税收方案》,虽然取消了消费贷款利息税前扣除,但抵押贷款利息支出仍可以税前扣除。

(2) 经济政策。2000 年以后，财富效应对投资、消费的激励作用被反转，美国经济开始步入衰退，为刺激经济增长，美联储实施低利率政策，多次降息（从 2000 年最高的 6.5% 降至 2003 年 7 月 25 日的 1%），低利率在提振经济的同时，也引起包括房地产在内的资产价格上涨，自 2002 年起，美国房价以每年 10% 幅度上涨，2003～2006 年美国平均房价上涨幅度为 50%；另外，低利率政策使得即便是房价较高的次级按揭贷款的成本也相对较低（30 年期的固定利率从 2000 年的 8.52% 下降至 2004 年的 5.45%），刺激大量低收入人群的购房需求。不动产价格攀升形成房地产市场泡沫，从 2004 年 6 月起为缓解通胀压力，连续 17 次提高基准利率，导致房地产需求下降，价格回落。同时，债务已超过了房屋实际价格，拖延还贷现象显著增加，首先被拖欠的贷款就是次级贷款。

(3) 过度证券化。人们把一些一时还不清的债务，转化为证券后再卖给投资者。换句话说，凡是有风险的，都可摇身一变为证券。所以，次级贷款的放贷机构把手中超过 6000 亿美元的次级贷款债权转化为证券后，卖给各国的投资者。以次级抵押贷款为基础产品的证券化及衍生品的发展直接推动次级抵押贷款的发展。1994 年，次级抵押贷款在整个贷款市场中的比重为 4.5%，2005～2006 年这一比重达到 20% 以上。

(4) 过度消费与通货膨胀：高收入群体放肆地挥霍；低收入群体→房子升值→积极消费；美联储→提高利率抑制通货膨胀。坠落到货币流动性很低的状态。经济发展进入低速徘徊状态，低收入群体就更难还清那些堆积如山的次级贷款债务。

2. 美国次贷危机的三个阶段

(1) 危机爆发阶段。2007 年 2 月，汇丰银行宣布北美住房贷款按揭业务遭受巨额损失，减记 108 亿美元相关资产，次贷危机由此拉开序幕。2007 年 4 月，美国第二大次级抵押贷款公司新世纪金融公司（New Century Financial Corporation）因无力偿还债务而申请破产保护，裁减员工比例超过 50%。随后 30 余家美国次级抵押贷款公司陆续停业。美国第五大投行贝尔斯登宣布旗下两只对冲基金倒闭，随后贝尔斯登、花旗、美林证券、摩根大通、瑞银等相继爆出巨额亏损。

(2) 全面扩散阶段。次贷危机越演越烈，华尔街整体陷入流动性危机。房价下跌导致次贷违约率显著提升，引发金融机构巨额减值，2008 年 9 月，美国房地产抵押贷款巨头"两房"（房地美和房利美）遭受 700 亿美元巨额亏损，最终被美国政府接管。通用公司的股价跌至 50 余年来的最低水平，破产危机隐现。2008 年 9 月，美国第四大投资银行雷曼兄弟陷入严重财务危机并申请破产保护。美林证券被美国银行收购。2008 年 9 月下旬，总部位于西雅图的华盛顿互惠银行被美国联邦存款保险公司接管。

(3) 企稳回升阶段。金融市场遭受全面打击，流动性出现严重不足，美国的经济受到严重冲击。2008年第四季度，美国GDP下降6.1%，失业率节节攀升并于2009年创下50多年来的最高纪录。美国政府在2009年出台全面的经济刺激计划；美联储经过多次降息后，将利率降至接近于零的水平，并一直维持不变。美联储先后出台了四轮量化宽松政策，通过购买大量的资产支持证券、出售国债，为市场注入流动性。

3. 美国次贷危机对我国经济的影响

(1) 次贷危机主要影响中国的出口：加工贸易出口增长乏力；广东、江苏、上海和浙江等出口大省增速全面回落；机电产品出口增速趋缓，服装及衣着附件、手机、塑料制品和玩具等优势产品出口不同程度下降。

(2) 经济增长和就业的双重压力：实体经济尤其是工业（制造业）面临巨大压力；大量中小型加工企业的倒闭，加剧了失业的严峻形势。

(3) 加大汇率风险和资本市场风险：美元大幅贬值给中国带来巨大的汇率风险；国际资本加速流向我国寻找避风港，将加剧中国资本市场的风险。

4. 美国次贷危机产生的原因

(1) 根本原因：美国近30年来加速推行的新自由主义经济政策。为应对20世纪70年代的经济滞胀危机，80年代初期出现以减少政府对经济社会的干预为主要经济政策目标的思潮。内容主要包括：减少政府对金融、劳动力等市场的干预，打击工会，推行促进消费、以高消费带动高增长的经济政策等。政府先后通过了《公平竞争银行法》《金融机构改革、复兴和实施方案》，以及《金融服务现代化法》等众多立法；同时，将银行业与证券、保险等投资行业之间的壁垒消除，从而为金融市场的所谓金融创新、金融投机等打开方便之门。

(2) 直接原因：为推动经济增长，鼓励寅吃卯粮、疯狂消费；贷款机构之间盲目降低贷款条件，恶性竞争；不少放贷机构开始向一些信用等级较低的借贷人推出次级抵押贷款。在追求利润最大化的过程中，许多金融机构忽视了风险管理的重要性，过度扩张信贷市场，放松了贷款审核标准。社会分配关系严重失衡，广大资产阶级收入不升反降；房地产市场膨胀过后持续降温，购房者难以将房屋出售或者通过抵押获得新的融资，资产证券化的过程中，风险转移的不透明性加剧了危机的蔓延；高风险房贷产品创新对房贷市场泡沫形成推波助澜。金融业严重缺乏监管，引诱普通百姓通过借贷超前消费、入市投机；持续不断的加息，从2004年6月~2006年6月美联储连续17次调高利率水平，基准利率从1%上调到5.25%，加重了购房者的还贷负担。

总而言之，美国政府对房产抵押贷款市场的干预孕育了危机源头，美联储用利率调控经济的做法触发了危机的导火索，而美国复杂而开放的金融制度将金融危机扩大并传染给全球金融市场。

5. 美国次贷危机带来的启示

（1）金融创新的谨慎使用。金融创新虽然拓宽了贷款机构的资金来源，但也会放大潜在风险。因此，贷款发放机构应谨慎运用金融创新，一方面充分认识和加强防范房贷的市场风险，在投资、信贷活动中要坚持独立的风险判断，全面提升抵御风险能力；另一方面严格执行风险政策和制度，对借款人的基本特征（年龄、教育、健康、职业、婚姻家庭、购房目的等）、还贷能力（房贷价值比、月供收入比、家庭总债务收入比、资产负债比等）、抵押物（房屋价值、新建/二手房、房龄、地段等）要做深入调查。

（2）加强金融监管。监管部门也应加强对金融创新行为的监管，必须始终关注金融市场的发展动态，使金融监管紧紧跟上市场创新的步伐。一是建立完善的信息披露机制和贷款规范；完善标准化合约、贷款审批程序、借贷标准，规范银行贷款和贷后服务。二是建立房地产金融预警和监控体系，提高抗风险能力。

（3）宏观调控政策需注重审慎和长效机制。改革住房金融体系，并加强住房金融的监管和规范抵押贷款业务，必须坚持"房住不炒"和"让老百姓安居乐业"的定位和坚持审慎的宏观经济政策，继续强调全面落实房地产长效机制，强化城市主体责任，因地制宜、多策并举，促进房地产市场平稳健康发展。

第五章 房地产开发投资的税收制度

> **本章学习目标**
>
> - **掌握**：我国房地产开发经营的税费体系。
> - **熟悉**：房地产业"营改增"的政策演进与解读；财产税赋原理和财产税的理论基础。
> - **了解**："营改增"对房地产市场的影响；房地产开发项目的其他相关税收优惠政策。

第一节 财产税收制度概述

一、税收与税收制度

（一）税收与税收制度

税收是指政府依照法律规定，对个人或组织无偿征收实物或货币的总称。税收制度是国家以法律或法令形式确定的各种课税办法的总和，反映国家与纳税人之间的经济关系，是国家财政制度的主要内容，是国家以法律形式规定的各种税收法令和征收管理办法的总称。税收制度的内容包括税种的设计、各个税种的具体内容，如征税对象、纳税人、税率、纳税环节、纳税期限、违章处理等。一个国家制定什么样的税收制度，是由生产力发展水平、生产关系性质、经济管理体制以及税收应发挥的作用决定的。

我国的税收制度，从改革开放起，经过 20 多年的发展，有了长足的进步。1994 年我国进行了全面的、结构性的税制改革。税种由 37 个缩减到目前的 22 个，结构逐步合理。

（二）税收的基本特征

税收所具有强制性、无偿性和固定性等基本特征。

1. 税收的强制性

税收的强制性是指税收参与社会物品的分配是依据国家的政治权力，而不是财产权力，即与生产资料的占有没有关系。其具体表现在税收是以国家法律的形式规定的，而税收法律作为国家法律的组成部分，对不同的所有者都是普遍适用的，任何单位和个人都必须遵守，不依法纳税者要受到法律的制裁。《中华人民共和国宪法》明确规定，我国公民"有依法纳税的义务"。

2. 税收的无偿性

税收的无偿性主要表现在国家征税后税款即为国家所有，并不存在对纳税人的偿还问题，即税收不具有偿还性或返还性。但从财政活动的整体来看，税收是对政府提供公共物品和服务成本的补偿，这又反映出有偿性的一面。税收具有马克思所说的"从一个处于私人地位的生产者身上扣除的一切，又会直接或间接地用来为处于私人地位的生产者谋福利"的性质，即"取之于民、用之于民"。因此，税收的无偿性是相对的。

3. 税收的固定性

税收的固定性是指课税对象及每一单位课税对象的征收比例或征收数额是相对固定的，而且是以法律形式事先规定的，只能按预定标准征收，而不能无限度地征收。纳税人取得了应纳税的收入或发生了应纳税的行为，也必须按预定标准如数缴纳，而不能改变这个标准。同样，对税收的固定性也不能绝对化。随着社会经济条件的变化，具体的征税标准是可以改变的。

二、财产税赋原理

（一）财产税

1. 财产税的概念

财产税（property tax）是指对纳税人（法人或自然人）拥有和支配的财产课征

的税收的总称。它伴随着私有财产制度和国家的起源而产生，一直是国外城市地方政府筹集财政收入的主要手段。

财产税的课税对象一般可分为不动产（如土地和土地上的改良物）以及动产两大类。动产又包括有形资产和无形资产，前者如耐用消费品、家具、车辆等，后者如股票、债券、借据、现金和银行存款等。

我国现行税制中的房产税、城镇土地使用税、土地增值税、契税和遗产税（目前没有立法开征）等都属于财产税。

对纳税人拥有的财产课征的税收有个别财产税和一般财产税两种形式：个别财产税是对纳税人拥有的不同财产分别课征的（如土地、房屋、机器设备等）。一般财产税（又称财富税），是对纳税人的全部财产（少数生活必需品可以免税）减去负债后的价值余额按照统一的税率表进行综合课征的一种财产税。

财产税曾经是奴隶社会和封建社会时期国家财政收入的最主要来源。进入资本主义社会以后，其主体税种的地位逐步让位于流转税和所得税类。财产税类的衰落，是由其本身固定的局限性决定的：一是弹性小，不能适应社会经济发展的需要；二是课税对象有限；三是计税依据难以准确界定，税收征管难度大，税收成本较高。

2. 财产税的特点

财产税主要具有以下特点。

（1）土地、房屋等不动产位置固定，标志明显，作为课税对象具有收入上的可靠性和稳定性。

（2）纳税人的财产情况，一般当地政府较易了解，适宜由地方政府征收管理，有不少国家把这些税种划作地方税收。如美国课征的财产税，当前是地方政府收入的主要来源，占其地方税收总额的80%以上。

（3）以财产所有者为纳税人，对于调节各阶层收入，贯彻应能负担原则，促进财产的有效利用，有特殊的功能。

（二）财产税的理论基础

财产税是地方政府税收的主要来源。西方学者在财产税的税负归宿问题上大致形成了传统观、受益观和资本税观三种观点。

1. 传统观

"传统观"以西蒙（Simon，1943）和纳泽（Netezer，1966）为代表，他们采取局部均衡的方法来分析财产税，并聚焦于该税对地方住房市场的经济效应。传统观点认为地方资本不承担任何的地方财产税，因为从长期来说资本会从征税的辖区流出，直至地方资本的税后收益等于全国的平均水平。因此，财产税的全部负担将由地方住房消费者以更高的住房价格的形式来承担，从而财产税无效地减少了地方的住房储备，并且它的负担被按比例地分配到住房消费上。

2. 受益观

"受益观"是由蒂布特（Tiebout，1956）提出的，他认为在给定地方政府的收入—支出模式下，居民们将迁入地方政府能最好满足自己偏好组合的社区。"以脚投票"代替了常见的对购买意愿进行检验的市场方式，揭示了居民们对公共产品的真正需求，居民们总是能找到其支出（税收）和其收益（地方公共产品供给）相匹配的社区（社区间公共产品的效率供给水平是由居民的"以脚投票"来实现的）。

3. 资本税观

资本税观（也称新论），是由汤姆森（Thomson，1965）、米耶史考斯基（Mieszkowski，1972）和艾伦（Aaron，1975）提出并发展起来的。资本税观认为财产税并不是一个有效的受益税，而是主要由资本所有者承担的扭曲性税收，导致了辖区间的全国资本储备的错误配置。本地财产税收主要被视为对资本的征税，而不是作为本地公共服务的一项费用。因此，"资本税观"认为，财产税在房地产领域导致了资本的低回报。

受蒂布特的地方政府模型的影响，一些学者对财产税的"受益观"基本认同，并在随后的研究转向地方政府财政和地方政府的行为研究。这些研究包括：财产税对居民"用脚投票"选择的影响，进而影响着地方政府公共服务的供给行为以及财政预算的决策，财产税对社区居民服务的影响，财政竞争对税收系统设计的影响，地方政府制定公共政策的角色等。除此之外，还有财产税对城市地区市场租金和市场商业及工业地产价值的影响，财产税对城市开发密度的影响，以及财产税对城市扩展的影响等。

在对财产税公平性、归宿及资本化的探讨中，经济学家们越来越趋于一致的是，认为财产税是相对公平的，能促进对公共资源的效率配置，并能对房地产价值中因地方公共投资而升值的部分进行精确回收。

第二节　我国房地产开发投资的税费制度

一、我国房地产开发经营的税费体系

房地产税收是指国家通过税务机关，或由税务机关委托通过房地产行政管理部门向负有房地产税缴纳义务的纳税义务人征收有关房地产税赋的国家行为。房地开发投资项目从获取土地、施工建设，到销售和运营，主要涉及的税费可按照开发、保有、交易等不同环节分为三大类。主要的税种有耕地占用税、土地增值税、城镇土地使用税、营业税、城市维护建设税、教育费附加、固定资产投资方向调节税（2012年废止）①、城市房地产税（2009年废止）②、房产税、印花税、契税、企业所得税和个人所得税等。而从征地开发到销售阶段，根据各地情况的不同大概有数十种收费项目。

（一）耕地占用税

耕地占用税（farmland occupation tax）是我国对占用耕地建房或从事非农业建设的单位或个人所征收的一种税收。1987年4月1日国务院发布并实施《中华人民共和国耕地占用税暂行条例》，征税目的在于限制非农业建设占用耕地，建立发展农业专项资金，促进农业生产的全面协调发展。为了合理利用土地资源，加强土地管理，保护耕地，国务院于2007年12月1日发布了《中华人民共和国耕地占用税暂行条例》，财政部、国家税务总局于2008年2月26日公布了《中华人民共和国耕地占用税暂行条例实施细则》。2018年12月29日第十三届全国人民代表大会常务委员会第七次会议通过《中华人民共和国耕地占用税法》（2019年9月1日起施行，2007年12月1日国务院公布的《中华人民共和国耕地占用税暂行条例》同时废止）。

耕地占用税纳税人是负有缴纳耕地占用税义务的单位和个人，包括在我国境内占用耕地建房或者从事其他非农业建设的单位和个人。占用耕地建房或者从事非农业建设的单位或者个人，为耕地占用税的纳税人，应当依照本条例规定缴纳耕地占用税。

耕地占用税以纳税人实际占用的耕地面积为计税依据，按照规定的适用税额（采用定额税率）一次性征收，应纳税额为纳税人实际占用的耕地面积（平方米）乘以适用税额。各地区耕地占用税的适用税额，由省（自治区、直辖市）人民政府根据人均耕地面积和经济发展等情况，确定各省（自治区、直辖市）耕地占用税适用税额的平均水平。对经济特区、经济技术开发区和经济发达、人均占有耕地特别少的地区，可按规定的税额适当提高，但最高不得高于50%。占用基本农田的，加按150%征收。

---

① 2012年11月9日公布的《国务院关于修改和废止部分行政法规的决定》废止了《中华人民共和国固定资产投资方向调节税暂行条例》。

② 2008年12月31日，国务院总理温家宝签署第546号国务院令，宣布1951年8月8日由原政务院公布的《城市房地产税暂行条例》自2009年1月1日起废止。自2009年1月1日起，外商投资企业、外国企业和组织以及外籍个人，依照《中华人民共和国房产税暂行条例》缴纳房产税。

国务院财政、税务主管部门根据人均耕地面积和经济发展情况确定各省、自治区、直辖市的平均税额（在税率设计上采用了地区差别定额税率）。占用园地、林地、草地、农田水利用地、养殖水面、渔业水域滩涂以及其他农用地建设建筑物、构筑物或者从事非农业建设的，依照本法的规定缴纳耕地占用税。

开征耕地占用税是为了合理利用土地资源，加强土地管理，保护农用耕地。但有下列情形免征耕地占用税：

(1) 军事设施占用耕地。

(2) 学校、幼儿园、社会福利机构、医疗机构占用耕地。

此外，农村居民在规定用地标准以内占用耕地新建自用住宅，按照当地适用税额减半征收耕地占用税；其中农村居民经批准搬迁，新建自用住宅占用耕地不超过原宅基地面积的部分，免征耕地占用税。

(二) 土地增值税

土地增值税（land value increment tax）是指转让国有土地使用权、地上的建筑物及其附着物并取得收入的单位和个人，以转让所取得的收入包括货币收入、实物收入和其他收入减去法定扣除项目金额后的增值额为计税依据向国家缴纳的一种税赋，不包括以继承、赠予方式无偿转让房地产的行为。

纳税人为转让国有土地使用权及地上建筑物和其他附着物产权，并取得收入的单位和个人。征税对象是指有偿转让国有土地使用权及地上建筑物和其他附着物产权所取得的增值额。土地价格增值额是指转让房地产取得的收入减除规定的房地产开发成本、费用等支出后的余额。土地增值税是为了规范土地、房地产市场交易秩序，合理调节土地增值收益，维护国家权益。

根据《中华人民共和国土地增值税暂行条例》（2011年1月8日修订）和《中华人民共和国土地增值税暂行条例实施细则》规定，土地增值税按照纳税人转让房地产所取得的增值额和四级超率累进税率计算征收，即可按增值额乘以适用的税率减去扣除项目金额乘以速算扣除系数的简便方法计算，具体公式如下：

(1) 增值额未超过扣除项目金额50%的部分，税率为30%；

$$土地增值税税额 = 增值额 \times 30\% \qquad (5-1)$$

(2) 增值额超过扣除项目金额50%、未超过扣除项目金额100%的部分，税率为40%；

$$土地增值税税额 = 增值额 \times 40\% - 扣除项目金额 \times 5\% \qquad (5-2)$$

(3) 增值额超过扣除项目金额100%、未超过扣除项目金额200%的部分，税率为 50%；

$$土地增值税税额 = 增值额 \times 50\% - 扣除项目金额 \times 15\% \quad (5-3)$$

（4）增值额超过扣除项目金额 200% 的部分，税率为 60%。

$$土地增值税税额 = 增值额 \times 60\% - 扣除项目金额 \times 35\% \quad (5-4)$$

上述公式中的 5%、15%、35% 为速算扣除系数①。

增值额是指纳税人转让房地产所取得的收入（包括货币收入、实物收入和其他收入）减除条例规定扣除项目金额后的余额。

计算增值额的扣除项目：

（1）取得土地使用权所支付的金额（指纳税人为取得土地使用权所支付的地价款和按国家统一规定缴纳的有关费用）。

（2）开发土地和新建房及配套设施的成本、费用（成本指纳税人房地产开发项目实际发生的成本，包括土地征用及拆迁补偿费、前期工程费、建筑安装工程费、基础设施费、公共配套设施费、开发间接费用。费用是指与房地产开发项目有关的销售费用、管理费用、财务费用）。

（3）旧房及建筑物的评估价格（指在转让已使用的房屋及建筑物时，由政府批准设立的房地产评估机构评定的重置成本价乘以成新度折扣率后的价格。评估价格须经当地税务机关确认）。

（4）与转让房地产有关的税金（指在转让房地产时缴纳的营业税、城市维护建设税、印花税。因转让房地产所缴纳的教育费附加，也可视同税金予以扣除）。

（5）财政部规定的其他扣除项目。

根据上述条例第六条（5）项规定，对从事房地产开发的纳税人可按本条（1）、（2）项规定计算的金额之和，加计 20% 的扣除。

当有下列情形之一的，免征土地增值税：

（1）纳税人建造普通标准住宅出售，增值额未超过扣除项目金额 20% 的。

（2）因国家建设需要依法征用、收回的房地产。

土地增值税由税务机关征收。土地管理部门、房产管理部门应当向税务机关提供有关资料，并协助税务机关依法征收土地增值税。

（三）城镇土地使用税

城镇土地使用税（tax on using urban land）是指对在城市、县城、建制镇和工矿

---

① 速算扣除数是指为解决超额累进税率分级计算税额的复杂技术问题，而预先计算出的一个数据，是按全额累进税率计算的税额和按超额累进税率计算的税额相减后的一个差数。

区范围内使用土地的单位和个人，按实际占用的土地面积征收的一种税。开征城镇土地使用税，有利于通过经济手段，加强对土地的管理，变土地的无偿使用为有偿使用，促进合理、节约使用土地，提高土地使用效益。1988年9月27日国务院发布了《中华人民共和国城镇土地使用税暂行条例》，并规定从1988年11月1日起施行。2006年12月31日国务院第163次常务会议通过对《国务院关于修改〈中华人民共和国城镇土地使用税暂行条例〉的决定》第一次修订；2011年1月8日《国务院关于废止和修改部分行政法规的决定》第二次修订；2013年12月7日国务院第32次常务会议通过了对《国务院关于修改部分行政法规的决定》第三次修订。

城镇土地使用税以在城市、县城、建制镇、工矿区范围内使用土地的单位和个人为纳税人；土地使用税以纳税人实际占用的土地面积为计税依据，依照规定税额计算征收。

城镇土地使用税采用有幅度的差别定额税率，即按大、中、小城市和县城、建制镇、工矿区分别规定不同的税额。

城镇土地使用税暂行条例规定的每平方米土地的年税额为：

（1）大城市 1.5~30 元。

（2）中等城市 1.2~24 元。

（3）小城市 0.9~18 元。

（4）县城、建制镇、工矿区 0.6~12 元。

$$年应纳税额 = 计税土地面积(平方米) \times 适用税额 \qquad (5-5)$$

考虑到一些地区经济较为落后，需要适当降低税额，以及一些经济发达地区需要适当提高税额的情况，《中华人民共和国城镇土地使用税暂行条例》规定，经济落后地区土地使用税的适用税额，经省、自治区、直辖市人民政府批准，可以适当降低，但降低额不得超过条例规定的最低税额的30%；经济发达地区的土地使用税的适用税额标准可以适当提高，但须报财政部批准。

对某些特定纳税人和特定用地给予减征或免征城镇土地使用税的一种优惠。《中华人民共和国城镇土地使用税暂行条例》第六条规定，下列土地免缴土地使用税：

（1）国家机关、人民团体、军队自用的土地。

（2）由国家财政部门拨付事业经费的单位自用的土地。

（3）宗教寺庙、公园、名胜古迹自用的土地。

（4）市政街道、广场、绿化地带等公共用地。

（5）直接用于农、林、牧、渔业的生产用地。

(6) 经批准开山填海整治的土地和改造的废弃土地，从使用的月份起免缴土地使用税5年至10年。

(7) 由财政部另行规定免税的能源、交通、水利设施用地和其他用地。

除上述规定外，纳税人缴纳土地使用税确有困难需要定期减免的，由县以上税务机关批准。

《中华人民共和国城镇土地使用税暂行条例》第九条规定，新征收的土地，依照下列规定缴纳土地使用税：

(1) 征收的耕地，自批准征用之日起满1年时开始缴纳土地使用税。

(2) 征收的非耕地，自批准征收次月起缴纳土地使用税。

（四）营业税

营业税（business tax）是对在中国境内提供应税劳务、转让无形资产或销售不动产的单位和个人，就其所取得的营业额征收的一种税，属于流转税制中的一个主要税种。房地产营业税是指针对企业出售和个人转让房地产的税收。

1931年，中国国民党政府制定营业税法，开征此税。新中国成立后，废止了旧的营业税，于1950年公布《工商业税暂行条例》。其中规定，凡在中国境内的工商营利事业，均应按营业额于营业行为所在地缴纳营业税。1958~1984年，营业税不作为独立税种，而在试行的工商统一税及后来试行的工商税中设置若干税目征收。1984年恢复征收营业税。1993年12月13日国务院发布《中华人民共和国营业税暂行条例》，自1994年1月1日起施行，2008年11月5日经国务院第34次常务会议修订通过。

营业税的征税范围是在中华人民共和国境内提供应税劳务（主要指的是建筑业、交通运输业、邮电通信业、文化体育业、金融保险业、娱乐业、服务业等）以及销售不动产转让无形资产的单位和个人。

纳税人提供应税劳务、转让无形资产或者销售不动产，按照营业额和规定的税率计算应纳税额。应纳税额计算公式：

$$应纳税额 = 营业额 \times 税率 \qquad (5-6)$$

营业税的税率，是根据不同的行业和不同的经营业务，按照这些行业在国民经济中的作用程度、基本保持原总体税负水平、简便的原则进行设计的。具体税率分为4档：

(1) 交通运输业、建筑业、邮电业、文化体育业4个税目的税率为3%。

(2) 金融保险业的税率为5%（1997年调为8%，2001年减为7%，2002年减为 6%，2003 年及以后减为 5%）。

（3）服务业、转让无形资产、销售不动产 3 个税目的税率为 5%。

（4）娱乐业税目的税率为 5%~20%，具体适用税率由省级人民政府确定。

2011 年，经国务院批准，财政部、国家税务总局联合下发营业税改增值税试点方案。从 2012 年 1 月 1 日起，在上海交通运输业和部分现代服务业开展营业税改增值税试点。2016 年 3 月 18 日召开的国务院常务会议决定，2016 年 3 月 24 日财政部、国家税务总局联合下发《关于全面推开营业税改征增值税试点的通知》，自 2016 年 5 月 1 日起，中国将全面推开"营改增"试点，将建筑业、房地产业、金融业、生活服务业全部纳入"营改增"试点。2017 年 10 月 30 日，国务院常务会议通过《国务院关于废止〈中华人民共和国营业税暂行条例〉和修改〈中华人民共和国增值税暂行条例〉的决定（草案）》，标志着实施 60 多年的营业税正式退出历史舞台，增值税制度将更加规范。

（五）城市维护建设税

城市维护建设税（即城建税）（urban maintenance and construction tax）是我国为了加强城市的维护建设，扩大和稳定城市维护建设资金的来源而开征的一个税种。城市维护建设税是 1984 年工商税制全面改革中设置的一个新税种。1985 年 2 月 8 日，国务院发布《中华人民共和国城市维护建设税暂行条例》，2011 年 1 月 8 日，根据国务院令第 588 号修订。主要目的是加强城市的维护建设，扩大和稳定城市维护建设资金的来源；随着工业化进程中环境污染和环境破坏的加剧，它也被作为地方政府治理环境问题的宏观政策手段而被重新定位。根据《国务院关于统一内外资企业和个人城市维护建设税和教育费附加制度的通知》决定，自 2010 年 12 月 1 日起，对外商投资企业、外国企业及外籍个人征收城市维护建设税和教育费附加。[①]

计算城市维护建设税应纳税额的根据。原规定以纳税人实际缴纳的产品税、增值税、营业税三种税的税额为计税依据。1994 年税制改革后，改为以纳税人实际缴纳的增值税、消费税、营业税（2016 年 5 月起全面实行营业税改增值税，营业税全面取消）税额为计税依据。

城市维护建设税与其他税种不同，没有独立的征税对象或税基，而是以增值税、消费税"二税"实际缴纳的税额之和为计税依据，其本质上属于一种附加税。

$$应纳税额 = (增值税 + 消费税) \times 适用税率 \tag{5-7}$$

---

① 2010 年 12 月 1 日前，对中外合资企业和外资企业暂不征收城建税。

根据《中华人民共和国城市维护建设税暂行条例》第四条规定，城建税是根据城市维护建设资金的不同层次的需要而设计的，实行分区域的差别比例税率，即按纳税人所在城市、县城或镇等不同的行政区域分别规定不同的比例税率。具体规定为：

（1）纳税人所在地在市区的，税率为7%。

（2）纳税人所在地在县城、镇的，税率为5%。

（3）纳税人所在地不在市区、县城或镇的，税率为1%。

城市市区、县城和建制镇的具体范围的确定，应当严格按照现行行政区划的划分标准执行，不能随意扩大或缩小各自行政区域的所辖范围。除另有规定外，纳税人缴纳城市维护建设税的税率，一律执行纳税人所在地的税率。在同一地区，只能执行同一档次的税率，不能因企业隶属关系、企业规模和行业性质不同，而执行不同的税率。

城建税以"二税"的实缴税额为计税依据征收，一般不规定减免税，财政部、国家税务总局出台对于城市维护建设税的减免政策，但对下列情况可免征城建税：

（1）海关对进口产品代征的流转税，免征城建税。

（2）从1994年起，对三峡工程建设基金，免征城建税。

（3）国家重大水利工程建设基金免征城市维护建设税。

（六）教育费附加

教育费附加（educational surtax）是由税务机关负责征收，同级教育部门统筹安排，同级财政部门监督管理，专门用于发展地方教育事业的预算外资金。与城市维护建设税一样，教育费附加是对缴纳增值税、消费税的单位和个人征收的一种附加费。

1985年，中共中央做出了《关于教育体制改革的决定》，指出国家增拨教育经费的同时，开辟多种渠道筹措经费。国务院于1986年4月28日颁布了《征收教育费附加的暂行规定》，并于1986年7月1日起，以各单位和个人实际缴纳的增值税、营业税、消费税总额的2%计征。1994年国务院发布的《国务院关于教育费附加征收问题的紧急通知》规定，从1994年1月1日起，教育费附加率提高为3%。2005年国务院《关于修改〈征收教育费附加的暂行规定〉的决定》对《征收教育费附加的暂行规定》做出修订，教育费附加以各单位和个人实际缴纳的增值税、营业税、消费税的税额为计征依据，教育费附加率为3%，分别与增值税、营业税、消费税同时缴纳。2011年1月8日国务院对《征收教育费附加的暂行规定》进行了第三次修订。

教育费附加纳入预算管理,作为教育专项资金,根据"先收后支、列收列支、收支平衡"的原则使用和管理。任何地区、部门不得擅自提高或者降低教育费附加率。

地方征收的教育费附加,按专项资金管理,由教育部门统筹安排,提出分配方案,经同级财政部门同意后,用于改善中小学教学设施和办学条件,不得用于职工福利和发放奖金。

教育费附加以纳税人实际缴纳的增值税、消费税的税额为计费依据。

$$应纳教育费附加=(实际缴纳的增值税+消费税)\times 3\% \qquad (5-8)$$

《国务院关于统一内外资企业和个人城市维护建设税和教育费附加制度的通知》和财政部、国家税务总局《关于对外资企业征收城市维护建设税和教育费附加有关问题的通知》文件明确了外商投资企业、外国企业和外籍人员适用于现行有效的城市维护建设税和教育费附加政策规定,凡是缴纳增值税、消费税和营业税的外商投资企业、外国企业和外籍人员纳税人均需按规定缴纳城市维护建设税和教育费附加。

(七) 房产税

房产税(house property tax)是以房屋为征税对象,按房屋的计税余值或租金收入为计税依据,向产权所有人征收的一种财产税①。中华人民共和国成立后,1950年1月政务院公布的《全国税政实施要则》,规定全国统一征收房产税。同年6月,将房产税和地产税合并为房地产税。1951年8月8日,国务院颁布了《中华人民共和国城市房地产税暂行条例》②。其中规定对房产征收房产税,对土地征收地产税;对房价、地价不易划分的,征收房地产税。1973年简化税制,将试行工商税的企业缴纳的城市房地产税并入工商税,只对有房产的个人、外国侨民和房地产管理部门继续征收城市房地产税。1984年10月,国营企业实行第二步利改税和全国改革工商税制时,确定对企业恢复征收城市房地产税(同时,鉴于中国城市土地的所有权属于国有,使用者没有土地产权的实际情况,将城市房地产税分为房产税和土地使

---

① 对房屋征税,我国自古有之。周朝的"廛(chán,古代城市平民的房地)布",唐朝的间架税,清朝初期的"市廛输钞""计檩输钞",清末和民国时期的"房捐"等,都是对房屋征税。
② 《中华人民共和国城市房地产税暂行条例》自2009年1月1日起废止。自2009年1月1日起,外商投资企业、外国企业和组织以及外籍个人,依照《中华人民共和国房产税暂行条例》缴纳房产税。

用税）。1986年9月15日，国务院发布《中华人民共和国房产税暂行条例》，决定从当年10月1日起施行。对在中国有房产的外商投资企业、外国企业和外籍人员仍征收城市房地产税，2011年1月8日根据《国务院关于废止和修改部分行政法规的决定》进行修订。

根据《中华人民共和国房产税暂行条例》规定，房产税在城市、县城、建制镇和工矿区征收。房产税按年征收、分期缴纳。纳税期限由省、自治区、直辖市人民政府规定。房产税的征收管理，依照《中华人民共和国税收征收管理法》（第九届全国人民代表大会常务委员会第二十一次会议于1992年9月4日通过，自1993年1月1日起施行，2015年4月24日第十二届全国人民代表大会常务委员会第十四次会议修正）的规定办理。

房产税依照房产原值一次减除10%～30%后的余值计算缴纳。具体减除幅度，由省、自治区、直辖市人民政府规定。没有房产原值作为依据的，由房产所在地税务机关参考同类房产核定。

房产出租的，以房产租金收入为房产税的计税依据。

房产税的税率，依照房产余值计算缴纳的，税率为1.2%；依照房产租金收入计算缴纳的，税率为12%。

根据《中华人民共和国房产税暂行条例》第五条规定，下列房产免纳房产税：

（1）国家机关、人民团体、军队自用的房产；

（2）由国家财政部门拨付事业经费的单位自用的房产；

（3）宗教寺庙、公园、名胜古迹自用的房产；

（4）个人所有非营业用的房产；

（5）经财政部批准免税的其他房产。

此外，第六条规定，除本条例第五条规定者外，纳税人纳税确有困难的，可由省、自治区、直辖市人民政府确定，定期减征或者免征房产税。

（八）房地产印花税

房地产印花税（stamp duty）是指因房地产买卖、房地产产权变动、转移等而对书立的或领受的房地产凭证的单位和个人征收的一种税赋。房地产印花税的征税凭证主要包括：具有房地产买卖合同性质的凭证；房地产产权转让书据；房地产权利许可证明；房地产经营账簿；经财政部确定征税的其他凭证。

1988年8月6日颁布《中华人民共和国印花税暂行条例》，于1988年10月1日起实施，并由 2011 年 1 月 8 日发布的《国务院关于废止和修改部分行政法规的决定》进行修订。房地产印花税的主要内容如下：

（1）纳税主体。房地产印花税的纳税人是在我国境内书立、领受应税房地产凭证的单位和个人以及在国外书立、受我国法律保护、在我国境内适用的应税房地产凭证的单位和个人。

（2）计税依据。房地产印花税的征税对象是特定行为，而其计税依据则是该种行为的所负载的资金量或实物量，其中房地产产权转移书据印花税的计税依据是书据所载金额；房地产权利证书（包括房屋产权证和土地使用证）印花税的计税依据则是按件计收；房屋租赁合同印花税的计税依据是租赁金额；房产购销合同的计税依据是购销金额。

（3）税率。房地产印花税的税率有两种：一种是比例税率，适用于房地产产权转移书据，税率为 0.05%，同时适用于房屋租赁合同，税率为 0.1%，房产购销合同，税率为 0.03%；另一种是定额税率，适用于房地产权利证书，包括房屋产权证和土地使用证，税率为每件 5 元。

（4）减税免税。免纳房地产印花税的情况包括：第一，已缴纳印花税的凭证的副本或者抄本，但以副本或者抄本视同正本使用的，应另贴印花；第二，财产所有人将财产赠给政府、社会福利单位、学校所立的书据；第三，经财政部批准免税的其他凭证。

（九）契税

契税（tax on dividends/deed tax）是以所有权发生转移变动的不动产为征税对象，向产权承受人征收的一种财产税。契税的纳税义务人是指在我国境内转移土地、房屋权属，承受的单位和个人。应缴税范围包括：国有土地使用权出让、土地使用权转让（包括出售、赠与和交换；不包括农村集体土地承包经营权的转移）、房屋买卖、房屋赠与、房屋交换等。现行的《中华人民共和国契税暂行条例》于 1997 年 10 月 1 日起施行。

根据《中华人民共和国契税暂行条例》第四条规定契税的计税依据：

（1）国有土地使用权出让、土地使用权出售、房屋买卖，为成交价格；

（2）土地使用权赠与、房屋赠与，由征收机关参照土地使用权出售、房屋买卖的市场价格核定；

（3）土地使用权交换、房屋交换，为所交换的土地使用权、房屋的价格的差额。

应纳税额计算公式：

$$应纳税额 = 计税依据 \times 税率 \qquad (5-9)$$

契税税率为3%~5%①。

有下列情形之一的，减征或者免征契税：

（1）国家机关、事业单位、社会团体、军事单位承受土地、房屋用于办公、教学、医疗、科研和军事设施的，免征；

（2）城镇职工按规定第一次购买公有住房的，免征；

（3）因不可抗力灭失住房而重新购买住房的，酌情准予减征或者免征；

（4）财政部规定的其他减征、免征契税的项目。

《国家税务总局关于加强房地产交易个人无偿赠与不动产税收管理有关问题的通知》中第一条第二款明确规定："对于个人无偿赠与不动产行为，应对受赠人全额征收契税。"赠与房产的契税是全额征收的，即由受领人按照3%的比例缴纳。

（十）企业所得税

企业所得税（corporate income tax）是指对中华人民共和国境内的企业（居民企业及非居民企业）和其他取得收入的组织以其生产经营所得为课税对象所征收的一种所得税。作为企业所得税纳税人，应依照《中华人民共和国企业所得税法》缴纳企业所得税。但个人独资企业及合伙企业除外。

1993年12月13日，国务院将《中华人民共和国国营企业所得税条例（草案）》《国营企业调节税征收办法》《中华人民共和国集体企业所得税暂行条例》和《中华人民共和国私营企业所得税暂行条例》进行整合，制定了《中华人民共和国企业所得税暂行条例》，自1994年1月1日起施行，这标志着中国的所得税制度改革向着法治化、科学化和规范化的方向迈进。

2007年3月16日由中华人民共和国第十届全国人民代表大会第五次会议通过并颁布《中华人民共和国企业所得税法》，自2008年1月1日起施行。2007年11月28日国务院第197次常务会议通过《中华人民共和国企业所得税法实施条例》。2017年2月24日，第十二届全国人民代表大会常务委员会第二十六次会议通过对《中华人民共和国企业所得税法》进行修改。

企业每一纳税年度的收入总额，减除不征税收入、免税收入、各项扣除以及允

---

① 考虑到中国经济发展的不平衡，各地经济差别较大的实际情况，各省、自治区、直辖市人民政府可以按照该地区的实际情况在3%~5%的幅度税率规定范围内决定。

许弥补的以前年度亏损后的余额，为应纳税所得额。

$$应纳税所得额 = 收入总额 - 准予扣除项目金额 \quad (5-10)$$

企业所得税法规定：收入总额中的财政拨款、依法收取并纳入财政管理的行政事业性收费、政府性基金、国务院规定的其他不征税收入等为不征税收入。企业发生的公益性捐赠支出，在年度利润总额12%以内的部分，准予在计算应纳税所得额时扣除。在计算应纳税所得额时，企业按照规定计算的固定资产折旧、无形资产摊销费用，以及作为长期待摊费用按照规定摊销的，准予扣除。

$$企业应纳税额 = 企业应纳税所得额 \times 适用税率 - 税收优惠（减免/抵免） \quad (5-11)$$

企业所得税的税率为25%的比例税率；符合条件的小型微利企业，减按20%的税率征收企业所得税；国家需要重点扶持的高新技术企业，减按15%的税率征收企业所得税。企业所得税法规定：国家对重点扶持和鼓励发展的产业和项目，给予企业所得税优惠。企业的下列收入为免税收入：

（1）国债利息收入；

（2）符合条件的居民企业之间的股息、红利等权益性投资收益；

（3）在中国境内设立机构、场所的非居民企业从居民企业取得与该机构、场所有实际联系的股息、红利等权益性投资收益；

（4）符合条件的非营利组织的收入。

企业的下列所得，可以免征、减征企业所得税：

（1）从事农、林、牧、渔业项目的所得；

（2）从事国家重点扶持的公共基础设施项目投资经营的所得；

（3）从事符合条件的环境保护、节能节水项目的所得；

（4）符合条件的技术转让所得；

（5）《中华人民共和国企业所得税法》第三条第三款规定的所得。

（十一）个人所得税

个人所得税（personal income tax）是调整征税机关与自然人（居民、非居民人）之间在个人所得税的征纳与管理过程中所发生的社会关系的法律规范的总称。1950年7月，政务院公布的《税政实施要则》中就列举有对个人所得课税的税种（薪给报酬所得税）。1980年9月10日，第五届全国人民代表大会第三次会议通过并公布了《中华人民共和国个人所得税法》，标志着我国个人所得税制度的建立，并分别在1993年、1999年、2005年、2006年、2007年、2011年和2018年经过全国人民代表大会常务委员会七次修正。①

我国个人所得税的纳税义务人是在中国境内居住有所得的人，以及不在中国境内居住而从中国境内取得所得的个人，包括中国国内公民，在华取得所得的外籍人员和港澳台同胞。

关于个人住房转让个人所得税，根据《中华人民共和国个人所得税法》及其实施条例规定，个人转让住房，以其转让收入额减除财产原值和合理费用后的余额为应纳税所得额，按照"财产转让所得"项目缴纳个人所得税，税率是20%。税务机关应当根据不动产登记等相关信息核验应缴的个人所得税，登记机构办理转移登记时，应当查验与该不动产转让相关的个人所得税的完税凭证。

根据《国家税务总局关于个人住房转让所得征收个人所得税有关问题的通知》的规定，对转让住房收入计算个人所得税应纳税所得额时，纳税人可凭原购房合同、发票等有效凭证，经税务机关审核后，允许从其转让收入中减除房屋原值、转让住房过程中缴纳的税金及有关合理费用。纳税人未提供完整、准确的房屋原值凭证，不能正确计算房屋原值和应纳税额的，税务机关可根据《中华人民共和国税收征收管理法》第三十五条的规定，对其实行核定征税，即按纳税人住房转让收入的一定比例核定应纳个人所得税额。具体比例由省级地方税务局或者省级地方税务局授权的地市级地方税务局根据纳税人出售住房的所处区域、地理位置、建造时间、房屋类型、住房平均价格水平等因素，在住房转让收入1%～3%的幅度内确定。

对纳税人转让普通住房及自建住房、经济适用房、已购公有住房和城镇拆迁安

---

① 1993年10月31日，第八届全国人民代表大会常务委员会第四次会议通过了对《关于修改〈中华人民共和国个人所得税法〉的决定》第一次修正，规定不分内、外，所有中国居民和有来源于中国所得的非居民，均应依法缴纳个人所得税，并同时颁布新修改的《中华人民共和国个人所得税法》。1994年1月28日国务院配套发布了《中华人民共和国个人所得税法实施条例》。1999年8月30日，第九届全国人大常务委员会第十一次会议通过了对《关于修改〈中华人民共和国个人所得税法〉的决定》的第二次修正，开征了《个人储蓄存款利息所得税》。2002年1月1日起，个人所得税收入实行中央与地方按比例分享。2005年8月23日和10月17日，第十届全国人大常委会两次审议《个人所得税法修正案草案》，会议表决通过全国人大常委会关于修改个人所得税法的决定，免征额1600元，并于2006年1月1日起施行。2007年6月29日，第十届全国人民代表大会常务委员会第二十八次会议通过了《关于修改〈中华人民共和国个人所得税法〉的决定》，对个人所得税法进行了第四次修正，"对储蓄存款利息所得开征、减征、停征个人所得税及其具体办法，由国务院规定。"2007年12月29日第十届全国人民代表大会常务委员会第三十一次会议《关于修改〈中华人民共和国个人所得税法〉的决定》第五次修正，个人所得税免征额自2008年3月1日起由1600元提高到2000元。2011年6月30日第十一届全国人民代表大会常务委员会第二十一次会议《关于修改〈中华人民共和国个人所得税法〉的决定》第六次修正，个人所得税免征额将从现行的2000元提高到3500元，同时，将现行个人所得税第1级税率由5%修改为3%，9级超额累进税率修改为7级，取消15%和40%两档税率，扩大3%和10%两个低档税率和45%最高档税率的适用范围等。2018年8月31日第十三届全国人民代表大会常务委员会第五次会议《关于修改〈中华人民共和国个人所得税法〉的决定》第七次修正，起征点确定为每月5000元，居民个人的综合所得，以每一纳税年度的收入额减除费用六万元以及专项扣除、专项附加扣除和依法确定的其他扣除后的余额，为应纳税所得额。

置住房的，以转让收入的 1% 核定应纳个人所得税额；对纳税人转让非普通住房的，以转让收入的 2% 核定应纳个人所得税额。

二、我国房地产开发经营的税费特点与改革方向

（一）我国房地产开发经营的税费体系特点

1. 中国房地产税"轻保有、重流转"

我国目前的房地产保有环节的税收只包括房产税和城镇土地使用税，这两个税种不仅税率低、征税范围较窄，而且对居民非营业用房免征，加上还有很多免税规定，整体税负水平相对较低。而针对开发环节和流转环节的税种包括耕地占用税、土地增值税、营业税、城市维护建设税、印花税、契税、企业所得税和个人所得税，这些税种共同征收造成了在房地产交易过程中整体税负水平较高。

2. 房地产税改革任重道远

2011 年，上海和重庆两地曾率先试点向居民住宅征收房产税，《关于 2012 年深化经济体制改革重点工作的意见》提出"适时扩大房产税试点范围"。2013 年 11 月，党的十八届三中全会通过的《中共中央关于全面深化改革若干重大问题的决定》明确提出，"加快房地产税立法并适时推进改革"。

《中华人民共和国国民经济和社会发展第十三个五年规划纲要》明确提出，"全面完成营业税改增值税改革，建立规范的消费型增值税制度。""实施资源税从价计征改革，逐步扩大征税范围。清理规范相关行政事业性收费和政府性基金。""完善地方税体系，推进房地产税立法。"房产税改革已成为政府、公众普遍关注的焦点话题，推进房地产税改革对于促进房地产市场持续健康发展、调节经济运行和收入分配、地方政府扩大财源和转变政府职能等方面具有十分重要的意义。

从实践来看，我国房地产税改革进展相对较缓慢。我国房地产税改革主要面临以下难题：一是在持有环节单一改革，还是在开发、转让、持有环节综合改革；二是房产、土地分离征税，还是房产、土地合一征税；三是仅限于城市征税，还是包括农村；四是仅对增量房征税，还是包括存量房；五是只对商品房征税，还是包括非商品房等。

3. 房产税的征税范围、计税依据及税率有待于完善

一是征税范围狭窄。按照《中华人民共和国房产税暂行条例》规定，房产税在城市、县城、建制镇和工矿区征收，不包括农村。随着城镇化和新农村建设的加快推进，城乡差别在逐渐缩小，在未来城乡统筹发展的战略背景下，将农村纳入房产税的征税范围也将是大势所趋。二是计税依据不合理，税率太过单一。现行房产税

的计税依据分为房产余值和房屋租金两类,房产余值是按房产原值(纳税人按照会计制度规定的账簿房产原价)扣除一定比例(10%~30%)后的余值乘以1.2%的税率来缴纳;房屋租金是以房屋出租的收入乘以12%的税率来缴纳。以余值作为计税依据尤为不合理,余值是以房屋的原值为基础的,不能反映出房屋的时间价值。

(二) 我国房地产开发经营的税费改革方向

1. 房地产税费体系改革向"先行立法"转型

党的十八届三中全会就完善房地产税制度,提出了"加快房地产税立法,并适时推进改革"的要求。改革的基本框架是对现行房地产税进行改革立法,2017年12月1日,《党的十九大报告辅导读本》提到要按照"立法先行、充分授权、分步推进"的原则,推进房地产税立法和实施。对工商业房地产和个人住房按照评估值征收房地产税,适当降低建设、交易环节税费负担,逐步建立完善的现代房地产税制度。

有学者认为,在税收法定原则下,任何新税种都必须先立法后征收。因此,"立法先行"已是社会普遍共识。对于具体征收方法,肖捷部长在《党的十九大报告辅导读本》中明确未来的房地产税将按照房屋评估值征收,以渐进的方式来推进房地产税很重要。全国建立的制度框架,适当柔性切入很有必要。例如,具体到操作层面,究竟是普遍征收,还是首套房免征,或者按人均多少平方米扣除,或者为了避免引发离婚潮,退到更宽松的条件等。

2. 征收环节由开发为主转向持有为主

我国现行房地产领域涉税可分"开发、转让和持有"三个环节。在过去经济转型发展过程中,房地产业处于大规模、快速的发展阶段,房地产税的征收主要在开发环节。从世界各国房地产市场发展过程来看,未来新房开发将逐渐减少,二级市场交易也会逐渐平淡,税收将转向居住持有环节。

2013年11月12日,党的十八届三中全会通过的《中共中央关于全面深化改革若干重大问题的决定》和中央2014年经济工作会议的精神,为住房政策提供了新的思路。

2017年,我国人均GDP超过8000美元,住宅产业将进入稳定平衡期。2016年,我国城镇居民人均居住建筑面积为36.60平方米,达到中等发达国家居住水平。过去主要是靠投资拉动为主的粗放型增长模式的房地产业,未来将面临转型升级,走生态化、产业化、多元化发展道路,实现房地产业由速度、规模转向质量和效益的转型发展。因此,未来我国房地产税收将转移到转让和持有环节,即通过降低开发、转让环节税负,提高持有环节税负,建立开发、转让、持有三个环节并行的税收体系和制度。

3. 由房地分离向房地统一转型

我国现行持有环节的房地产税分为房产税和城镇土地使用税。对房屋实行从价征税，房屋价值主要是不含土地价值的建造价格，所以在计算房产税时，对于自用房屋以账面价值余值而不是评估价值或市场交易价格为课税对象。对土地实行从量征税，按土地面积和处于不同地段，区分土地级差收益的单位税额征税。随着我国社会主义市场经济的发展与成熟、土地拍卖制度的建立和住房制度的不断完善，商品房市场化已基本形成。未来税制改革的趋势是，将房产土地分离型征税改为统一型征税，即不再按房产账面价值和土地面积分别征收房产税和土地使用税，而是合二为一，按房产和土地综合评估价格计算统一征收房地产税。

此外，提高持有环节房产税税率，需要合理的税费制度。例如，实行清费减税或是实行"费"改"税"，避免重复征税，使房地产开发项目管理的相关税费规范化和法治化。

4. 房地产税收改革由需求管理向供给管理转型

长期以来，我国对房地产宏观调控的主要思路是以控制需求为主，如限购、限贷、提高利率、增加开发和交易环节的税收。

以控制需求政策的税收制度为例，我国房地产宏观调控主要在房地产开发和二级市场转让环节提高税率、加强征税。本意是通过增加房地产开发、提高转让成本，以减少需求、平抑供求，结果却是通过税收提高了成本，对抑制需求的作用有限，而助推房价上涨的作用明显。

党的十八届三中全会提出了与以往不同的房地产改革思路，即由控制需求转向扩大供给，希望通过增加土地供给，建立为中低收入者提供保障房和为中高收入者提供商品房的多元住房体系，保障房地产供给以平抑房地产需求。然而，由需求管理转向供给管理不可能一蹴而就，需要一个过渡缓冲期。在过渡期内应采取包括限购、限贷、增税的需求管理，以及扩大土地供给、降低开发成本、减轻开发税收的供给管理。

第三节　房地产开发投资的税改——"营改增"

一、房地产业"营改增"的政策演进与解读

（一）"营改增"政策演进

《国民经济和社会发展第十二个五年规划纲要》指出，"按照优化税制结构、公

平税收负担、规范分配关系、完善税权配置的原则,健全税制体系","继续推进费改税,全面推进资源税和耕地占用税改革,研究推进房地产税改革。"《国民经济和社会发展第十三个五年规划纲要》指出,"全面完成营业税改增值税改革,建立规范的消费型增值税制度。"

2011年11月16日,国务院下发关于《营业税改增值税试点方案》的通知,从2012年1月1日起,在上海交通运输业和部分现代服务业开展营业税改征增值税试点。至此,我国新一轮税收制度的改革拉开序幕。

2012年7月31日,财政部、国家税务总局下发《关于在北京等8省市开展交通运输业和部分现代服务业营业税改征增值税试点的通知》。经国务院批准,将交通运输业和部分现代服务业纳入营业税改征增值税试点范围。为配合营业税改征增值税试点工作的顺利进行,2012年7月5日,财政部发布《营业税改征增值税试点有关企业会计处理规定》。

2013年5月24日,财政部、国家税务总局下发《交通运输业和部分现代服务业营业税改征增值税试点实施办法》,并于2013年8月1日生效。2013年12月12日,财政部、国家税务总局下发《关于将铁路运输和邮政业纳入营业税改征增值税试点的通知》,结合交通运输业和部分现代服务业"营改增"试点运行中反映的问题,对"营改增"试点政策进行了修改完善。自2014年1月1日起,在全国范围内开展铁路运输和邮政业"营改增"试点。

2014年4月29日,财政部、国家税务总局下发《关于将电信业纳入营业税改征增值税试点的通知》,自2014年6月1日起,电信业也纳入了"营改增"试点。随着"营改增"的阶段性试点成功推进,将房地产业纳入"营改增"试点范围的呼声也日益强烈。

2016年3月7日,为确保"营改增"在全国范围内顺利推广实施,财政部和税务总局出台了《关于做好全面推开营业税改征增值税试点准备工作的通知》,2016年3月8日,国家税务总局也下发《关于扎实做好全面推开营业税改征增值税改革试点工作的通知》,部署了各项"营改增"前的准备工作。2016年3月24日,财政部、国家税务总局向社会公布了《关于全面推开营业税改征增值税试点的通知》。该文件由《营业税改征增值税试点实施办法》《营业税改征增值税试点有关事项的规定》《营业税改征增值税试点过渡政策的规定》《跨境应税行为适用增值税零税率和免税政策的规定》4个附件组成。经国务院批准,自2016年5月1日起,在全国范围内全面推开"营改增"试点,建筑业、房地产业、金融业、生活服务业等全部营业税纳税人,纳入试点范围,由缴纳营业税改为缴纳增值税。这标志着所有行业在全国范围内的"营改增"试点工作的顺利完成,也标志着房地产业从此步入增值税时代。

(二) 房地产业"营改增"的政策解读

房地产业是我国利用税收杠杆调控的重点行业,"营改增"之前免征营业税的优惠政策不多,"营改增"之后也没有免征增值税的优惠政策。房地产企业生产的产品为不动产,既非可以出口的货物,也没有零税率和出口退税之说,因此,《关于全面推开营业税改征增值税试点的通知》中与房地产业密切相关的主要是附件1和附件2,而附件3和附件4与房地产业关联度不大。

1. 增值税纳税人

在中华人民共和国境内销售或出租自行开发的房地产项目的房地产开发企业和个人,为增值税纳税人。

2. 增值税纳税人分类

纳税人分为一般纳税人和小规模纳税人两类。"营改增"的一般纳税人为应税销售额标准为500万元(含500万元)的纳税人(《营业税改征增值税试点有关事项的规定》规定,财政部和国家税务总局可以对年应税销售额标准进行调整)。其中,应当办理一般纳税人资格登记而未办理的纳税人,应当按照销售额和增值税税率计算应纳税额,不得抵扣进项税额,也不得使用增值税专用发票。未超过规定标准的纳税人为小规模纳税人。年应税销售额超过规定标准但不经常发生应税行为的单位和个体工商户可选择按照小规模纳税人纳税。除国家税务总局另有规定外,一经登记为一般纳税人后,不得转为小规模纳税人。

3. 征税范围

根据《销售服务、无形资产、不动产注释》规定,房地产业涉及的征收范围有三项:一是房地产企业销售自己开发的房地产项目适用销售不动产税目;二是房地产企业出租自己开发的房地产项目(包括如商铺、写字楼、公寓等),适用租赁服务税目中的不动产经营租赁服务税目和不动产融资租赁服务税目;三是房地产企业开发转让土地使用权,适用"销售无形资产"税目中的"自然资源使用权"。

需要注意的是,根据《营业税改征增值税试点有关事项的规定》,以下项目不征收增值税:一是房地产主管部门或者其指定机构、公积金管理中心、开发企业以及物业管理单位代收的住房专项维修基金;二是在资产重组过程中,通过合并、分立、出售、置换等方式,全部或部分实物资产以及与其相关联的债券、债务和劳动力一并转让给其他单位或个人,其中涉及的不动产转让行为不征增值税。

4. 税率和征收率

(1) 房地产开发企业销售、出租的不动产项目适用的税率为11%。

（2）小规模纳税人销售、出租不动产（不含个人出租住房），以及一般纳税人（销售自行开发的房地产老项目①）提供的可选择适用简易计税方法的，征收率为5%。个人出租住房，应按照5%的征收率减按1.5%计算应纳税额。

（3）房地产开发企业采取预收款方式销售所开发的房地产项目，在收到预收款时按照3%的预征率预缴增值税。

（4）一般纳税人转让土地使用权，适用一般计税方法计税的税率为11%。小规模纳税人转让土地使用权，征收率为3%，按照规定的纳税义务发生时间，向主管国税机关申报纳税。

境内的购买方为境外单位和个人扣缴增值税的，按照适用税率扣缴增值税。

从税制适用而言，一般纳税人选择一般计税方法适用增值税率，其进项税额可以抵扣，而小规模纳税人和选择简易计税方法的一般纳税人适用增值税率，其进项税额不可以抵扣。

（三）增值税计税方法

1. 一般计税方法

一般纳税人发生应税行为适用一般计税方法计税，按以下公式计算：

$$应纳税额 = 当期销项税额 - 当期进项税额 \qquad (5-12)$$

当期销项税额小于当期进项税额不足抵扣时，其不足部分可以结转下期继续抵扣。销项税额，是指纳税人发生应税行为按照销售额和增值税税率计算并收取的增值税额。

$$销项税额 = 销售额 \times 税率 \qquad (5-13)$$

一般计税方法的销售额不包括销项税额，纳税人采用销售额和销项税额合并定价方法的，按照下列公式计算销售额：

$$销售额 = 含税销售额 \div (1 + 税率) \qquad (5-14)$$

房地产开发企业中的一般纳税人销售其开发的房地产项目（选择简易计税方法的房地产老项目除外），以取得的全部价款和价外费用，扣除受让土地时向政府部门支付的土地价款后的余额为销售额。支付的土地价款，是指向政府、土地管理部门或受政府委托收取土地价款的单位直接支付的土地价款，并应当取得省级以上（含省级）财政部门监（印）制的财政票据。

---

① 房地产老项目，是指《建筑工程施工许可证》注明的合同开工日期在 2016 年 4 月 30 日前的房地产项目。《建筑工程施工许可证》未注明合同开工日期或者未取得《建筑工程施工许可证》但建筑工程承包合同注明的开工日期在 2016 年 4 月 30 日前的建筑工程项目。

销售额 = (全部价款和价外费用 − 当期允许扣除的土地价款) ÷ (1 + 11%)

(5 − 15)

2. 简易计税方法

简易计税方法的应纳税额,是指按照销售额和增值税征收率计算的增值税额,不得抵扣进项税额。应纳税额计算公式:

应纳税额 = 销售额 × 征收率   (5 − 16)

销售额 = 含税销售额 ÷ (1 + 征收率)   (5 − 17)

房地产开发企业中的一般纳税人,销售自行开发的房地产老项目,可以选择适用简易计税方法按照 5% 的征收率计税。一经选择简易计税方法计税的,36 个月内不得变更为一般计税方法计税。小规模房地产开发企业销售自行开发的房地产项目适用简易计税方法计税(见表 5 − 1)。

表 5 − 1   不动产转让与经营租赁使用的增值税率及征收率

业务	类型		不动产性质	预征率	税率/征收率
不动产转让	非房地产开发企业	一般纳税人	2016 年 4 月 30 日前	5%	11%(可选择 5% 征收率)
			2016 年 5 月 1 日后		11%
		小规模纳税人	—		5%
	房地产开发企业	一般纳税人	房地产老项目	3%	11%(可选择 5% 征收率)
			房地产新项目		11%
		小规模纳税人	—		5%
	个体工商户以及其他个人		购买住房	5%	
			取得的不动产	5%	
不动产经营租赁	一般纳税人		2016 年 4 月 30 日前	3%,5%——简易计税	5%
			2016 年 5 月 1 日后	3%	11%
	小规模纳税人(单位)		—	5%	5%
	个体工商户以及其他个人		非住房	5%——个体	
			住房	5% 减按 1.5%——个体	5% 减按 1.5%
备注	房地产老项目,是指《建筑工程施工许可证》注明的合同开工日期在 2016 年 4 月 30 日前的房地产项目。《建筑工程施工许可证》未注明合同开工日期或者未取得《建筑工程施工许可证》但建筑工程承包合同注明的开工日期在 2016 年 4 月 30 日前的建筑工程项目。 购买普通住房 2 年以上的,免征增值税。 房地产开发企业采取预收款方式销售开发的房地产项目,应在收到预收款时按照 3% 的预征率预缴增值税,待纳税义务发生时间确定时,再清算应纳税款,并扣除已预缴的增值税款。					

二、"营改增"对房地产市场的影响

"营改增"是我国"十二五"期间税制改革的重要举措,经国务院批准,自2016年5月1日起,在全国范围内全面推开"营改增"试点,涉及建筑业、房地产业、金融业、生活服务业等领域。在当前房地产开发投资意愿减弱、开发投资增速下降明显的背景下,房地产"营改增"的推进将进一步改善行业运行环境,有效调节房地产企业税负水平、提升企业积极投资开发的信心,同时也将给房地产企业带来不同的机遇与挑战。

房地产开发企业在开发建设、转让销售及持有自营阶段,均涉及营业税纳税问题,主要体现在:

(1) 开发建设阶段:提供建筑业应税劳务(营业额包括应税劳务及工程所用材料、设备及其他物资和动力价款在内,不含甲方供材),按照营业税率3%计征。

(2) 转让及销售阶段:转让无形资产(土地使用权),销售不动产(商品房及其他建筑物与构筑物、其他地上附着物),均按照转让及销售的全部收入减去土地使用权或不动产的受让或购置原价后的余额为营业额以5%税率计征营业税。

(3) 持有自营阶段:出租房地产,按租赁服务业以5%税率计征营业税,结合税制改革试点方案的要求,可以看出,如果对建筑业及房地产业进行"营改增"税制改革,那么它对房地产开发企业的影响是系统性的。

首先税率的直接变化(由3%/5%营业税税率变为11%/17%增值税税率),税率大幅上升,虽然增值税可以抵扣相应进项税额,但是由于房地产开发企业的业务特殊性与复杂性,在实际操作中很多项目往往难以抵扣。并且建筑施工企业作为房地产开发企业的直接上游企业,其受"营改增"税制改革的影响必然会波及甚至转嫁至房地产开发企业,进而造成对房地产开发企业的税收负担与经营成本的一系列影响。

❓ 思考题

1. 如何理解税收与税收制度?税收的基本特征是什么?
2. 什么是财产税?关于财产税的基本观点有哪些?
3. 简述我国房地产开发经营的税费体系。
4. 什么是土地增值税?如何计算增值额的扣除项目?
5. 如何理解我国房地税?哪些房产可免纳房产税?
6. 简述我国房地产开发经营的税费体系特点和税费改革方向。

7. 简述房地产业"营改增"的政策演进。如何解读房地产业"营改增"的政策？

8. 试论"营改增"对房地产市场的影响如何？

9. 我国对普通商品房和保障性住房项目的相关税收优惠政策有哪些？

补充阅读

我国房地产税的改革与实践

1. 房产税与房地产税

房地产税是政府向房产的业主或租户等使用者征收的一种财产税，是以不动产（住宅、商业用房等）作为征税对象，以房屋价值或租金收入为计税基础，向房屋产权所有人征收的一种财产税。房地产税是综合性概念，包括跟取得土地使用权（契税、印花税、耕地占用税）、房地产开发和交易（增值税、企业所得税、个人所得税、印花税、土地增值税、城建税、教育费附加）、持有（房产税、城镇土地使用税）等一切与房地产经济运动过程有直接关系的税收。由此可见，房产税具有以下基本特征：一是房产税是以房屋作为征收对象的财产税。主要是对存量房产所征收的房产税。二是以房屋价值作为计税依据，税负与房产价值挂钩，体现"多占有资源多纳税"的原则。我国目前开展的房产税，主要是对经营性房屋开征，而对住房或非经营性房屋免征房产税。2011年，我国在上海和重庆进行了房产税试点，针对目前免征的房产税，也就是我们要讨论的何时开征、如何开征房地产税的问题。三是房产税是地方财政收入主税种，属于地方税。房产税收入是地方财政收入的重要组成部分，主要用于公共设施建设、教育、医疗等公共服务的支出。四是房产税具有调节社会公平功能。一方面，房产税可以抑制房地产投机，促进资源合理配置，缩小贫富差距，实现社会公平；另一方面，通过税收杠杆影响房地产市场供需，稳定房价。

2. 我国房产税收制度演进

在国有化和社会主义公有制改造过程中，还没有形成非常明确的土地公有制和国有制的土地制度，1950年1月，政务院颁布《中国税政实施要则》，涉及包括与房地产税相关的房产税和地产税的中央与地方14种税（1950年6月，房产税和地产税合并为房地产税）。1951年8月8日，政务院出台《城市房地产税暂行条例》明确了房地产税征税依据、征税对象以及征管部门，对城市中的房屋和土地征税，税基为房产的租金或评估价值。《城市房地产税暂行条例》是1951～1986年我国征收房地产税的基本法规。

我国改革开放以后的房地产税改革始于20世纪80年代中后期。1986年9月15日国务院出台的《中华人民共和国房产税暂行条例》，条例详细阐述了我国房产税的开征目的、计税依据、征收对象、免征对象等，除对公共的房产免征房产税之外，特别提到对个人所拥有的非营业用的房产免征房产税。对于包括营业用住宅和一些商业房地产的营业用房产计税依据是用房产的原值一次性扣减10%~30%，扣减幅度是由各个省、自治区、直辖市人民政府规定（不是根据当前房屋市值和当前房屋评估价值），依据房产余值的1.2%计税，故总体税负是比较低的，但是对于出租房产是以租金收入的12%计税，租金税率是比较高的。对于外资企业等涉外单位，仍然按照《城市房地产税暂行条例》，对房产和地产分别按照1%和1.5%的税率开征。

2003年10月14日，党的十六届三中全会通过《中共中央关于完善社会主义市场经济体制若干问题的决议》，提出条件成熟时可以取消不动产的相关收费，改为对不动产统一征收物业税（我国首次提到对自住房进行征税）。2008年12月31日，中华人民共和国国务院令第546号宣布1951年8月8日政务院公布的《城市房地产税暂行条例》自2009年1月1日起废止，外商投资企业、外国企业和组织以及外籍个人纳入1986年《中华人民共和国房产税暂行条例》适用范围。

2011年1月28日，针对当时房价过高、房地产市场过热的情况，上海和重庆率先开展自住房房产税改革试点，主要是针对个人所有的非营业性房产征税，目的是完善地方税制，调节税收收入的分配，调控宏观经济和房价。上海和重庆的房产税征收细则见表5-2和表5-3。

表5-2　　　　　　　　　　　2011年上海房产税征税细则

征税对象（M）	全上海市：本市家庭新购第二套及以上住房	全上海市：非本市居民在沪新购住房
征税税率（P，r）	成交均价（元/平方米）　　　　　　　税率（%） P_1：小于45000　　　　　　　　　　　r_1：0.4% P_2：大于45000　　　　　　　　　　　r_2：0.6% 说明：上海2010年全年新建商品住宅均价为22261元/平方米	
免征部分	人均居住面积小于60平方米部分	
纳税额计算	（M-60×人数）×P×70%×r（元/年） 其中：（M-60×人数）小于0免征，不倒贴	
纳税方式	按年计征，缴清税费后方可过户	
征税目的与用途	抑制投机性需求；税收主要用于公共租赁房的建设与维护	
案例说明	如果一户上海本地三口之家原来已拥有一套150平方米的住房，现在又购买一套110平方米的住房，均价为30000元/平方米， 其年纳税金额为：（150+110-60×3）×30000×70%×0.4%=6720（元/年）	

表 5–3　　　　　　　　　　2011 年重庆市房产税征税细则

征税对象（M）	重庆市城九区 独幢别墅 新购及原有	重庆市城九区 高档住房 新购	重庆市城九区 普通住房；无户籍、无工作、无企业人员新购的第二套及以上住房
征税税率（P, r）	成交均价（元/平方米） P_1：小于 15000 P_2：15000~20000 P_3：大于 20000	税率（%） r_1：0.5% r_2：1.0% r_3：1.2%	统一 0.5%
	说明：重庆市城九区 2010 年新建商品住宅均价为 4970 元/平方米		
免征部分	小于 180 平方米的部分	小于 100 平方米的部分	0
纳税额计算	(M−180)×P×r(元/年)	(M−100)×P×r(元/年)	M×P×r(元/年)
纳税方式	按年计征，过户时一笔收取当年税费		
征税目的与用途	抑制高档住房消费；税收主要用于保障性住房建设等		
案例说明	(1) 一户家庭拥有的第一套存量独幢商住宅面积为 400 平方米，交易单价为 16000 元/平方米，其当年纳税额：(400−180)×16000×1% = 35200（元/年）。 (2) 假设这个家庭在 2011 年 1 月 28 日之后，新购一套符合扣除免征部分的应税住房，其建筑面积为 180 平方米，交易单价为 10000 元/平方米，其年纳税额：(180−100)×10000×0.5% = 4000（元/年）		

由于上海和重庆两地税率均较低、征税范围较窄、免税政策力度较大，近十年来效果并不显著，房产税改革效果一般。2020 年上海和重庆房产税收入分别为 198.7 亿元和 71.7 亿元，占地方税收的比例仅为 3.4% 和 5%。

2013 年 5 月，国家发展改革委发布《关于 2013 年深化经济体制改革重点工作的意见》，提出扩大房产税改革试点。2013 年 11 月，党的十八届三中全会通过的《中共中央关于全面深化改革若干重大问题的决定》提出"加快房地产税立法并适时推进改革"，房地产税立法被提上日程。2015 年 8 月，房地产税被纳入第十二届全国人大常委会立法规划，正式为房地产税立法划定时间表。2018 年 9 月房地产税立法工作列入五年立法规划。2021 年 3 月 13 日，《中华人民共和国国民经济和社会发展第十四个五年规划和 2035 年远景目标纲要》中明确要推进房地产税立法。5 月 11 日，财政部、全国人大常委会预算工委、住房城乡建设部、税务总局负责同志在京主持召开房地产税改革试点工作座谈会，听取部分城市人民政府负责同志及部分专家学者对房地产税改革试点工作的意见。10 月 15 日，习近平总书记在《求是》发文，进一步强调"要积极稳妥推进房地产税立法和改革，做好试点工作"，加强对高收入的规范和调节。10 月 23 日，全国人民代表大会常务委员会通过一项决定，授权国务院在部分地区开展房地产税改革试点工作。

3. 未来我国房产税的改革难点与方向

相对于2013年党的十八届三中全会提出的"加快房地产税立法并适时推进改革",2024年7月18日,党的二十届三中全会审议通过的《中共中央关于进一步全面深化改革 推进中国式现代化的决定》指出"完善房地产税收制度",说明当前完善与房地产有关的税收制度目标主要是对现有涉及房产和土地等财产的税收制度进行改革与完善,这一变化在一定程度上也体现了当前房地产税收制度改革的难点。

(1) 从宏观层面来看,我国经济处于新冠疫情后的恢复调整期,加之人口规模变化及传统城镇化模式的改变,房地产行业已经持续处于较长时间的调整期,目前总体的宏观政策是引导房地产市场回暖,增加市场活跃度和交易量。此时,任何增加交易成本的政策,包括税收政策,都会对房地产市场产生负面影响。

(2) 从行业的层面来看,由于我国的土地制度是实行公有制下的二元所有制(城市土地所有权归国家所有,农村土地所有权归集体所有),对于房产而言,除了农村宅基地上的房屋不征税之外,原则上城镇住房均应当纳入计税范围,但计税的前提应当是完全产权、交易不受限的作为估值基准,由于历史遗留原因,我国城镇存在大量的住房产权不完整、交易受限,如房改房、福利房、央产房、军产房、小产权房、经济适用房、集资房、两限房等不同类型的房屋,产权性质差别大,税基不统一,增加了房地产税收制度改革的难度。

(3) 现行税制中,取得环节和交易转让环节均以交易价格为计税依据来计税,但在持有环节的房产税则是以房屋原值(余值)或租金作为依据,且个人非经营性房产并未征收房产税。从房地产税收制度改革趋势及财产税制的属性而言,未来完善的目标是强化增加持有环节的税收,那就需要对现有房产税进行改革完善,即首先需要面对计税依据的重新确定,如同一区域内、不同性质住房或者新老住房之间税负较大差异带来的不公平问题,房产评估价值的操作难度,以及房屋的年代、建筑风格、地理位置、商业价值等因素存在较大的差异性等给计税带来的困难。

因此,要解决房地产税制改革的难点,除了要坚决贯彻落实中央财税体制改革的总体部署和要求,还应当做好以下几个方面。

(1) 正确认知和理解房地产税制改革方向。加强社会公众认知层面的房产税改革理念的引导和宣传,要在整个社会公众层面理解和接受房产税,明确房产税"取之于民、用之于民"的定位,房产税相关政策是为了引导房地产市场健康平稳发展,贯彻落实"房住不炒",降低房地产行业的金融属性。在房产税的制度设计上,一是遵循宽税基、低税率、简税制的总体设计原则;二是考虑其调节经济或行业的功能,作为地方主要税源,强调其财政收入功能,发挥其为地方政府筹集公共资金的作用，符合公共财政内在要求，促进社会的财富再分配。

（2）从交易流通环节税收为主转变为保有持有环节的税收为主是房地产税制改革的重要方向，使其房产税真正发挥财产税的本质属性，有利于构建公平税负的社会环境。必须在房产税收领域构建收入和支出直接关联的决策机制，税收采取"专款专用"的方式，将城市房产税收纳入专项经费使用和管理，通过公开透明的税收用途说明，让纳税人能享受到此类财政支出带来的房产价值的"溢价"，同时接受社会公众的监督和问询，有效地降低房地产税制改革的社会风险。

（3）引导地方政府转变政府管理和服务理念。在过去房地产业持续、快速发展的二十年间，土地财政对于城市经济发展、市政公用基础设施的完善、城市功能的提升和城市韧性的增强等作出巨大贡献。对于城市化率很高的城市，土地出让或出租的规模就非常之有限，要保证地方公共服务和公共产品不下降，必须依靠房产税来弥补土地财政缺口。另外，随着新型城镇化和经济高质量发展的内在要求，房地产业也从规模、速度的增量时代向质量、品质、服务等存量时代的转型时期。因此，需要通过完善房地产税制来突破现有地方政府财政收支理财模式和传统思维。

（4）我国房产税的改革应当采取先易后难、先试点后推广的方式循序渐进、分步改革、稳步推进，在政策制定过程中广泛征求社会意见，平衡不同利益群体诉求。例如，可以借助现有的房产税和城镇土地使用税等房地产持有环节税种，按照前期房地产税改革的思路进行试点，既可减少行政和立法成本，又可以通过试点做进一步完善。同时，也可以考虑在房产和土地取得即交易环节适当减少税负，采取税收负担的结构性调整，激发市场活力。

（5）完善征管体系，加强技术支撑。一是建立全国统一的房产信息平台，整合不动产登记、户籍、银行信贷等数据，实现房产信息全国联网，解决"信息孤岛"问题；二是引入第三方评估机构，提高房产价值评估的透明度和公信力；三是强化税收征管能力，利用大数据、人工智能等技术手段，提升税收征管效率，减少偷逃税行为；四是建立纳税人信用体系，将房产税缴纳与个人征信挂钩。

第六章

房地产项目投资与融资

本章学习目标

- **掌握**：房地产项目的投资构成与估算；房地产项目投资的资金成本计算；房地产融资的概念、分类和特点。
- **熟悉**：房地产项目的融资渠道；项目的投资计划与资金筹措编制。
- **了解**：房地产项目的筹资方案选择。

第一节 房地产项目投资构成和估算

一、房地产项目投资概述

（一）房地产项目投资构成

房地产项目投资按用途可分为生产性建设项目和非生产性建设项目。生产性建设项目总投资包括建设投资（含固定资产投资、无形资产投资、递延资产投资等）、建设期借款利息和流动资金三部分；非生产性建设项目总投资只有固定资产投资，不包括流动资产投资。房地产项目总投资的组成如图6-1所示。

根据国家发展改革委和建设部发布的《建设项目经济评价方法与参数（第三版）》的规定，建设投资包括工程费用、工程建设其他费用和预备费三部分。工程费用是指建设期内直接用于工程建造、设备购置及其安装的建设投资，可以分为建筑安装工程费和设备及工器具购置费。工程建设其他费用是指建设期发生为项目建设或运营必须发生的但不包括在工程费用中的费用。预备费是指在建设期内因各种不可预见因素的变化而预留的可能增加的费用，包括基本预备费和价差预备费。房地产项目总投资的具体构成内容如图6-1所示。

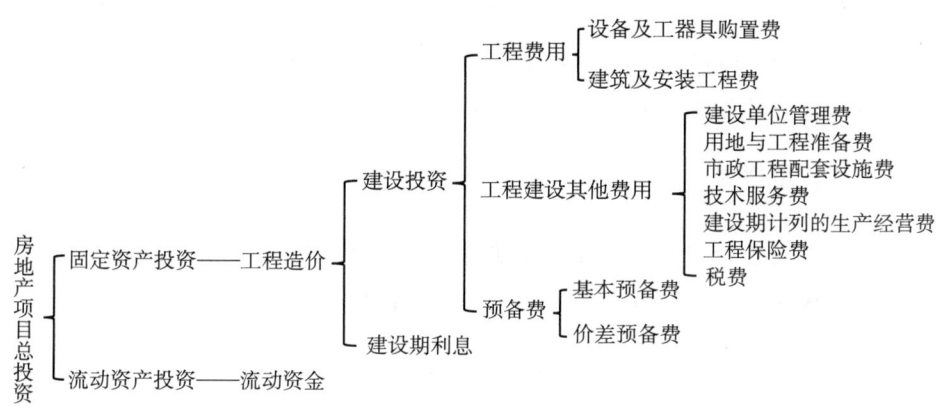

图6-1 房地产项目总投资构成

流动资金是指项目投产前预先垫付，在投产后的经营过程中购买原材料、燃料动力、备品备件、支付工资和其他费用以及被在产品、半成品及其存货占用的周转资金。在生产经营活动中流动资产以货币资金、存货、应收及预付款项等流动资产形态出现。

工程造价是指进行某项工程建设所花费的全部费用（即工程项目的建造价格）。工程造价的主要任务是：根据图纸、定额以及清单规范，计算出工程中所包含的直接费用（人工、材料及设备、施工机具使用）、企业管理费、措施费、规费、利润及税金等。因此，工程计价的三要素：量、价、费。

工程造价从不同的角度分析，具有不同的含义。

（1）从投资者（业主）的角度来看，工程造价是指进行某项工程建设花费的全部费用，即投资者为了获取投资项目的预期收益，有计划地对项目进行策划、决策、建造实施、竣工验收及运营等一系列投资管理活动中的固定资产、无形资产和铺底流动资金等全部费用的总和。

（2）从市场交易的角度来看，工程造价是指为建成一项工程，预计或实际在土地市场、设备市场、技术劳务市场等交易活动中所形成的建筑安装工程的价格和建设工程总价格。以社会主义商品经济和市场经济为前提。它以工程这种特定的商品形成作为交换对象，通过招投标、承发包或其他交易形成，在进行多次性预估的基础上,最终由市场形成的价格。

上述工程造价的两种含义是以不同角度把握同一事物的本质。以建设工程的投资者来说工程造价就是项目投资,是"购买"项目付出的价格;同时也是投资者在作为市场供给主体时"出售"项目时定价的基础。对于承包商来说,工程造价是他们作为市场供给主体出售商品和劳务的价格的总和,或是特指范围的工程造价,如建筑安装工程造价。

我国现行建筑工程造价费用项目构成可按照按费用构成要素划分,也可按照按造价形成划分,具体参见《建筑安装工程费用项目组成》。

(二) 项目投资形成的资产

房地产项目总投资完成后,在竣工决算阶段,各构成总投资的费用,按照费用归属,形成了固定资产、流动资产、无形资产及递延资产(见图6-2)。

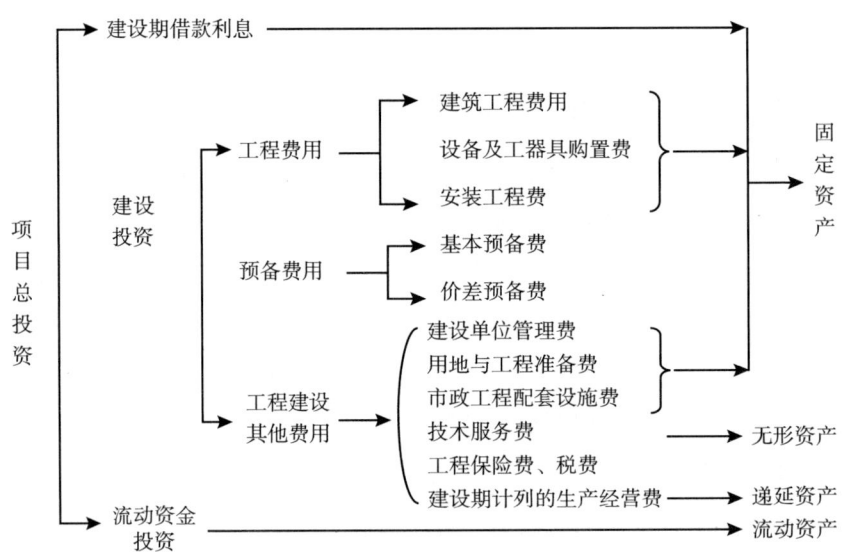

图6-2 项目总投资的构成及所形成的资产

1. 固定资产

固定资产是指企业为生产产品、提供劳务、出租或者经营管理而持有的、使用时间超过1年的,价值达到一定标准的非货币性资产,包括房屋、建筑物、机器、机械、运输工具以及其他与生产经营活动有关的设备、器具、工具等。此外,使用年限超过2年的不属于生产经营主要设备的物品,只要公司认为可以使用且使用寿命大于一个会计年度的均可认定为固定资产。

2. 流动资产

流动资金是指企业可以在1年或者超过1年的一个营业周期内变现或者运用的资产，是企业为维持生产所占用的全部周转资金，在项目寿命期结束时，应予以回收。

流动资产主要包括货币资金（包括银行存款、库存现金等）、短期投资［指企业购入能够随时变现，并且持有时间不超过1年（含1年）的有价证券以及不超过1年（含1年）的其他投资，包括各种股票、债券、基金等］、应收票据（企业持有的未到期或未兑现的商业票据）、预付款项（是指企业在正常的经营过程中因销售商品、产品、提供劳务等业务，应向购买单位收取的款项，包括应由购买单位或接受劳务单位负担的税金、代购买方垫付的各种运杂费等）和存货（指企业或商家在日常活动中持有以备出售的原料或产品、处在生产过程中的在产品、在生产过程或提供劳务过程中耗用的材料、物料、销售存仓等）等。

3. 无形资产

无形资产是指企业为生产商品或者提供劳务、出租给他人，或管理目的而持有的、没有实物形态的非货币性长期资产。无形资产是不具实物形态、但能带来经济利益的资产。企业自创的商誉，以及未满足无形资产确认条件的其他项目，不能作为无形资产。

4. 递延资产

递延资产是指不能全部计入当期损益，应当在以后年度内分期摊销的各项费用。包括开办费、租入固定资产的改良支出以及摊销期限在一年以上的长期待摊费用、建设部门转来在建设期内发生的不计入交付使用财产价值的生产职工培训费、样品样机购置"大修理"等。

开办费是指企业在筹建期间实际发生的各项费用。包括筹建期间人员的工资、差旅费、办公费、职工培训费、印刷费、注册登记费、调研费、法律咨询费及其他开办费等。开办费应当自公司开始生产经营当月起，分期摊销，摊销期不得少于5年。

租入固定资产的改良支出是指对租入固定资产实施改良，因有助于提高固定资产的效用和功能，应当另外确认为一项资产。由于租入固定资产的所有权不属于租入企业，不宜增加租入固定资产的价值而作为递延资产处理。租入固定资产改良及大修理支出应当在租赁期内分期平均摊销。

长期待摊费用是指摊销期限均在1年以上的递延资产，包括一次性预付的经营租赁款、向金融机构一次性支付的债券发行费用，以及摊销期在1年以上的固定资产大修理支出等。

待摊费用是指不超过1年但大于1个月期间分摊的费用，列在流动资产项目中。

（三）建筑安装工程费

建筑安装工程费是指用于建筑工程和安装工程的费用。建筑工程包括一般土建工程、采暖通风工程、电气照明工程、工业管道工程、特殊构筑物工程。安装工程包括机械设备安装工程、电气设备安装工程、热力设备安装工程、化学工业设备安装工程等。

根据《建筑安装工程费用项目组成》，我国现行建筑安装工程费用项目按两种不同的方式划分，即按费用构成要素划分和按造价形成划分，二者关系按费用构成要素划分和按造价形成划分关系（见图6-3）。

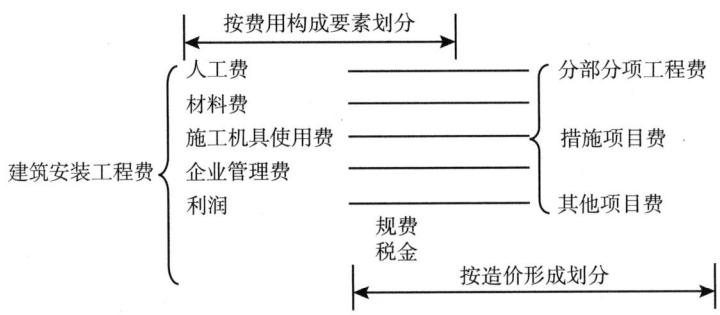

图6-3 按费用构成要素划分和按造价形成划分关系

建筑安装工程费按照工程造价形成由分部分项工程费、措施项目费、其他项目费、规费、税金组成，如图6-4所示。分部分项工程费、措施项目费、其他项目费包含人工费、材料费、施工机具使用费、企业管理费和利润，具体如图6-3所示。

（四）设备及工器具购置费

设备及工器具购置费是指为工程项目购置或自制达到固定资产标准的设备、配置的首批工器具以及生产家具所需的费用。设备及工器具购置费由设备购置费和工器具及生产家具购置费组成。如图6-5所示。

设备购置费包括设备原价或进口设备抵岸价和设备运杂费两部分。

工器具及生产家具购置费是指按照有关规定，为保证初期正常生产必须购置的没有达到固定资产标准的设备、仪器、工具、器具、生产家具和备品备件等的购置费用。

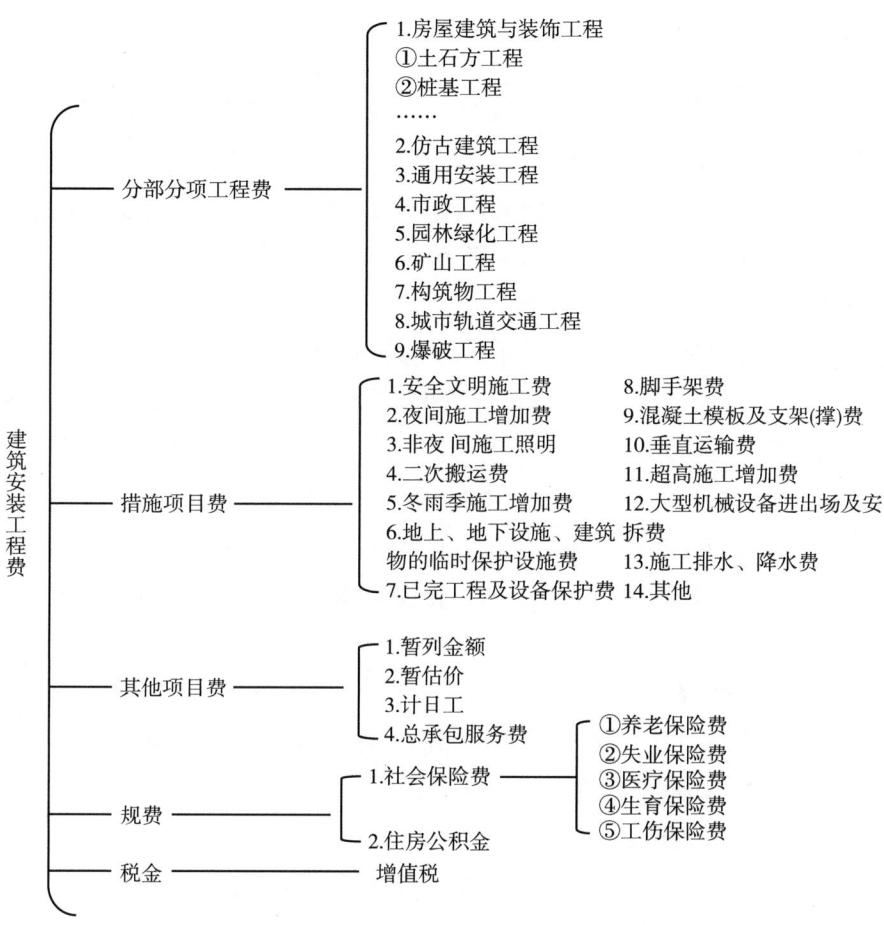

图 6-4 按工程造价形成顺序划分建筑安装工程费

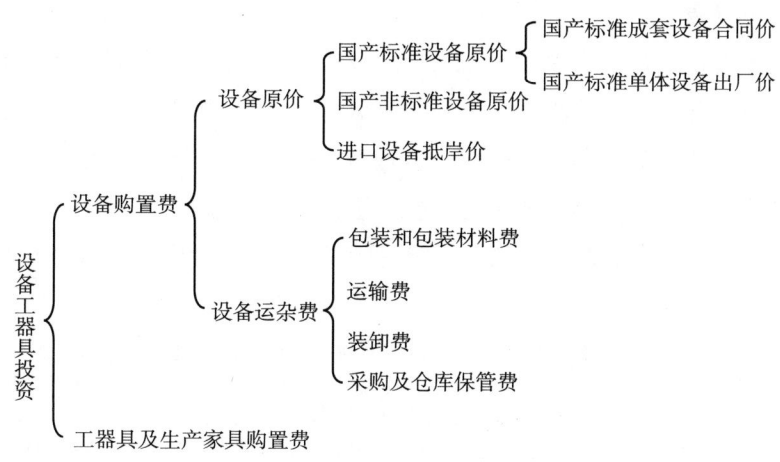

图 6-5 设备及工器具购置费构成

(五) 工程建设其他费用

工程建设其他费用是指建设期发生的与土地使用权取得、全部工程项目建设以及未来生产经营有关的，除工程费用、预备费、增值税、建设期融资费用、流动资金以外的费用。政府有关部门对建设项目管理监督所发生的，并由其部门财政支出的费用，不得列入相应建设项目的工程造价。

1. 建设单位管理费

建设单位管理费是指项目建设单位从项目筹建之日起至办理竣工财务决算之日止发生的管理性质的支出。包括工作人员薪酬及相关费用、办公费、办公场地租用费、差旅交通费、劳动保护费、工具用具使用费、固定资产使用费、招募生产工人费、技术图书资料费（含软件）、业务招待费、竣工验收费和其他管理性质开支。

实行代建制管理的项目，计列代建管理费等同于建设单位管理费，不得同时计列建设单位管理费。委托第三方行使部分管理职能的，其技术服务费列入技术服务费项目。

2. 用地与工程准备费

用地与工程准备费是指取得土地与工程建设施工准备所发生的费用。包括土地使用费和补偿费[①]、场地准备费、临时设施费等。

3. 市政公用配套设施费

市政公用配套设施费是指使用市政公用设施的工程项目，按照项目所在地政府有关规定建设或缴纳的市政公用设施建设配套费用。市政公用配套设施可以是界区外配套的水、电、路、信等，包括绿化、人防等配套设施。

4. 技术服务费

技术服务费是指在项目建设全部过程中委托第三方提供项目策划、技术咨询、勘察设计、项目管理和跟踪验收评估等技术服务发生的费用。技术服务费包括可行性研究费、专项评价费、勘察设计费、监理费、研究试验费、特殊设备安全监督检验费、监造费、招标费、设计评审费、技术经济标准使用费、工程造价咨询费及其他咨询费。按照国家发展改革委关于《进一步放开建设项目专业服务价格的通知》

---

① 建设用地的取得，实质是依法获取国有土地的使用权。根据《中华人民共和国土地管理法》《中华人民共和国土地管理法实施条例》《中华人民共和国城市房地产管理法》规定，获取国有土地使用权的基本方法有两种：一是出让方式，二是划拨方式。建设土地取得的基本方式还包括租赁和转让方式。建设用地如通过行政划拨方式取得，则须承担征地补偿费用（主要包括土地补偿费、青苗补偿费和地上附着物补偿费、安置补助费、新菜地开发建设基金、耕地开垦费和森林植被恢复费、生态补偿与压覆矿产资源补偿费、土地管理费、其他补偿费等）或对原用地单位或个人的拆迁补偿费用（主要包括拆迁补偿金、迁移补偿费）；若通过市场机制取得，则不但承担以上费用，还须向土地所有者支付有偿使用费，即土地出让金。

的规定，技术服务费应实行市场调节价。

5. 建设期计列的生产经营费

建设期计列的生产经营费是指为达到生产经营条件在建设期发生或将要发生的费用。包括专利及专有技术使用费、联合试运转费、生产准备费等。

6. 工程保险费

工程保险费是指为转移工程项目建设的意外风险，在建设期内对建筑工程、安装工程、机械设备和人身安全进行投保而发生的费用。包括建筑安装工程一切险、引进设备财产保险和人身意外伤害险等。不同的建设项目可根据工程特点选择投保险种[①]。

7. 税费

按财政部《基本建设项目建设成本管理规定》，工程其他费中的税费统一归纳计列，是指耕地占用税、城镇土地使用税、印花税、车船使用税等税费和行政性收费，不包括增值税。

（六）预备费

预备费是指考虑建设期可能发生的风险因素而导致的建设费用增加的这部分内容。基本预备费属于建设方考虑的建设费用，与施工单位报价无关。

按照风险因素的性质划分，预备费包括基本预备费和价差预备费。

1. 基本预备费

基本预备费是指在项目实施中可能发生难以预料的支出，需要预先预留的费用，又称不可预见费。主要指设计变更、施工过程中可能增加工程量以及隐蔽工程验收时发生的挖掘及验收结束时进行恢复所导致的费用增加。基本预备费一般由工程变更及洽商、一般自然灾害处理、不可预见的地下障碍物处理和超规超限设备运输增加的费用四部分构成。计算公式为：

$$基本预备费 = (设备及工器具购置费 + 建筑安装工程费 + 工程建设其他费) \times 基本预备费率 \quad (6-1)$$

基本预备费费率一般取 5%~10%。

2. 价差预备费

价差预备费是指为在建设期内利率、汇率或价格等因素的变化而预留的可能增

---

① 根据不同的工程类别，分别以其建筑、安装工程费乘以建筑、安装工程保险费率计算。民用建筑（住宅楼、综合性大楼、商场、旅馆、医院、学校）占建筑工程费的 2‰~4‰；其他建筑（工业厂房、仓库、道路、码头、水坝、隧道、桥梁、管道等）占建筑工程费的 3‰~6‰；安装工程（农业、工业、机械、电子、电器、纺织、矿山、石油、化工及钢铁工业、钢结构桥梁）占建筑工程费的 3‰~6‰。

加的费用,也称为价格变动不可预见费。价差预备费的内容包括:人工、设备、材料、施工机具的价差费,建筑安装工程费及工程建设其他费用调整,利率、汇率调整等增加的费用。

价差预备费一般根据国家规定的投资综合价格指数,按估算年份价格水平的投资额为基数,采用复利方法计算。计算公式为:

$$PF = \sum_{t=1}^{n} I_t [(1+f)^m (1+f)^{0.5} (1+f)^{t-1} - 1] \quad (6-2)$$

式中:PF——价差预备费;

n——建设期年份数;

I_t——建设期中第 t 年的静态投资计划额,包括工程费用、工程建设其他费用及基本预备费;

f——年涨价率,政府部门有规定的按规定执行,没有规定的由可行性研究人员预测;

m——建设前期年限(从编制估算到开工建设,单位:年)。

(七) 建设期利息

建设期利息是指工程项目在建设期间内发生并计入固定资产的利息。建设期利息应按借款要求和条件计算。国内银行借款按现行贷款利率计算,国外贷款利息按协议书或贷款意向书确定的利率按复利计算。为了简化计算,在编制投资估算时通常假定借款均在每年的年中支用,借款第一年按半年计息,其余各年份按全年计算。

建设期每年利息的理论计算公式为:

$$每年应计利息 = (年初借款本息累计 + \frac{本年借款额}{2}) \times 年利率$$

$$I_j = (P_{j-1} + \frac{1}{2} A_j) \cdot i \quad (6-3)$$

式中:I_j——建设期 j 年应计利息;

P_{j-1}——第 $(j-1)$ 年末累计贷款本金与利息之和;

A_j——建设期第 j 年贷款金额;

i——年利率。

(八) 流动资金

流动资金是指生产经营性项目投产后,为进行正常生产运营,用于购买原材料、燃料，支付工资及其他经营费用等所需的周转资金，是企业理财工作的一项重要内容。

流动资金的特点：一是属于项目总投资中的一个组成部分，需在项目决策阶段落实；二是铺底流动资金的数额取决于定额流动资金的大小，一般为定额流动资金的30%。

二、房地产项目投资估算

房地产投资总成本费用是指在一定时期内为生产和销售房地产而花费的全部成本费用。一般而言，房地产开发项目投资主要由开发成本与开发费用两大部分组成。开发成本包括土地费用、前期工程费、建筑安装工程费、基础设施建设费、公共配套设施建设费、开发期间税费、其他费用和不可预见费等；开发费用是由管理费用、销售费用、财务费用等部分构成。

各项费用的构成复杂、变化因素多、不确定性大，尤其是由于不同建设项目类型的特点不同，其费用构成有较大的差异。

（一）开发成本

1. 土地费用

土地费用是指取得开发项目用地所发生的费用。开发项目取得土地使用权有多种方式，所发生的费用各不相同。主要包括：土地使用权出让金、土地的征收补偿费、转让土地的土地转让费、租用土地的土地租用费、股东投资入股土地的投资折价。

虽然土地来源不同，费用也不同，但是通常，土地费用 = 土地使用权出让金 + 拆迁安置补偿费（城镇土地）或征地费用（农用土地）。基本报表见表6-1。

表6-1　　　　　　　　土地费用估算表　　　　　　　　单位：万元

序号	项目	金额	估算说明
1	土地使用权出让金		
2	征地费		
3	拆迁安置补偿费		
4	土地转让费		
5	土地租用费		
6	土地投资折价		
	合计		

(1) 土地使用权出让金。土地使用权出让金是国家以土地所有者的身份，将土地使用权在一定年限内让予土地使用者，并由土地使用者向国家支付的土地使用权出让价款。土地使用权出让金的估算，一般可以参照政府近期出让的类似地块的出让金数额，并进行时间、地段、用途、临街状况、建筑容积率、出让年限、周围环境状况及土地现状等因素修正得到。也可以依据城市政府颁布的城市基准地价或平均标定地价，根据项目用地所处地段等级、用途、容积率、使用年限等因素来修正得到。

(2) 土地征收及拆迁安置补偿费。土地征收补偿费分为集体土地征收费用和城市国有土地上房屋征收补偿费用。集体土地征收费用主要包括：土地补偿费、安置补助费、地上附着物和青苗的补偿（《中华人民共和国土地管理法》第四十七条规定）[①]、安排被征地农民的社会保障费用、征地管理费、耕地占用税、耕地开垦费、新菜地开发建设基金（征收城市郊区菜地）。

城市国有土地上房屋征收补偿费用主要包括：被征收房屋价值的补偿，因征收房屋造成的搬迁、临时安置的补偿，因征收房屋造成的停产停业损失的补偿等（《国有土地上房屋征收与补偿条例》2011年国务院令第590号第十七条规定）。对被征收房屋价值的补偿，不得低于房屋征收决定公告之日被征收房屋类似房地产的市场价格。被征收房屋的价值，由具有相应资质的房地产价格评估机构按照房屋征收评估办法评估确定。

(3) 土地转让费。土地转让费是指土地受让方向土地转让方支付的土地使用权的转让费。依法通过土地出让或转让方式取得的土地使用权在一定条件下可以转让给其他合法使用者。土地使用权转让时，地上建筑物及其他附着物的所有权随之转让。由于土地转让活动通常以转让公司股权的方式进行，被转让的土地往往也已经进行了一定程度的开发建设活动，因此土地转让费的估算相对复杂，通常需要房地产或土地专业估价人员协助。

(4) 土地租用费。土地租用费是指土地租用方向土地出租方支付的费用。以租用方式取得土地使用权可以减少项目开发的初期投资，但仅在部分工业开发项目和

[①] 《中华人民共和国土地管理法》（2019年第三次修订）首次明确了土地征收补偿的基本原则，是保障被征地农民原有生活水平不降低，长远生计有保障。规定改变过去以土地征收的原用途来确定土地补偿，以年产值倍数法来确定土地补偿费和安置补助费的做法，以区片综合地价取代原来的土地年产值倍数法。另外，在原来的土地补偿费、安置补助费、地上附着物三项基础上又增加了农村村民住宅补偿和社会保障费，这样就从法律上为被征地农民构建了一个更加完善的保障体系。第四十八条规定：征收农用地的土地补偿费、安置补助费标准由省、自治区、直辖市通过制定公布区片综合地价确定。制定区片综合地价应当综合考虑土地原用途、土地资源条件、土地产值、土地区位、土地供求关系、人口以及经济社会发展水平等因素，并至少每三年调整或者重新公布一次。

公共租赁住房项目用地上有少量实践,在竞争较为激烈的商品房项目开发中极为少见。

(5) 土地投资折价。开发项目土地使用权可以来自开发项目的一个或多个投资者的直接投资。在这种情况下,不需要筹集现金用于支付土地使用权的获取费用,但一般需要将土地使用权评估作价。

应当注意的是,土地费用中,除了包括上述直接费用外,还应包括土地购置过程中所支付的税金和相关费用。例如,开发商通过招拍挂方式获取土地使用权时,需要缴纳契税;开发商在参与土地出让招拍挂竞投时,需要支付前期市场及竞投方案分析研究费用、竞投保证金利息、手续费用等土地竞投费用。

2. 前期工程费

前期工程费主要包括开发项目的前期规划、设计、可行性研究、水文地质勘测以及"三通一平"等土地开发工程费支出。

项目的规划、设计、可行性研究所需的费用支出一般可按项目总投资的一个百分比估算。一般情况下,规划设计费为建筑安装工程费的3%左右,可行性研究费占项目总投资的1%~3%,水文、地质勘探所需的费用可根据所需工作量结合有关收费标准估算,一般为设计概算的0.5%左右。

"三通一平"等土地开发费用,主要包括地上原有建筑物、构筑物的拆除费用,场地平整费用和通水、通电、通路的费用等。这些费用的估算,可根据实际工作量,参照有关标准估算。

3. 建筑安装工程费

根据《建筑安装工程费用项目组成》,建筑安装工程费用按费用构成要素组成划分为人工费、材料费、施工机具使用费、企业管理费、利润、规费和税金。建筑安装工程费按照工程造价形成由分部分项工程费、措施项目费、其他项目费、规费、税金组成。

在可行性研究阶段,建安工程费可采用单元估算法、单位指标估算法、工程量近似匡算法、概算指标估算法以及类似工程经验估算法等方法估算。当房地产项目包括多个单项工程时,应对各个单项工程分别估算建筑安装工程费用。

4. 基础设施建设费

基础设施建设费是指建筑物2米以外和项目红线范围内的各种管线、道路工程的建设费用。主要包括:自来水、雨水、污水、燃气、热力、供电、电信、道路、绿化、环卫、室外照明等设施的建设费用,各项设施与市政设施干线、干管、干道等的接口费用。一般按实际工程量估算。

5. 公共配套设施建设费

公共配套设施建设费是指居住小区内为居民服务配套建设的各种非营利性的公共配套设施（或公建设施）的建设费用。主要包括居委会、派出所、托儿所、幼儿园、公共厕所、停车场等。一般按规划指标或实际工程量估算。

在可行性研究阶段，房屋开发费中各项费用的估算，可以采用单元估算法、单位指标估算法、工程量近似匡算法、概算指标法、概预算定额法，也可以根据类似工程经验进行估算。简单估算时，可按照建筑安装工程费用的3%~5%进行估算。

6. 开发期间税费

房地产开发项目投资估算中应考虑项目开发期间所负担的各种税金和地方政府或有关部门征收的费用。主要包括：固定资产投资方向调节税（现暂停征收）、市政支管线分摊费、供电贴费、用电权费、分散建设市政公用设施建设费、绿化建设费、电话初装费、建材发展基金、人防工程费等。各项税费应根据当地有关法规标准估算。

7. 其他工程费

其他工程费主要包括临时用地费和临时建设费、工程造价咨询费、总承包管理费、合同公证费、施工执照费、工程质量监督费、工程监理费、竣工图编制费、工程保险费等杂项费用。这些费用一般按当地有关部门规定的费率估算。据工程经验，其他工程费一般占建筑安装工程费用的3%左右，有时也会将其他工程费直接并入开发期间税费中进行估算。

8. 不可预见费

不可预见费是指考虑建设期可能发生的风险因素而导致的建设费用增加的这部分内容，包括基本预备费和价差预备费。不可预见费根据项目的复杂程度和前述各项费用估算的准确程度，以上述1~7项费用之和的3%~5%估算。

当开发项目竣工后采用出租或自营方式经营时，还应估算项目经营期间的运营费用。运营费用通常包括：人工费、公共设施设备运行费、维修及保养费、绿地管理费、卫生清洁与保安费用、维修与保养费、办公费、保险费、房产税、广告宣传及市场推广费、租赁代理费、不可预见费。

（二）房地产开发费用

开发费用包括管理费用、销售费用和财务费用三部分。

1. 管理费用

管理费用是指开发商为组织和管理开发经营活动而发生的各种费用。主要包括：

管理人员工资、职工福利费、办公费、差旅费、折旧费、修理费、工会经费、职工教育经费、社会保险费、董事会费、咨询费、审计费、诉讼费、排污费、技术转让费、技术开发费、无形资产摊销、开办费摊销、业务招待费、坏账损失、存货盘亏、毁损和报废损失以及其他管理费用。管理费用可按项目总投资的3%~5%估算。如果开发商同时开发若干个房地产项目，管理费用应在各个项目间合理分摊。

2. 销售费用

销售费用是指开发商在销售房地产产品过程中发生的各项费用，以及专设销售机构或委托销售代理的各项费用，主要包括下述三项：一是广告宣传及市场推广费，约为销售收入的2%~3%；二是销售代理费，约为销售收入的1.5%~2%；三是其他销售费用，约占销售收入的0.5%~1%。以上各项合计，销售费用约占销售收入的4%~6%。

3. 财务费用

财务费用包括利息支出和其他财务费用两部分。利息支出是指为筹集资金而发生的各项费用，包括建设投资借款利息（即长期借款利息）和流动资金借款利息。利息的计算，可参照金融市场利率和资金分期投入的情况按复利计算；利息以外的其他融资费用，可按利息的一定比例如10%估算。

（三）资金使用计划

开发项目应根据可能的建设进度和将会发生的实际付款时间和金额，编制资金使用计划表。在项目可行性研究阶段，可以年、半年、季度、月为计算期单位，按期编制资金使用计划。编制资金使用计划，应考虑各种投资款项的付款特点，要充分考虑预收款、欠付款、预付定金以及按工程进度付款的具体情况。表6-2为房地产开发项目资金使用计划表的示例。

表6-2　　　　　　　　房地产开发项目资金使用计划表　　　　　　　单位：万元

费用项目		合计	开发经营期					
			1	2	3	4	……	n
1	**开发成本**							
1.1	土地费用							
1.2	前期工程费							
1.3	建筑安装工程费							
1.4	基础设施费							
1.5	公共配套设施建设费							

续表

费用项目		合计	开发经营期					
			1	2	3	4	……	n
1.6	开发期间税费							
1.7	其他工程费用							
1.8	不可预见费							
2	开发费用							
2.1	管理费用							
2.2	销售费用							
2.3	财务费用							
合计								

第二节 房地产融资

足够的资本是投资需求的保证，合理的资本结构可以降低和有效规避融资风险。融资是企业资本运营的起点，也决定和影响着企业资本运营活动的始终。

一、房地产融资概述

（一）房地产融资的概念

房地产业能否筹集到足够的资金是房地产开发实施的前提，能否有足够长时间的灵活可用的资金是房地产开发企业成功经营的关键。

广义的房地产融资是指在房地产开发，流通及消费过程中，通过货币流通和信用渠道所进行的筹资、融资及相关服务的一系列金融活动的总称，包括资金的筹集、运用和清算。狭义的房地产融资是指房地产企业及房地产项目的直接和间接融资的总和，包括房地产信贷及资本市场融资等。

（二）房地产融资的分类

1. 按照资金来源渠道可以分为内部融资和外部融资

内部融资主要是房地产企业的自有资金，包括一些抵押贴现的票据、债券，以及在近期可以回收的各种应收账款，近期可以出售的各种物业的付款；或者开发企业向购房者预收款，以及开发企业向内部员工筹集的资金。

外部融资可以分为直接融资和间接融资。间接融资是指从金融机构获得的资金，主要是房地产开发贷款，解决房地产开发过程中的短期资金需求。目前，从银行借款是开发商的主要筹资渠道之一。直接融资主要是从资本市场上获取资金，以满足房地产开发中长期投资的资金需求，主要包括证券市场上的股权融资、债券融资、房地产投资基金、房地产信托和信托基金等多种融资方式。

2. 按照融资的性质可分为政策性融资和商业性融资

政策性融资是指根据国家的政策，以政府信用为担保，对住房项目提供优惠性质的融资支持。世界各国政府对于社会居民的普通住房融资大都提供不同程度的政策性融资安排，将住房的公共政策与政策性住房融资相结合。例如，英国的住房互助会储蓄贷款、新加坡的公积金住房贷款、德国的住房储蓄银行贷款和我国的住房公积金贷款等都属于政策性住房融资。商业性房地产融资一般是除政策性融资以外的其他融资方式，其利率水平由市场运行状况决定，通常高于政策性融资的贷款利率。

3. 按照融资主体不同分为房地产企业融资和房地产项目融资

（1）房地产企业融资。

房地产企业融资是指房地产开发企业为了满足自身经营中的流动资金需求而进行的融资过程。募集资金的方式主要包括股权融资、债券融资、信贷融资、信托融资、海外融资和短期借贷等方式。我国房地产开发企业的资金来源主要是房地产企业、股东或关联方的自身资金积累和传统的外部融资方式。自身资金积累是指开发企业的自有资金和企业的股权融资，资金的积累速度一般较慢。传统的外部融资主要是指银行贷款、信托投资、承包商垫资施工等，其中以银行贷款为主。银行贷款的资金规模和使用都有严格的限制，如银行贷款不得用于股本权益性投资，不得用于缴纳土地出让金，开发商须在取得土地且自有资金投入比例符合政策监管要求后，方可办理银行贷款和信托融资。

（2）房地产项目融资。

房地产项目融资是指房地产项目投资人为确保房地产开发项目或投资经营项目活动的顺利开展而进行的资金融通活动，是针对具体的房地产开发项目进行融资，即通过选择房地产项目、测算融资成本、设计合理的融资结构，以满足项目的融资需求。

由于房地产项目的资金渠道来源、项目类型及特点、融资主体和融资政策不同，房地产项目融资的方式也多样化。从项目运作方式来看，可由多家投资者共同组成一家房地产项目公司，共同运作一个房地产项目，通过项目公司与其他投资者结合来安排融资结构。房地产项目融资的债务风险和经营风险大部分限制在项目公司中，容易实现追索权和非公司负债型融资，可以利用大股东的资信优势获得优惠的贷款条件，项目资产的所有权集中在项目公司，管理上也比较灵活。

房地产项目融资也可以在论证项目融资的可行性、融资需求后，采取直接或间接融资的方式，将资金投入项目中，项目投资方可获得该房地产项目的收益权。对于这种融资项目，债权债务关系一般较为简单，便于以项目资产设定抵押担保权益，投资者的债务责任明确，融资结构也容易被融资者所接受。对于一些比较复杂的、规模较大的房地产开发项目，如项目转让融资、项目重组、发行信托计划融资等，由于融资结构比较复杂，故需要房地产企业和投资方在明确各方的债权债务及相关法律关系的前提下进行协商。

（三）房地产融资的特点

1. 融资规模大

房地产业属资本密集型行业，房地产开发经营的资金需求量大，对外源性融资依赖性高。仅依靠企业自有资金是不可能完成项目开发的，并且，房地产企业的资金存在使用支出上的集中性和来源积累上的分散性、长期性的矛盾。因此，房地产企业必须综合运用多种融资方式，充分发掘内部潜力并进行大规模的外部资金融通。

国家统计局数据显示，2016年我国房地产企业融资额达到144214亿元，是2011年的1.68倍。2016年北京市房地产企业开发资金来源总额达8051.29亿元，其中国内贷款2655.99亿元，利用外资13.01亿元，自筹资金3695.65亿元，资金来源比例分别占32.99%、0.16%和45.90%。以万科企业股份有限公司为例，其2017年12月31日的财务数据显示，总资产额为11653.45亿元，负债总额为9786.73亿元，资产负债率达84.0%。可见，无论从国家或地区的房地产业角度，还是企业的角度，房地产开发经营的融资量之大。

2. 资金回收期长

由于房地产开发经营的周期长，一个项目从策划、审批立项、规划设计、资金筹措、工程建设、竣工验收到出售（或出租）至少需3~5年的时间，且销售（或出租）一定数量后才能收回成本乃至产生利润，因此，房地产开发经营的资金周转慢、回收期长，所以各种融通资金的回收期（或偿还期）也长。

3. 资金缺乏流动性

作为不动产的房地产，是一种缺乏流动性的资产。相对于可以迅速地兑换成现金的股票、基金、债券等资产，房地产的流动性较差。由于种种原因，房地产开发投资很难在短时间内获益或变现，或因变现后损失太大不愿变现而不得不长期持有。因此，对于投资规模大、投资回收期较长、资金周转率较低的房地产，开发投资项目也具备了缺乏流动性的特点。

4. 融资风险较大

房地产业与宏观经济周期关联度非常明显，我国房地产业受政府宏观调控的影响更大，而且由于我国金融体系不发达，加上项目中巨额的营运资本及其短期波动，房地产开发企业面临较大资金风险。土地和房屋抵押是融资条件。伴随着国家土地政策的改革，各单位对土地的获得越来越难；由于房价在不断上涨，因而土地和房屋抵押成为受金融机构欢迎的融资条件。

二、房地产项目融资渠道

房地产项目融资的资金来源主要包括企业自有资金、政府财政资金、银行贷款、股票、债券、集资、租赁、商业信用以及利用外资等渠道。

（一）企业自有资金

企业自有资金（权益资本）是指企业自有支配、长期持有，自主调配使用的资金，包括注册资本金、资本公积金和未分配利润等。《城市房地产开发经营管理条例》（2011年修订）规定："房地产开发项目应当建立资本金制度，资本金占项目总投资的比例不得低于20%。"《国务院关于调整固定资产投资项目资本金比例的通知》规定："保障性住房和普通商品住房项目的最低资本金比例为20%，其他房地产开发项目的最低资本金比例为30%。"

（二）政府财政资金

政府财政资金投入房地产项目主要是指纳入国家或地方建设计划的项目，如城市基础设施建设项目、保障性住房建设项目和服务设施项目等。

（三）银行贷款

银行贷款是房地产外部融资的主要来源，是房地产企业通过财务杠杆利用信贷资金经营获得收益的方式。房地产企业向银行贷款可分为流动资金贷款、固定资产贷款和项目开发贷款。

流动资金贷款是用于满足企业临时性和季节性的资金需求，一般根据企业年度开发计划和核定的流动资金占比确定正常经营状况下的流动资金需求量,向银行申请贷款。贷款期限一般不超过一年,以企业自身收入所产生的现金流用于还款。

固定资产贷款是为满足企业购买固定资产申请的贷款,期限较长,不具自偿性,需要提供固定资产抵押及其他担保方式。

房地产项目开发贷款是指房地产企业经过有关部门批准的开发项目计划,以抵押担保的方式向银行申请贷款。房地产开发贷款期限一般不超过三年(含三年),贷款金额一般不超过抵押资产价值的70%。房地产开发贷款规定只能用于指定的项目,不能挪用其他项目,并且在开发项目竣工销售后银行才能收回该项贷款。

我国内地房地产贷款的分类如图6-6所示。

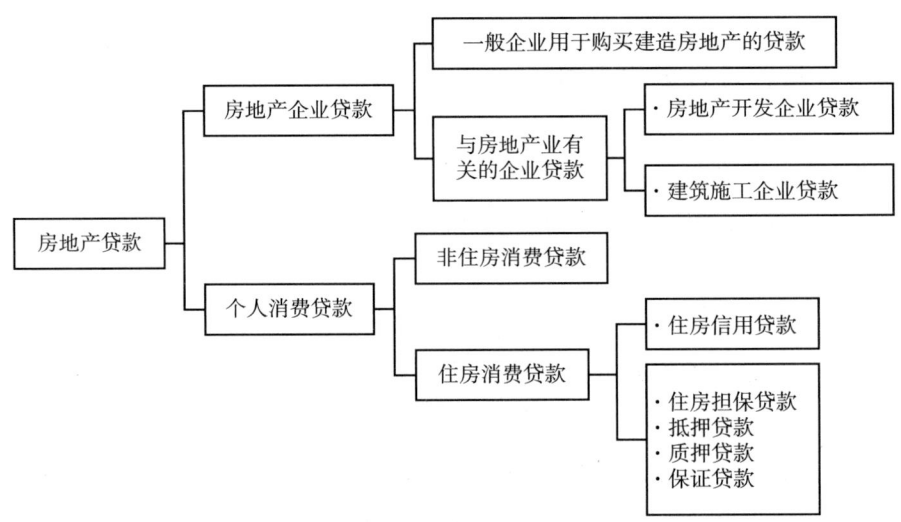

图6-6 我国内地房地产贷款的分类

资料来源:张红,殷红编著.房地产金融学[M].北京:清华大学出版社,2008:233.

(四)利用外资

房地产投资者可以利用外国资金进行房地产投资活动。其主要方式有外国政府贷款、国际金融组织贷款、外国商业银行贷款、与外资合营、发行境外债券和租赁开发等。其中,租赁开发是以土地使用权出租为基础的开发方式,通过租赁,承租方取得一定时期的土地使用权,在租赁土地上进行规定的项目开发,并享受租赁期内的经营权,租赁期满后,土地使用权及地上房屋使用权收归国有。这种开发方式在新区的开发建设中能够有效地实施招商引资。

房地产业利用外资既可以有效地缓解我国房地产市场的资金供求压力,又可以引进国外先进的技术和管理经验,提高企业的科技和管理水平,有利于参与国际竞争。一直以来，我国对外资进入房地产业有着严格规定，房地产企业利用外资占比较小，而且自2014年以来逐年降低。2016年我国房地产开发利用外资约为144亿元，同比下降52.6%，资金来源占比下降到0.10%。2006年，我国政府加大了对外资进入房地产市场的限制力度，建设部、商务部、发展改革委、人民银行、工商总局和外管局六部委联合发布了《关于规范房地产市场外资准入和管理的意见》，对外资进入房地产市场作出了全面的限制性规定。2008年7月1日，《商务部关于做好外商投资房地产业备案工作的通知》发布实施，将备案核对工作委托给省级商务部门，首次放宽对外商投资房地产的政策限制。

（五）社会集资——上市融资、债券、租赁、商业信用等

房地产企业上市融资是指房地产企业通过上市发行股票进行融资的方式，发行股票是一种筹集长短期资金的基本方式，作为股票持有者的股东承担公司的有限责任和义务，并享有相应的权利。融资方式可分为直接上市融资（即首次公开募股——Initial Public Offering，IPO）和间接上市融资（买壳上市，即通过购买上市公司的股权做大股东，然后通过优良资产和有良好收益预期的资产注入和置换，改变上市公司的业绩，满足证监会规定的增发和配股的要求，实现从证券市场上融资）。

利用发行股票上市融资可以解决企业急需资金的问题，以使企业获得永久性资本、分散投资风险、减轻财务负担等。但目前我国房地产A股上市公司有135家，主要原因是上市审查过程比较复杂，上市融资的初期成本比较高，许多中小房地产开发企业或者新的房地产开发企业采用上市融资的方式壁垒比较高。

房地产债券是政府、金融机构或房地产企业为了筹集房地产开发资金而向社会发行的借款信用凭证。债券持有人有权按照约定的期限和利率获得利息，并且到期收回本金，但无权参与房地产企业的经营管理，也不对其经营状况承担责任或享受权益。

根据债券发行主体不同，房地产债券可以分为政府债券、金融债券和企业债券三种。房地产企业（公司）债券是我国房地产债券中最常见的一种，指房地产企业为筹集长期资金而发行的债券。我国房地产企业债券主要有住房建设债券、土地开发债券、房地产投资债券、危房改造债券、小区开发债券、住房有奖债券等。

在大多数西方发达国家，债券融资占各种融资方式筹资总额的比重一般在25%~30%，是股权融资的3~10倍。在我国现行制度下，公司债券的发行受到严格的管制，加上我国企业债券市场运作机制不完善和企业债券本身的缺陷，房地产企业发行债券的规模还较小。2015年1月证监会推出了《公司债发行与交易管理办法》，

正式实施公司债新政，房地产企业发行公司债的准入门槛被大幅度降低。2016年，房地产行业共有390家企业发行债券1116只，总规模11303.61亿元，比2015年债券发行规模增长69.9%。

（六）其他渠道

除上述资金来源外，还有商业信用、预收定金、租赁融资等其他方式。

1. 商业信用

商业信用是指商品交易中延期付款或延期交货所形成的借贷关系，是企业之间的一种直接信用关系。房地产企业的主要商业信用来源有应付工程款、预收账款——主要是预售款、延期支付土地出让金等。

应付工程款是指房地产商可以通过由施工单位垫资施工的办法来获得商业信用融资，即承包商带资承包。一般预付一定比例（如30%）的保证金，待工程完成后才支付余款，或者依据工期的进度分期支付。预售款是指房地产企业取得土地使用权证、建设用地规划许可证、建设工程规划许可证和施工许可证、销售许可证（即五证）后，通过预售商品房，无论是全款支付还是按揭贷款，最终实现资金回笼。延期支付土地出让金是指对于一些较大的房地产开发项目，企业可以采用先缴纳部分土地出让金，等开发到一定程度后再补缴土地出让金，这种延期支付土地出让金实际上是属于商业信用融资的一种方式。

2. 预收定金

预收定金是指房地产企业在向客户提供商品或服务之前，为防止对方不履行合同约定向客户预先收取的资金。企业在生产商品期间可以使用定金进行生产，但提供商品或服务时，必须将销售款折抵定金。

3. 融资租赁

融资租赁是企业盘活资金的一种重要方式，房地产业中的融资租赁分为直接融资租赁和售后回租两种。

直接融资租赁（financial leasing）是指融资租赁公司通过外包建筑等方式购得房产，然后租给有需求的企业，若干年的租赁期结束后再将房产所有权转让给企业。融资租赁实际上就是"以租代买"或"先租后买"。房地产租赁一般是商业物业，未来以产业服务平台赚取管理与服务收益的模式将成为产业地产发展的主流方向，因此，融资租赁将是未来产业地产开发投资的重要方向。

售后回租（sale-leaseback）是指房地产企业将商品房的产权以市场价格出售给贷款人，然后按照约定条款从贷款人处回租该房地产，从而使开发商获得实施开发成本的全额贷款。售后回租是一种特殊形式的租赁业务，形成了金融租赁公司、房地产开发企业以及商业银行三方"共赢"的局面。

由表6-3可知，2016年我国房地产企业融资额达到144214亿元，是2011年的1.63倍。2016年房地产开发企业资金来源中自筹资金、其他资金来源、国内贷款的占比分别为34.07%、50.91%和14.92%，其他资金来源主要包括预收款和定金等。

表6-3　　　　　2011~2016年我国房地产开发企业资金来源　　　　单位：万元，%

年份	单位	房地产开发企业资金来源	国内贷款	利用外资	自筹资金	其他资金来源
2011	金额（亿元）	85688.74	13056.8	785.15	35004.57	36842.22
	占比（%）	100	15.24	0.92	40.85	42.99
2012	金额（亿元）	96536.82	14778.39	402.09	39081.96	42274.38
	占比（%）	100	15.31	0.42	40.48	43.79
2013	金额（亿元）	122122.48	19672.66	534.17	47424.95	54490.7
	占比（%）	100	16.11	0.44	38.83	44.62
2014	金额（亿元）	121991.48	21242.61	639.26	50419.8	49689.81
	占比（%）	100	17.42	0.52	41.33	40.73
2015	金额（亿元）	125203.07	20214.38	296.53	49037.56	55654.6
	占比（%）	100	16.14	0.24	39.17	44.45
2016	金额（亿元）	144214.05	21512.40	140.44	49132.85	73428.37
	占比（%）	100	14.92	0.10	34.07	50.91

资料来源：国家统计局。

从房地产开发资金来源渠道来看，企业自有资金和预收账款属于内部融资，而其余的则属于外部融资。尽管房地产融资的渠道多种多样，近年来信托融资、债券融资的规模在不断增加，但其在房地产企业资金来源中占比较小，其他资金来源也主要是直接或间接通过银行贷款，因此银行贷款仍然是房地产企业资金的主要来源。

第三节　房地产项目的资金筹措

一、投资项目的收入估算

估算房地产开发项目的收入，首先要制定切实可行的租售计划（含销售、出租、自营等计划）。租售计划的内容通常包括：拟租售物业的类型、时间和相应的数量、租售价格、租售收入及收款方式。租售计划应遵守政府有关租售和经营的规定,并与开发商的投资策略相配合。

(一) 租售方案

租售物业的类型与数量,要结合项目可提供的物业类型、数量来确定,并要考虑到租售期内房地产市场的可能变化对租售数量的影响。对于一个具体的项目而言,此时必须明确出租面积和出售面积的数量及其与建筑物的对应关系,在整个租售期内每期(年、半年、季度、月)拟销售或出租的物业类型和数量。综合用途的房地产开发项目,应按不同用途或使用功能划分。

(二) 租售价格

租售价格应在房地产市场分析的基础上确定,一般可选择在位置、规模、功能和档次等方面可比的交易实例,通过对其成交价格的分析与修正,最终得到项目的合理的租售价格。也可以参照房地产开发项目产品定价的技术和方法,确定租售价格。

租售价格的确定要与开发商市场营销策略相一致,在考虑政治、经济、社会等宏观环境对物业租售价格影响的同时,还应对房地产市场供求关系进行分析,考虑已建成的、正在建设的以及潜在的竞争项目对拟开发项目租售价格的影响。

(三) 租售收入

房地产开发项目的租售收入等于可租售面积的数量乘以单位租售价格。对于出租的情况,还应考虑空置期(项目竣工后暂时找不到租户的时间)、空置率(未租出建筑面积占可出租的总建筑面积的百分比)和免租期(出租人给予承租人的在租赁期间内免除房租的期限)对租金收入的影响。租售收入估算,要计算出每期(年、半年、季度、月)所能获得的租售收入,并形成租售收入计划。租售收入的估算,可通过表 6-4 和表 6-5 进行。

表 6-4   房地产项目销售收入与经营税金及附加估算表   单位:万元

序号	项目	合计	开发经营期				
			1	2	3	……	n
1	**销售收入**						
1.1	可销售面积(平方米)						
1.2	单位售价(元/平方米)						

续表

序号	项目	合计	开发经营期				
			1	2	3	……	n
1.3	销售比例（%）						
2	**税金及附加**						
2.1	增值税						
2.2	城市维护建设税						
2.3	教育费附加						
…							

表6-5　　　　　　　　　房地产项目出租收入及经营税金估算表　　　　　　　单位：万元

序号	项目	合计	开发经营期				
			1	2	3	……	n
1	**租金收入**						
1.1	出租面积（平方米）						
1.2	单位租金（元/平方米）						
1.3	出租率（%）						
2	**税金及附加**						
2.1	增值税						
2.2	城市维护建设税						
2.3	教育费附加						
…							
3	**净转售收入**						
3.1	转售价格						
3.2	转售成本						
3.3	转售税金						

（四）收款方式

收款方式的确定，应考虑当地房地产交易的付款习惯，确定分期付款的期数及各期付款的比例。

二、项目的投资计划与资金筹措

（一）项目投资计划的编制

项目投资计划的编制主要是根据开发投资项目的建设进度计划，开发商与承包商签订的工程承包合同中的工程项目投资预算，施工组织设计中关于材料、设备和人力投入的时间要求，付款方式以及项目运营过程中的资金需求（流动资金）来分项计算。

（二）项目资金筹措的编制

资金筹措计划要以房地产开发项目资金使用计划和销售收入计划为基础，确定资金的来源和相应的数量。对于房地产投资项目而言，其投资的主要资金来源有自有资金、银行贷款和预售（租）收入用于投资的部分等三大渠道。投资项目的自有资金一般全部用于项目投资，按规定，房地产投资项目的自有资金一般不得低于项目总投资的30%，可以通过招商引资筹资；预售（租）收入扣除与销售有关的税费后用于项目投资；银行贷款是目前房地产投资项目的主要筹资渠道。

在资金使用计划和资金筹措计划的基础上，可以编制投资计划与资金筹措表（见表6-6）。

表6-6　　　　　　房地产项目投资计划与资金筹措表　　　　　　单位：万元

序号	项目	开发经营期					合计
		1	2	3	……	n	
1	**项目总投资**						
1.1	开发建设投资						
1.2	经营资金						
2	**资金筹措**						
2.1	资本金						
2.2	借贷资金						
2.3	预售收入						
2.4	预租收入						
2.5	其他收入						

在编制投资项目资金筹措表时需要注意以下问题。

（1）确保资金需求与筹措的平衡，即确保资金来源的数量规模略大于或等于投资使用的要求，以维持各年度的资金平衡。同时，考虑资金筹措的多样性和合法性，所选资金渠道必须符合国家有关规定，避免使用不合法的资金来源。

（2）为了减少开发商筹资额以降低筹资成本，在安排项目投资进度计划时，应考虑尽量将占用资金量大的费用项目向后安排。因此，在投资项目招标投标阶段，注意审查其施工进度计划及施工组织设计，查看是否有将可后移的占用资金较大的分项工程有意前移，或者是否采用了不均衡报价的策略，有意将先进行的施工内容单价调高，而把后期施工工程单价降低。

第四节 房地产项目的资金成本与融资方案择优

一、房地产投资的资金成本

（一）资金成本

资金成本（cost of funds）是房地产投资者为筹集和使用资金而付出的代价。资金成本是衡量房地产企业各种筹资方式的标准之一，是分析和比较各种筹资方式的依据之一，一般采用资金成本率表示。在筹资决策中，以资金成本率作为贴现率，计算项目计算期的净现值，如果净现值大于零，该筹资项目是可接受的；如果净现值小于零，则该筹资项目不可接受。

筹资产生的成本主要由三部分组成：一是筹措资金过程中支付的各种费用，即筹资费，如委托金融机构代理发行股票、债券而支付的注册费和代理费、银行贷款的手续费，以及担保费及广告宣传费等。需要注意的是，企业发行股票和债券时，支付给发行公司的手续费不作为企业筹集费用。二是向资金提供者支付的报酬，即资金使用费或占用费，如发行债券或银行贷款时的利息，发行股票时的股息、红利等。三是在特定条件下的机会成本。

资金成本通常采用相对数表示，即资金成本率，其一般计算公式为：

$$K = \frac{D}{P-F} \text{ 或 } K = \frac{D}{P(1-f)} \quad (6-4)$$

式中：K——资金成本率；

P——筹集资金总金额；

D——资金使用费；

F——资金筹资费；

f——资金筹资费率（即筹资费占筹资总金额的比率）。

资本使用费与筹资额度、筹资期限直接相关，它属于筹资成本中的变动性资金成本；筹资费通常是在筹措资金时一次支付的，在投资过程中不再发生，可视为筹资成本中的固定性资金成本，筹资次数越多，资金筹集成本就越大。我们现在讨论的资金成本主要是资金占用费（或使用费）。影响筹资成本的因素主要有筹资的资本结构、资金的时间价值、出资者所考虑的风险报酬、决定资金供求关系的总体经济环境等。

（二）资金成本的作用

1. 在企业筹资决策中的作用

（1）影响企业筹资总额的重要因素；

（2）企业选择资金来源的基本依据；

（3）企业选用筹资方式的参考标准；

（4）确定最优资金结构的主要参数。

2. 在企业投资决策中的作用

（1）在利用净现值指标决策时，常以资金成本作为折现率；

（2）在利用内含报酬率指标进行决策时，一般以资金成本作为基准收益率。

（三）资金成本的计算

1. 单一筹资方案的资金成本

（1）银行贷款的资金成本。

按税法规定，应征所得税额=应纳税收入×所得税率。应纳税收入是指企业全部收入扣除规定支出项目后的净收入。所得税在一定的条件下，应纳税收入越少，应交税额也越少。

当考虑所得税的影响后，筹资成本率计算公式为：

$$K_g = \frac{I(1-T)}{G-F} = i\frac{(1-T)}{(1-f)} \tag{6-5}$$

式中：K_g——资金成本率；

G——贷款总金额；

I——贷款年利息（i 为年贷款利率）；

F——贷款费用（f 为贷款费率）；

T——企业所得税额（t 为所得税税率）。

由于银行借款手续费很低，式（6-2）中的 f 常可忽略不计，可简化为：

$$K_g = i(1-t) \tag{6-6}$$

[例6-1] 某房地产企业向银行借款5000万元，除规定年利率为12%，无其他契约条件，企业所得税率为25%，试计算这项借款的资本成本率？

解：$K_g = i(1-t) = 12\% \times (1-25\%) = 9.0\%$

有时银行规定："借款人必须在银行保存借款本金百分之×的活期存款，作为相称存款余额。"如果借款企业事先在该银行没有活期存款，就必须从这笔借贷中提留一部分作为活期存款。这实际上减少了可供使用的借贷额，并相应提高了筹资

成本。在这种情况下,同时考虑所得税的影响,筹资成本率可用下式计算:

$$K_g = \frac{i(1-t)}{Q} \times 100\% \qquad (6-7)$$

式中:Q——借款实际可用比例;其余同上。

[例6-2] 某公司向银行借贷8000万元,限期3年,利率10%,按照借款契约规定,公司提留20%借款作为活期存款。若所得税率为25%,试求这笔借款的资本成本率?

解:该借贷实际可用比例为:$Q = 1 - 20\% = 80\%$

则该借款的资金成本率为:$K_g = \frac{10\%(1-25\%)}{80\%} \times 100\% = 9.38\%$

(2)股票的资金成本。

① 优先股的资金成本。

发行优先股的筹资成本率计算公式如下:

$$K_p = \frac{D_p}{P(1-f)} \times 100\% \qquad (6-8)$$

式中:K_p——优先股资金成本率;

D_p——优先股股息;

P——优先股市场销售价格;

f——筹资费用率。

发行优先股需要筹资费用和定期支付股息。由于优先股股息是税后利润的分配,因而不会减少企业应缴纳的所得税。因此,优先股成本率一般要高于债券成本率。

② 普通股的资金成本。

普通股的股息是不固定的,而且是用税后净利润来派发的。普通股持有者的投资风险最大,股息率也最高。另外,普通股股息率将随着项目经营状况而变化,发行普通股票也需较高的筹资费,所以普通股筹资成本率很高。在实际操作中,我们通常假设普通股的股息有上升的趋势,以此来确定普通股筹资成本率。计算公式为:

$$K_c = \frac{D_c}{P_c(1-f)} \times 100\% + g \qquad (6-9)$$

式中:K_c——普通股资金成本率;

D_c——普通股股息;

P_c——普通股市场销售价格;

g——预期股息增长率;

f——筹资费用率。

[例6-3] 某房地产公司发行普通股票市场价为1000万元,筹资费率为5%,第一年年末支付的股息率为8%,以后每年增长5%,计算资金成本率。

解:$K_c = \dfrac{1000 \times 8\%}{1000 \times (1-5\%)} \times 100\% + 5\% = 13.42\%$

(3) 债券的资金成本。

发行债券的资金成本由企业实际负担的债券利息和发行债券支付的筹资费用组成。

债券的筹资成本的计算公式:

$$K_b = \dfrac{i(1-t)}{B(1-f)} \quad (6-10)$$

式中:B——企业发行债券总额;

i——每年需支付的利息;

t——企业所得税率;

f——债筹资成本率。

[例6-4] 某公司发行期限为10年的房地产债券,面值10000元,利率为10%,筹资费用率为2%,所得税率为25%,债券按面值销售,10年后一次还本付息,试计算该债券的筹资成本率。

解:$K_C = \dfrac{10000 \times 10\%(1-25\%)}{10000(1-2\%)} \times 100\% = 7.65\%$

(4) 留用利润成本。

留用利润成本 (cost of retained profits) 是指留用利润 (保留盈余) 的机会成本。虽然留用利润来自企业自身的经营所得,没有发生账面成本支出,但在考虑企业的资本结构时,需要考虑对该笔留用利润的最佳使用方式,即考虑该笔利润因被使用于某战略方案而放弃的其他方案的最高收益。留用利润所有权属于股东,是企业资金的重要来源之一。普通股持有者可以以股票价值 (市价) 的提高得到补偿,企业留用利润等于股东对企业追加投资,股东也要求有报酬,因此,留用利润也有资金成本。

留用利润成本公式:

$$K_r = \left[\dfrac{d}{P_0(1-f)} + g\right](1-t) \quad (6-11)$$

式中:K_r——留用利润资金成本率;

f——筹资费用率;

d——最近一期股息利率;

P_0——普通股现行市价;

t——股东个人所得税率；

g——预期股息增长率。

2. 组合筹资方式的资金成本

筹资者从不同来源渠道筹措资金，其筹资的成本率是各不相同的。为了进行筹资决策和投资决策，就需要计算全部资金来源的综合筹资成本率。综合筹资成本率是以各种来源的资金所占的比重为权数，采用加权平均的方法进行计算。

组合筹资方式的资金成本计算公式为：

$$K = \sum_{j}^{n} K_j \times W_j \qquad (6-12)$$

式中：K——综合筹资成本率；

n——筹资方式种类；

K_j——第 j 种筹资方式和筹资成本率；

W_j——第 j 种筹资方式筹得的资本额和资本额占总筹资额的比重。

[例 6-5] 某房地产项目投资制定的筹资方案有关财务数据如表 6-7 所示，试计算筹资成本率（结果保留两位小数）。

表 6-7　　　　　某房地产公司投资项目筹资方案相关财务数据表

投资项目	贷款余额 1500 万元	年利率 8.0%	抵减金额 50 万元	所得税税率 25%
普通股	发行总额 50 万股 500 万元	预期股利 0.8 元/股	发行费 2.0 万元	预期股利增长率 2.5%
优先股	发行总额 50 万股 500 万元	股利率 0.9 元/股	发行费 15 万元	
债券	发行总额 1500 万元	债券利率 9.0%	发行费 15 万元	所得税税率 25%

解：（1）单项筹资成本率

① 银行贷款筹资成本率为：$K_d = \dfrac{8.0\% \times (1-25\%)}{1 - \dfrac{50}{1500}} = 6.21\%$

② 普通股筹资成本率为：$K_e = \dfrac{50 \times 0.8}{500 \times \left(1 - \dfrac{2.0}{500}\right)} + 2.5\% = 10.53\%$

③ 优先股筹资成本率为：$K_{ps} = \dfrac{50 \times 0.9}{500 \times \left(1 - \dfrac{15}{500}\right)} = 9.28\%$

④ 债券筹资成本率为：$K_B = \dfrac{1500 \times 9\% \times (1-25\%)}{1500 \times \left(1 - \dfrac{15}{1500}\right)} = 6.82\%$

（2）综合筹资成本率

由表 6-7 可知，总筹资额为 1500 + 500 + 500 + 1500 = 4000（万元），因而可求出各种筹资方案的 W_j 如下：

$W_1 = 1500/4000 = 0.375$

$W_2 = 500/4000 = 0.125$

$W_3 = 500/4000 = 0.125$

$W_4 = 1500/4000 = 0.375$

代入组合筹资成本率计算式，可得到：

$K = 0.375 \times (6.21\% + 6.82\%) + 0.125 \times 10.53\% + 0.125 \times 9.28\% = 7.36\%$

二、最佳筹资方案的选择

房地产企业在考虑运用各种筹资方式筹措资金时，首先应设计出筹措到所需资金的多个不同方案，进而对这些方案进行计算和分析，从中选出最佳方案；其次再考虑所选方案，改进该方案的资本结构，使之达到最优，这就是资本结构优化与筹资决策的过程。

（一）筹资方案的收益率

考察筹资方案是否有利时，通常是用各种筹资方案的组合筹资成本率（即加权平均筹资成本率）与相应方案的投资收益率进行比较。如果投资收益率大于组合筹资成本率，则表明此筹资方案具有财务可行性，筹资效益好；反之，筹资效益差。

（二）财务杠杆收益与财务风险的权衡

优化的筹资方案应该是财务杠杆收益与财务风险之间的一种最佳的均衡。财务杠杆收益、财务风险和资本结构三者之间的关系如图 6-7 所示。

由图 6-7 可以看出，综合筹资成本率可以分解成与财务杠杆收益有关的组合筹资成本率和与财务风险有关的组合筹资成本率。资本结构最优状态是财务杠杆收益与财务风险的最优均衡点。如果把图 6-7 的含义转换为平均资本率与权益资本和债务资本的筹资成本率的关系，可得到图 6-8。

从图 6-8 可以看到，当某一筹资方案确定的资本结构中的债务资本比例在一定范围内增加时，负债资本筹资成本率并不会增大，总资本的平均筹资成本率会因负债资本筹资成本率小于权益资本筹资成本率而下降,这时开发企业可以在较小的财务风险条件下获得财务杠杆收益。但当资本结构中的债务比例超过一定范围时,由于财务风险迅速增大,负债资本筹资成本率会明显上升,总资本的平均筹资成本率也会明显上升,这时企业会因为过大的财务风险而蒙受负财务杠杆收益。可见,最优资本结构是在它们之间寻求一种最优的均衡。

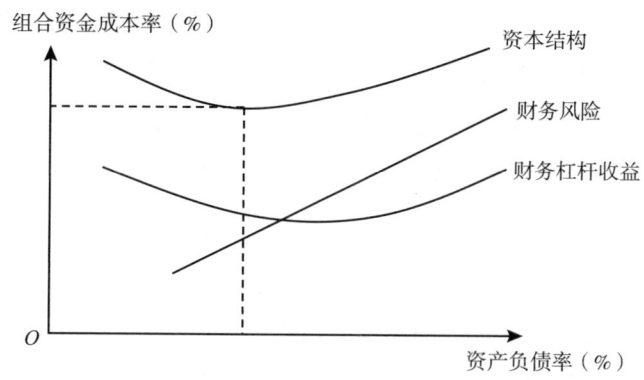

图 6-7 资本结构与财务杠杆收益、财务风险关系

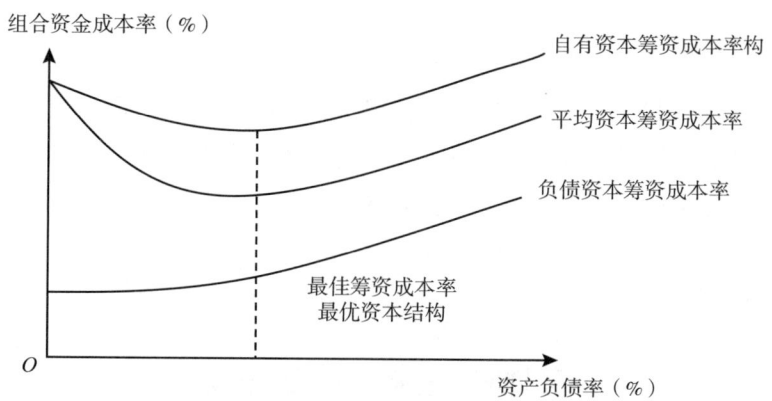

图 6-8 组合筹资成本率构成

在分析杠杆收益对筹资方案的影响时,通常采用 EBIT-EPS 分析法。该方法是根据不同资本结构的企业营业收益额(EBIT)对每股普通股收益额(EPS)的不同影响,确定不同债务比例筹资方案的平衡点,用以判断当 EBIT 在什么取值范围时,应选择怎样的筹资方案。

(三) 筹资方案的最低组合筹资成本率

在筹资方案中,不同的权益资本和债务资本都各有不同的筹资成本率和不同的具体筹资条件和要求。因此,筹资者对经过前述两方面考虑后保留下来的筹资方案还要进一步优化，在诸多方案中选择一个组合筹资成本率最低的筹资方案。

房地产投融资是做好房地产重要的一步，要慎重地对待。投资的可行性研究和论证是分析投资房地产是否能盈利和盈利的多少。投资项目融资则是运用各种渠道来保证投资房地产对资金的要求，其中的关键是做好成本的控制，正确的估算成本是做出正确决策的前提，而通过财务杠杆和各种财务手段可以使公司得到更多的经济上的利益，但要注意风险防范。开发企业要想达到最优资本结构，应根据自身实际情况，在适宜的时机筹措资金，尽量降低企业的平均资本成本，综合使用内外融资渠道，尽可能选择最低成本的偿还方式。此外，在资金形态上坚持长短期相结合的方针，并可通过融资渠道创新等方式来优化资本结构。

思考题

1. 简述房地产项目总投资的构成及所形成的资产。
2. 什么是基本预备费？基本预备费的主要构成有哪些？
3. 什么是流动资金？流动资金有哪些特点？
4. 房地产开发项目的开发成本和开发费用有哪些？
5. 什么是房地产融资？房地产融资有哪些类型？
6. 房地产融资的特点是什么？房地产项目融资的资金来源有哪些？
7. 如何理解房地产投资的资金成本？筹资产生的成本有哪些组成？
8. 如何选择房地产投资的最佳筹资方案？

补充阅读

房地产泡沫与过度开发

（一）房地产泡沫及成因

1. 房地产泡沫的定义

查尔斯·P. 金德尔伯格（Charles P. Kindleberger）在为《新帕尔格雷夫经济学辞典》撰写的"泡沫"词条中写道："泡沫可以不太严格地定义为：一种资产或一系列资产价格在一个连续过程中的急剧上涨，初始的价格上涨使人们产生价格会进一步上涨的预期，从而吸引新的买者——这些人一般是以买卖资产牟利的投机者，其实对资产的使用及其盈利能力并不感兴趣。随着价格的上涨，常常是预期的逆转和价格的暴跌，由此通常导致金融危机。"

房地产泡沫是指由于房地产投机引起的房地产市场价格与使用价值严重背离，

脱离了实际使用者支撑而持续上涨的过程及状态。房地产泡沫是一种价格现象,是房地产行业内外因素,特别是投机性因素作用的结果。

2. 房地产泡沫的成因

与虚拟经济膨胀的原因相同,房地产泡沫的产生同样是出于投机目的的虚假需求的膨胀,所不同的是,由于房地产价值量大,这种投机需求的实现必须依靠银行等金融系统的支持。一般来说,房地产泡沫的成因主要有以下三个方面。

(1) 土地的稀缺性是房地产泡沫产生的基础。房地产与人们和企事业单位的切身利益息息相关。居者有其屋是一个社会最基本的福利要求,人们对居住条件的要求是没有穷尽的;而与企事业发展相关的生产条件和办公条件的改善也直接与房地产密切相关。土地的稀缺性使人们对房地产价格的上涨历来就存在着很乐观的预期。当经济发展处于上升时期,国家的投资重点集中在基础建设和房屋建设中。这样就使得土地资源的供给十分有限,由此造成许多非房地产企业和私人投资者大量投资于房地产,以期获取价格上涨的好处,房地产交易十分火爆。加上人们对经济前景看好,再用房地产作抵押向银行借贷,炒作房地产,使其价格狂涨。

(2) 投机需求膨胀是房地产泡沫产生的直接诱因。对房地产出于投机目的的需求与土地的稀缺性有关,即人们买楼不是为了居住,而只是为了转手倒卖。这种行为一旦成为你追我赶的群体行动,就很难抑制,房地产泡沫也随之产生。

(3) 金融机构过度放贷是房地产泡沫产生的直接助燃剂。从经济学的角度来说,价格是商品价值的货币表现,价格的异常上涨,肯定与资金有着密切的关系。由于价值量大的特点,房地产泡沫能否出现,一个最根本的条件是市场上有没有大量的资金存在。因此,资金支持是房地产泡沫生成的必要条件,没有银行等金融机构的配合,就不会有房地产泡沫的产生。由于房地产是不动产,容易查封、保管和变卖,使银行认为这种贷款风险很小,在利润的驱动下非常愿意向地产投资者发放以房地产作抵押的贷款。此外,银行还会过于乐观地估计抵押物的价值,从而加强了借款人投资于房地产的融资能力,进一步加剧了房地产价格的上涨和产业的扩张。

(二) 过度开发及诱因

1. 房地产市场中的过度开发

房地产市场中的过度开发有时也称为房地产"过热",是指当市场上的需求增长赶不上新增供给增长的速度时,所出现的空置率上升、物业价格和租金下降的情况。

2. 过度开发的诱因

过度开发的诱因主要有开发商对市场预测的偏差、开发的博弈和非理性行为以及开发资金的易得性三个方面。

开发商在进行开发决策时，会对市场上的需求状况进行预测。他们在进行预测时，总是在很大程度上依赖于目前市场上的销售和价格情况。即使当前市场上的热销和价格上涨只是暂时现象，他们也很容易会认为这种繁荣景象能够长久持续下去，于是造成对未来需求过分乐观的估计。研究表明，对未来需求预测的偏差程度基本上与目前市场价格增长速度正相关，即目前市场价格增速越快，对未来需求估计中过分乐观的程度就会越大。这时开发商往往会加大投资，大批项目上马，待到竣工时，市场形势已经不如所预期的那样喜人，就容易产生房屋积压、空置率上升的过度开发景象。

开发商之间的博弈和非理性行为也会加剧这种市场过度开发的情况。开发商只要一看到市场机会就会迫不及待地去投资开发，殊不知有时这些市场机会是有限的，只需少量开发商的介入就能满足。但是每个开发商都想抢先得到市场机会，而不会进行内部协调，于是一哄而上，生怕自己被落下了。况且如果已经得到土地，与其将土地空置产生机会成本，还不如赶快开工建设。除非市场预期为供不应求、房价持续上升，储备土地本身就能带来可观的等待期权溢价。这种非理性的行为往往会使过度开发现象更加严重。

从获取开发资金的难易程度来看，如果开发商很容易获得资金支持，只需投入较少的自有资金，则他们在进行投资决策时往往会缺乏仔细和审慎的考虑，从而产生道德风险。特别是开发商融资渠道单一时，无论是开发贷款还是预售商品住宅抵押贷款基本都是从商业银行获得，这种高杠杆式的融资方式，再加上房地产市场中信息不完全的程度较高，对高利润的追求将会使开发商难以对市场作出客观和冷静的判断。

（三）房地产泡沫和过度开发的区别与联系

1. 房地产泡沫和过度开发的区别

（1）过度开发和泡沫是反映两个不同层面的市场指标。过度开发反映市场上的供求关系，当新增供给的增长速度超过了需求的增长速度，就产生了过度开发现象；而泡沫则是反映市场价格和实际价值之间的关系，如果市场价格偏离实际价值太远，而且这种偏离是由于过度投机所产生的，房地产泡沫就出现了。

（2）过度开发和泡沫在严重程度和危害性方面有所不同。房地产泡沫比过度开发的严重程度更高，危害更大，且房地产泡沫一旦产生，就很难通过自我调整而恢复至平衡状态。

（3）过度开发和泡沫在房地产循环周期中所处的阶段不同。如果投机性泡沫存在的话，往往会出现在循环周期的上升阶段。过度开发一般存在于循环周期的下降阶段，这时供给的增长速度已经超过需求，空置率上升，价格出现下跌趋势。也就是说，当泡沫产生时，市场还处在上升阶段；而出现过度开发的现象时，市场已经开始下滑了。从另一个角度来说，如果泡沫产生，就必然会引起过度开发；但过度开发却不一定是由泡沫引发的。

（4）市场参与者的参与动机不同。"过热"表现为投资者基于土地开发利用的目的而加大投资，通常是为获得长期收益；而"泡沫"则表现为市场参与者对短期资本收益的追逐，他们不考虑土地的用途和开发，通常表现为增加当期的购买与囤积，以待价格更高时抛出。

2. 房地产泡沫和过度开发的联系

房地产泡沫和过度开发，虽然有很大区别，但两者也存在着一定程度上的联系。如果在房地产周期循环的上升阶段，投机性行为没有得到有效抑制（包括市场规则和政府政策），市场信息的不透明程度较高，且开发商的财务杠杆也比较高，那么开发商作出非理性预期的可能性就比较大，且投机性行为容易迅速蔓延。在这种情况下房地产泡沫比较容易产生，同时会伴随过度开发、银行资产过多地向房地产行业集中等现象。

（四）房地产泡沫的衡量

考察房地产市场上是否存在价格泡沫有多个角度。从房地产泡沫的成因入手，"实际价格/理论价格""房价收入比""房价租金比"等指标，都从某一个侧面反映了房地产泡沫的程度。由于房地产泡沫问题的复杂性，很难用单一指标来衡量房地产市场上是否存在价格泡沫，因此，国际上通常用综合上述指标构造出的房地产泡沫指数，来反映房地产市场价格泡沫的程度，减少了主观因素对有关结论的影响。

第七章

房地产企业债务融资

> **本章学习目标**
>
> ·**掌握**：房地产企业债务融资的概念与方式；房地产开发项目贷款的程序；房地产企业债券融资的概念与方式。
>
> ·**熟悉**：房地产开发贷款风险管理（风险评价、风险控制、贷款的贷后管理）；房地产企业债券发放条件与程序。
>
> ·**了解**：房地产企业的资质等级划分与管理；房地产开发贷款风险保障机制。

第一节 房地产企业债务融资概述

一、房地产企业债务融资的概念

债务融资是指企业通过向个人或机构投资者出售债券、票据等方式筹集营运资金或资本开支。个人或机构投资者借出资金，成为公司的债权人，并获得该公司还本付息的承诺。房地产企业债务融资是指房地产企业通过银行或非银行金融机构贷款或发行债券等方式融入资金，通过债务融资获得杠杆收益，并支付本金和利息，同时也提高了企业的资产负债率。

二、房地产债务融资的方式

房地产企业债务融资主要包括银行贷款、债券融资、商业信用、融资租赁等。

不同类型的债务对于约束代理成本各有其特点,而多样化的债务类型结构有助于债务之间的相互配合并实现债务代理成本的降低。

(一) 银行贷款

银行贷款是房地产企业最常用的融资方式之一。通过银行贷款,企业可以获得相对较低的融资成本和较长的资金使用期限。此外,银行贷款相对透明,银行对项目的审查也相对严格,这有助于降低投资风险。然而,由于政策对银行贷款的影响较大,且贷款门槛越来越高,因此,银行贷款也存在一定的局限性。

(二) 债券融资

债券融资也是房地产企业常用的融资方式之一。通过发行债券,企业可以募集一部分闲置资金用于住房建设,进而缓解银行贷款的压力。此外,债券融资可以分散投资风险,提高公司的知名度,并为企业提供稳定的资金来源。然而,债券融资的发行程序相对复杂,且对发行人的财务状况要求较高。债券作为一种债务凭证,可以聚集一部分闲置资金,集中用于住房建设,开展房地产债券缓解房地产融资对银行的压力,活跃我国的企业债券市场。

(三) 房地产商业信用

房地产商业信用是期限较短的一类负债,而且一般是与特定的交易行为相联系。房地产开发企业之间在土地转让和房屋买卖中采用赊销(也称信用销售)或延期付款(如承包商垫资承包工程)等方式。因此,商业信用风险在事前基本上就能被"锁定",且代理成本较低。

(四) 融资租赁

融资租赁是指出租人根据承租人对出卖人、租赁物的选择,向出卖人购买租赁物提供给承租人使用,并由承租人支付租金的业务模式。融资租赁作为一种非标融资方式,在融资额度、担保方式、融资期限和还款方式上均较银行贷款更为灵活,对提高企业的筹资融资效益,推动与促进企业的技术进步,有着十分明显的作用。

本章主要介绍房地产企业贷款融资和房地产企业债券融资。

第二节 房地产企业贷款融资

房地产开发贷款充分体现了房地产开发是一项资金密集型经济活动,同时又是一种高风险的商业行为。贷款申请、项目评估和风险管理构成了房地产企业开发贷款的核心内容。

一、房地产企业开发贷款概述

(一) 房地产企业开发贷款

根据中国银行业监督管理委员会2004年9月2日颁布的《商业银行房地产贷款风险管理指引》的定义,房地产贷款是指与房产或地产的开发、经营、消费活动有关的贷款。主要包括土地储备贷款、房地产开发贷款、个人住房贷款、商业用房贷款等。房地产开发贷款是指向借款人发放的用于开发、建造向市场销售、出租等用途的房地产项目的贷款,主要包括住房开发贷款、商业用房开发贷款、其他房地产开发贷款等。

(二) 房地产企业开发贷款分类

1. 根据贷款的保证方式划分

根据贷款的保证方式,房地产开发企业贷款可分为信用贷款和担保贷款。信用贷款是指借款人凭借自己的信用进行贷款,不需要提供任何抵押物或担保人。担保贷款又可分为保证贷款、抵押贷款和质押贷款。保证贷款是指第三人承诺在借款人不能偿还贷款时,按约定承担连带责任而发放的贷款。抵押贷款是指借款人提供一定抵押财产的物权作为还款担保,以保证贷款的到期偿还。质押贷款以借款人或第三人的动产或权力移交债权人占有,作为债权的担保作为质物发放的贷款。

房地产抵押贷款一般需要到相关部门进行抵押登记,并对抵押物进行评估,且房地产抵押贷款的筹资费相对较高,但由于存在抵押物使贷款银行的风险大大降低,贷款银行更愿意采用该融资方式进行贷款。在我国当前房地产开发企业贷款的实际运作中,大多数企业都采取房地产抵押贷款的方式进行融资。

2. 根据开发对象的不同划分

根据开发对象的不同,房地产开发贷款可分为住房开发贷款、商业用房开发贷款和土地开发贷款等类型。住房开发贷款是指银行向房地产开发企业发放的用于开发建造向市场销售住房的贷款。商业用房开发贷款是指银行向房地产开发企业发放的用于开发建造向市场销售,主要用于商业性用房的贷款。土地开发贷款是指银行向土地储备机构发放的用于土地开发的贷款(主要用途包括支付征地补偿费、安置补助费、地上附着物和青苗补偿费、场地平整费、缴纳土地出让金等)。根据财政部、国土资源部、中国人民银行、银监会 2016 年联合下发的《关于规范土地储备和资金管理等相关问题的通知》，自 2016 年 1 月 1 日起，各地不得再向银行业金融机构举借土地储备贷款。

3. 根据贷款的用途不同划分

根据贷款的用途不同，房地产企业开发贷款分为流动资金贷款和开发项目贷款。流动资金贷款是指银行向房地产企业发放，主要用于房地产开发企业的日常运营和资金周转所需的生产性流动资金贷款，不与具体项目相联系。房地产开发企业流动资金贷款主要用于垫付城市综合开发、商品房开发、土地开发及旧城改造等项目所需资金，具体包括项目开发前期费用（规划设计、可行性研究、勘察测绘等）、土地开发和基础设施建设（包括建设场地"七通一平"费用）、建筑安装工程所需的流动资金、各配套设施所需的流动资金等。流动资金贷款具有高灵活性、审批高效和放款迅速等优势，可以满足房地产开发企业的短期资金需求。开发项目贷款则是指银行向借款人发放的用于开发、建造向市场销售、出租等用途的房地产项目的贷款。开发项目贷款通常涉及较大的资金量，因此审批和发放过程相对复杂，需要详细的项目计划和预算。

在目前的房地产开发贷款中，流动资金贷款所占比重较小，另外，在房地产开发项目贷款的授信额度设定中，贷款银行一般会划出一部分资金作为流动资金贷款提供给借款人使用。因此，我们常以房地产开发项目贷款来代替房地产企业开发贷款。

（三）房地产企业开发贷款的特点

房地产企业开发贷款由房地产开发企业以间接融资方式，将银行等金融机构吸收的资金运用到房地产开发项目。房地产企业开发贷款属于生产性贷款，具有如下特点。

1. 贷款周期较长、金额巨大

房地产业属资本密集型行业，对外源性融资依赖性高。房地产开发项目过程复杂、周期较长，涉及项目可行性研究、立项审批与规划许可、土地征收、拆迁补偿、市政配套、项目开发建设，以及房地产租售等环节，开发资金需求量大、占用时间长。因此，房地产贷款多为中长期贷款，仅仅依靠企业自有资金，难以完成项目开发，因而开发商必须通过各种手段进行外源性融资。

2. 贷款风险较大

由于我国房地产金融市场的不完善，银行信贷是房地产开发资金来源中最主要的渠道，房地产投资受到政府宏观调控和市场干预政策的影响较大，经济周期的波动、货币政策的变化以及金融体系的稳定性都会对房地产市场产生重大影响，使房地产开发贷款容易导致风险。因此，要求银行密切关注国家政策及市场的变化对房地产开发项目的影响，利用市场风险预警预报机制，并采取相应的对策，有效降低房地产开发贷款风险。

3. 贷款具有专用性

房地产开发商只能将贷款用于投资项目的开发，银行可根据项目的进度和进展状况，分期发放贷款，并对其资金使用情况进行监控，防止贷款挪作他用。而且，贷款的归还完全取决于项目是否开发成功，项目销售回款是还本付息的主要来源。因此，银行一般对于开发贷款实行专款专用、封闭运行。另外，银行监管部门应严密监控建筑施工企业流动资金贷款使用情况，防止用流动资金贷款为房地产开发项目垫资。

4. 房地产开发贷款保障度较低

房地产开发贷款一般是以所购土地及在建工程作为抵押，随着项目商品房销售的推进，原抵押物的价值必然降低，而且由于所购土地使用权及在建工程价格波动较大，房地产开发贷款保障度较低。这就要求银行在办理房地产开发贷款时，须全面了解房地产开发商的实力，严格落实房地产开发企业贷款担保，确保担保真实、合法、有效，以保证贷款安全回收。

二、房地产企业贷款程序

房地产开发项目贷款程序大致分为贷款申请、贷款调查、核定信用等级、贷款的审查与审批、贷款的发放和贷后管理等步骤。

（一）房地产企业贷款申请

申请房地产开发贷款的借款人必须具备相应的资格，并提供符合要求的有关资料。

1. 借款人的资质

《房地产开发企业资质管理规定》（2022年3月第三次修订）第四条，国务院住房和城乡建设主管部门负责全国房地产开发企业的资质管理工作；县级以上地方人民政府房地产开发主管部门负责本行政区域内房地产开发企业的资质管理工作。

(1) 房地产企业的资质等级划分。

房地产开发企业按照企业条件分为一、二两个资质等级,详见表7-1。

表7-1　　　　　　　　　　房地产开发企业资质等级条件

标准	一	二
从事房地产开发经营	5年以上	—
近3年房屋建筑面积累计竣工(万平方米)或累计完成与此相当的房地产开发投资额	30	—
上一年房屋建筑施工面积(万平方米)或完成与此相当的房地产开发投资额	15	10
建筑工程质量合格率达100%	连续5年	连续3年
有职称的建筑、结构、财务、房地产及有关经济类的专业管理人员(中级以上职称的管理人员/持有资格证书的专职会计人员)	40 (20/4)	5 (—/2)
	具有完善的质量保证体系	

- 工程技术、财务等业务负责人具有相应专业中级以上职称。
- 商品住宅销售中实行了《住宅质量保证书》和《住宅使用说明书》制度。
- 未发生过重大工程质量事故。

注:根据《中华人民共和国公司法》,住房城乡建设部决定对以下规章进行修改,删除《房地产开发企业资质管理规定》中关于注册资本金的要求。

(2) 房地产企业的资质管理。

《房地产开发企业资质管理规定》指出,房地产开发企业资质等级实行分级审批。一级资质由省、自治区、直辖市人民政府住房和城乡建设主管部门初审,报国务院住房和城乡建设主管部门审批。二级资质由省、自治区、直辖市人民政府住房和城乡建设主管部门或者其确定的设区的市级人民政府房地产开发主管部门审批。经资质审查合格的企业,由资质审批部门发给相应等级的资质证书,资质证书有效期为3年。申请核定资质的房地产开发企业,应当通过相应的政务服务平台提出申请。

各资质等级企业应当在规定的业务范围内从事房地产开发经营业务,不得越级承担任务。一级资质的房地产开发企业承担房地产项目的建设规模不受限制;二级资质房地产开发企业可以承担建筑面积25万平方米以下的开发建设项目。

2. 借款人资信

(1) 借款人是经工商行政管理机关或主管机关核准登记的企事业法人、其他经济组织,有经工商行政管理部门核准登记并办理年检的法人营业执照或有相关部门批准设立的证明文件。

(2) 经营管理制度健全，财务状况良好，没有拖欠工程款。

(3) 借款人的商品房空置率、资产负债率符合贷款人的要求。

(4) 信用良好，具有按期偿还贷款本息的能力。

(5) 有贷款证，并在贷款行开立基本账户或一般账户。

(6) 企业信用等级和风险度符合贷款人的要求。

(7) 借款人计划投资贷款项目的自有资金不低于银行规定的比率，并能在使用银行贷款之前投入项目建设。

3. 房地产开发项目应具备的条件

(1) 贷款项目已纳入国家或地方建设开发计划，其立项文件须合法、完整、真实、有效。

(2) 借款人的房地产开发项目已经取得国有土地使用证、建设用地规划许可证、建设工程规划许可证、建筑工程施工许可证。

(3) 贷款项目实际用途与项目规划相符，符合当地市场的需求，有规范的可行性研究报告。

(4) 贷款项目工程预算报告合理真实。

(5) 借款人房地产开发项目应是发放房地产贷款的商业银行所在地区的房地产项目，发放的房地产贷款严禁跨地区使用。

4. 贷款申请材料

开发商应向银行提交公司和贷款相关资料，主要包括申请人（单位）资料和开发项目相关资料，见表7－2。

表7－2　　　　　　　　　借款人向银行所提供的资料清单

资料类别	借款人向银行所提供的资料清单
单位资料	·营业执照（副本及复印件）和年检证明，建设管理部门核准的资质证明； ·法人代码证书（副本及复印件）； ·公司章程复印件； ·法定代表人身份证明及其必要的个人信息，公司主要领导人简历及工作人员结构等清单； ·验资报告复印件； ·近三年经审计的资产负债表、损益表、业主权益变动表以及销量情况； ·本年度及最近月份存借款及对外担保情况； ·税务部门年检合格的税务登记证明和近两年税务部门纳税证明资料复印件，合同和章程（原件及复印件）； ·董事会成员和主要负责人、财务负责人名单和签字样本等； ·借款申请报告； ·其他必要资料，如各类合格、有效的批准文件，预计资金来源使用情况，公司董事会同意申请贷款及抵押协议等

续表

资料类别	借款人向银行所提供的资料清单
项目相关资料	·项目立项批文、可行性研究报告及项目预算报告； ·建设用地规划许可证； ·建筑工程规划许可证； ·土地出让合同及规划红线图、国有土地使用证； ·土地出让金缴纳凭证复印件； ·建筑工程施工许可证； ·房地产预售许可证； ·如为合作项目，还需提供合作开发合同或有关部门批准合作开发的批件
其他资料	·各类合格、有效的批准文件，预计资金来源使用情况； ·信用担保贷款的，保证人还须提交相关资料和贷款担保承诺书； ·抵押或质押担保方式的贷款，须提交抵押物或质押物清单、估价报告、所有权或使用权证书及有处置权人同意抵押或质押的承诺证明

（二）房地产企业贷款调查

根据《商业银行房地产贷款风险管理指引》的规定，商业银行对申请贷款的房地产开发企业进行的调查主要包括企业的性质、股东构成、资信等级等基本背景，近年的经营管理和财务状况，以往的开发经验和项目开发情况，与关联企业的业务往来等。对资质较差或以往开发经验较差的房地产开发企业，贷款应审慎发放；对经营管理上存在问题、不具备相应资金实力或有不良经营记录的房地产开发企业，贷款发放应严格限制。对于依据项目而成立的房地产开发项目公司，应根据其自身特点对其业务范围、经营管理和财务状况，以及股东、关联公司的上述情况及彼此间的法律关系等进行深入调查审核。

1. 房地产企业贷款前调查的方法

房地产企业贷款前调查的方法主要包括现场调研、搜寻调查、委托调查等方法。

现场调研是房地产企业贷款前调查的重要手段，其包括直接现场会谈和实地考察。现场会谈包括与企业经营者和内部管理人员的交流，了解企业的发展思路、内部管理等情况。实地考察则包括对企业的生产、产品、账款、固定资产以及周围环境进行实地查看，以获取直观的企业运营状况。

搜寻调查是间接调查方式，是利用杂志、书籍、期刊、互联网资料、官方记录等媒介物搜寻有价值的资料开展调查。在进行搜寻调查时，应注意信息渠道的权威性、可靠性和全面性，以确保调查结果的准确性。

委托调查是指通过委托中介机构或银行自身网络开展调查，这种方法适用于需要专业机构进行深入分析的情况。

房地产企业贷款前调查一般采用多种方法的综合手段，旨在全面了解企业的经营状况、财务状况以及风险因素，为贷款决策提供依据。

2. 房地产企业贷款调查内容

房地产企业贷款调查内容主要包括对借款人资格的调查、对借款人项目情况的调查、对借款人担保方式的核实与确定，具体的调查对象及其主要内容如表 7-3 所示。

表 7-3　　　　　　　　　房地产企业贷款调查对象及其主要内容

调查对象	主要内容
对借款人资格的调查	·调查借款人的基本情况（如组织形式、产权构成、注册资本、经济实力、经营管理机制、业务范围、资质等级、完成项目建设的能力及其自身具备的优势与特长等）； ·核准其财务管理和经济核算制度是否健全； ·了解借款人与贷款行的业务合作诚意及程度
对借款人项目情况的调查	·核对贷款项目是否纳入国家或地方建设开发计划； ·审查基建报批手续是否完整、有效、合法，批文内容是否前后一致； ·审查项目建设的可行性及抗风险能力、交通条件、环保指数、配套工程、市政设施、物业管理及其施工队的资质情况等； ·核查贷款项目工程预算报告是否合理真实； ·进行项目市场前景、经济效益预测与敏感性分析
对借款人担保方式的核实与确定	·对第三者提供信用担保方式的贷款，要核实保证人出具的贷款担保承诺书的真实性和有效性； ·若属抵押或质押担保方式的贷款，要对抵押物或质押物清单、权属证明、有处分权人同意抵押或质押的证明及有关部门出具的抵押物估价证明进行核对，审查产权的合法性、完整性及有效性； ·查验土地出让合同及土地、房屋产权证是否真实有效

3. 房地产企业开发贷款调查的主要指标

房地产开发贷款调查的主要指标涉及财务和非财务两个方面，这些指标对评定借款人信用起到重要作用，有助于实现信用评级的数量化，有利于银行更全面地了解借款人，确保信贷资金的安全，同时又可以让社会了解借款人的资信状况。

（1）房地产开发贷款调查的主要财务指标。

房地产开发贷款调查需要对借款人的财务情况作出分析，主要包括短期偿债能力指标、长期偿债能力指标和盈利能力指标三个方面，具体指标见表 7-4。

表7-4　　　　　　　房地产开发贷款调查的主要财务指标

财务指标		指标解释与内容
短期偿债能力	流动比率	·流动比率＝流动资产/流动负债，用以衡量企业短期偿债能力的一个重要指标； ·一般认为流动比率不宜低于2
	速动比率	·速动比率＝速动资产/流动负债，用以衡量企业近期支付能力的一个指标； ·速动比率衡量了企业迅速偿付流动负债的能力，一般认为企业的速动比率不能低于1
	现金比率	·现金比率＝现金和短期证券/流动负债； ·该比率反映了企业即时还款的能力
长期偿债能力	资产负债率	·资产负债率＝负债总额/资产总额； ·衡量企业利用债权人提供的资金进行经营活动的能力，表明企业债务占资产的比重；一般认为该指标不应超过60%
	产权比率	·产权比率＝负债总额/所有者权益总额； ·表明债权人投入资金受到所有者权益保障的程度，反映企业清偿时对债权人利益的保护程度
	已获利息倍数	·已获利息倍数＝税息前利润/利息费用； ·用以衡量企业是否有充足的收益支付利息费用的能力
盈利能力	资产总额收益率	·资产总额收益率＝(净利润/平均资产总额)×100%； ·表明一定时期内每百元资产能获得的净利润数量
	所有者权益收益率	·所有者权益利润率＝(净利润/平均所有者权益)×100%； ·反映在一定时期内每百元权益资产能获得的净利润数量

（2）资信调查中的主要非财务指标。

资信调查中的主要非财务指标主要包括资质等级、开发建设工作量、开发产品合格率、开发产品优良率、开发产品销售率、合同履约率、贷款按期偿还率和贷款利息按期支付率等指标，具体指标及其解释见表7-5。

表7-5　　　　　　　房地产开发贷款调查的主要非财务指标

非财务指标	指标解释与内容
资质等级	·由房地产资质等级审批、认证机关确定的资质级别
开发建设工作量	·房地产开发企业考核期内完成的房地产开发投资额； ·反映房地产开发经营企业完成开发投资的能力
开发产品合格率	·反映房地产开发经营企业生产管理水平高低的综合指标； ·有资质的房地产开发经营企业开发产品的合格率应达到100%
开发产品优良率	·被评为优良品的房屋建筑面积总和与考核期验收鉴定的房屋建筑面积总和的比值

续表

非财务指标	指标解释与内容
开发产品销售率	·实现销售的房屋建筑面积与同期竣工的房屋建筑面积的比值； ·反映了房地产开发经营企业市场销售情况的好坏和市场销售能力的强弱
合同履约率	·已履约合同份数与考核期内应履约合同份数的比值
贷款按期偿还率	·归还银行贷款的数额与同期到期应归还贷款数额的比值； ·反映了企业归还银行贷款的能力与信用
贷款利息按期支付率	·付给银行贷款利息数额与同期应付给银行贷款利息数额的比值

除上述八个常用指标外，财经纪律执行情况、企业领导人情况等因素也属于非财务指标。

（三）核定信用等级

贷款调查部门根据调查和实地考察情况，结合贷款银行关于房地产开发企业信用等级和贷款项目等级的有关评定标准及其规定，评出相应的信用等级并测定综合风险度。将形成的调查报告、初审意见及有关资料如实提交贷款审查部门。信用评级是了解贷款对象资信情况，把握贷款企业还款意愿和还款能力的重要依据，是防范信贷风险的有效措施，在信贷工作中具有重要作用。

1. 信用评级的概念

信用评级又称资信评估，是指由银行或社会中介机构，通过对企业信用记录、经营水平、财务状况、所处外部环境等因素进行分析，综合评价企业偿还债务的能力和可信程度，是对企业偿还债务风险度的评价。资信评估反映企业偿还债务的意愿和能力，其核心是充分揭示和预警风险，结合受评对象的具体情况，对影响其未来偿付能力的各种因素进行系统而深入的分析。信用评级的根本目的是充分揭示受评对象的特定违约风险和违约的严重程度，为使用者提供客观、公正的信用信息。

国际通行的资信评估等级分为 AAA、AA、A、BBB、BB、B、CCC、CC、C、D 四等十级制。从 AA 到 CCC 等级间的每一级别可以用"＋"或"－"号来表示主要等级内的相对高低。资信评估结果为使用者提供了评估对象风险和收益的参考咨询，有效地降低了使用者的风险。标准普尔公司对 15 年内的债券违约研究表明，处于投资最高级别的 AAA 级债券的违约率仅为 0.5%，而处于投机级别的 CCC 级债券的违约率达到了 17%。因此，在通常情况下，BBB 等级以上的企业才有资格获得银行贷款。

2. 信用评级的基本思路和方法

评级体系的合理性、评级分析与判断的可靠性和评级工作的客观性是保证评级质量的三大因素。信用评级是一种建立在客观基础上的定性判断，应当将定性和定量相结合，要了解与把握各因素的内在联系和变化规律，将同类企业进行对比，注重信用分析员的经验积累和专家的综合评判。信用评级要防止单纯依靠数学模型和财务指标进行评级，或者用固定的公式去限制信用分析员的分析和判断。

资信评估从受评对象目前现金流量和其他现金来源对债务的保障程度入手，充分考虑宏观经济环境、产业发展趋势、政策和监管措施等企业外部因素和基本经营、管理素质等企业内部因素的影响，对受评对象未来偿付能力作出判断。未来的偿付能力和现金流量是决定受评对象信用级别最重要的因素之一。

资信评估的内容大致分为两个部分：一部分是经营风险状况分析，基于对公司所处行业状况、市场状况和公司经营状况的分析，定性考虑公司的资信状况；另一部分是财务风险状况分析，基于公司的财务资料定量分析公司的财务状况。

从银行业的角度来说，资信评估可分为内部评级与外部专业机构评级两种。《商业银行授信工作尽职指引》第二十六条规定："商业银行应对客户的信用等级进行评定并予以记载。必要时可委托独立的、资质和信誉较高的外部评级机构完成。"国际上的大银行在对借款人进行评级时，如果可以获得专业评级机构对借款人的评级，几乎都会考虑专业机构的评级结果。

3. 房地产企业信用评级

由于房地产业的特殊性：一是具有很强的区域市场特征，土地资源具有稀缺性和不可替代性，不同类型房地产的市场供求区别很大；二是房地产业易受政府法规及政策管制，如城市规划、土地出让、投资金融、财政税收等政策会对房地产行业产生直接影响；三是房地产行业还与区域经济发展水平以及经济景气周期有着明显关系，其资产质量与财务状况以及现金流量波动很大；四是我国房地产企业以开发新房出售为主，经营房屋出租业务的相对较少，其收入主要依赖房屋销售资金的回笼，使房地产企业财务状况不稳定，现金流量波动较大。因此，房地产企业的信用评级主要是以企业未来盈利能力和现金流量为分析核心，重点考察企业的偿债能力及偿债意愿。

（四）房地产开发贷款的审查与审批

贷款审查是指贷款审查部门根据贷款"三性"（合法性、合规性、可靠性）原则和贷款投向政策，对贷款调查部门提供的资料进行核实，评价贷款风险，复测贷款风险度，提出贷款决策建议，供贷款决策人参考。

1. 贷款审查的主要内容

（1）审查调查部门提供的数据、资料是否完整。

（2）根据国家产业政策、贷款原则审查贷款投向是否符合规定。

（3）审查贷款项目是否需要评估，有无评估报告，是否超权限评估，评估报告是否已批准，项目情况是否可行。

（4）审查贷款用途是否合法合理，贷款金额能否满足项目的需要，利率是否在规定的上下限范围内，借款人的还款能力，是否有可靠的还款来源。

（5）审查贷款期限，核准住房开发贷款、商业用房开发贷款以及其他房地产开发贷款使用期限是否合理。

（6）审查担保的合法性、合规性、可靠性。

（7）复算贷款风险度、贷款资产风险度。

（8）审查该笔贷款发放后，企业贷款总余额有无超过该企业贷款最高限额，授信额有无超过单个企业贷款占全行贷款总额的最高比例。

（9）按照授权授信管理办法，确定该笔贷款的最终审批人。

2. 贷款的审批

房地产开发贷款的审批要根据贷款审批权限及项目评估权限来执行。

（1）贷款签批人在授权范围内签批贷款，并决定贷款种类、金额、期限、利率、方式。

（2）凡是要上报上级行审批的贷款，均要由下级行向上级行审查岗提交本级行信贷审查委员会对贷款项目调查的初审意见，并由行长签署上报。上级行审查岗审查后按审批权限提交信贷审查委员会或有权签批人签批。上级行审查岗的审查内容基本与贷款上报的审查岗内容相同。

（3）贷款经批准后，由调查部门办理贷款发放手续。审查或审批人不同意贷款的，要说明理由，有关资料退还给贷款调查部门，并由贷款调查部门通知企业。

（五）贷款的发放

经符合规定的贷款审批人审批核准后，信贷员通知借款人、担保人正式签订贷款合同、保证合同或抵押（质押）合同，并按规定办妥有关公证、抵押登记、保险手续。借款人取得贷款之前，应为项目办理有效的建筑工程保险，以房屋作为抵押品的，在偿清全部贷款本息之前，应逐年按不低于抵押金额的投保金额办理房屋意外灾害保险，且投保期至少要长于借款期半年。保险合同中要明确贷款人为保险的第一受益人，保险单正本由贷款行执管。

采用抵押或质押担保方式，借款人应将抵押物（质押物）权属及其有关登记证明文件、保险单等交贷款人收押保管，并由贷款人出具收条给借款人。借款人需使用被贷款人收押的证明文件或资料办理相关的销售手续时，须出具借条，待手续办理完毕即退还贷款人。

进行住房开发项目贷款时，有条件的贷款行应在发放项目贷款前，与借款人就该贷款项目销售后的一揽子抵押贷款业务签订《抵押贷款业务合作协议》。

贷款审查部门对贷款合同、有关协议等全部贷款手续中的各种要素、签章等全部贷款手续核实无误后，由信贷员填写贷款划拨凭证，经借款人认定，并逐级审批签发后，交由会计部门，根据项目进度情况及有关约定条款，分期、分批将款项直接转入借款人在贷款银行开立的专户。

根据上述的房地产开发贷款的程序，以中国建设银行的房地产开发贷款流程为例，如图7-1所示。

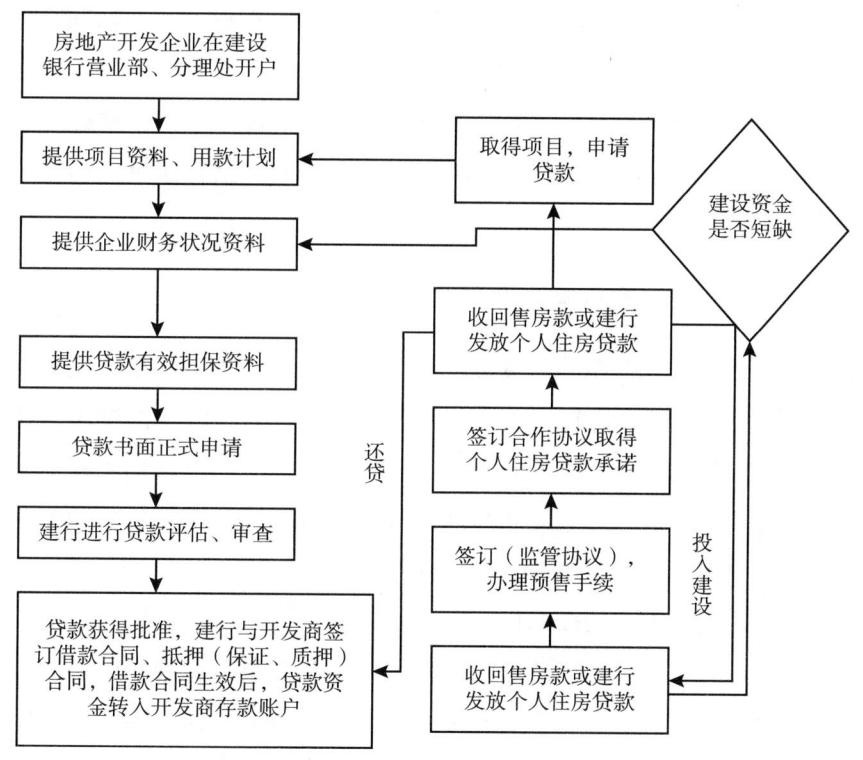

图7-1 建设银行房地产开发企业贷款流程

（六）对房地产开发贷款的贷后管理

贷款人应对借款人执行借款合同情况及借款人的经营情况进行调查和检查，掌握借款人资信方面的重大变化和影响借款偿还的情况。借款人应按借款合同的规定按时足额偿还贷款本息。贷款人对逾期的贷款要及时发出催款通知单，做好逾期贷款的催收工作。借款人对不能按借款合同约定期限归还的贷款，应当按规定加罚利息，对不能归还或不能落实还本付息事宜的，应当督促归还或者依法起诉。借款人提前归还贷款，应当与贷款人协商。

三、房地产开发项目贷款的风险管理

商业银行房地产开发贷款具有贷款数额较大、贷款周期较长，受经济周期的波动、货币政策的变化以及金融体系的稳定性影响大等特点，相对于其他贷款，银行更加谨慎地挑选贷款申请者，并要求由第三方对项目进行评估，以保证工程完工后的价值足以抵偿贷款；银行在贷款中必须与借款者保持密切的联系，密切关注该项目的进展和可能出现的风险；同时由于风险较大，银行往往会要求较高的贷款利率；房地产开发贷款十分注重项目的地域风险。

商业银行针对房地产开发项目的贷款所进行的风险管理工作一般由贷款风险评价、贷款风险控制、房地产开发贷款发放后的风险管理（贷款质量检测与考核、风险贷款处置）组成。

（一）房地产开发贷款风险评价

房地产开发项目贷款存在的风险有项目合规性（如土地、规划、施工以及销售等许可）、土地使用权证的获取、开发商的自有资金、贷款资金被挪用、项目性质改变、滚动开发项目的抵押、开发商套现、转移资金、流动资金用于开发导致短贷长用、合作开发风险、建筑承包商和监理单位的选择不当、市场价格预测不当、开发商利用假按揭诈骗，以及技术和自然等风险。

贷款风险是指借款方不能按期偿还贷款本息的可能，而银行难以清收本息的贷款资产则视为风险贷款资产。因此，银行等金融机构受理贷款申请后，应在综合分析考察借款人（房地产开发企业）信用状况和拟贷款项目风险的基础上，结合企业信用等级、项目风险等级、贷款方式和贷款期限等因素判别风险度，据此编制调查报告，并将调查报告、初审意见以及有关资料提交贷款部门审查。

根据贷款项目风险等级系数、贷款期限、企业信用等级、贷款方式风险系数计算房地产开发项目贷款风险度：

$$某笔贷款的风险度 = (贷款的风险额/贷款额) \times 100\%$$
$$= 信用等级系数 \times 贷款方式系数 \times 期限系数 \times 项目风险等级系数 \quad (7-1)$$

房地产开发项目贷款风险评价等级指标及指标取值如表 7-6 所示。

表 7-6 贷款风险评价等级指标及指标取值

指标类型	等级指标	指标取值（%）
信用等级（四级）	AAA	30
	AA	50
	A	70
	BBB	90
贷款方式（七级）	信用贷款	100
	由银行金融机构提供担保的	10~20
	由省级非银行金融机构担保的	50
	AA 级以下企业担保的	100
	用商品房抵押的	50
	其他房屋及建筑物抵押的	100
	其他房屋及建筑物抵押并参加保险的	100
贷款期限（五级）	期限在半年以内的	100
	期限半年以上不满 1 年的	120
	期限 1 年以上 3 年以下的	120
	期限 3~5 年	130
	期限 5 年以上的	140
项目风险等级（四级）	AAA	50
	AA	60
	A	70
	BBB	80

（二）房地产开发贷款风险的控制

1. 审批权限控制

贷款决策是在对贷款项目及借款企业全面综合评价的基础上进行的，贷款风险度大小是贷款决策的主要依据，贷款风险度是确定贷款的一个重要指标。

贷款风险额 = 贷款额 × 贷款的风险度
= 贷款额 × 信用等级系数 × 贷款方式系数 × 期限系数
× 项目风险等级系数 (7-2)

贷款风险总额即为全部贷款中每笔贷款风险额之和。为达到提高信贷资产质量的目的，应根据各地各行实际情况设定风险权重授信额，适当上收风险度大的贷款和适当下放风险度小的贷款的审批权限，逐步形成按贷款风险度大小确定贷款限额，分级审批管理制度。

2. 贷款对象控制

对以下几种情况，一般不予贷款：

（1）信用等级不符合规定标准的企业贷款申请；

（2）信用等级勉强符合规定标准，但企业主要相关财务指标较差的；

（3）房地产开发项目贷款风险度超过最低控制标准的；

（4）项目贷款风险等级评价的主要指标中，任何一项指标得分为零的。

3. 房地产开发项目的风险种类及其控制手段

房地产开发项目的风险种类及其控制手段如表7-7所示。

表7-7　房地产开发项目的风险种类及其控制手段

风险类型	风险控制手段
项目合规性风险	·主要是对国有土地使用权证、建设用地规划许可证、建设工程规划许可证、建设工程施工许可证、商品房销（预）售许可证进行"五证"审查
土地使用权方面	·主要手段是审查国有土地使用权证。对于缴纳部分出让金，获得临时国有土地使用权证的项目，应注意在资金缺口的估算中考虑到这部分费用
自有资金不足	·人民银行和总行均对房地产项目开发的自有资金比例有明确要求
贷款资金被挪用	·要加强贷后监管，要求开发商开设贷款专用账户，监控资金使用动向 ·通过建立公司对项目的监控机制，掌握项目实际进展和资金需求情况
改变项目性质	·通过合同确定贷款的具体用途，合同中增加相应的约束性条款，并根据项目进展情况分期逐步投放贷款
滚动开发	·对于滚动开发项目的抵押，关键是要防止由于抵押物出售造成的抵押权落空问题以及个人按揭业务产生的重复抵押问题
开发商套现	·贷款资金应采取按工程进度分期投入的方式；当项目出现无法完工的风险时，应停止继续放款 ·要求开发商投保项目完工保险；以项目的股权作为质押
开发商以开发的名义转移资金	·在贷款审查过程中，应注意考察借款人以往的经营记录，对于关联企业众多、关联交易和项目开发长期不盈利的企业，原则上不予授信 ·对于有控股公司的企业，应要求控股公司或母公司承担相应的担保责任
流动资金用于项目开发造成短贷长用	·对房地产集团提供的流动资金贷款，不能以股东投资的名义投入项目公司，更不能以股东分红作为还款来源
合作开发风险	·要求明确各自权利义务，明确土地、项目以及抵押物的权属关系；在贷款设定担保时，应明确合作各方应承担同等的担保责任
选择建筑承包企业和监理企业不当	·考察开发商选择承建商和监理企业的方法是否公开、科学；考察开发企业与承建商之间是否存在关联关系 ·对承建商和监理企业不具备相应实力的开发项目不应给予贷款支持

续表

风险类型	风险控制手段
销售价格预测不当	·在贷款审查中进行充分的市场分析，掌握当地房地产市场的发展走向，确定合理的销售价格
开发商利用假按揭贷款诈骗	·审核借款人是否与开发商存在关联关系，对内部人购房应持谨慎态度，对于购房中的异常现象（如购房数量激增、购房用途不清等）应保持警惕
技术风险	·主要是在贷款发放前，认真进行市场研究，了解市场的技术水平和需求状况，审查开发项目的整体资质水平和规划设计
自然风险	·要求开发商对建设项目进行投保，保险的受益人应是项目的贷款人
其他风险	·如必须实行有效担保或有效抵押；规定不良贷款的控制比例并进行专门管理等

（三）房地产开发贷款发放后的风险管理

1. 贷款质量监测与考核

中国人民银行决定从 2002 年 1 月 1 日起全面推行贷款风险分类管理，银行依据借款人的还款能力，按照贷款风险程度将贷款质量划分为正常、关注、次级、可疑和损失五类，后三种为不良贷款。贷款银行应在贷款发放后定期对借款人现金流量、财务实力、抵押品价值等因素进行连续的、动态的监测与分析，判断贷款的实际损失程度，有助于银行及时发现贷款发放后出现的问题，能更准确地识别贷款的内在风险，有效地跟踪贷款质量，便于银行及时采取措施，从而提高信贷资产质量。

2. 风险贷款的处置

根据《中华人民共和国民法典》第六十七条规定：法人合并的，其权利和义务由合并后的法人享有和承担。法人分立的，其权利和义务由分立后的法人享有连带债权，承担连带债务，但是对债权人和债务人另有约定的除外。因此，企业发生合并、兼并、股份制改造等行为而导致企业法人变更时，所欠银行贷款本息应由新的法人承担。银行应督促企业更换借据，重新签订借款合同，办理抵押、担保手续，并订立贷款分期偿还协议；银行对分立和改组企业应落实债权债务，银行应监督其按分立或改组后实有资产所占比例将债务分置于各分立和改组企业，并重新办理抵押担保手续。对解散企业，贷款银行应落实好全部债权债务；对破产企业，贷款银行应依据规定清收贷款本息；银行确已无法收回的呆账、坏账，按有关规定及时冲销贷款本息。

根据《商业银行授信工作尽职指引》第四十六条规定：商业银行对问题授信应采取如下措施：一是确认实际授信余额；二是重新审核所有授信文件，征求法律、审计和问题授信管理等方面专家的意见；三是对没有实施的授信额度，依照约定条件和规定予以终止，依法难以终止或因终止将造成客户经营困难的，应对未实施的授信额度专户管理，未经有关部门批准，不得使用；四是书面通知所有可能受到影响的分支机构，并要求承诺落实必要的措施；五是要求保证人履行保证责任，追加担保或行使担保权；六是向所在地司法部门申请冻结问题授信客户的存款账户以减少损失；七是其他必要的处理措施。

四、房地产开发贷款风险管理保障机制

（一）建立商业银行贷款风险管理保障机制

为促进商业银行审慎经营，进一步完善授信工作机制，规范授信管理，明确授信工作尽职要求，引导商业银行建立健康的信贷文化和科学规范的操作要求，2004年银监会颁布《商业银行授信工作尽职指引》。根据《商业银行授信工作尽职指引》规定，商业银行应建立严格的授信风险垂直管理体制，对授信进行统一管理。商业银行应建立完整的授信政策、决策机制、管理信息系统和统一的授信业务操作程序，明确尽职要求，定期或在有关法律法规发生变化时，及时对授信业务规章制度进行评审和修订。商业银行应加强授信文档管理，对借贷双方的权利、义务、约定、各种形式的往来及违约纠正措施记录并存档；商业银行应对客户申请的授信业务进行分析评价，重点关注可能影响授信安全的因素，有效识别各类风险；商业银行授信实施后，应对所有可能影响还款的因素进行持续监测，并形成书面监测报告；商业银行应建立授信工作尽职问责制，明确规定各个授信部门、岗位的职责，对违法、违规造成的授信风险进行责任认定，并按规定对有关责任人进行处理。

（二）建立房地产开发贷款风险管理保障机制

对于商业银行内部房地产开发贷款的风险管理，根据《商业银行房地产贷款风险管理指引》，对房地产开发贷款风险管理做如下规定：

（1）商业银行对未取得国有土地使用证、建设用地规划许可证、建设工程规划许可证、建筑工程施工许可证的项目不得发放任何形式的贷款。

（2）商业银行对申请贷款的房地产开发企业，应要求其开发项目资本金比例不低于35%。

（3）商业银行在办理房地产开发贷款时，应建立严格的贷款项目审批机制，对该贷款项目进行尽职调查，以确保该项目符合国家房地产发展总体方向，有效地满足当地城市规划和房地产市场的需求，确认该项目的合法性、合规性、可行性。

（4）商业银行应对申请贷款的房地产开发企业进行深入调查审核：包括企业的性质、股东构成、资质信用等级等基本背景，近三年的经营管理和财务状况，以往的开发经验和开发项目情况，与关联企业的业务往来情况等。对资质较差或以往开发经验较差的房地产开发企业，贷款应审慎发放；对经营管理存在问题、不具备相应资金实力或有不良经营记录的，贷款发放应严格限制；对于依据项目而成立的房地产开发项目公司，应根据其自身特点对其业务范围、经营管理和财务状况，以及股东及关联公司的上述情况以及彼此间的法律关系等进行深入调查审核。

（5）商业银行应严格落实房地产开发企业贷款的担保，确保担保真实、合法、有效。

（6）商业银行应建立完备的贷款发放、使用监控机制和风险防范机制。在房地产开发企业的自有资金得到落实后，可根据项目的进度和进展状况，分期发放贷款，并对其资金使用情况进行监控，防止贷款被挪作他用。同时，积极采取措施应对项目开发过程中出现的项目自身的变化、房地产开发企业的变化、建筑施工企业的变化等，及时发现并制止违规使用贷款情况。

（7）商业银行应严密监控建筑施工企业流动资金贷款使用情况，防止用流动资金贷款为房地产开发项目垫资。

（8）商业银行应对有逾期未还款或有欠息现象的房地产开发企业销售款进行监控，在收回贷款本息之前，防止将销售款挪作他用。

（9）商业银行应密切关注房地产开发企业的开发情况，确保对购买主体结构已封顶住房的个人发放个人住房贷款后，该房屋能够在合理期限内正式交付使用。

（10）商业银行应密切关注建筑工程款优于抵押权受偿等潜在的法律风险。

（11）商业银行应密切关注国家政策及市场的变化对房地产开发项目的影响，利用市场风险预警预报机制、区域市场分类的指标体系，建立针对市场风险程度和风险类型的阶段监测方案，并积极采取措施化解因此产生的各种风险。

第三节　房地产企业债券融资

一、企业债券融资概述

（一）债券的内涵

债券（bonds）是一种金融契约，是政府、金融机构、工商企业等直接向社会借债筹借资金时，向投资者发行，同时承诺按一定利率支付利息并按约定条件偿还本金的债权债务凭证。债券的本质是债的证明书，具有法律效力。债券购买者或投资者与发行者之间是一种债权债务关系，即债券发行人（政府、金融机构、企业等机构）是资金的借入者（债务人），债券投资者是资金的借出者（债权人），发行人需要在一定时期还本付息。

企业债券（也称公司债券——发行主体是股份公司）是企业（公司）依照法定程序发行，约定在一定期限内还本付息的债券。所以，公司债券和企业发行的债券也称为企业（公司）债券。

（二）债券的特点与分类

债券作为一种重要的融资手段和金融工具，具有以下特征。

1. 偿还性

偿还性是指债券有规定的偿还期限，债务人必须按期向债权人支付利息和偿还本金，这也是与上市融资的永久性特征的本质区别。

2. 流动性

流动性是指债券持有人可按需要和市场的实际状况，灵活地转让债券，以提前收回本金和实现投资收益。

3. 安全性

安全性是指债券持有人的利益相对稳定，不随发行者经营收益的变动而变动，并且债券持有人可按期收回本金。

4. 收益性

收益性是指债券能为投资者带来一定的收入，债券投资的收益一般由三部分组成：一是利息收入，投资债券可以给投资者定期或不定期地带来利息收入；二是资本收益，投资者可以利用债券价格的变动，买卖债券赚取差额；三是投资债券所获现金流量再投资的利息收入。

按照不同的分类标准，可以将债券分为不同种类。按发行主体的不同可分为政府债券、金融债券、企业（公司）债券；按财产担保不同可分为抵押债券和信用债券；按照债券的形态可分为实物债券（无记名债券）、凭证式债券、记账式债券；按照是否可转换可分为可转换债券和不可转换债券（普通债券）。

二、房地产企业的债券融资

（一）房地产债券内涵

房地产企业债券是房地产开发企业为了筹措房地产资金而发行的借款信用凭证，

是证明债券持有人有权向发行人取得预期收入和到期收回本金的一种证书。当房地产企业在开发中有长期的资金需求时，债券是一种重要融资渠道。

由于长期债券面临较大的利率风险，投资者又缺乏有效的避险工具，这就导致房地产债券市场活跃程度较差。实际上，西方发达国家债券融资在企业融资比例中占有很大的份额，从长远来看，我国的房地产企业债券还有广阔的发展空间。

（二）房地产债券的功能

房地产债券作为一种重要的金融工具，是房地产企业筹集资金的重要手段，在房地产市场中推动房地产企业融资，优化企业融资结构和改善企业（公司）治理结构，推动金融体制改革等方面发挥着关键作用。

（1）通过发行房地产债券，可优化企业的融资结构。债券的发行有利于拓展企业的融资渠道，改善企业的负债结构，促进企业的长远健康发展。同时，相比股权融资，债券融资的综合成本相对更低，能够有效避免企业控股权的分散。

（2）房地产债券可以改善企业的治理结构。企业通过发行债券的方式向全社会筹资，通过社会监督机制，促使企业转换经营机制，降低经营成本，提高经济效益。企业债券在深化企业改革方面的作用日益显著，推动了现代企业制度的建立和房地产市场的健康发展。

（3）房地产债券有助于推动我国金融体制改革。房地产债券在解决银行信贷资产的流动性、提高银行的资本利用率、降低银行风险、维持银行体系的稳定性以及促进活跃房地产市场等方面发挥了重要作用。

（三）房地产债券的分类

按发行主体的不同，房地产债券可分为房地产政府债券、房地产金融债券、房地产企业债券三类。

（1）房地产政府债券是指政府为发展房地产业而向社会发行的债券（即公债），主要包括中央政府、地方政府和政府机构面向社会发行的债券，是建立在以权力为基础的国家信用之上的债券。我国发行的房地产政府债券多为地方政府向社会发行的债券，其目的主要是为创办开发区和为住宅建设筹集资金。房地产债券本身具有显著的专项负债与专项资产的特征，如上海市住宅建设债券就是由上海市公积金管理中心负责发行、使用和偿还，由上海市人民政府担保的，凡新分配公有新旧住房的住户都要认购住宅建设债券，才能获得住房使用权。

（2）房地产金融债券是指由银行或其他非银行金融机构发行的债券，是金融机构筹集房地产信贷资金的渠道之一。我国房地产金融债券的发展历史较为短暂，且这种筹集方式也不多见，只有部分城市开发和商品房建设方面发行了短期金融债券，缓解了资本供需矛盾。

（3）房地产企业（公司）债券，是我国房地产债券中最常见的一种，指房地产企业为了筹集长期资金而发行的债券。我国房地产企业债券主要有住房建设债券、土地开发债券、房地产投资债券、危房改造债券、小区开发债券、住房有奖债券等。

（四）我国房地产上市公司发行债券的特点

我国房地产上市公司发行债券的方式主要分为两种：一种是在国内公开发行的人民币债券，如"08 保利债""08 万科 G1""09 富力债""09 天房债"等；另一种是在国外市场上发行的外币债券（主要是美元），碧桂园、世茂地产、龙湖地产、华润置地、SOHO 中国等多家房地产企业都有在海外发行债券。新浪财经上市公司研究院数据显示，2022 年房地产企业需偿还的海外债务规模达到约 3000 亿美元，其中，碧桂园、恒大、佳兆业位列存量海外债规模前三甲，均超过百亿美元，偿债压力较大。房地产上市公司在我国境内发行的债券具有以下特点。

1. 房地产债券发行规模较大

为满足房地产资金密集型行业的需求，房地产上市公司发行债券的规模较大。2016 年国内融资环境宽松，房企通过发行公司债等手段进行扩张。2020 年，房地产企业境内债券发行规模达 6283 亿元。碧桂园在 2020 年对外公开发行了"H20 碧地 3"和"H20 碧地 4"两期公司债券。其中，"H20 碧地 3"的发行规模为 20.00 亿元，最终票面利率为 4.38%。"H20 碧地 4"的发行规模为 17.78 亿元，最终票面利率为 4.15%。2018 年以来，不同等级地产企业中长期信用债的发行利率整体呈小幅波动趋势，整体上 AAA 等级的房企发行利率呈下行态势。

2. 房地产债券的偿还周期较长

由于房地产开发的周期较长，资金周转较慢，因此，房地产企业一般倾向于发行 6 年以上的中长期债券。例如，2017 年金地集团股份有限公司发行的"17 金地 02"房地产债券期限为 7 年，2024 年保利置业集团有限公司公开发行的债券"24 保置 01"和"24 保置 02"的期限分别为 5 年和 7 年。

3. 房地产债券存在一定风险

债权融资能够提高企业所有权资金的资金回报率，具有财务杠杆作用。但是，房地产债券的偿还周期较长，房地产企业往往面临利率风险。当房地产市场不景气时，房地产价格出现波动，进而加大房地产债券的市场风险，出现房地产企业债券违约情况，由于长期债券面临较大的利率风险，而投资者又缺乏有效的避险工具，也导致了我国房地产债券市场的活跃程度不够。据中指研究院最新监测数据，2023年10月，我国房地产企业的债券融资总额为276.4亿元，同比大幅下降46.2%，揭示了当前房地产企业在融资上面临的困境。受市场调整和行业周期性影响，部分房地产企业的资产质量下降，导致其融资能力受到限制。

三、房地产债券融资发行的条件与程序

（一）发行房地产企业债券的条件

根据《企业债券管理条例》（2011年修订）规定，具有法人资格的企业在境内发行债券，企业进行有偿筹集资金活动，必须通过公开发行企业债券的形式进行。企业发行企业债券用于固定资产投资，按照国家有关规定需要经有关部门审批的，还应当报送有关部门的审批文件。企业发行企业债券，可以向经认可的债券评信机构申请信用评级。企业发行企业债券的总面额不得大于该企业的自有资产净值。

《中华人民共和国证券法》（2019年修订）和《中华人民共和国证券法》（2023年修订）对公司发行企业债券的条件进行修订，对于公司净资产（股份有限公司的净资产不低于人民币3000万元，有限责任公司的净资产不低于人民币6000万元）、累计债券余额（不超过公司净资产的40%）以及债券的利率（不超过国务院限定的利率水平）等规定进行修订调整。

根据《企业债券管理条例》第十二条规定，企业发行企业债券必须符合下列条件：

（1）企业规模达到国家规定的要求；
（2）企业财务会计制度符合国家规定；
（3）具有偿债能力；
（4）企业经济效益良好，发行企业债券前连续3年盈利；
（5）所筹资金用途符合国家产业政策。

企业申请发行企业债券，应当向审批机关报送下列文件：

（1）发行企业债券的申请书；
（2）营业执照；
（3）发行章程；
（4）经会计师事务所审计的企业近3年的财务报告；
（5）审批机关要求提供的其他材料。

根据《中华人民共和国证券法》(1998 年 12 月 29 日第九届全国人民代表大会常务委员会第六次会议通过，2019 年 12 月 28 日第十三届全国人民代表大会常务委员会第十五次会议第二次修订)和《公司债券发行与交易管理办法》(2023 年 10 月 20 日，中国证券监督管理委员会令第 222 号)第十四条规定，公开发行公司债券（发行主体是股份公司），应当符合下列条件：

（1）具备健全且运行良好的组织机构；

（2）最近三年平均可分配利润足以支付公司债券一年的利息；

（3）具有合理的资产负债结构和正常的现金流量；

（4）国务院规定的其他条件。

公开发行公司债券，由证券交易所负责受理、审核，并报中国证监会注册。另外，规定存在下列情形之一的，不得再次公开发行公司债券：一是对已公开发行的公司债券或者其他债务有违约或者延迟支付本息的事实，仍处于继续状态；二是违反《中华人民共和国证券法》规定，改变公开发行公司债券所募资金用途。

公开发行公司债券筹集的资金，必须按照公司债券募集办法所列资金用途使用，改变资金用途，必须经债券持有人会议作出决议。公开发行公司债券筹集的资金，不得用于弥补亏损和非生产性支出。上市公司发行可转换为股票的公司债券。

根据《中华人民共和国公司法》(1993 年 12 月 29 日、2023 年 12 月 29 日修订)第二百条规定，公司债券可以转让，转让价格由转让人与受让人约定。

（二）发行房地产企业债券的程序

根据《中华人民共和国公司法》(2023 年 12 月 29 日修订通过，自 2024 年 7 月 1 日起施行)第一百九十五条规定，公开发行公司债券，应当经国务院证券监督管理机构注册，公告公司债券募集办法。发行房地产企业债券的程序如下：

1. 达成发行债券的决议或决定

房地产企业发行债券，首先由董事会或职工代表大会就债券的发行总额、券面金额、发行价格、利率、发行日期、偿还期限和方式等达成决议。

2. 提出发行申请与批准

房地产企业发行债券要按发行规模向国务院证券管理部门提出申请，并提交公司债券募集办法、资产评估报告和验资报告等文件，国务院证券管理部门根据公司法的规定和国务院确定的公司债券发行规模等，对公司的申请予以审批。

3. 发布募集公告

房地产企业应按照规定公告债券发行章程和办法，内容包括企业经营管理简况、企业自有资产净值、发行债券的目的、企业经济效益预测、债券发行总面额、还本付息方式及风险责任等。

4. 确定承销商

经批准可以发行房地产债券之后，房地产企业应与证券经营机构签订代理发行协议。协议内容包括：代理内容、承销方式、实施步骤、双方职责等。

5. 发行债券

房地产企业根据法定内容印制债券，并选择适当时机发行债券，筹资期满，将实际情况填写有关报告送主管部门备案。

（三）我国房地产企业的债券融资

20世纪90年代初，我国房地产债券融资拉开序幕。房地产企业发行债券的方式主要有两种。一种是房地产投资券。1992年初，海南经济特区率先推出由房地产开发商发行的房地产投资券，海南开发建设总公司物业发展公司发行了2600多万元的"万国投资券"，台海地产有限公司发行了"伯乐投资券"和"富岛投资券"，三种投资券共计1.5亿元人民币。另一种是收益券。中国农业银行、宁波市信托投资公司于1991年1月20日向社会公开发行收益率由资金实际运营收益决定的"住宅投资收益证券"，发行总额为1000万元，期限为10年，主要用于投资房地产和工商业项目。2002年金茂集团股份有限公司为开发金茂大厦获得原国家计委特批，正式发债10亿元主要用于偿还上述银行借款，进行债务结构调整。这也预示着政府对房地产企业发债融资的用途开始放松限制，房地产企业可以借助房地产债券融资。

2007年8月14日，中国证监会正式颁布《公司债券发行试点办法》，标志着我国公司债券发行工作的正式启动。2007年9月30日，中国人民银行颁布《公司债券在银行间债券市场发行、交易流通和登记托管有关事宜公告》，规定公司债可在银行间债券市场发行、流通和托管，公司债融资细则得到进一步完善。随着《企业债券管理条例》《中华人民共和国公司法》《中华人民共和国证券法》《公司债券发行与交易管理办法》等一系列法律法规的颁布实施，进一步推动了我国房地产债券市场的发展。但是，从债券市场的实际运行来看，房地产企业通过大规模的债券融资存在难度。一是房地产企业较高的资产负债率使发行债券的审批难度加大；二是发行房地产债券对于房地产企业存在一定的风险。在房地产需求旺盛和市场繁荣时，较高的杠杆可以实现丰厚的利润。一旦市场波动和房地产市场陷入低迷时，房地产企业的资金链就会绷紧，在没有很好的避险工具时，房地产企业很容易陷入资不抵债的困境。

2016年底，房地产调控开启后，发展改革委和交易所分别加强了对房地产企业债、公司债的监管。2016年11月，国家发展改革委发布《关于企业债券审核落实房地产调控政策的意见》，严格限制房地产开发企业发行企业债券融资用于商业性房地产项目（用于保障性住房、棚户区改造、安置性住房项目除外）。2020年8月，房企"三道红线"① 出台后，传统债券融资明显缩量。人民银行、银保监会发布了《关于建立银行业金融机构房地产贷款集中度管理制度的通知》，对房地产贷款余额占比和个人住房贷款余额集中度进行分档管理，以降低房企通过大规模举债激进发展的风险。随着房地产调控政策落实以及融资渠道的规范，房企发债数量逐渐增多，地产债规模也在不断攀升。贝壳研究院数据显示，2021年房企到期债务规模预计将达1.24万亿元，同比增长36%，历史性突破万亿元大关，房企偿债压力会继续攀升。

为贯彻落实党中央、国务院决策部署，坚持房子是用来住的、不是用来炒的定位，全面落实房地产长效机制，因城施策支持刚性和改善性住房需求，保持房地产融资合理适度，维护住房消费者合法权益，促进房地产市场平稳健康发展，2022年11月11日，中国人民银行、中国银行保险监督管理委员会发布《关于做好当前金融支持房地产市场平稳健康发展工作的通知》指出，保持债券融资基本稳定，支持优质房地产企业发行债券融资。推动专业信用增进机构为财务总体健康、面临短期困难的房地产企业债券发行提供增信支持。鼓励债券发行人与持有人提前沟通，做好债券兑付资金安排。按期兑付确有困难的，通过协商做出合理展期、置换等安排，主动化解风险。

❓ 思考题

1. 什么是债务融资？债务融资有哪些方式？
2. 什么是房地产企业开发贷款？房地产企业开发贷款有哪些方式？
3. 房地产企业开发贷款有哪些特点？
4. 简述房地产企业贷款程序。
5. 简述房地产开发项目应具备的条件有哪些？
6. 商业银行对申请贷款的房地产开发企业进行调查内容有哪些？
7. 借款人向银行所提供的资料清单有哪些组成？
8. 简述房地产开发项目的风险种类及其控制手段。

---

① "三道红线"是2020年8月，央行、银保监会等机构针对房地产企业提出的指标，即剔除预收款项后资产负债率不超过70%、净负债率不超过100%、现金短债比大于1。

9. 简述建立房地产企业开发贷款的风险管理保障机制。
10. 债券的内涵、特点与分类有哪些？
11. 房地产债券的内涵、功能和分类是什么？
12. 《企业债券管理条例》规定，企业发行企业债券必须符合的条件有哪些？
13. 简述发行房地产企业债券的程序。

补充阅读

房地产投资的财务杠杆及其效应

房地产企业可通过负债经营从事房地产开发经营活动，而负债经营可使企业利用财务杠杆作用提高权益资本收益率。因此，房地产企业进行负债融资是需要承担一定的风险的。

财务杠杆是指企业在制定资本结构决策时对债务筹资的利用，也称为融资杠杆、资本杠杆或负债经营。房地产投资人经常利用债务筹资的方式（如银行借款、发行债券等方式筹集资金），提高权益资产的收益率，以扩大企业规模或实现特定经营目标。

1. 财务杠杆的概念和作用

财务杠杆的概念就是将物理学中的杠杆原理运用到经济学中，也就是用最少的钱进行最大的投资。财务杠杆是指由于债务的存在而导致普通股每股利润变动大于息税前利润变动的杠杆效应。财务杠杆系数（DFL）用来衡量财务杠杆的作用度大小，其等于每股收益的变动率相当于息税前利润变动率的倍数，其简化的计算公式为：

$$DFL = \frac{\Delta EPS/EPS}{\Delta EBIT/EBIT} = \frac{EBIT}{EBIT-I} = \frac{EBIT}{EBIT-I-\frac{D}{1-T}}（有优先股） \quad (7-3)$$

式中：EPS——普通股每股收益；

$EBIT$——息税前利润；

I——利息费用；

D——优先股股息；

T——所得税税率。

总之，在企业资本总额、息税前利润相同的情况下，财务杠杆作用的大小主要取决于资本结构，即企业的负债比例越高，财务杠杆系数就越大，表明企业的预期每股盈余（投资者收益）也越高。

借贷资金与自有资金的比例越大,财务杠杆的作用越大。当投资收益率大于借贷成本时,财务杠杆就是有利的;反之,如果借贷成本大于投资收益率,财务杠杆就是不利的。

资产回报率与借贷成本之间的差价称为利差(spread)。财务杠杆就像是一把"双刃剑":在高杠杆投资中,即使较小的有利利差也会大大提高权益资本的回报率,反之,一个小小的不利利差就会导致权益资本的负回报率,甚至会使一项原本可以获得少许回报的投资变得血本无归。

2. 财务杠杆的抵税效应

对于权益资本,负债可以给企业带来减少上缴税金的优惠,即负债利息可以从税前利润中扣除,从而减少应纳税所得额而给企业带来价值的增加。《中华人民共和国企业所得税法实施条例》中明确规定:在计算应纳税所得额时,纳税人在生产、经营期间,向金融机构借款的利息支出,按照实际发生数扣除。因此,贷款投资房地产所能享受的应税收入抵减幅度比用同样数量的自有资金投资房地产所能享受的抵减幅度要大得多,并且,在既定负债利率和所得税税率的情况下,企业的负债额越多,利息抵税效用就越大。此外,由于负债利息可以从税前利润中扣除,减少了企业上缴所得税,也降低了企业的综合资金成本。

3. 财务杠杆与风险

财务风险是指企业为取得财务杠杆利益而利用负债资金时,增加了破产风险或普通股每股利润大幅度变动的机会所带来的风险。财务杠杆会加大财务风险,企业举债比重越大,财务杠杆效应则越强,财务风险就会越大。如果房产实际净营运收入低于期望收益,财务杠杆将是不利的,杠杆作用扩大了不利后果。因此,使用财务杠杆既会增加投资者的现金流量回报,也会增加投资风险。

同时,当财务杠杆作用加大时,贷款方也会感到风险的增加,他们会要求以附加实际利率作为他们风险增加的补偿。补偿可以采用提高贴现率或提高票面利率或两者兼而有之的形式。这样做的结果是,随着贷款额的增加,贷款成本也将增加。

此外,财务高杠杆还增加了投资的现金收益不足以偿付债务的风险。财务杠杆作用越大(所需偿还的债务也越大),房地产投资者所面临的需要增加额外资本投入或者抵押贷款违约的风险就会越大。投资的现金收益不足以偿还抵押贷款的风险叫作财务风险。财务风险是使用财务杠杆的直接后果。

4. 财务杠杆与资本结构的关系

根据财务杠杆的作用原理及财务杠杆的计算依据,当企业存在负债融资时,财务杠杆就会存在且发挥一定的效用。企业经营资金的来源不同,造成了企业资金结构的差异化，随着企业不断地变化资金来源组合，也不断地间接调整了企业财务杠杆的水平。

影响企业负债比例选择的因素众多，除市场金融环境、企业竞争因素、企业规模等外部直观因素外，还包括企业现金流状况、融资成本、经理人经营的"代理成本"、企业"破产机制"、企业控制权配置等内部因素。由于负债融资与财务杠杆的客观关联性，财务杠杆水平同样也受到上述因素的直接影响。例如，负债融资可以相对增加经理人的持股份额，出于对债务偿还的考虑，职业经理人会更加努力地工作，从而达到降低代理成本的效果，同时，财务杠杆比例的增加也会抑制经理人的过度投资行为，降低企业风险。除此之外，破产机制的存在使企业的控制权从股东转移到债权人成为可能，所以，不同负债水平的选择就意味着不同治理结构的选择以及不同财务杠杆水平的选择。

财务杠杆水平是企业负债水平的直接反映，且财务杠杆效应产生的直接原因是企业资本结构中负债比例的选择对权益资本利润率的影响，而这里讨论的资本结构主要由负债与权益资本组成，因此，负债比例选择就成了资本结构的核心问题。

第八章

房地产企业上市与资产重组

本章学习目标

- **掌握：** 房地产企业上市融资的概念与内涵；房地产企业上市融资的条件与流程；企业资产重组的概念及内涵。
- **熟悉：** 房地产企业上市的必要性与作用；房地产企业资产重组的动因与特点。
- **了解：** 房地产企业上市融资的演进历程；房地产股票发行价格与费用。

第一节 房地产企业上市融资概述

房地产企业权益融资主要包括企业上市（直接上市 IPO）、企业兼并和重组以及房地产信托投资等。本章主要介绍房地产企业上市与资产重组的相关问题。

一、房地产企业上市融资

（一）房地产企业上市融资概述

房地产企业上市融资是指房地产企业通过发行股票获得资金或者借壳上市后再进行增发或者配股从而获得资金的一种方式。按照融资方式可分为直接上市融资（首次公开募股）和间接上市融资（买壳上市）。公开发行股票（initial public offering，IPO）可以让企业直接接触到资本市场，吸引投资者购买股票，为企业筹集资金，另外，已上市的企业还可以通过增发或配股的方式进一步筹集资金。买壳上市是指非上市公司通过收购已经上市公司的股份，目的是通过注入自己的资产和相关业务，达到证监会规定的扩股要求，实现在证券市场上的融资。

可转换债券是指债券持有人可按照发行时约定的价格将债券转换成公司的普通股票的债券，进行可转债程序化交易的，应当符合中国证监会的规定。为规范可转换公司债券的交易行为，保护投资者合法权益，可转债持有人对转股或者不转股有选择权，并于转股的次日成为发行人股东。2020年12月31日证监会令第178号公布施行《可转换公司债券管理办法》。据证券时报，2024年8月19日保利发展发布公告，拟发行可转债募资总额95亿元，用于北京、上海等城市的15个房地产项目的开发建设及补充流动资金。对于房地产公司而言，发行可转换债券可优化公司资产负债结构，增强抗风险能力，公司的净资产将有所增加，资产负债率将有所下降，公司的资本实力将进一步提升，偿债风险也随之降低。同时，由于转股价格一般设定得比市场价格高，发行可转换债券可以吸引投资者，有助于提升竞争力和巩固行业地位。当然，发行可转换债券会导致短期盈利将摊薄，股价将受压力。

房地产私募基金通过向符合条件的机构及个人投资者募集资金，交由专业的管理团队进行管理，商业银行充当资金流通的中介，其目标是以股权方式筹资并投资于房地产项目或企业。近年来，我国已有一些私募机构陆续设立投向商业地产、基础设施的私募基金并在基金业协会备案，不断探索积累不动产投资运作经验。例如，为贯彻国务院关于坚持租购并举、加快发展长租房市场的工作部署，证监会支持建设银行住房租赁基金于2022年10月在基金业协会完成备案。

据中基协数据，截至2022年末，中基协存续私募股权房地产基金838只，存续规模4043亿元，存续私募股权基础设施基金1424只，存续规模1.21万亿元。为进一步发挥私募基金多元化资产配置、专业投资运作优势，证监会于2023年2月20日宣布启动不动产私募投资基金试点，中国证券投资基金业协会起草发布《不动产私募投资基金试点备案指引（试行）》（以下简称《不动产试点指引》），支持不动产市场平稳健康发展。不动产基金试点新规主要包括了不动产基金的投资范围、不动产基金管理人资质要求、募集及投资者要求、为被投企业提供借款及担保、不动产基金融资、结构化安排、扩募、关联交易以及备案材料、信息披露等其他规定。

《不动产试点指引》遵循试点先行、稳妥推进原则，明确不动产投资范围、管理人试点要求、向适格投资者募集、适度放宽股债比及扩募限制、加强事中事后监测等，是证监会落实党中央和国务院有关"促进房地产业良性循环和健康发展"决策部署，健全资本市场功能，促进房地产市场盘活存量，支持私募基金行业发挥服务实体经济功能的重要举措。同时，为加强不动产投资领域的风险防控，监管部门对投资范围、管理人、投资人、投资策略、信息披露等基金各环节均做了风险防范。

（二）房地产私募基金项目投资的运作流程

房地产私募基金项目投资的运作流程如图8-1所示。

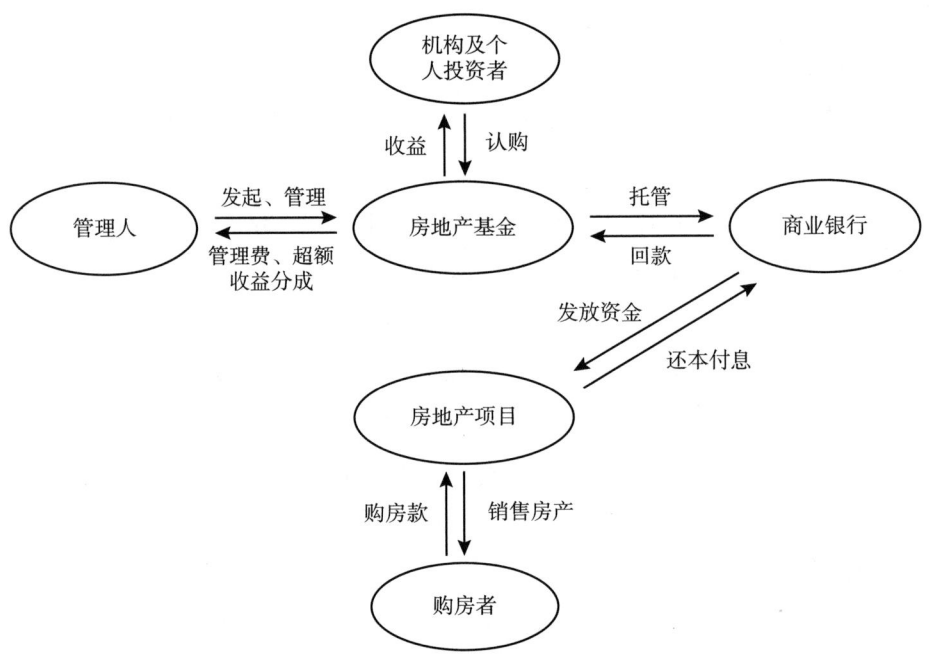

图8-1 房地产私募基金运作流程

1. 筛选项目

从众多项目库存中以最快的速度、最低的成本准确选出优质的项目，是房地产私募基金投资的核心准则。项目筛选由之前的关注房企项目团队资质到如今的关注项目团队+项目标的本身，即回款能力强、能够得到市场认可的房地产项目才真正具有投资价值。

2. 项目评估

通过对项目进行深入的专业评估和尽职调查后，最终决定所要投资的项目。尽职调查主要包括：房地产企业的状况（如注册资本、发展战略、城市布局、行业地位、股东实力等，财务状况，法律核查等）及房地产项目的基本要素（项目的基本情况——地理位置、占地面积、建筑面积、物业类型、周边环境等；项目许可证——土地使用权证、建设用地规划许可证、建设工程规划许可证、施工许可证和销售许可证等；资金方面；市场定位——物业类型、档次、目标客户等）。

3. 投资决策

经过严格的尽职调查后，基金管理团队需要对是否投资、投资多少作出投资决策，然后管理团队与企业进行合同条款的谈判；在双方达成一致后，签订投资合同，进入投资管理阶段。

4. 投资管理

房地产私募基金投资后存续期间，会对投资项目持续跟踪和反馈，在董事会中发挥影响力，保证项目团队的延续和稳定，并凭借丰富的经验为管理团队提供支持，以保证项目顺利运行和盈利。

5. 投资退出

房地产私募基金可在市场估值较高的时候，将持有股份转让出售，以收回投资并获取收益，这种方式的收益高，有利于企业再融资。也可以在通过协议转让或企业被兼并收购时出售股份回收资本和收益，这种方式方便快捷、费用低，但不容易找到收购方。在企业没有达到上市条件或出现私募股权基金要求回购时，由企业或股东按照约定条件进行回购。当企业无法存续或无存续价值时，申请破产清算，收回投资，将投资失败的损失降到最低。

二、房地产企业上市的必要性与作用

（一）房地产企业上市融资的必要性

房地产行业是典型的资金密集型产业，所需投资数额巨大，回收期长，这一行业特点决定了房地产企业上市融资的必要性。同时，正是这种特点导致房地产行业对国民经济各部门的拉动作用非常明显，如建材行业、重工业、金融业等行业都极大地受益于房地产业。房地产企业上市可以加快筹资速度，使公司获得永久性资本。

房地产行业从银行直接融资受国家财政和金融政策的制约，融资成本和难度都越来越高，如 2003 年 6 月中国人民银行出台的《关于进一步加强房地产信贷业务管理的通知》，使依赖银行贷款的房地产企业的资金链日益趋紧。因此，房地产企业必须开辟新的融资渠道。

房地产行业的繁荣取决于产业集中度的提高，培育一批有代表性、具有强大资金实力和丰富管理运营经验的地产上市公司有利于房地产行业优势资源的整合，形成规模经济。

（二）房地产企业上市融资的作用

加快房地产企业上市是优化公司治理结构，提升房地产公司竞争力的必然选择。公司董事会、监事会以及独立董事制度、证券市场的即时行情及相关的信息披露准则和要求推动管理层不断提高经营效率，也缓解了信息不对称现象和由此引发的道德风险和逆向选择的问题。

房地产企业上市可以有效减少国有商业银行的不良资产，证券市场通过自由博弈的交易制度将房地产企业的风险分散给机构投资者和个体投资者。并且，房地产企业上市可以减轻企业财务负担，降低资产负债率，因为从银行融资利息支付是刚性的，而发行股票后股息和股利的发放公司有很大的主动权和灵活性。

三、房地产企业上市融资的演进历程

1991年万科在深圳证券交易所上市，拉开了我国房地产行业进入资本市场的序幕。截至2022年10月，我国房地产行业在A股与H股上市企业已有200余家，其中房地产开发企业A股上市106家，H股上市79家。从1991年至今，随着我国股票市场的发展，房地产企业上市融资政策大致经历如下几个阶段。

（一）1991~1993年

1990年12月上海证券交易所成立，1991年7月深圳证券交易所成立，成为中国资本市场建立运行的起点，鼓励支持房地产上市。这一阶段上市的房地产企业以深市的万科A、深金田、深宝安、深振业、深长城和沪市的外高桥、浦东金桥、陆家嘴等为代表。1991年1月29日，万科A以14.58元的价格挂牌深交所，股票代码000002，成为中国第一家上市的房地产企业。

（二）1994~2001年

房地产企业上市禁令——首次公开募股（IPO）关闭。1993年8月16日，《国务院办公厅印发关于加强宏观调控有关规定的通知》明确控制信贷规模、严格审批房地产开发项目，证监会暂停房地产企业的IPO审批，一路高歌猛进的房地产热戛然而止。1995年7月，证监会出台文件，房地产企业上市公司不得将配股后所得融资用于高档房地产的开发。1996年和1997年又发了两个通知文件，均明确规定，金融、地产行业的企业申请上市（暂不考虑）或"暂停受理"。1996年11月8日，华润置地（股票代码1109.HK）在香港联交所上市，开创内地房地产公司香港上市先河。2001年4月12日，金地集团，股票代码600383，正式在上海证券交易所挂牌上市，同年进入北京市场，开启了全国化布局。

（三）2002~2009年

房地产企业上市IPO解禁。随着天鸿宝业、金地集团发行上市，我国境内房地产企业上市IPO解禁。证券监管部门对于房地产上市融资持有审慎支持态度，即有意扶持一批实力雄厚、运作规范的大型国有企业作为行业龙头，同时对房地产企业IPO设置较高的审核标准。股权分置改革之后，2007年国内上市的房地产公司直接融资金额合计已超过1000亿元。

（四）2010~2013年

暂停房地产企业的上市、再融资和重大资产重组。根据2010年国务院《关于坚决遏制部分城市房价过快上涨的通知》和2013年国务院办公厅《关于继续做好房地产市场调控工作的通知》的规定，对存在闲置土地、炒地以及捂盘惜售、哄抬房价等违法违规行为的房地产开发企业，将暂停上市、再融资和重大资产重组。

（五）2014~2016年

2014年，房地产企业融资正常化。国务院办公厅《关于金融支持经济结构调整和转型升级的指导意见》提出，要严格防控房地产融资风险。房地产再融资政策调整成为市场关注的焦点，暂停三年多的房地产企业融资将有条件放开。让房地产企业融资正常化，打开融资正门，尤其是通过资本市场进行直接融资。

截至2016年，我国沪深股市房地产板块的上市公司有135家，通过IPO直接上市的难度越来越大，买壳上市成为房地产上市融资的重要途径。内地IPO受阻后，万达开始寻求其他融资方式进入证券市场，运作海外子公司在海外市场上市，收购香港公司借壳上市，融资模式逐步走向多元化，是其在资本市场上的有益探索。

随着房地产市场的竞争加剧，有房地产公司开始谋求多元化转型，以参股投资等方式深度涉入金融领域，探索业务创新。泛海控股自2014年以来重新规划了产业发展的方向，提出在继续发挥房地产业务的基础上，融合具有较大发展的金融、战略等业务板块，转型为"金融＋房地产＋战略"的综合性业务上市公司。另外，根据中原地产研究部的统计，2015年上半年已经有45家内地房企在A股或港股发布定增方案，合计融资额高达1120亿元。①

（六）2017年以来

在内地融资环境收紧、疫情影响等因素的影响下，2020年至今，仅有3家房企在香港上市，前两家在A股上市的房企还要追溯到2019年的中新集团以及2015年的招商蛇口。2024年3月15日，中国证监会集中发布《关于严把发行上市准入关从源头上提高上市公司质量的意见（试行）》等4项政策文件，内容涉及发行上市准入、上市公司监管、机构监管、证监会系统自身建设等方面。

总体来看，房地产上市公司在全国房地产企业中占少数。相对未上市的企业，上市公司规模实力较大，透明度高，经营比较规范，且资产负债率普遍低于行业平均水平，更有利于防范金融风险。

第二节 房地产企业上市融资的条件与流程

一、房地产企业上市融资的制度与条件

（一）房地产企业股票发行制度

股票发行制度是指发行人在申请发行股票时必须遵循的一系列程序化的规范，具体而言，表现在发行监管制度、发行方式与发行定价等方面。股票发行制度主要有审批制、核准制和注册制3种代表性股票发行制度。

1. 审批制

审批制是指在股票市场的发展初期，为了维护上市公司的稳定和平衡复杂的社会经济关系，采用行政和计划的办法分配股票发行的指标和额度，由地方政府或行业主管部门根据指标推荐企业发行股票的一种发行制度。1992年10月，我国证监会设立。1993年，全国统一的股票发行审核制度建立，开启了行政主导的审批制。在此制度下，公司发行股票的首要条件是取得指标和额度，证券中介机构进行技术指导，证券监管部门凭借行政权力行使实质性审批职能。在缺乏公众监督和信息公

---

① http://house.people.com.cn/n/2015/0527/c164220-27065105.html.

开情况下，容易产生权力寻租和虚假信息问题，因此，1999年7月1日正式实施的《中华人民共和国证券法》（以下简称《证券法》）明确确立了核准制的法律地位，即"公开发行证券，必须符合法律、行政法规规定的条件，并依法报经国务院证券监督管理机构或者国务院授权的部门核准或者审批"。2001年3月28日，我国正式实施股票发行核准制下的"通道制"。

2. 核准制

核准制是指证券监管机构根据公司法、证券法等相关规定，对股票发行人提出的申请及有关材料，进行真实性、准确性、完整性和及时性审查，并对发行人的营业性质、财力、素质、发展前景、发行数量和发行价格等条件进行实质性审查，据此作出发行人是否符合发行条件的价值判断和是否核准申请的决定。2005年修订的《证券法》规定，"公开发行证券，必须符合法律、行政法规规定的条件，并依法报经国务院证券监督管理机构或者国务院授权的部门核准；未经依法核准，任何单位和个人不得公开发行证券"。根据核准制的要求，监管机构是否核准的依据是发行人申请材料的实质性内容和形式上是否满足法律规定要求，同时所有核准信息完全公开，接受公众监督。

3. 注册制

注册制是在市场化程度较高的成熟股票市场普遍采用的一种发行制度，证券监管部门公布股票发行的必要条件，只要达到所公布条件要求的企业即可发行股票。发行人申请发行股票时，必须依法将公开的各种资料完全准确地向证券监管机构申报。证券监管机构对申报文件的真实性、准确性、完整性和及时性做合规性的形式审查，发行公司的质量则由证券中介机构来判断和决定。这种股票发行制度对发行人、证券中介机构和投资者的要求都比较高。2013年11月证监会发布《关于进一步推进新股发行体制改革的意见》，预示着注册制改革正式启动。

2018年11月5日，上海证券交易所设立科创板并试点注册制，标志着注册制改革进入启动实施阶段。2019年7月22日，首批科创板公司上市交易。2020年8月24日，深交所创业板开启注册制试点。2021年11月15日，北京证券交易所揭牌开市，同步试点注册制。科创板、创业板和北交所试点注册制总体上是成功的，改革成效得到了市场认可。2023年2月17日，中国证监会发布全面实行股票发行注册制相关制度规则，自公布之日起施行。全面实行注册制是涉及资本市场全局的重大改革，标志着注册制的制度安排基本定型，推广到全市场和各类公开发行股票行为，在中国资本市场改革发展进程中具有里程碑意义。

2020年10月26日党的十九届五中全会审议通过了《中共中央关于制定国民

经济和社会发展第十四个五年规划和二〇三五年远景目标的建议》指出，全面实行股票发行注册制。党的二十大报告强调，健全资本市场功能，提高直接融资比重。

（二）房地产企业上市融资（发行股票）的条件

公开发行证券，必须符合法律、行政法规规定的条件，并依法报经国务院证券监督管理机构或者国务院授权的部门注册。未经依法注册，任何单位和个人不得公开发行证券。根据《证券法》（1998年12月29日第九届全国人民代表大会常务委员会第六次会议通过，2019年12月28日第十三届全国人民代表大会常务委员会第十五次会议第二次修订）第十二条规定，公司首次公开发行新股，应当符合下列条件：

（1）具备健全且运行良好的组织机构；

（2）具有持续经营能力；

（3）最近三年财务会计报告被出具无保留意见审计报告；

（4）发行人及其控股股东、实际控制人最近三年不存在贪污、贿赂、侵占财产、挪用财产或者破坏社会主义市场经济秩序的刑事犯罪；

（5）经国务院批准的国务院证券监督管理机构规定的其他条件。

上市公司发行新股，应当符合经国务院批准的国务院证券监督管理机构规定的条件，具体管理办法由国务院证券监督管理机构规定。

公开发行存托凭证的，应当符合首次公开发行新股的条件以及国务院证券监督管理机构规定的其他条件。

根据《证券法》第十一条规定，设立股份有限公司公开发行股票，应当符合《中华人民共和国公司法》（以下简称《公司法》）规定的条件和经国务院批准的国务院证券监督管理机构规定的其他条件，向国务院证券监督管理机构报送募股申请和下列文件：

（1）公司章程；

（2）发起人协议；

（3）发起人姓名或者名称，发起人认购的股份数、出资种类及验资证明；

（4）招股说明书；

（5）代收股款银行的名称及地址；

（6）承销机构名称及有关的协议。

依照本法规定聘请保荐人的，还应当报送保荐人出具的发行保荐书。

2021年4月16日，中国证监会修订发布了《科创板企业发行上市申报及推荐暂行规定》，界定了科创板行业领域，建立了负面清单制度，禁止的房地产和主要从事金融投资类业务的企业在科创板上市。

根据《上海证券交易所股票上市规则》（1998年1月实施，2024年4月第十八次修订）规定，境内发行人申请首次公开发行股票并在本所上市，应当符合下列条件：

（1）符合《证券法》、中国证监会规定的发行条件；

（2）发行后的股本总额不低于5000万元；

（3）公开发行的股份达到公司股份总数的25%以上；公司股本总额超过4亿元的，公开发行股份的比例为10%以上；

（4）市值及财务指标符合本规则规定的标准；

（5）本所要求的其他条件。

本所可以根据市场情况，经中国证监会批准，对上市条件和具体标准进行调整。

二、房地产企业上市融资的流程

为了规范上海证券交易所、深圳证券交易所上市公司证券发行行为，保护投资者合法权益和社会公共利益，2023年2月17日，中国证监会发布全面实行股票发行注册制相关制度规则——《上市公司证券发行注册管理办法》。上市公司发行证券的，应当符合《证券法》和《上市公司证券发行注册管理办法》规定的发行条件和相关信息披露要求，依法经上海证券交易所或深圳证券交易所发行上市审核并报中国证券监督管理委员会注册。对上市公司发行证券申请予以注册，不表明中国证监会和交易所对该证券的投资价值或者投资者的收益作出实质性判断或者保证，也不表明中国证监会和交易所对申请文件的真实性、准确性、完整性作出保证。

为从严监管企业发行上市活动，压紧压实发行监管全链条各方责任，切实树立对投资者负责的理念，强化资本市场功能发挥，从源头上提高上市公司质量，2024年3月15日，中国证监会发布《关于严把发行上市准入关从源头上提高上市公司质量的意见（试行）》，提出具体措施：一是严把拟上市企业申报质量；二是压实中介机构"看门人"责任；三是突出交易所审核主体责任；四是强化证监会派出机构在地监管责任；五是坚决履行证监会机关全链条统筹职责；六是优化多层次资本市场功能衔接；七是规范引导资本健康发展；八是健全全链条监督问责体系。

房地产公司上市融资的流程及各阶段的主要工作内容如表 8-1 所示。

表 8-1　　　　　　　房地产公司上市融资的流程及各阶段工作内容

工作阶段	工作内容
改制与设立股份公司	·企业拟订改制方案，委托证券中介机构对方案进行可行性论证； ·对拟改制的资产进行审计、评估，签署发起人协议，起草公司章程等文件； ·设置公司内部组织机构，设立股份有限公司
尽职调查与辅导	·向当地证监局申报辅导备案； ·保荐机构和其他中介对公司进行尽职调查、问题诊断、专业培训和业务指导，指导的内容主要包括上市相关法律法规、建立健全公司治理机制、公司会计和内控制度、信息披露制度规范大股东及公司董监高持股等； ·完善组织机构和内部管理，规范企业行为，明确业务发展目标和募集资金投向； ·对照发行上市条件对存在的问题进行整改，准备首次公开发行申请文件； ·当地证监局对辅导情况进行验收
申请文件申报	·企业和证券中介按照证监会/证券交易所的要求制作申请文件，并递交申请材料； ·保荐机构进行内核并向证监会/证券交易所尽职推荐
申请文件审核	·证监会对申请文件进行初审，符合申报条件的，在 5 个工作日内受理申请文件； ·证监会向保荐机构反馈意见，保荐机构组织发行人和中介机构对相关问题进行回复； ·证监会根据反馈回复继续审核，预披露申请文件，召开初审会； ·证监会发审委召开会议对申请文件和初审报告进行审核，对发行人上市申请作出决议； ·依据发审委审核意见，证监会对发行人申请作出决定
询价与定价	·发行人在本所网站及符合证监会规定的媒体全文披露招股说明书及发行公告等信息； ·主承销商与发行人组织路演，向投资者推介； ·主承销商与发行人通过直接定价或询价定价的方式确定发行价格
发行与上市	·根据证监会规定的发行方式公开发行股票或根据发行方案备案的发行方式公开发行股票； ·在登记结算公司办理股份的托管与登记； ·挂牌上市

三、房地产企业债券融资和股权融资的比较

一般而言，房地产企业债券融资和股权融资的主要区别在于融资方式、负担性、用途、控制权和对企业的作用等方面。

（一）融资方式和成本不同

股权融资是指企业通过 IPO、增发股票、私募股权等方式引进新的股东，为企

业提供更多的资金以支持其扩张和创新，同时使总股本增加的融资方式；而债权融资是指企业通过举债的方式进行融资，债务的偿还是企业责无旁贷的义务，债权人更关注借款人的偿债能力和信用状况。

从筹资成本的角度看，由于股权投资具有高风险性，投资者要求的回报率也会更高，政府对法人和股东双重征税，债券融资中债务利息计入成本，可以冲减税费，因此，发行债券融资的综合成本通常要低于发行股票。

（二）负担性和权益分配不同

发行股票可以减轻房地产上市企业的财务负担，公司给股东支付的股息和红利有很强的灵活性和自主权，在经营情况不佳的情况下，可以选择不支付（优先股除外）；而债权融资具有负担性，债权投资所获得的资金，企业首先要承担资金的利息，另外在借款到期后要向债权人偿还资金的本金。

在权益分配方面，股权融资涉及股东之间的权益分配和利润分享，即股东根据其持有的股权比例分享企业的盈利；而债权融资则是按照约定的利率支付利息，并在到期时按照面值偿还债务，债权人没有权益分享的权利。

（三）用途与风险不同

股权融资既可以充实企业的营运资金，也可以用于企业的投资活动；而债权融资主要是解决企业营运资金短缺的问题，而不是用于资本项下的开支。此外，股票投资者对股息的收益通常是根据企业的盈利水平和发展的需要而定，而企业发行债券，则必须承担按期付息和到期还本的义务，因此，股权融资的风险通常小于债权融资的风险。

（四）控制权不同

债券融资除在一些特定的情况下可能带来债权人对企业的控制和干预问题外，一般不会削减股东对企业的控制权力，公司管理结构不受影响；相比之下，股权融资会导致现有股东的控制权被稀释，进而可能产生对企业的控制权的纠纷或问题。此外，当企业破产清算时，该企业的债权优先于股权获得清偿。

（五）对企业的作用不同

股权融资对企业来说是获得长期性的资本，能更好地帮助企业抵御风险，资本增加有利于增加公司的信用价值，增强公司的信誉，有助于企业的长期稳定发展；

而债券融资提供的是短期资金，主要用于解决企业的流动性和短期发展需求，且发行债券所获资金必须连本带利全部偿还。

综上所述，房地产企业在选择融资方式时，应根据自身的财务状况、市场环境以及对控制权的需求来综合考虑债券融资和股权融资的优缺点，选择最适合企业发展的融资方式。

四、房地产股票的发行价格与费用

（一）房地产股票的发行价格

房地产股票的发行价格是指房地产股份有限公司在募集股份资本或发行新股票时，将股票公开出售所采用的价格，也就是投资者认购股票时所支付的价格。股票发行通常由发行公司根据股票面额、股市行情和其他相关因素决定。确定股票的发行价格一般有按面值发行、时价发行、折价发行、按股票票面价格和市场价格的中间价发行等。

1. 面值发行

面值发行是指按股票的票面金额为发行价格。采用股东分摊的发行方式时，一般按平价发行，不受股票市场行情的左右。由于市价往往高于面额，因此以面额为发行价格能够使认购者得到因价格差异而带来的收益，使股东乐于认购，又保证了股票公司顺利地实现筹措股金的目的。

2. 时价发行

时价发行是指以流通市场上的股票价格（即时价）为基础确定发行价格。时价发行的价格一般高于票面额，由此带来的溢价收益归该股份公司所有。在具体决定价格时，还要考虑股票销售难易程度、对原有股票价格是否造成冲击、认购期间价格变动的可能性等因素，因此，一般将发行价格定在低于时价5%~10%的水平是比较合理的。

3. 折价发行

折价发行是指发行价格不到票面额，是打了折扣的。折价发行有两种情况：一种是优惠性的，通过折价使认购者分享权益；另一种是该股票行情不佳，发行有一定困难，发行者与推销者共同议定一个折扣率，以吸引那些预测行情要上浮的投资者认购。按照《公司法》第一百四十八条规定，面额股股票的发行价格可以按票面金额，也可以超过票面金额，但不得低于票面金额。

4. 中间价发行

中间价发行是指股票的发行价格取票面额和市场价格的中间值,旨在平衡市场价格和公司的期望价值。中间价格发行对象一般为原股东,在时价和面额之间采取一个折中的价格发行,实际上是将差价收益一部分归原股东所有,另一部分归公司所有用于扩大经营。因此,在进行股东分摊时要按比例配股,不改变原来的股东构成。

(二) 房地产股票发行费用

房地产股票发行费用是指发行公司在筹备和发行股票过程中发生的费用,主要包括承销费用、保荐费用、其他中介机构费用以及印刷费用、宣传广告费用和其他费用等。

1. 承销费用(发行手续费)

承销费用(发行手续费)是指发行公司委托证券承销机构发行股票时支付给后者的佣金。承销费用一般按企业募集资金总额的一定百分比计算,由承销商在投资者付给企业的股款中扣除。决定和影响股票承销费的主要因素包括发行总量、发行总金额、发行公司的信誉、发行股票的种类、承销方式以及发行方式等。一般而言,发行量越大、筹资额越大、发行公司的信誉越好、承销方式越复杂,所需支付的承销费用就越高。

2. 保荐费用

保荐费用是发行公司委托具有保荐资格的机构推荐股票发行上市所支付的费用。公开发行股票依法采取承销方式的,应当聘请具有保荐资格的机构担任保荐人。

3. 其他中介机构费用

股票发行过程中必然会涉及评估、财务和复杂的法律问题。企业在筹备和发行股票过程中,必须聘请具有证券从业资格的资产评估机构、会计师事务所以及律师事务所参与发行工作,此类中介机构的费用也是股票发行过程中必须支付的。收费标准基本上按企业规模大小和工作难易程度来确定。

4. 印刷费用、宣传广告费用和其他费用

印刷费用是指为发行申报材料、招股说明书、上市公告书等文件付出的印刷费用。宣传广告费用是在发行股票时为使股票能顺利发售出去,实现预定的筹资目标所做的广告而支出的费用。除此之外,发行人在股票发行过程中可能还需支付如采

用上网定价发行方式的上网发行费等。

综上所述，房地产股票发行费用的高低受到多种因素的影响，包括发行总量、筹资额、发行公司的信誉、股票种类、承销方式和发行方式等。这些因素共同决定了承销费用、保荐费用以及其他中介机构费用的具体数额。

第三节　房地产企业资产重组

一、资产重组概述

（一）资产重组的概念及内涵

我国的资产重组概念是从股市习惯用语上升到专业术语的，其内容比国外企业重组（restructuring）的概念要广。当前主要从资产的重新组合、业务整合、资源配置以及产权的角度对资产重组进行定义。

从资产的重新组合角度看，资产重组不仅是对"经济资源的改组"（资产是指其拥有的包括人、财、物等经济资源），即对人、财、物等资源的重新组合，还包括进入市场的重新组合。该定义突出了资产重组的"资产"，而对于资产重组的"产权"有所忽视。

从业务整合的角度看，资产重组是指企业以提高公司整体质量和获利能力为目的，通过各种途径对企业内部和外部业务进行重新整合的行为。该定义从业务的整合角度反映了资产重组的目的，但对于重组资产内涵和外延不明确，也未涉及资产重组的产权及业务重组。

从资源配置的角度看，资产重组是指对存量资产的再配置过程，通过改变存量资源在不同的所有制之间、不同的产业之间、不同的地区之间，以及不同企业之间的配置格局，实现产业结构优化和提高资源利用率目标。微观层次的企业重组主要包括：企业内部的产品结构、资本结构与组织结构的调整，企业外部的合并与联盟等。宏观层次企业重组主要是指产业结构调整的资源重新配置过程。该定义用资源配置来定义资产重组内涵不清晰，外延模糊，资产重组是资源配置的一种方式，而资源配置只是资产重组的一种目的和结果。

从产权的角度看，企业资产重组是指以产权为纽带，对企业的各种生产要素和资产进行新的配置和组合，以提高资源要素的利用效率，实现资产最大限度增值的行为。该定义强调了资产重组中的"产权",但忽略了不涉及产权的资产重组。

综合上述对资产重组的定义,认为资产重组是指企业资产的拥有者、控制者与企业外部的经济主体进行的,对企业资产的分布状态进行重新组合、调整、配置的过程,或对企业资产上的权利进行重新配置的过程。企业重组是对企业的资金、资产、劳动力、技术、管理等要素进行重新配置,构建新的生产经营模式,使企业在变化中保持竞争优势的过程。企业重组贯穿于企业发展的每一个阶段。企业重组是针对企业产权关系和其他债务、资产、管理结构所展开的企业的改组、整顿与整合的过程,以此从整体上和战略上改善企业经营管理状况,强化企业在市场上的竞争能力,推进企业创新。企业重组包括企业法律形式改变、债务重组、股权收购、资产收购、合并、分立等。由此可见,资产重组属于企业重组的一种模式,是指对重组企业一定范围内的资产进行分析整合和优化组合的活动,是企业重组的核心。

根据 2025 年 5 月 16 日中国证券监督管理委员会修订通过的《上市公司重大资产重组管理办法》第十一条的规定,上市公司实施重大资产重组,应当就本次交易符合下列要求。

(1) 符合国家产业政策和有关环境保护、土地管理、反垄断、外商投资、对外投资等法律和行政法规的规定;

(2) 不会导致上市公司不符合股票上市条件;

(3) 重大资产重组所涉及的资产定价公允,不存在损害上市公司和股东合法权益的情形;

(4) 重大资产重组所涉及的资产权属清晰,资产过户或者转移不存在法律障碍,相关债权债务处理合法;

(5) 有利于上市公司增强持续经营能力,不存在可能导致上市公司重组后主要资产为现金或者无具体经营业务的情形;

(6) 有利于上市公司在业务、资产、财务、人员、机构等方面与实际控制人及其关联人保持独立,符合中国证监会关于上市公司独立性的相关规定;

(7) 有利于上市公司形成或者保持健全有效的法人治理结构。

(二) 资产重组的主要方式

根据相关法律规定,资产重组的方式有收购兼并、股权转让、资产剥离和所拥有股权的出售以及资产置换。其中,股权转让需要进行变更登记。

1. 收购兼并

收购兼并是企业通过收购其他企业股权或资产、兼并其他企业，或采取定向扩股合并其他企业，既可以整合企业的内外部资源，产生规模效应，降低市场交易费用，扩大市场份额，又可以采取多样化的经营策略，以降低经营风险。在我国，兼并收购是上市公司资产重组中使用最广泛的一种重组方式，是作为利益主体的上市公司进行主动对外扩张的行为。

2015 年，万科股权之争，是中国 A 股市场历史上规模最大的一场公司并购与反并购攻防战。宝能系持股比例已经达到了 25.04%，距离控股股东地位仅一步之遥。2015 年 12 月 18 日，万科 A 发布临时停牌公告称正在筹划股份发行，用于重大资产重组及收购资产。同时，宝能集团也在官网发表声明，公司重视风险管控，重视每一笔投资，恪守法律，尊重规则，相信市场的力量。直至万科找到了一家国企深圳地铁，以解自身的危机。2017 年 6 月 9 日晚，万科发布公告，中国恒大所持 14.07% 万科股份全部出清，深圳市国资委控股的深圳地铁持股由 15.31% 变为 29.38%，超过宝能 25.4% 持股成万科第一大股东，由此，打破"万宝之争"僵局。2024 年，万科 A 与万科 H 宣布合并，成为中国房地产开发领域的巨头。这次合并是为了增加公司的市值，并在市场竞争中保持优势地位。

2. 股权转让

股权转让是上市公司资产重组的另一个重要方式，是指并购公司根据股权转让协议受让上市公司部分股权，从而成为上市公司股东甚至控股股东的行为。股权转让主要指上市公司的大宗股权转让，包括股权有偿转让、二级市场收购、行政无偿划拨和通过收购控股股东等形式。这种转让一般会导致公司股东甚至董事会和经理层的变动，从而引入新的管理方式，调整原有公司业务，实现公司经营管理及业务的升级。

1994 年，华润集团通过收购由北京市西城区政府为旧城改造而设立的北京华远集团进入北京房地产市场，华润集团收购华远集团 70% 的股份后，1996 年 11 月以北京置地名义在香港上市。2000 年，万科期望引进有实力的大股东——华润集团，打通市场融资渠道，华润集团在接替深圳特区发展公司成为万科集团第一大股东，持股 15.08%。2001 年 5 月，华润集团将持有北京置地 44.2% 的股份注入万科，由万科向华润按比例增发 A 股，进而形成华润控股万科，万科控股北京置地，北京置地控股华远地产的股权架构。2002 年底，华远集团与华润集团签订了股权转让合同，决定转让华远集团及其下属公司在北京华远房地产公司约 18% 的全部股权，并收回"华远"的名称、标志等全部品牌。

3. 资产剥离

资产剥离是上市公司资产重组的一个重要方式和利润提升方法之一，是指将上市公司主体中的非生产性、非经营性资产从上市公司实体中分离出来，一般由上市公司的母公司承接，将上市公司的不良资产剥离转让给母公司或母公司的其他子公司，包括实物资产剥离和股权出售。资产剥离作为减少上市公司经营负担、改变上市公司经营方向的有力措施，经常被加以使用。

2023年，作为国内为数不多未出险的头部民营房企，美的置业97%的营业收入来自房地产开发业务，房地产开发是美的置业的绝对核心业务。2024年6月23日，公司拟将房地产开发业务进行内部重组，由私人公司持有该业务，同时组建私人公司集团，通过实物分派私人公司股份的方式将私人公司集团从公司剥离。至于剥离房地产开发业务的原因，美的置业给出说明：一是尽管截至2023年末维持了健康的财务比率，并设法满足"三道红线"①的要求，剥离房地产开发业务，将可减少公司负债和与房地产开发业务的重资产属性相关的信用风险，并为股东提供变现其在公司部分投资的选择权，减少其与公司股份相关的房地产开发业务投资风险。二是剥离将使公司能够精简其运营并专注于主要为轻资产的保留业务。将重资产的房地产开发业务剥离将不可避免地缩减公司整体业务的规模，但将重心转移到轻资产模式使保留集团能够利用其在房地产行业的专业知识，实现更高的利润率，并减少其在房地产市场的周期性风险敞口。

4. 资产置换

资产置换是上市公司资产重组的重要方式之一，是各类资产重组方式中效果最快、最明显的一种方式。资产置换主要是指上市公司控股股东以优质资产或现金置换上市公司的呆滞资产，或以主营业务资产置换非主营业务资产等情况，既实行了对外收购又进行了资产剥离，从而提高资产质量。资产置换包括整体资产置换和部分资产置换等形式。

2024年8月30日，格力地产公告，基于公司逐步退出房地产开发业务实现主业转型的整体战略考量，为优化产业结构，实现公司高质量发展，公司拟以其持有的上海合联、上海保联、上海太联、三亚合联及重庆两江的100%股权及格力地产相关对外债务，与海投公司持有的免税集团51%股权进行置换。格力地产表示，本

---

① "三道红线"是2020年8月，央行、银保监会等机构针对房地产企业提出的指标，即剔除预收款项后资产负债率不超过70%、净负债率不超过100%、现金短债比大于1。

次交易将向上市公司注入盈利能力较强、发展前景广阔的免税业务，联动海洋经济服务范畴，充实上市公司的口岸经济业务内涵，强化产业核心竞争力，上市公司将形成以免税业务为主导的大消费产业发展格局。通过本次重组，公司将逐步退出房地产业务，发展成为以拥有跨境产业链多业态布局的免税业务、发展可期的消费运营等业务板块为核心的大型上市公司。

为了规范上市公司重大资产重组行为，保护上市公司和投资者的合法权益，促进上市公司质量不断提高，维护证券市场秩序和社会公共利益，2008年3月24日中国证券监督管理委员会第224次主席办公会议审议通过，2025年修订的《上市公司重大资产重组管理办法》强调，鼓励依法设立的并购基金、股权投资基金、创业投资基金、产业投资基金等投资机构参与上市公司并购重组。

二、房地产企业资产重组

兼并重组是企业加强资源整合、实现快速发展、提高竞争力的有效措施，是化解产能严重过剩矛盾、调整优化产业结构、提升资源配置效率、提高发展质量效益的重要途径。为深入贯彻落实科学发展观，切实加快经济发展方式转变和结构调整，提高发展质量和效益，2010年9月6日国务院印发了《国务院关于促进企业兼并重组的意见》，推动优势企业通过合并和股权、资产收购等方式进行强强联合和兼并重组。2014年3月24日，国务院出台《国务院关于进一步优化企业兼并重组市场环境的意见》，旨在落实党中央和国务院的决策部署，营造良好的市场环境，充分发挥企业在兼并重组中的主体作用。

近年来，我国企业兼并重组步伐不断加快，跨地区、跨所有制的兼并重组数量和交易金额不断增加。为引导企业正确适用兼并重组税收政策，降低企业税收遵从成本，财政部会同税务总局等部门坚持问题导向，2024年7月，财政部和税务总局发布了《企业兼并重组主要税收优惠政策指引》，对现行有效的支持企业兼并重组主要税收优惠政策和税收征管文件进行了梳理，并按照企业兼并重组的类型，分门别类明确了适用主体、适用情形、政策内容、执行要求及政策依据等内容。

破产和兼并重组是房地产业发展的必然趋势，大型房地产企业集团拥有技术优势、组织管理能力优势，通过推动房地产行业重组并购，既可化解房企债务危机，尤其是改善优质头部房企资产负债状况，又可带来经营上的规模经济，实现房地产业的优胜劣汰，顺应该行业进入衰退期的发展趋势。据不完全统计，自2021年下半年以来，已有超 50 家上市房企启动债务重组，监管部门近年来也密集出台房地产风险化解相关政策。住房城乡建设部和金融监管总局发布通知，明确建立城市房地产融资协调机制，精准满足合理融资需求。

随着房地产供给侧政策支持力度持续加大，根据中央金融工作会议精神和工作部署，2023 年 11 月和 12 月，中国人民银行、金融监管总局、中国证监会联合召开会议，研究近期房地产金融、信贷投放、融资平台债务风险化解等重点工作，指出一视同仁满足不同所有制房地产企业合理融资需求，并要求要继续配合地方政府和相关部门，坚持市场化、法治化原则，加大保交楼金融支持，推动行业并购重组。

截至 2024 年 8 月，华远地产、美的置业、格力地产等多家上市房企陆续剥离房地产开发业务资产。2024 年 4 月，华远地产最先披露筹划资产重组公告，拟将房地产开发业务相关资产及负债转让至其控股股东华远集团，并采取现金方式交易。2024 年 6 月 23 日，美的置业在港交所公告，拟将房地产开发业务进行内部重组，由私人公司持有该业务，同时通过实物分派私人公司股份＋现金选择权的方式将私人公司从上市公司剥离。2024 年 7 月，格力地产对重大资产重组方案进行调整，采取逐步退出房地产开发业务实现主业转型的整体战略，即拟置出所持有的上海、重庆、三亚等地相关房地产开发业务对应的资产负债及上市公司相关对外债务，并置入珠海免税集团不低于 51% 股权。

由此可见，中国房地产领域正处于超级分化状态，资金向头部企业集中，房地产企业发展进入新阶段，公司并购是房地产企业实现多元化发展的重要途径，融资的"三条红线"政策使得房地产企业融资面临新的挑战。

三、房地产企业资产重组的动因

通过分析房地产企业的资产重组案例，可以发现房地产企业资产重组的动因主要体现在以下几个方面。

1. 收益的多元化和风险分散

房地产企业可以通过收购和兼并打造企业多元化经营业务体系，以实现企业收益的多元化和风险分散，开拓企业新的利润空间，如保利地产的红星美凯龙、碧桂园的智能家居、万科的物流递送等。2022 年，外资频频抄底进入中国房地产市场，新加坡凯德集团以 20.37 亿元拍下北京博瑞大厦，加拿大资管巨头博枫收购富力和合景泰富在上海打造的嘉誉云景项目。香港"四大家族"之一的新世界集团认为此时的中国的房地产市场是一个收购土地和资产、获得战利品的好机会，已经于2022年4月和5月，先后以19.02亿元收购龙光系高速公路管理及营运资产，以22.9亿元收购成都、武汉两个城市的6项物流资产。

2. 提升企业的核心竞争力

房地产企业通过并购重组，坚持主经营业务并逐渐打造和提升企业的核心竞争力，实现集团采购和信息共享，以达到降低成本、提升品质、加快项目开发等目的。2022年初以来，监管层鼓励优质企业加大房地产项目兼并收购，房地产并购贷款不再计入"三道红线"。2022年8月31日，世茂集团控股有限公司发布出售项目公司权益的公告，已与华润置地签订股权转让协议，世茂集团转让下属4家项目公司股权给华润置地，总金额为33.16亿元。

3. 改善企业的资产状况

房地产企业通过并购重组获得投资收益并改善企业的资产状况，从而获得上市公司资格或配股资格。2021年12月20日，央行和银保监会要求，鼓励银行做好重点房地产企业风险处置项目并购金融服务。12月31日，深圳国资企业特区建发集团斥资19.1亿港元认购华南城新发行股份，成为华南城主要股东兼单一最大股东，持股比例29.28%。针对出险企业项目的承债式收购，相关并购贷不再计入"三道红线"相关指标。而进入2022年，国企、央企地产商也陆续发行并购贷。自2023年以来，房地产企业并购重组特征明显转向，出现多元化并购新趋势，由企业规模扩张驱动转向由资产出让、资金回笼、业务剥离的需求驱动出售地产开发或涉及商办、文旅、物管等不同领域的多元业务项目投资股权，以回笼资金、聚焦主业。

四、房地产企业资产重组的特点

房地产企业资产重组主要包括以下特点。

1. 涉及资产规模大

房地产企业的资产重组通常涉及大量的土地、建筑物和其他基础设施，因此交易金额巨大，对企业的财务状况和市场影响力有着深远的影响。

2. 法律和金融复杂性高

房地产资产重组涉及复杂的法律程序和金融操作，包括土地使用权转让、建筑物拆迁补偿、资金筹措等，这些都需要严格遵守相关法律法规，并确保所有交易合法合规。为规范上市公司资产重组行为，维护证券市场秩序和社会公共利益，《中华人民共和国公司法》《中华人民共和国证券法》《上市公司重大资产重组管理办法》等对公司合并的具体形式，以及相应的法律后果都有相应的规定。

3. 受政策影响大

房地产行业对政策变化非常敏感，因此，政府的土地政策、税收政策、金融政策等都会对房地产企业的资产重组产生重大影响。

4. 重组效率高

随着注册制的实施，重大资产重组的审核效率大幅提升，问询轮次和数量减少，审批进程加快，使房地产企业能够更快地完成重组，抓住市场机遇。

5. 重组形式多样和多维度合作

房地产企业资产重组的方式包括资产置换、股权转让、资产剥离或所拥有股权出售、收购兼并等多种方式。房地产企业通常需要通过与银行、金融机构和不良资产管理公司（AMC）等建立战略合作关系，共同推进重组项目，以实现资产盘活和收益最大化。

6. 受市场活跃度影响

市场活跃度的变化也会影响房地产企业的资产重组活动。例如，市场活跃度下降时，资产重组的数量和金额会相应减少。

思考题

1. 如何理解房地产企业上市融资。
2. 简述房地产私募基金项目投资的运作流程。
3. 房地产企业上市的必要性与作用是什么？
4. 房地产企业上市融资制度是什么？
5. 房地产企业上市融资（发行股票）的条件是什么？
6. 简述房地产公司上市融资的流程及各阶段工作内容。
7. 房地产企业债券融资和股权融资的主要区别是什么？
8. 如何理解房地产股票发行价格与费用？
9. 资产重组的概念及内涵是什么？
10. 资产重组的主要方式有哪些？
11. 《上市公司重大资产重组管理办法》规定，上市公司实施重大资产重组的交易符合的要求有哪些？
12. 房地产企业资产重组的动因与特点是什么？

补充阅读

不动产私募投资基金备案新规及解读

为促进资本市场支持房地产市场平稳健康发展，落实中国证监会开展不动产私募投资基金试点要求，规范私募投资基金从事不动产投资业务，中国证券投资基金业协会审议通过《不动产私募投资基金试点备案指引（试行）》（以下简称《不动产试点指引》）。

（一）政策出台背景

截至2022年末，中国证券投资基金业协会存续私募股权房地产基金838只，存续规模4043亿元，存续私募股权基础设施基金1424只，存续规模1.21万亿元，主要投向商业地产、交通基础设施、物流仓储、市政工程开发与建设等，在支持房地产市场平稳健康发展、促进不动产市场盘活存量、转型发展等方面发挥了积极作用。

由于不动产私募投资基金的投资范围、投资方式、资产收益特征等与传统股权投资存在较大差异，为积极发挥私募股权投资基金作用，协会在中国证监会指导下，开展不动产私募投资基金试点，起草形成《不动产试点指引》，允许符合要求的私募股权基金管理人在具备初步募资和展业计划的基础上设立不动产私募投资基金，引入机构资金，投资特定居住用房、商业经营用房和基础设施项目等，促进房地产企业盘活经营性不动产并探索新的发展模式。

为促进资本市场支持房地产市场平稳健康发展，落实中国证监会开展不动产私募投资基金试点要求，规范私募投资基金从事不动产投资业务，基金业协会在中国证监会指导下起草了《不动产私募投资基金试点备案指引（试行）》（以下简称《不动产试点指引》）。2023年2月20日，基金业协会正式发布《不动产试点指引》。

（二）《不动产试点指引》的主要内容

《不动产试点指引》遵循试点先行、稳妥推进原则，明确不动产投资范围及试点管理人要求，从基金募集、投资、运作、信息披露等方面进行规范。主要内容如下。

1. 明确试点原则、不动产投资范围、管理人要求，新增产品类型

（1）试点先行。参与试点管理人可按指引要求开展不动产投资业务，不参与试点的管理人原有业务模式及登记备案不受影响，可按照协会现行自律规则，开展保

障性住房、商业地产、基础设施等股权投资业务。

（2）明确不动产投资范围。包含投向特定居住用房、商业经营用房和基础设施项目等。

（3）明确管理人试点要求。为发挥试点作用，体现头部管理人示范效应，从管理人实缴资本、不动产投资管理规模及经验、专业人员、主要出资人及实际控制人背景等方面提出要求。符合要求的管理人可在开展基金募集管理活动前向协会报送相关材料，依照规定进行产品备案。

（4）新设"不动产私募投资基金"产品类型。为区别试点不动产基金和原基础设施及房地产基金类型，遵照试点指引设立的基金产品类型选择为"不动产私募投资基金"。

2. 明确适格投资者及基金运作要求

（1）提出适格投资者要求。为引入长期资金，促进不动产市场盘活存量，不动产私募投资基金投资者应当以机构投资者为主。对于不动产私募投资基金持有被投企业75%以上股权的，可限比例引入少部分超高净值自然人投资者，防范涉众风险。

（2）从基金募集、投资、运作、信息披露等方面规范投资运作。为规范不动产私募投资基金运作，指引从基金首轮实缴规模、基金合同约定必备条款、信息披露、定期报告等方面，明确不动产私募投资基金运作要求。

3. 适度放宽股债比及扩募限制，提升不动产基金运作灵活度

为提升试点产品投资灵活度，符合试点要求的不动产私募投资基金可适度放宽股债比限制，并可以通过申请经营性物业贷款、并购贷款等方式扩充投资资金来源。此外，在投资期内履行相应程序的不动产私募投资基金，可在备案完成后开放认、申购（认缴）。

4. 防范风险，加强事中事后监测

为加强不动产投资领域的风险防控，明确不动产私募投资基金应强制托管；要求管理人勤勉尽责，有效控制不动产私募投资基金风险；严禁管理人使用基金财产投向其实际控制人控制的企业或项目；对于存在单一投资标的、分级安排、抵质押、股东借款等特殊风险的，应进行特殊风险揭示；按季度向投资者进行信息披露以及向协会报送运作情况。

（三）《不动产试点指引》的主要内容解读

1. 投资范围的扩大

在投资范围方面，根据《不动产试点指引》第三条规定，不动产私募投资基金

可以投资普通住宅、公寓等居住用房项目，也可以投资商住综合体等包含住宅、公寓的商业地产项目，这有利于更多的房地产企业利用私募基金盘活存量的不动产项目。

2. 对基金投资者出资和基金托管要求

根据《不动产试点指引》第七、九条规定，提高了适格投资者的要求，突出不动产私募投资基金应当以机构投资者为主，可限比例引入少部分超高净值自然人投资者的规范要求，并通过穿透核查防止不符合适格投资者要求的投资者投资不动产私募投资基金产生非法集资等涉众隐患。同时，明确了不动产私募投资基金应强制托管。

3. 向被投企业提供借款或担保的股债比提高

根据《不动产试点指引》第八条规定，不动产私募投资基金通过"股+债"的方式投资不动产项目在国际上是比较惯常的投资方式，这不仅有助于不动产私募投资基金隔离不动产项目的投资经营风险，同时可以在一定条件下优化企业税负。

4. 不动产私募投资基金可以开放运作

根据《不动产试点指引》第十一条规定，允许不动产私募投资基金在符合一定条件的情况下开放运作，在备案完成后开放认购、申购（认缴），而没有私募股权投资基金在这方面的诸多限制和约束。

5. 不动产私募投资基金可以分级、设置杠杆

根据《不动产试点指引》第十三条规定，在允许不动产私募投资基金开放运作的情况下，同时可以进行分级安排，并明确约定了杠杆倍数的上限，便于不动产私募投资基金合理安排基金架构。对不动产私募投资基金存在分级安排、抵质押、股东借款、贷款、契约型私募基金管理人股权代持的特殊风险揭示要求。

6. 提高对管理人在备案和信息披露与报送的要求

根据《不动产试点指引》第十四条规定，禁止了管理人通过发起不动产私募投资基金接盘其控制管理的其他不动产项目的操作路径，也禁止管理人的控股股东、实际控制人利用不动产私募投资基金进行"自融"的行为，防止管理人利用不动产私募投资基金进行利益输送。

根据《不动产试点指引》第十八条、十九条规定，《不动产试点指引》对于不动产私募投资基金管理人的信息披露义务规定了更高标准。强调了管理人对于不动产私募投资基金的信息报送义务。

综上所述，不动产私募投资基金的试点施行有助于房地产开发企业盘活存量资产，有利于房地产市场的平稳健康发展；对于在不动产私募投资领域拥有丰富

投资经验和充分管理能力的私募股权投资基金管理机构而言,也将获得更好的发展机遇,其通过申请设立不动产私募投资基金,可以投资更多优质底层资产,同时可以设置更加灵活的交易架构向更多适格投资者募集资金,并为其创造满意的投资回报。

第九章 房地产信托投资与资产证券化

本章学习目标

- 掌握：房地产信托的内涵、特征与功能；住房抵押贷款证券化的内涵与类型；住房抵押贷款证券化的运作。
- 熟悉：融资证券化和资产证券化的概念；房地产抵押贷款证券化。
- 了解：房地产信托资金来源和主要业务；我国推行住房抵押贷款证券化的可行性和障碍。

第一节 信托概述

一、信托的内涵、产生与发展

（一）信托的内涵

信托（trust）是指资财的所有人（自然人或法人）按照自己的目的或利益，将其所拥有的资财委托给他人或信托机构代为管理或处理的一种经济行为。信托是一种财产经济管理制度，是以财产为核心，以信任为基础，以他人受托管理为方式，即委托人基于对受托人的信任，将其财产权委托给受托人，由受托人按照委托人的意愿，以自己的名义为受益人的利益或者特定目的，进行财产管理或者处分的行为。

对于投资人而言，信托是一种理财工具，是银行理财的上游产品，70%以上的银行理财产品都是用于购买信托；对于政府融资平台、上市公司、房企等机构而言，信托是一种融资渠道，通过发行信托计划设立专款账户来解决机构融资问题，确保专款专用。因此，信托是一种特殊的财产管理制度和法律行为，同时又是一种金融制度，信托与银行、保险、证券共同构成了现代金融体系。

（二）信托的产生

信托起源于古代对遗嘱的执行和对私有财产的管理，最早可追溯到大约4000年以前的古埃及遗嘱信托后遗嘱托孤，信托观念的出现并在法律上得到承认则是在公元前63年的《罗马法》中的"信托遗嘱"制度。真正具有财产管理制度性质的信托起源于13世纪英国的尤斯（USE）制，是第三者受托为委托者管理土地的制度，是信托的雏形。在封建制度下神权与王权交错的英国，宗教信仰浓厚，虔诚的教徒们常常在临终前把土地等财产捐赠给教会，从而使教会占有的土地财产增多，封建君主可因臣民的死亡而获得包括土地在内的财产，但由于教会获得捐赠，且教会占有土地不缴税，影响了封建君主的收入。教会拥有的土地越多，对封建君主的利益侵害就越大。为了维护封建君主的利益，英王亨利三世（1216—1272年）制定颁布的《没收法》（Statute of Mortmain）规定，凡把土地赠与教会需要得到君主的许可，擅自出让或赠与者将被没收土地。法规的颁行影响了教会的利益，为了规避《没收法》的限制规定，教徒们参照了《罗马法》用益物权和"信托遗嘱"，把土地委托给第三者使用，然后由第三者把使用土地所得的收益转交给教会。由此出现了委托者、受托者和受益者三者之间的关系，产生了以信任为前提的受托制度，即"尤斯制"。

"尤斯制"不仅流行于教会接受教徒们的变相捐赠土地上，还运用于一般人的土地捐赠上，教徒们通过这种方式委托第三者代为管理土地，将土地使用收益交给委托者家属，以防土地被没收和缴纳继承税。英国早期的信托是以宗教为目的而产生的，后来又扩展到为社会公益、为个人理财等方面，信托对象也从土地发展到商品、货币等财产。19世纪末英国政府颁布《受托人法》和《官方选任受托人法》而使其开始有了法律保护。随着英国工业革命的深入，经济飞速发展，财富急剧增加，股票、债券等证券化财产的重要性也越来越突出，信托得到广泛应用，并逐渐形成了较为完善的信托制度。

（三）信托的发展

最早的专业信托机构出现在美国。在英殖民时期，信托制度也从英国引入美国，信托关系突破了个人之间的信任关系，发展成为一种以公司组织的契约形式。1822年美国"农民火灾保险与放款公司"开始兼营以动产和不动产为对象的信托业务，后改名为"农民放款信托公司"，成为最早出现的一家专业信托公司。此后，信托也由个人信托发展到社团信托，信托经营的内容也不限于一般的动产和不动产，还包括了有价证券。在1865年南北战争结束后，因经济建设高潮的兴起，许多公司都以发行股票和债券来筹资从事建设，从而形成"有价证券热"。从此，信托公司开始具有了金融机构的性质，它通过开展信托业务，将民众零星的闲散资金汇集成铁路建设和矿山开发所需的巨额资金，发挥了融资信托的作用，使信托业成为金融业的一个重要组成部分。

20世纪初，英美的信托制度传入日本，1902年日本兴业银行成立后首次开办可以经营公司债券、地方债券以及股票的信托业务。1905年颁布的《附担保公司债信托法》，允许银行承办附担保公司债信托业务，标志着日本实质性引入信托制度。1906年日本成立第一家专业信托公司——东京信托公司，信托业务主要集中在债券和股票的信托管理，以及不动产抵押贷款等方面。第一次世界大战爆发后，日本战时工业发展很快，信托公司数量也急剧增加，随后，日本政府为保护民众利益，于1922年同时颁布了《信托法》和《信托业法》，对信托业进行整顿，淘汰不符合标准的公司，实行信托专业化运作。第二次世界大战后信托公司经营陷入严重困境，为扶持其发展，日本政府意图允许信托公司兼营银行业务，但这与《信托业法》中"信托公司不得兼营银行业务"的规定相抵触。因此采取迂回措施，让信托公司先按照银行法转变为银行，再按照《兼营法》兼营信托业务。20世纪50年代后，日本进入30多年的经济高速增长期，为满足经济建设的资金需求，1952年《贷款信托法》颁布实施，使得贷款信托成为之后30年信托银行发行的主力产品，主要投向钢铁、煤炭、重化工等支柱型基础产业，发挥了长期融资功能。1962年，日本通过了《法人税法》和《所得税法》，企业年金信托由此迎来了发展机遇。1993年4月，《金融制度改革法》出台，允许其他金融机构参与经营信托业务。为促使国民的个人储蓄投向投资领域，投资信托能使投资者更容易地参与证券市场投资活动，因此成为重要发展方向。

1998年亚洲金融危机和2008年次贷危机让日本金融机构面临严峻外部竞争和挑战，信托银行纷纷走上合并重组的道路，如2012年三井住友信托控股公司将旗下的三家信托银行合并，设立"三井住友信托银行"，成为日本规模最大的信托银行。2004年日本政府对《信托业法》进行了修订，扩大了信托财产的范围和种类，纳入了知识产权等新的财产权类型。随着日本城市化快速推进以及人口老龄化现象日益严重，信托业功能发挥面临新的要求，服务功能发挥重要作用。至2021年初，日本服务信托业务规模在整个信托业规模的占比近80%。日本的养老服务信托模式通过账户管理、康养消费、财富配置、养老社区、安养信托、住房反向抵押贷款信托，以及复合功能等多样化服务，满足了老年人在不同阶段、不同需求的养老生活，为老年人提供了更加个性化、专业化的养老服务。

二、中国信托业的发展

1917年，上海商业储蓄银行设立保管部，开始了中国人独立经营金融性信托的历史，中国第一家专业信托公司（中国通商信托公司）成立于1921年8月，由民族资本家经营。此后，一些信托公司相继成立，一些银行也成立了信托部，另外，还有官办的信托社（局）。1949年，中华人民共和国成立以后，人民政府接管了旧中国官办的信托机构，私营信托业中一部分信托公司停业，另一部分继续营业。至1952年12月公私合营银行成立，信托业务被停办。党的十一届三中全会后，金融信托业务重新恢复。

1979年10月，新中国第一家信托投资公司——中国国际信托投资公司正式成立，标志着现代信托业在中国的正式起步。地方性的国际信托投资公司相继组建，银行也于1980年起开办了信托业务。之后，各专业银行均先后设立了独立的信托投资类公司，承担了各专业银行原先的信托业务，行业主管部门也纷纷办起各种形式的信托投资公司，到1988年最高峰时共有1000多家。

改革开放以后，中国的信托业稳步发展，但由于缺乏明确的定位和基本业务规范，监管法律滞后，信托业的运作一直存在着主业不明、界限不清的问题。一些信托投资公司经营混乱，资不抵债。经过多次整顿，在1999年中国人民银行对信托业进行的又一次整顿前，仅剩下239家。经过这次整顿，一些信托投资公司获准重新登记，重新获准登记的信托投资公司达到数十家。通过信托业的整顿和重新登记，进一步确立了信托业与银行业、证券业与保险业分业经营的框架。历经数十年，中国信托业经历了从无到有、从小到大的转变，逐渐形成了包括资金信托、财产信托、公益信托等多种业务形态，成为金融服务体系中的重要一环。

2001年以来，多部与信托业直接相关的法律、法规相继出台和实施，包括2001年10月开始实施的《中华人民共和国信托法》，2002年6月修订实施的《信托投资公司管理办法》和2002年7月实施的《信托投资公司资金信托管理暂行办法》等，从而以法律、法规的形式明确了信托的法律关系、法律地位和业务范围，强调了信托的本源业务，为信托业的发展提供了法律保障，明确了信托公司的业务范围和监管要求，信托业开始步入规范经营阶段。2007年，中国银监会颁布实施新的《信托公司管理办法》和《信托公司集合资金信托计划管理办法》，对信托公司的功能定位进行了重新界定，即面向合格投资者、主要提供资产管理和投资银行业务等服务的专业理财机构，同时清退了一批资质不达标的信托公司，维护整体行业的良性发展。2008年国务院出台"四万亿"投资计划和《关于促进房地产市场健康发展的若干意见》，鼓励支持房企加大合理融资需求，一部分资金需求在政策鼓励下外溢至非银机构和信托融资，2010年后监管开始限制银行贷款投向地产，进而催化了地产对信托融资的依赖度。

2018年资管新规的发布推动整体行业开始新一轮整顿转型，导致信托市场规模和资产收益率大幅回落，针对当时资管行业中出现的违规操作进行集中整改，资金池运作、刚性兑付、期限错配、受托关系不清等问题被重点约束，强调资管市场应逐步消除多层嵌套及通道服务，回归"受人之托，代人理财"的信托本源。随着信托业规范化进程加快，信托业作为继银行业、证券业、保险业之后的现代金融重要支柱的现实性在不断增强，中国的信托业包括房地产信托又迎来了新的健康发展的机遇。随着金融市场的不断开放和创新，信托公司也在积极探索转型，进一步优化业务结构，加大对科技创新、绿色发展、战略性新兴产业等领域的投入力度，支持实体经济转型升级和高质量发展。通过投贷联动、资产证券化、产业基金等多种方式，从传统的融资类信托向资产管理、财富管理等方向发展，更加注重服务实体经济和满足居民多元化财富管理需求。2023年6月信托"三分类"① 新规将正式落地实施，作为资管新规后信托业首份专门性监管文件，其在消除业务模糊边界之余，我国信托业将迎来新一轮业务创新和发展机遇。根据《2024年中国财富管理行业白皮书》发布的数据，我国信托规模接近24万亿元。随着资管新规等监管政策的深入实施，信托业将进一步优化业务结构，提升主动管理能力，推动行业向高质量发展迈进。

三、信托原理和信托种类

（一）信托原理

信托体现多边的经济关系，这种多边的经济关系即为信托关系，是一种包括委

---

① 2023年3月，中国银保监会发布《关于规范信托公司信托业务分类的通知》，信托分类新规将过去确立的八类信托划分为资产管理、资产服务、公益慈善三大类框架，并根据业务性质和服务内涵，细分出7个二级子项和25个具体品种。

托人、受托人和受益人在内的多边经济关系。一项信托行为的产生、信托关系的设立，需要有委托人、受托人及受益人等三方面的关系人。

（1）委托人。委托人应当是具备完全民事行为能力的自然人、法人或者依法成立的其他组织，在信托业务中又可称为信托人，他既是信托财产的所有者或是有权独立支配信托财产的人，又是最初提出信托要求的人，在整个信托关系中处于主动的地位。委托人提出信托要求是整个信托行为的起点。

（2）受托人。受托人通常应当是具有完全民事行为能力的自然人、法人，是受让信托财产并允诺代为管理处分的人。他是讲信誉、有经营管理能力、为委托人所信赖的人，他接受并承办委托人的信托要求，根据委托人的要求对信托财产进行管理或处理。受托人对信托财产管理或处理的结果直接决定着是否能达到委托人预期的目的或利益，也影响着这种信托关系能否继续维持。因而，信托关系中受托人的行为是关键，受托人在整个信托行为中处于关键环节。

（3）受益人。受益人是享受信托利益的人，受益人可以是自然人、法人或者依法成立的其他组织。在信托业务中，如果没有受益人，信托行为就无效。受益人可以是委托人本人，也可以是委托人指定的第三者。但在任何情况下，受托人不得是同一信托的唯一受益人。在信托关系中，受益人享受到应有的收益或信托财产，这是信托行为的终点。

设立信托必须有合法的信托目的、确定的信托财产以及符合规定要求的书面表现形式。让受益人获得收益或信托财产是设立信托关系的目的。在信托关系中，委托人提出委托行为，要求受托人代为管理或处理其财产，并将由此产生的利益移转给受益人。受托人接受委托人的委托，代为管理或处理财产，并按委托人的要求将财产利益移转给受益人。受益人享受财产利益。

信托关系是围绕信托财产而存在的。信托财产就是委托人托付给受托人管理或处理的财产，也就是受托人承诺信托而取得的财产。信托财产有多种形式，如有形财产，包括房屋、现金等；无形财产，如专利权、土地使用权等。在信托关系中，财产权是信托成立的前提，委托人必须享有对信托财产合法的所有权或支配权。信托关系实质上也是一种财产关系，它包含了各方关系人对信托财产应有的权利和责任。信托财产不属于受托人的固有财产，也不属于受托人对受益人的负债。受托人死亡或者依法解散、被依法撤销、被宣告破产而终止时，信托财产不属于其遗产或者清算财产。

信托关系中，受托人首先是为受益人的利益去管理或处理信托财产，而不是首先为自己的利益去管理或处理信托财产的，受托人必须恪尽职守，履行诚实、信用、谨慎、有效管理的职责和义务，为受益人的最大利益来管理、处分信托财产，依照信托文件的约定取得报酬。受托人因处理信托事务而支出的费用、负担的债务，以信托财产承担，但应在书面信托文件中列明或明确告知委托人。受托人以其固有财产先行支付的，对信托财产享有优先受偿的权利。但是，受托人不得利用信托财产为自己谋取约定报酬以外的利益，受托人也不承担管理或处理信托财产所发生的亏损，这就是信托财产核算的他主性。当然，为了保护受益人的正当利益，应该事先规定信托财产的运用范围，受托人违背管理职责或者超出限定范围不负责任地运用信托财产而发生的亏损应由其承担赔偿责任。

（二）信托种类

信托是一种金融行为，它具有融通资金以及融资与融物、融资与财产管理相结合的特点，是一种金融信托。它不同于贸易机构接受客户的委托从事商品代买、代卖的贸易信托。信托业务的种类按照不同的角度可以有多种分类。例如，按信托关系建立的方式不同，分为任意信托和法定信托；按委托人或受托人的性质不同，分为法人信托和个人信托；按受益对象的不同，分为自益信托和他益信托；按信托的目的不同，分为公益信托和私益信托；按信托事项的性质不同，分为商事信托和民事信托；按信托资产的不同，分为资金信托、动产信托、不动产信托和其他财产信托。此外，信托从广义上来说，还包括了代理。从理论上讲，代理与狭义信托的区别就在于财产权的转移与否，代理不涉及财产权转移，而狭义的信托则涉及财产权的转移。

第二节 房地产信托

一、房地产信托的内涵与特征

（一）房地产信托的内涵

房地产信托是指房地产信托机构受委托人的委托，为了受益人的利益，代为管理、营运或处理委托人托管的房地产及相关资财的一种信托行为。信托投资机构根据委托人的要求，按照所签订的契约，对不动产进行买卖、租赁、交换、转让等管理和处理业务。房地产信托是房地产业与信托业相互融合的产物，是房地产金融的重要组成部分，它的产生和发展离不开房地产业的产生和发展，更离不开信托业的产生和发展。房地产信托的投资对象主要是房地产及其相关资产，信托资金主要用于购买、开发、经营和管理房地产项目，投资者通过购买房地产信托产品，可以间接参与房地产市场的投资。相对银行贷款而言，房地产信托融资具有资金成本较低、资金操作风险小、产品操作方式比较灵活以及能满足广大投资者需求等特点。

2003年6月，中国人民银行出台了《中国人民银行关于进一步加强房地产信贷业务管理的通知》，对房地产开发链条中的开发贷款、土地储备贷款、个人住房贷款、个人住房公积金贷款等多个方面提高了信贷门槛，房地产信托开始成为企业追逐的热点，并进入了平稳发展阶段。

（二）房地产信托的特征

房地产信托的特征主要体现在以下几个方面。

1. 信托财产独立性

房地产信托的财产具有独立性，其所有权和经营权相分离。一旦信托关系成立，信托财产即从委托人、受托人和受益人的自有财产中分离出来，成为独立运作的财产，投资者通过购买信托份额成为信托的受益人，但不直接参与信托财产的管理和运营。这种独立性有助于保护投资者的利益，防止信托财产被其他债务所影响。

2. 资产配置多元化与风险分散

信托公司通过信托受益权的形式吸收资金，再以信托受益权购买房地产或贷款给有房地产抵押的企业，可以帮助投资者实现房地产资产配置的多元化。信托公司采用多元化的投资策略，将资金分散投资于不同类型、不同地区的房地产项目，降低了特定房地产项目所带来的市场风险和政策风险。当然，房地产信托也面临着一定的市场风险和政策风险，房地产市场的波动会直接影响地产信托的收益，而政策的变化也可能影响地产信托所投资项目的进展和收益。

3. 流动性与灵活性

作为一种开放式的投资工具，房地产信托通常具有较高的流动性。与直接投资物业相比，房地产信托可以在一定的条件下购买和赎回，方便投资者随时变现。此外，房地产信托的运作方式也具有一定的灵活性，可以根据市场情况和投资者的需求进行调整。

4. 专业管理与透明度高

具备丰富的房地产投资经验和专业的资产管理能力的信托机构，能够对房地产项目进行专业的评估、筛选和运营，并有助于确保投资项目的质量和收益。同时，房地产信托的运作过程公开透明，投资者可以随时了解信托基金的资产和业绩情况，从而作出明智的投资决策。

5. 法律约束与监管

房地产信托受到《民法典》《信托法》《城市房地产管理法》《城市房地产抵押管理办法》《证券投资基金法》《商业银行房地产贷款风险管理指引》《信托公司管理办法》，以及《信托公司集合资金信托计划管理办法》等相关法律法规的严格约束和监管，这些法律约束和监管要求有助于确保房地产信托的合规运作，保护投资者的合法权益。

二、房地产信托的主要业务

房地产信托依其业务内容可分为房地产资金信托、房地产代理信托和房地产其他受托业务三大类。

（一）房地产资金信托

房地产资金信托是指由信托机构对委托人包括投资于股票、债券等资金在房地产领域进行管理、运用和处置，以实现委托人的收益目的。从受托资金来源上看，可以是吸收企事业单位的信托存款、发行信托基金单位、收存各种基金等。从资金的运用方式上看，资金信托业务可以分为信托贷款、委托贷款、信托投资等。

1. 信托贷款

信托贷款是一种典型的集合资金信托业务。房地产信托贷款是指房地产信托贷款机构运用信托基金或所吸收的信托存款和自有资金，以贷款形式对房地产开发经营企业进行资金融通的一种方式。房地产信托贷款与一般银行发放的房地产贷款有以下三个方面的不同：一是房地产信托贷款的资金来源较商业银行房地产贷款的资金来源窄，只限于国家规定吸收的房地产信托存款和自有资金，因此资金量较少；二是房地产信托贷款具有特定的对象和用途，主要用于解决房地产开发经营和购买过程中资金不足而发放的，要坚持专款专用，不能挪用；三是房地产信托贷款的利率灵活，可在一定的范围内合理浮动。按现行规定，信托贷款利率可在银行同期贷款利率基础上上浮20%，这有助于金融机构监督房地产开发企业合理使用资金，提高资金的使用效益。房地产信托贷款是一种中期贷款，比一般银行贷款灵活及时且方便，审批迅速，手续较为简便，但其利率比银行利率稍高。

2. 委托贷款

房地产委托贷款也称为特定资金信托，是指委托人将有权自行支配的资金存入房地产信托机构，受托人按信托计划中指定的对象、用途、期限、利率与金额等发放房地产贷款，并负责到期收回贷款本息的一项金融业务。房地产信托机构与委托人签订贷款协议，收存委托存款，并按照委托贷款协议审查发放贷款，到期收回贷款本息并转交委托人。

房地产委托贷款具有以下特点。一是信托机构不承担经营风险。由于委托贷款的对象和用途均由委托人事先指明，信托机构对于委托贷款虽然不承担任何风险，但是仍须认真负责地进行贷款管理和监督，协助房地产委托贷款使用单位加强经济核算。二是委托贷款必须是先存后贷，受托机构不予垫款。委托人必须预先一次或分次将办理贷款的资金以委托存款的形式存入信托机构，信托机构一般在委托存款的限额范围内发放贷款，委托人中途不能提走存款，如委托人急需使用资金，可在尚未动用的委托贷款余额内支取。三是委托人一般应向信托机构提出申请，并必须明确贷款的对象、用途、金额、期限、利率以及其他要求，委托贷款的利率必须按照中国人民银行统一规定的各类存贷款利率执行，并只能在允许的幅度内浮动。四是委托贷款业务关系一般由委托人、受托人、借款单位以及受益人（通常也是委托人）四方构成，且四方关系之间必须事先签订协议。五是信托机构从事委托贷款的收入，来源于其提供服务所收取的手续费，委托贷款的利息收入全部归受益人。对于委托存款大于委托贷款的部分，信托机构一般是比照活期存款标准向受益人支付利息。

3. 信托投资

房地产信托投资是指金融信托机构运用自有资金和稳定的长期信托资金，对房地产领域所进行的投资。房地产信托投资既可以直接参与房地产的开发和经营，也可以在证券市场上购买房地产证券。金融信托机构参与房地产投资，可以发挥其业务多样灵活，信息面广的优势。房地产信托投资委托人可以指定投资方式，房地产信托机构必须按照委托人的意志去经营，按每个委托人分别设立账户，单独进行经营，受托人只收取代营费用，投资损益全部由委托人承担；也可以不指定投资方式，由受托的信托机构全权自由经营，即受托的信托机构必须保证委托人的最低投资收益率，如有超额收益，主要部分也应归委托人享有。

（二）房地产代理信托

房地产信托代理是指房地产信托机构受托代为客户办理有关房地产事项的广义

信托业务，是在委托人和受托人（即代理人）之间产生的一种法律行为和契约关系。委托人与作为代理人的房地产信托机构商订契约，授予房地产信托机构以一定的权限，由房地产信托机构代表委托人办理有关房地产事项。房地产代理信托包括房地产转让代理、代理发行有价证券、房地产代管和房地产业权代理等。

房地产转让代理是指信托机构代理客户购买或出售房屋的一种信托业务。房地产信托机构依靠联系面广、信息灵通、信誉良好的优势，受委托方委托充当市场交易中介，代为办理交易的相关手续，并向委托人收取一定的费用。

代理发行有价证券是指信托机构代理房地产开发经营企业发行房地产股票，发放股息及红利，买卖房地产股票；可用房地产开发经营企业抵押的土地作担保，代理发行建房债券，以弥补建造房屋资金的不足，其实质就是一种代理集资信托业务。

房地产代管是指当委托人因某种原因不能亲理自己的房产，可以委托房地产信托机构代为管理，由信托机构提供有偿服务，但产权不变。如受托代理保管、维修房屋、出租房屋并代收租金、定期缴纳税款、支付各种费用等。

房地产业权代理是指涉及房地产业权利的各项管理，包括因在房地产企业经济运行过程中投资、改建、重建、代管、收购、扩建、加层、私房发还、自然淘汰、自然灾害、拆除等各种因素影响产业权变化，从而引起的房地产结构、质量、面积、设备、居住条件、所有权或使用权、租金、价格、租赁、损坏、修复等情况的变化，均可通过金融信托部门代理。

（三）房地产其他受托业务

房地产的其他受托业务主要是金融服务业务，主要包括以下几个方面。

1. 房地产信用担保和有价证券担保

房地产信用担保是指房地产企业不以房地产抵押作担保，而是通过信托机构作为担保并取得贷款的信托业务。即信托机构出具担保证明，贷款银行对担保者进行资质审查并确认，签订借款合同。信托机构可按其提供担保的贷款申请额度，收取一定比例的担保费作为风险补偿。有价证券担保是房地产企业为了筹措大量的房地产资金，除以房地产作抵押来取得贷款外，还可以以国库券、金融债券、企业债券、住房债券、股票、大额定期储蓄存单等有价证券向信托机构作为抵押来取得担保而融通资金。

2. 房地产权证保管

房地产权证保管是指房地产信托机构受委托人委托，对房产所有权及土地使用权的法定凭证管理的一项综合业务，是信托机构配合房产管理部门进行经营管理的有效服务方式。其主要内容包括对各类房产所有权进行审查、核发证件、办理产权转移、变更登记，办理各种房地产登记调查表。办理该业务时，信托机构应与当地房地产权证管理部门订立合同，明确双方各自的责任、义务和具体保管要求。

3. 房地产咨询

房地产咨询是指信托机构接受委托，以其专门的知识、经验和广泛的联系，为客户提供有关房地产方面的各种信息咨询，进行有偿服务的一种业务。目前，我国信托机构开办的咨询业务主要有信用调查、市场信息咨询、财务管理咨询、可行性咨询、常年咨询等。

4. 房屋租赁信托

房屋租赁信托就是将房屋租赁权信托给受托人，受托人及其合作伙伴依信托合同来管理房屋租赁事务，并将信托利益交付给受益人。与传统租赁模式相比，房屋租赁信托从依赖中介经纪公司转为与信托机构发生信托契约关系，并且每一个租赁房源对应一个信托房屋账户。

房屋租赁信托的实质是业主将房屋交予专业的信托公司打理，信托合同一经签订，信托公司便开始向业主支付房租，空置期、承租人中途退租等的风险由信托公司承担。房屋租赁信托是市场细分后的服务产品，适合于有闲房而无时间管理的业主，对于承租人来讲又减轻了付房租的压力，实现了业主、承租人、经纪公司、信托公司多方共赢的租赁模式，是一种迎合市场潜在需求、切合市场发展的产品。2006年2月底，中信集团的中信信托与京城房产中介千万家签订《房屋租赁信托合作协议》，正式开展租赁信托业务。此租赁方式与传统租赁模式相比，从依赖中介经纪公司转为与中信信托发生信托契约关系，并且每一个租赁房源对应一个信托房屋账户。中信信托也因此成为首个独立运作房屋租赁业务的信托机构。2024年，中信集团旗下中信金控两大金融子公司中信证券、中信信托协同启动家庭服务信托业务全新升级，联合推出"信福传家·家庭服务信托2.0"。

三、房地产投资信托基金

（一）房地产投资信托基金概述

房地产投资信托基金（real estate investment trust，REITs）是一种以发行收益凭证的方式汇集特定多数投资者的资金，由专门投资机构进行房地产投资经营管理［投资房地产项目包括住宅房产（如公寓）、零售房产（如购物大厦）、商务办公楼、酒店、厂房和仓库，等等]，并将投资综合收益按比例分配给投资者的一种信托基金模式。房地产投资信托基金，在组织体系上，是由基金持有人（投资者）、基金管理机构（基金公司）、基金托管机构（取得基金托管资格的商业银行）等通过信托关系构成系统（见图9-1）。自20世纪60年代以来，全球房地产投资信托基金得到很大的发展。根据标准普尔公司的统计，在世界范围来看，房地产投资信托基金在美国发展得最为成熟。

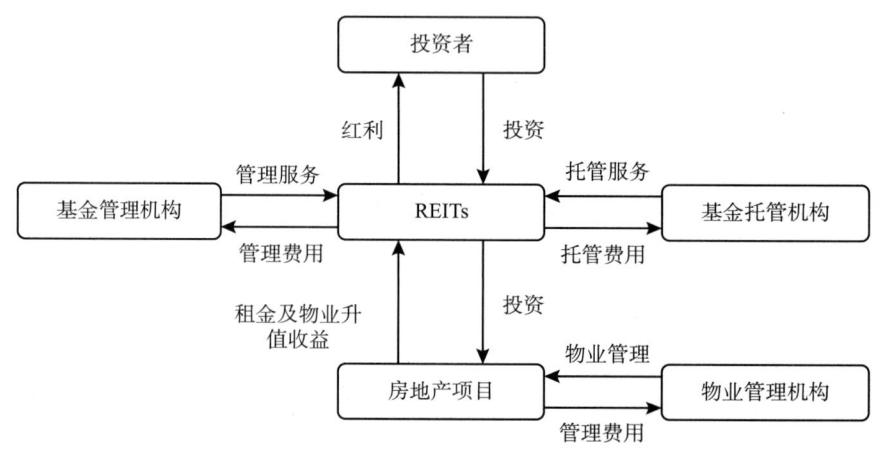

图9-1 房地产投资信托基金的组织体系

房地产投资信托基金以不动产为基础设计产品，将缺乏流动性的不动产转换为在金融市场上可以流动的证券产品，满足了投资人的多元化需求，为实体经济拓宽了融资渠道，促进住房租赁市场发展，是成熟资本市场的重要组成部分。

目前对REITs进行规范的法律主要包括《证券投资基金法》《证券法》《信托法》等。适用的部门规章有证监会颁布的《公开募集证券投资基金运作管理办法》《证券投资基金运作管理办法》《证券投资基金销售管理办法》《证券投资基金信息披露管理办法》等。

2014年5月21日，中信证券发起的"中信启航专项资产管理计划"在深交所挂牌交易，总规模为52.1亿元，被认为是国内首个房地产投资信托基金（REITs）产品。该计划的期限为3~5年，投资标的为中信证券的办公楼北京中信证券大厦及深圳中信证券大厦，投资收益来源于物业租金收益。

2014年9月30日，央行与银监会正式出台文件《关于进一步做好住房金融服务工作的通知》（即"四项规定"），文件中指出：积极稳妥开展房地产投资信托基金（REITs）试点。

2015年1月14日，住房城乡建设部发布了《关于加快培育和发展住房租赁市场的指导意见》(以下简称《指导意见》),该文件中要求积极推进房地产投资信托基金(REITs)试点。《指导意见》找到了一个解决办法,即鼓励开发商将存量住房用于公租房,然后通过REITs进行融资,同时解决公租房房源问题。2021年3月11日,十三届全国人大四次会议表决通过的《中华人民共和国国民经济和社会发展第十四个五年规划和2035年远景目标纲要》指出:稳步推进房地产投资信托基金(REITs)试点。

(二)房地产投资信托基金分类

按照不同的划分标准,房地产投资信托基金可以分为不同的类型。按照基金的组织形式可分为公司型基金和契约型基金。公司型基金是指通过发行基金的方式筹集资金组成公司,投资于股票、债券等有价证券的基金类型。公司型基金是具有法人地位的股份投资公司,基金持有人既是基金投资者又是公司股东。契约型基金是基于一定信托关系而成立的基金类型,一般由基金管理公司、基金托管机构和投资者三方通过信托投资契约建立。

根据资金投向的不同,REITs可分为权益型、抵押型和混合型。权益型REITs是以收益性物业的出租、经营管理和开发为主营业务,主要收入来源是房地产出租收入;抵押型REITs主要为房地产开发商和置业投资者提供抵押贷款服务,或经营抵押贷款支持证券(MBS)业务,主要收入来源是抵押贷款的利息收入;混合型REITs则是同时经营上述两种形式的业务。

按照基金规模和基金存续期限的可变性可分为封闭式基金和开放式基金。封闭式基金是指事先确定发行总额和存续期限,在存续期限内基金单位总数不变,不得任意追加发行新增的股份,基金上市后可以通过证券市场买卖的一种证券类型。开放式基金是指基金发行总额不固定,基金单位总数随时增减,没有固定的存续期限,投资者可以随时买入或赎回的一种基金类型。

按照基金的筹集方式可分为私募基金和公募基金。私募型REITs以非公开方式向特定投资者募集资金,募集对象是特定的,且不允许公开宣传,一般不上市交易。公募型REITs以公开发行的方式向社会公众投资者募集信托资金,发行时需要经过监管机构严格的审批,可以进行大量宣传。

第三节 房地产资产证券化

房地产资产证券化是资产证券化中的一种形式,是指从事房地产开发投资经营企业或房地产信贷金融机构，将其所拥有的流动性较差的房地产资产或房地产信贷资产，通过资产证券化的运作，将其变为可在公开市场上进行公开交易的可流通证券，如股票、债券、可转换债券、单位信托、受益凭证等。其实质是通过证券化增加资产的流动性，借以实现资金融通或风险分散。资产证券化作为一种融资工具，可以帮助企业盘活资产，形成资本从投入到退出的闭环，获得长期稳定的融资渠道，实现规模化经营。在政策的大力支持下，我国房地产资产证券化未来市场发展空间巨大。

一、证券化

（一）证券化的概念

证券化（securitization）是指将缺乏流动性的资产转化为可交易的证券的过程。具体来讲，证券化包括融资证券化（financing securitization）和资产证券化（asset securitization）。

1. 融资证券化

融资证券化是指资金短缺者采用在金融市场上发行证券（股票、债券等）的方式直接融通资金，以此代替向金融机构贷款的融资方法，其实质是由间接金融转向直接金融。融资证券化方式多为信用融资，只有政府和信誉卓著的大公司才能以较低的成本采用这种方式融资，融资证券化属于增量的证券化，也称"初级证券化"。

2. 资产证券化

广义的资产证券化是指某一资产或资产组合采取证券资产这一价值形态的资产运营方式，包括实体资产证券化、信贷资产证券化、证券资产证券化和现金资产证券化等四类。狭义的资产证券化（即信贷资产证券化）是指原始权益人将不流动的存量资产或可预见的未来现金收入，通过一定的结构安排，对资产中风险与收益要素进行分离与重组，进而转化为在金融市场上可流通的证券的过程，持有该证券就代表着对资产享有收益权。资产证券化注重资产运作，是从已有的信用关系基础上发展起来的，属于存量的证券化，又称"二级证券化"。最早的资产证券化是以抵押贷款为基础资产（银行的信用资产），从 20 世纪 80 年代中期开始，随着证券化技术的不断提高和金融市场的日益成熟，用于支持发行的基础资产类型也不断丰富，出现了其他的可证券化资产，主要包括银行的商业贷款和企业之间的商业信用，如银行商业贷款、汽车贷款、信用卡贷款、贸易应收款、租赁应收款、学生贷款等。目前在资产证券化市场中,抵押贷款支持证券化(Mortgage-Backed Securitization,MBS)[①] 和资产支持证券化(Asset-Backed Securitization,ABS)[②] 等两类资产证券化仍然占据重要地位,20 世纪 90 年代还出现了未来收益证券化、风险证券化和整体企业证券化的证券化方式。

资产证券化与融资证券化的不同之处:资产证券化是在业已存在的信用关系,如贷款、应收账款等基础上产生的存量资产的证券化,证券化本身并不增加资本量;而融资证券化则是企业在证券市场上发行股票或企业债券进行直接融资的证券化,能使企业资本容量扩张。

(二) 资产证券化的特点

与传统的企业证券融资相比,资产证券化具有以下特点。

1. 资产证券化是资产预期收入导向型融资

资产证券化需要在运作结构上构建一个特殊机构,来购买企业能够产生未来现金收入的资产或收益权,并依托该资产或收益权发行证券,以证券发行收入支付购买价格,最后以来自资产或收益权的现金流支付证券所产生的本金和利息。

2. 资产证券化是结构性证券化(即结构性融资)

资产证券化是指银行或企业根据自己的需求,将部分流动性差、能够产生稳定现金流收入的资产作为基础担保品,发行证券进行融资。

3. 资产证券化是资产融资而非产权融资

资产证券化的信用基础是一组特定资产,而非发行人的整个资产,因此资产证券的持有人对于发行人只有有限追索权甚至没有追索权。

从理论上来讲,一项资产只要能在存续期间给资产所有者带来持续稳定或可预见的收益,就适于证券化。但从证券化的实践来看,需要证券化的资产除了具有上述特点外,一般是期限较长、流动性较差的资产。因为流动性较好的资产,通常变现能力较强,没有必要进行证券化。此外,适合证券化的资产品种还应质量良好且稳定,以便投资者预测未来现金流;证券化资产还应达到一定规模,从而达到发行

[①] 抵押贷款支持证券化(MBS)是最早的资产证券化品种,产生于 20 世纪 60 年代的美国,主要由美国住房专业银行及储蓄机构利用其贷出的住房抵押贷款,发行的一种资产证券化商品。

[②] 资产支持证券化(ABS)是 20 世纪 80 年代兴起于美国的一种新型债券性质的金融工具,是对基础资产池所产生的现金流和剩余权益的要求权,是一种以资产信用为支持的证券。

与管理的规模经济；证券化资产合同应标准规范，便于管理等。因此，可证券化资产很多，如各种抵押贷款、信用卡应收款、收费基础设施、融资租赁设备、特许权、人寿保险单等，甚至还出现了专利的证券化。

二、房地产证券化

房地产证券化是房地产融资手段的创新，是随着全球房地产金融业的发展而衍生出来的。房地产证券化实质上是不同投资者获得房地产投资收益的一种权利分配，是以房地产这种有形资产做担保，以股票、债券，也可以是信托基金与收益凭证等将房地产股本投资权益予以证券化。房地产证券化包括房地产投资权益证券化和房地产抵押贷款证券化两种形式。

对于房地产证券化，从银行的角度，金融机构将其拥有的房地产债权分割成小单位面值的有价证券出售给社会公众，即出售给广大投资者，从而在资本市场上筹集资金，用以再发放房地产贷款；从非金融机构的角度出发，房地产开发投资与经营企业将房地产价值由固定资本形态转化为具有流动性功能的证券商品，通过发售这种证券商品在资本市场上筹集资金。

（一）房地产权益证券化

房地产权益证券化是指以房地产投资信托为基础，将房地产直接投资转化为有价证券，使投资者与投资标的物之间的物权关系转变为拥有有价证券的债权关系。从融资者的角度主要是指非金融机构（房地产开发投资与经营企业）将房地产价值由固定资本形态转化为具有流动性功能的证券商品。从投资者角度是指把流动性较低、非证券形态的房地产直接投资转化为资本市场上的证券资产，从而使投资者与投资对象之间的关系由直接的物权拥有转化为股权、债权拥有的有价证券形式。换言之，投资者不直接进行房地产开发投资，也不拥有房地产实物资产，而是转而投资并拥有具有流通性的证券。房地产证券化能把流动性差的物权转化为具有较高流动性的股权和债权形式，因此，证券化本质上是一种改善流动性的资产负债管理金融创新工具。房地产权益证券主要包括房地产企业股票、房地产企业债券、房地产产业投资基金、房地产投资信托基金等。

（二）房地产抵押贷款证券化

房地产抵押贷款证券化是指银行等金融机构为了盘活信贷资产，实现资产的可流动性而进行的证券化行为，以一级市场（即发行市场）上抵押贷款组合为基础发行抵押贷款证券的结构性融资行为。

目前，国际上信贷资产证券化代表性的模式大致有以下三种。

1. 美国模式

美国模式（表外业务模式）是指在银行外部设立特殊机构（SPV），用以收购银行资产，实现资产的真实出售，进而实现破产隔离。此模式的具体运作是金融机构在发放房地产抵押贷款后，为盘活信贷资产，再以其掌握的抵押用房地产作担保，把优势抵押贷款集中形成一个资产池，由特殊机构以现金方式买入，经过担保或信用增级后，以证券的形式出售给投资者的行为。因此，表外模式是最完全意义上的资产证券化。

2. 德国模式

德国模式（表内业务模式）是指在银行内部设立一个机构，由这个机构运作证券化业务，资产的所有权仍然属于银行，保留在银行的资产负债表中。表内业务模式下的银行风险并没有转移，也不能实现完全的破产隔离，表内业务模式核心就是在银行内部建立一个"壳"（即SPV），将银行优质的住房贷款资产拨进这个特殊的SPV中，实质是由银行自己发行证券（SPV只是负责具体操作）。

3. 澳大利亚模式

澳大利亚模式（准表外模式）是上述两种模式的结合类型，即发起人成立全资或控股子公司作为SPV，然后把资产"真实出售"给子公司。子公司不但可以购买母公司的资产，还可以购买来自非母公司的其他资产。由于母公司将资产"真实出售"，进入子公司资产负债表，所以实现了"破产隔离"。但是，因为子公司的利润要上缴给母公司，且报表都要并入母公司资产负债表。因此，准表外模式能够使发起人保留部分基础资产的收益，实质是"发起人主导的表外证券化"。这种由子公司向母银行和其他银行购买贷款资产以发行抵押资产支持证券的模式在澳大利亚取得了极大的成功。

房地产抵押贷款证券化和房地产权益证券化的主要区别在于：房地产抵押贷款证券化是银行盘活资产的行为，发起人一般是银行，证券化基础是已存在的银行信用，法律关系并不涉及房地产开发企业。而房地产权益证券化在法律关系上则涉及房地产企业，是房地产企业的融资行为，其证券化基础是房地产企业的整体信用或特定开发项目的整体信用，其发起人是房地产开发企业或房地产投资公司等非银行金融机构。本章重点介绍住房抵押贷款证券化。

第四节　住房抵押贷款证券化

一、住房抵押贷款证券化概述

(一) 住房抵押贷款证券化的含义、产生

1. 住房抵押贷款证券化的含义

住房抵押贷款证券化（mortgage-backed securitization，MBS）是资产证券化的一种，是指银行等相关金融机构将自己所持有的流动性差，但具有较稳定的可预期现金流的住房抵押贷款汇集重组为抵押贷款群组，由特殊机构（speciai purpose vehicle，SPV）购入，经过担保、信用增级等技术处理后以证券的形式出售给投资者的融资过程。住房抵押贷款证券化的实质就是通过抵押贷款二级市场将原先不易被投资者接受的、缺乏流动性的，但能够产生可预见现金流的资产转换为可以自由流通的、能够为广大投资者所接受的证券，增加房地产抵押贷款的流动性，从而为金融机构开辟一条理想的融资渠道。

2. 住房抵押贷款证券化的产生

住房抵押贷款证券化是20世纪60年代末产生于美国的一种金融创新制度。当时的美国面临着严重的经济衰退，通货膨胀加剧。1969年，美国联邦储备委员会（美联储）为了抑制通胀不得不采取高利率的政策，而与此同时商业银行和储贷协会受到了《Q条例》存款利率上限的限制，因而导致竞争力下降，经营状况恶化。为了摆脱流动性不足的困境，以及为了防止流动性不足带来的更大的信用危机，金融机构不得不一方面出售一部分债权，其中主要是住房抵押贷款债权，以改善自身的经营现状；另一方面则尽力寻求新的金融工具。此时，出现一种新的金融机构，专门向银行收购住房抵押贷款，然后转售给政府信用机构或者以贷款为支持发行债券，于是住房抵押贷款证券化诞生了。

尽管住房抵押贷款证券化是由私人部门创新的，但是对于其推广，美国政府则是功不可没。美国政府一直致力于住房贷款二级市场的发展，先后成立了联邦国民抵押协会（FNMA）、联邦住房贷款抵押公司（FHLMC）以及政府国民抵押协会（GNMA）。这三家机构向银行和储蓄机构购买了大量的住房贷款，并且为许多金融机构的住房抵押贷款提供担保，这些机构的成立为住房抵押贷款证券化提供了良好的外部环境。20世纪80年代，这三家机构对自己所拥有的住房抵押

贷款首先进行证券化，此后在政府部门的推动下，住房抵押贷款证券化得到迅速发展。

住房抵押贷款证券化之后，证券化的金融创新技术被广泛地运用于抵押债权以外的非抵押债权资产。一般而言，由非抵押债权资产为担保发行的证券被称为资产支持证券（asset-backed securities，ABS），由抵押债权作担保发行的证券被称为抵押担保证券（mortgage-backed securities，MBS）。汽车贷款、信用贷款及与信用卡类似的其他分期还款的贷款，以及应收账款、普通工商贷款、无担保消费贷款、公用事业租赁等能产生现金流量的应收债权，都陆续进入了资产证券化的领域。证券化这一技术也由美国推广到了欧洲、美洲、亚洲和大洋洲国家。20世纪80年代以后，住房抵押贷款证券化在马来西亚、中国香港等新兴经济地区也逐步兴起。

1970年美国政府国民抵押协会（GNMA）发行首只住房抵押贷款支持证券以来，美国资产证券化市场快速发展，在2005年发行巅峰时期发行规模占当年债券市场总发行量的56%，2007年达到规模巅峰。随着次贷危机爆发，美国资产证券化包括MBS发行停滞，直至2019年才大抵恢复危机前水平。根据美国证券业与金融市场协会（SIFMA）披露，截至2021年年末美国国债余额22.6万亿美元（占美国债券市场的42.8%），抵押贷款相关证券（MBS）12.2万亿美元（占比23.1%），资产支持证券（ABS）1.6万亿美元（占比3.0%）。新冠疫情暴发后，为支持多轮大规模财政刺激政策，美国政府大量发行国债，推动国债余额大幅增长且增速远高于其他券种。另外，美国房屋市场持续复苏，房价上涨，房屋销售量增加，抵押贷款相关证券（MBS）市场产生了积极的影响，MBS在美国债券市场中规模仅次于国债、交易也相对较活跃，美联储和商业银行为MBS的主要投资者。由此可见，MBS在当今美国社会中发挥着相当重要的作用，而ABS在美国债券市场中的交易不活跃。

随着中国经济的持续快速发展和住房制度改革的深入，房地产业相关金融服务的需求增长迅速，已经具备了进行住房抵押贷款证券化的市场条件。2002年3月建设银行总行在房地产金融业务部成立住房抵押贷款证券化处，2003年5月，证监会首次召集建设银行、中国国际金融公司等机构，就如何推进资产证券化试点工作问题进行沟通和探讨。2005年2月25日，国务院批准同意开展信贷资产证券化业务试点，并批准由人民银行牵头成立"信贷资产证券化试点协调小组"。2005年4月20日，为规范信贷资产证券化试点工作，保护投资人及相关当事人的合法权益,提高信贷资产流动性,丰富证券品种,中国人民银行、中国银行业监督管理委员会颁布了《信贷资产证券化试点管理办法》,这标志着我国住房抵押贷款证券化步入了试点推广阶段。为规范信贷资产证券化试点工作,促进金融机构审慎开展信贷资产证券化业务,2005年9月29日,中国银行业监督管理委员会第38次主席会议通过了《金融机构信贷资产证券化监督管理办法》(2005年中国银行业监督管理委员会第3号令),有效管理和控制信贷资产证券化业务中的相关风险,保护投资人及相关当事人的合法权益,进一步改进对保障性安居工程建设的金融服务,继续支持居民家庭合理的住房消费,促进房地产市场持续健康发展。2005年12月15日,"建元2005-1个人住房抵押贷款支持证券"成功发行,这标志着银行信贷资产证券化在我国实现零的突破,是我国金融发展史上的一个标志性事件。2014年9月29日,中国人民银行、中国银行业监督管理委员会联合出台《关于进一步做好住房金融服务工作的通知》,增强金融机构个人住房贷款投放能力,鼓励银行业金融机构通过发行住房抵押贷款支持证券(MBS)、发行期限较长的专项金融债券等多种措施筹集资金,专门用于增加首套普通自住房和改善型普通自住房贷款投放。

(二) 住房抵押贷款证券化的类型

常见的分类是按照交易结构将其分为三种类型的证券(转手证券、资产支持证券、转付证券),而其他创新类型的证券则都是从这三种交易结构中衍生出来的。

1. 转手证券

转手证券(pass-through securities)是指发起人(银行)先将抵押贷款进行组合,将住房抵押贷款的所有权经过特殊机构(SPV)的出售而转移,这些转移的住房抵押贷款从银行(发起人-资产原始权益人)的资产负债表的资产项中移出。转手证券的投资者拥有对住房抵押贷款组合所产生收益的完整所有权,SPV以预期现金收入为保证,经过担保机构的担保和评级机构的信用评级,将扣除了一定费用后的住房抵押贷款产生的还款现金流"转手"给投资者进行风险转移。投资者的收入则来自抵押贷款组合的利息和本金,同时,住房抵押贷款的各种风险也几乎全部"转手"给了投资者。总之,转手证券的操作是一个涉及权益分配、服务管理与风险共担的复杂过程。转手证券会由于偿还期限不固定而存在提前偿还的风险,即当利率下降时,借款人会通过借入较低利率的资金来偿还住房抵押贷款,从而影响其市场份额的扩大。

目前，美国市场上主要有联邦国民抵押协会（FNMA）转手证券、政府国民抵押协会（GNMA）转手证券、联邦住宅贷款抵押公司（FHLMC）转手证券和私人机构发行的转手证券。由于有联邦政府机构参与的转手证券，直接或者间接地享受政府的担保，对投资者吸引力大，因而占据了主要的市场份额（见图9-2）。

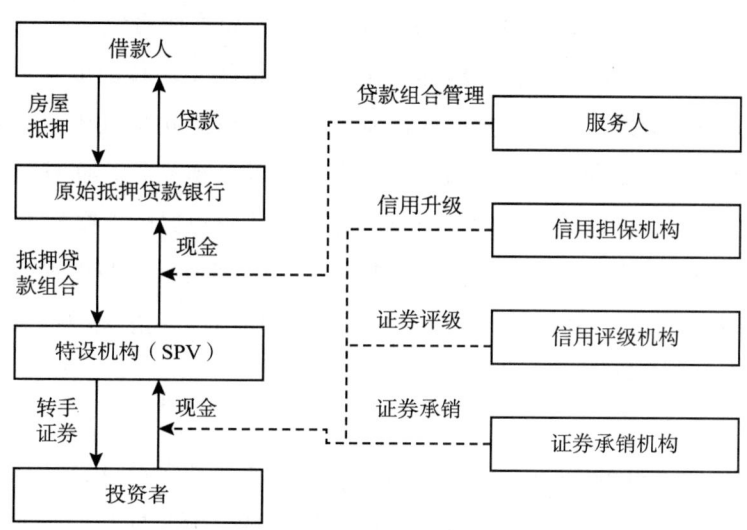

图 9-2 抵押贷款转手证券运作模式

2. 资产支持证券

资产支持证券（Asset-Backed Securities）是指原始权益人和金融机构将预期能够产生现金流的资产通过结构化等方式进行组合，以其现金流为支持发行有价证券出售给投资者，是一种以资产信用为支持的证券。广义的资产支持证券是指某一资产或资产组合采取证券资产这一价值形态的资产运营方式，包括实体资产支持证券（是以实物资产和无形资产为基础发行证券并上市）、信贷资产支持证券（是把缺乏流动性但有未来现金流的银行的贷款、企业的应收账款等信贷资产，经过重组并转换为可上市交易的证券）和证券资产支持证券（证券资产的再证券化过程）。我国的资产证券化产品主要包括信贷资产证券化、企业资产证券化和资产支持票据（ABN）三大类。其中，信贷资产证券化和企业资产证券化存量规模比较大。2005年4月20日，中国人民银行、中国银监会发布《信贷资产证券化试点管理办法》，11月10日，中国银监会公布《金融机构信贷资产证券化试点管理办法》。12月15日，国家开发银行41.77亿元的信贷资产支持证券（ABS）和中国建设银行30.19亿元的个人住宅抵押贷款支持证券（MBS）在银行间市场发行，标志着我国资产证券化正式启动。为了规范资产支持证券业务，推进资产证券化市场高质量发展，服务实体经济发展，保护投资者合法权益，2024年3月29日，上海证券交易所发布

《上海证券交易所资产支持证券业务规则》。

狭义的资产支持证券是指信贷资产证券化，是发行人（银行）以住房抵押贷款组合为抵押，通过特殊机构（SPV）对资产的打包、评估分层、信用增级等操作向投资者发行的债券，实现有关资产信用与发起人信用的破产隔离（bankruptcy remoteness），资产支持证券的投资者购买的是基于特定资产组合（基础资产池）产生现金流的权利，而不是对发行机构整体信用状况的依赖。与转手证券不同的是，资产支持证券的住房抵押贷款仍是发起人的资产，留在资产负债表中，同时投资者是债权人，而不像转手证券的投资人那样拥有抵押贷款的所有权，而且可以解决提前偿付的问题。资产支持证券（ABS）一般都要进行超额担保，需要相当于ABS本金110%~200%价值的担保品。超额担保对参与机构的信用级别要求很高，常要求其被评为AAA级。因此，在房地产抵押贷款证券化的金融工具中，这一证券的影响最小，其担保物主要是传统的住房抵押贷款。

3. 转付证券

转付证券（pay-through securities）综合了转手证券和资产支持证券的优点，与转手证券相同的是，转付证券用抵押贷款所产生的现金流来向投资者支付本息，但抵押贷款组合的所有权并未转移给投资者；与转资产支持证券一样的是由抵押贷款作为担保发行资产证券，抵押贷款的所有人仍是发起人（银行），被保留在资产负债表中，与资产支持证券不同的是，资产支持证券的偿还来源不是相应的抵押贷款组合产生的现金流量，可以是发行人的其他资金来源。

目前应用最为广泛的转付证券是担保抵押证券（collateralized mortgage obligations，CMO）。CMO的特点是对证券进行分档，通常按照期限的不同，设计不同档级的证券，每档的特征各不相同，可以较好地克服转手证券的不足。现在发行的CMO包括了3~6个以上不同期限的证券。CMO证券的信用级别很高，通常是AAA级，如此高的信用级别来自抵押品的质量和抵押担保结构。

在此基础上，住房抵押贷款证券化又衍生了新的品种。20世纪80年代后期，CMO被实施了"剥离"（strip），一笔抵押贷款同时发行两种不同利率的证券，抵押贷款产生的本息按照不同比例支付给两类证券的持有人。其中，最典型的是纯利息证券（interest only，IO）和纯本金证券（principal only，PO）。PO证券与IO证券在抵押贷款提前偿还和市场利率变化时的风险和收益正好相反，可以适合不同投资者对于风险和收益的不同偏好。

4. 不同交易结构证券的比较

对上述三种类型的住房抵押贷款证券化的特点进行总结，具体如表9-1所示。

表 9-1 三种类型的住房抵押贷款证券化的比较

特征	PTS（转手证券）	ABS（资产支持证券）	CMO（转付证券）
抵押担保资产的所有权	属于投资者	属于发起人	属于发起人
发起人资产负债表上证券化的资产是否保留	不保留在资产负债表中	仍保留在资产负债表中	仍保留在资产负债表中
资产证券本息的支付来源	完全来自原始资产产生的现金流	不依赖原始资产产生的现金流	完全来自原始资产产生的现金流
现金流量的确定性	相对不确定	相对确定	相对确定
抵押品利用效率	高	很低	高
到期期限	同一次发行的所有的过手证券期限相同	同一次发行的所有 ABS 期限相同	到期档次一般分为 3~6 档，本金的偿还有先后顺序
信用级别	从政府担保的 AAA 级证券到 A 级的私人过手证券	很高，大多数是 AAA 级或者是 AA 级	绝大多数是 AAA 级

（三）住房抵押贷款证券化的作用

1. 对房地产行业的作用

住房抵押贷款证券化增强了金融机构的资产流动性。住房抵押贷款的证券化有效地把房地产业和资本市场联结起来，从而把居民和机构拥有的资金间接地导入房地产市场，以其风险低、收益稳定而具有较强的市场吸引力，可以有效刺激投资需求，以住房需求带动房地产业的发展将大大降低开发商的投资风险，保证了房地产业持续、稳定、健康的发展。

证券市场的一个重要功能就是筹资，证券筹资有速度快、时间短、效率高的特点。房地产抵押贷款证券化可以使资金向效益好、有市场需求的房地产领域流动，而且还能以证券价格的形式把企业经营的好坏、竞争能力的强弱表现出来，增强了运营的透明度。随着企业与资本市场的密切结合，市场供求机制可以得到健康的发展。

2. 对金融机构的作用

（1）提高了资产的流动性，改善了银行的资产负债结构，解决了银行抵押贷款中"短期负债支持长期资产"的流动性难题。个人住房抵押贷款是目前商业银行呆坏账率最低的项目，是其中最优质的资产之一。但是，由于住房抵押贷款的期限最长可达 30 年，对发放抵押贷款的银行来说，信贷资产回收周期很长，而银行吸收的存款却期限很短，这就增加了银行的风险和管理难度。将住房抵押贷款证券化则可以改变银行资产负债的期限结构，使银行资产的变现能力增强，提高资产的流动性。

（2）有效地控制、分散和转移银行信贷风险。以房地产抵押贷款为担保发行抵押证券后，原来集中在一家或少数几家银行的抵押贷款资产变为资本市场上很多投资人持有的抵押债券，这就使房屋抵押贷款信用、利率等风险相应地转移和分散。

（3）提高了银行的资本利用率和充足率。根据巴塞尔协议，金融机构需要在资产风险等级加权平均的基础上建立风险资本储备金。这意味着从事高风险的房地产信贷业务，使银行的资本金也要相应提高。而抵押贷款证券化能够使银行通过出售高风险资产降低资产结构中高风险资产的比率，发挥更大的资本杠杆效应，以较少的资本获取更大的利润，同时，抵押贷款证券化可以将抵押资产从银行的资产负债中移出，使其成为表外资产，从而提高银行的资本充足率并相应提升银行的信用等级，以充足的资本来支持贷款规模的适度扩张。

3. 对购房者的影响

推行住房抵押贷款证券化，金融机构能够更灵活地筹集资金，从而提供更多的住房抵押贷款给购房者，有助于金融机构贷款向个人购房者倾斜，形成以买方贷款为重心的融资格局，促进住房有效需求的形成，加快住房商品的流通，进而提高居民的购房能力。贷款机构将自己所拥有的抵押贷款债权转化为可流通的有价证券后，使得发放贷款所需的巨额资金得到融通，风险得以减小，从而贷款机构可考虑适当放宽贷款年限，降低首付款的比例，扩大发放抵押贷款的数量，有利于为个人购房提供必要的金融支持。总而言之，购房者可以根据自己的需求选择满足个性化的住房需求，使普通居民能够真正买得起住房。

4. 对投资者的作用

对投资者来说，提供了多样化的投资选择。首先，住房抵押贷款证券化为其提供了新的业务品种。以我国为例，目前国内现存的证券投资品种有限，广大投资者都希望有更多的投资渠道可供选择。尤其是经过多次降息，国内商业银行的利率目前已经处于较低的水平，大量的社会闲置资金要寻找收益更高的投资渠道。住房抵押贷款证券化的推行，无疑将为广大投资者提供全新的选择机会。其次，住房抵押贷款证券化有利于降低和分散投资风险，由于抵押证券是以一组抵押贷款的投资组合为抵押，如果允许保险公司、投资基金、住房公积金参与到房地产金融市场体系中，将有利于整个房地产风险的分散，投资的有效收益能够得到更大的保障。此外，抵押贷款资产的未来现金流来支持支付，为投资者提供了稳定的投资回报。

证券化所带来的转让手续的简化，使交易更为便利。以一般抵押权所担保的债权为例，虽非绝对不可转让，但这种转让一方面需办理债权让与的手续，如订立契约、交付债权证书及通知债务人等,另一方面也需办理抵押权移转手续,过程繁琐冗长,往往使投资者望而却步。由于住房抵押贷款证券作为抵押权和被担保债权的转化体,因此,通过发行抵押证券的方式将抵押贷款予以转让,大大简化了交易过程。

二、住房抵押贷款证券化的运作

(一)住房抵押贷款证券化的参与主体

住房抵押贷款证券化的参与主体通常主要有发起人、发行人(SPV)、服务人、信用增级人、信用评级人、受托人和投资人等。

1. 发起人

发起人(originator)通常是发放住房抵押贷款的金融机构,如商业银行、住房专业银行等。其主要职责是:审核贷款申请人的资格,向符合要求的贷款人发放抵押贷款;负责抵押贷款的日常管理;根据需要选择适当抵押贷款资产进行组合、打包形成资产池,然后将其出售给证券化特设机构(SPV)。

2. 发行人

住房抵押贷款证券的发行人(即 SPV),是整个抵押贷款证券化过程中的中心环节。SPV 一般通过向不同的发起人收购住房抵押贷款资产,根据不同的抵押贷款组成住房抵押贷款资产池(asset pool),作为发行房地产抵押贷款证券的依据,然后经过整合包装后发行住房抵押贷款证券,并且负责住房抵押贷款证券的本息兑付。具体承销和本息兑付工作可以由证券承销机构如证券公司、商业银行等承担。SPV 可以由非发起人组建(表外模式),也可以由发起人组建(表内模式),SPV 通常应该有独立的法律地位,SPV 购买的住房抵押贷款资产应是一种"真实购买",在法律上应不再与发起人的信用相联系。如果发起人破产,被证券化的住房抵押贷款不应该作为破产财产用做清算。

3. 服务人

服务人(servicer)是负责住房抵押贷款回收服务的机构,一般由住房抵押贷款的发放人或者其所属机构充当。服务人定期向住房抵押贷款的借款人收取到期本息,并且将收到的住房抵押贷款本息转让给 SPV,服务人一般还负责对本息收回情况进行分析,并经过受托人审核后,向投资者公布。服务人定期获得服务费收入。

4. 信用增级人

信用增级人(credit enhancement agency)是为住房抵押贷款证券的发行提供信

用担保的机构，通常由专业担保机构、商业银行、证券公司、保险公司等担任。通过信用增级人的担保或者保险行为能够提高所发行的住房抵押贷款证券的信用级别，有利于发行人对该住房抵押贷款证券的定价，即住房抵押贷款证券的定价是以市场的方式通过供求来决定，信用增级也会使住房抵押贷款证券的定价朝着有利于发行人的方向倾斜。当然，住房抵押贷款证券是否采用信用增级措施，可以由发行人根据信用增级费用和投资者的投资需求等因素权衡确定。

5. 信用评级人

发行的住房抵押贷款证券通常由被投资者认可的信用评级机构（credit rating agency）进行评级，使投资者了解各种抵押贷款证券的不同投资风险，在该住房抵押贷款证券存续期间，评级机构一般也会持续进行评级，并且在必要时适时调整信用等级。信用评级机构可以帮助发行人确定信用增强的方式和规模，并且为投资者设立一个明确而又可以接受的信用标准，同时其严格的评级程序和标准为投资主体提供了保护。

6. 受托人

受托人（trustee）是受发行人和投资者的委托，作为担保品受托人和证券权益（一般是债权）受托人，对发行人和投资者的账户进行管理。受托人通常将持有发行人以住房抵押贷款或者其他资产充当担保品，并且作为住房抵押贷款证券持有人（投资者）的受托人，负责将服务人转让交给SPV的本息收入向投资者账户进行定期分配，在投资者的利益遭到侵害时，受托人将代表投资者的利益采取必要的法律措施。

7. 投资人

投资人（investor）是抵押贷款证券的债权人，包括机构投资者和个人投资者，以机构投资者为主。对于个人投资者而言，持有住房抵押贷款证券可以获得较高的投资回报；对于机构投资者而言，可以增强资金的流动性，优化资产投资组合，提高自身的资产质量，降低投资风险。

除此之外，住房抵押贷款证券化的参与者还包括提供会计服务的会计师事务所，提供资产评估服务的资产评估机构，为负责向投资者销售抵押贷款证券的证券承销商，为发行人和承销机构提供法律顾问的律师事务所和提供款项收付服务的银行等。上述住房抵押贷款证券化的参与主体的角色并非截然分离的，有的参与主体可能同时承担多种角色，发挥多种功能，比如商业银行既是发起人同时也可承担服务人的角色。

（二）住房抵押贷款证券化的基本运作模式

住房抵押贷款证券化的基本运作流程：发起人对其抵押贷款资产进行打包组合，

出售给为抵押贷款证券化而特别设立的机构（SPV）；然后由 SPV 通过一定的信用增级手段使其达到要求的信用级别；SPV 通过分析、核算，在某一特定时间，在资本市场上，通过证券承销商发行以其所购的抵押贷款为基础的证券。具体来说，住房抵押贷款证券化的基本运作模式包括资产池的形成、证券化特别机构的设立与证券设计、信用增级、信用评级、证券发行、后续服务等基本步骤和流程（见图 9-3）。

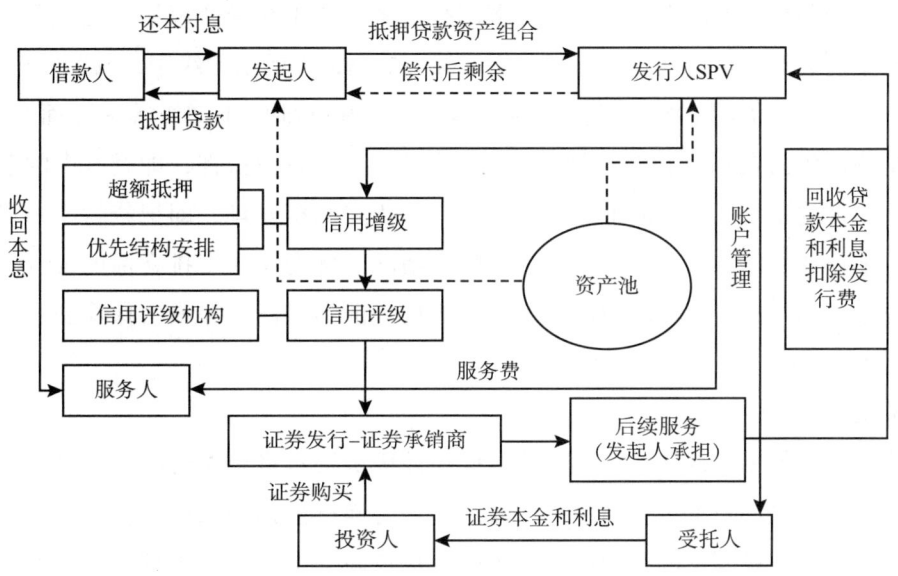

图 9-3　住房抵押贷款证券化的基本运作流程

1. 资产池的形成

发起人根据自己所要达到的融资要求，确定其证券化的目标，在综合考虑房地产抵押贷款的期限、利率、规模等因素后，对能够进行证券化的抵押贷款资产进行清理和估算，最后将这些资产汇集组建资产池（asset pooling）。汇集到资产池的抵押贷款必须符合一定的条件：资产可以产生稳定的、可预期的未来现金流；原始权益人持有该资产有一段时间，信用变现良好；资产具有标准化的合约文件，即资产具有较高的同质性；抵押资产的变现价值较高；资产具有良好的记录，即违约率和损失率较低；资产的相关数据容易获得；资产池中的资产达到一定规模。

2. 证券化特别机构的设立与证券设计

证券化特别机构（SPV）是专门为完成资产证券化交易而设置的特殊实体，是证券化交易中的一项关键制度建设。SPV 设立后按照"真实出售"的标准从发起人处购买资产，然后根据资产池的住房抵押贷款情况，估算抵押贷款未来的现金流，在考虑市场投资者需求的基础上，根据风险收益偏好和市场状况，对不同的现金流进行适当的组合，设计成为不同的住房抵押贷款证券品种。

破产隔离（bankruptcy remote）是实现证券化的重要手段，是指在资产证券化中实现基础资产的风险和其他资产（资产所有人的其他资产）的风险隔离，即一旦发起人破产清算，资产池将不会列入清算范围。为实现破产隔离，首要实现"真实出售"，而且必须对 SPV 的业务进行限制。

3. 信用增级

为了增强投资者的信心，吸引更多的投资者，便于在资产市场上进行交易，还需要对重组后的抵押贷款资产进行信用增级，提高证券的信用级别，改善发行条件，完善交易结构。信用增级可以通过内部信用增级和外部信用增级等两方面来进行。内部信用增级由发起人承担，主要有两种途径：一是超额抵押，即贷款库的总资产要大于以此为基础所发行的证券的总值；二是优先结构安排，即把贷款库的资产分成不同的偿还顺序结构，保证在发生风险的情况下优先偿还安排在前的证券。外部信用增级则是指由信用等级较高的第三方机构为证券提供担保或由保险公司提供相关的担保。

4. 信用评级

在进行完信用增级后，SPV 将聘请信用评级机构对将要发行的证券进行正式的信用评级，并且向投资者公布最终评级结果。房地产抵押贷款证券在进行信用评级时一般不考虑市场利率变动等因素引致的市场风险，也不考虑抵押贷款资产提前偿付引致的风险，而主要考虑抵押贷款的信用风险。

5. 证券发行

在完成信用增级和信用评级后，即可安排抵押贷款证券的发行。房地产抵押贷款证券的发行一般由 SPV 或者由 SPV 通过证券承销商来发行。

6. 后续服务

抵押贷款资产所有权转移后，贷款本金和利息的收回、违约处置、证券到期的偿付等日常管理工作一般仍由发起人即抵押贷款银行承担，贷款银行只需按月回收贷款本金和利息，在扣除贷款发行费用后转给 SPV，再由 SPV 付给证券投资者，也可以由 SPV 委托银行直接付给投资者。待证券全部被偿付完毕后，如果资产池产生的收入还有剩余，那么它们将被返还给交易发起人。至此，抵押贷款证券化交易全部过程宣告结束。

（三）住房抵押贷款证券化的风险与控制

1. 住房抵押贷款证券化的风险

住房抵押贷款证券化的风险按照不同的分类标准有不同的种类，如按照风险来源可以分为住房抵押贷款资产风险和证券化过程风险；按照住房抵押贷款证券化的参与者分可以分为各类参与者面临的风险，参与者面临的风险主要集中在发行人和投资者身上。而参与者面临的风险又往往与风险来源有关，本书重点介绍住房抵押贷款证券发行人和投资者面临的风险。

(1) 发行人面临的风险。

发行人面临的风险主要有以下三个方面。

一是住房抵押贷款资产的定价和交易风险。发行人从发起人处购买住房抵押贷款资产，可能由于买卖双方信息不对称、市场利率的变动等因素，导致住房抵押贷款资产购买价格大大高于住房抵押贷款资产的实际价值，或者买卖双方都对于住房抵押贷款资产的价格判断过高，引致购买价格大大高于住房抵押贷款资产的实际价值，对住房抵押贷款证券的发行和兑付产生负面的影响，发行人面临住房抵押贷款资产购买风险。

二是住房抵押贷款证券的发行风险。住房抵押贷款证券的发行风险主要表现在发行人未能按照预定的发行价格或者预定的发行价格范围在预定的发行时间内发行完毕，这类风险可能是由于住房抵押贷款证券品种的设计、发行时机、发行方式和费用以及承销机构的选择等导致的。

三是住房抵押贷款证券的兑付风险。住房抵押贷款证券的兑付风险主要表现在由于住房抵押贷款资产的风险导致发行人未能按照预先的承诺支付投资者的投资收益。

(2) 投资者面临的风险。

投资者面临的风险主要有以下三个方面。

一是住房抵押贷款证券的兑付风险。住房抵押贷款证券的兑付风险主要表现在住房抵押贷款借款人的破产等偿债风险、受托担保品的贬值或者灭失风险、延迟支付风险以及提前偿付给某些种类的住房抵押贷款证券的投资者带来的预期收入落空和再投资风险等。

提前支付风险（prepayment risk）是指借款人随时支付全部或是部分抵押贷款的余额导致了现金流不稳定和再投资现象的风险。不同于国债、企业债券，住房抵押贷款证券是以住房抵押贷款资产池所产生的现金流为支持的，本金在证券存续期内逐渐摊还。而借款人有权在任何时间提前支付部分或全部抵押贷款，尤其是当利率降低时，借款人就会提前支付之前较高利率的贷款，从而获得较低的资金成本。住房抵押贷款证券的实质是对抵押资产所产生的未来现金流的贴现，因此，提前支付会导致现金流不稳定，给住房抵押贷款证券的定价带来一定的难度。

二是住房抵押贷款证券的流动性风险。住房抵押贷款证券的流动性风险主要是指市场流动性不足，证券化产品难以迅速转换为现金，表现在投资者持有该证券可能面临着在约定持有期内难以转让变现或者只能贬值变现的风险。

三是住房抵押贷款证券的信用风险。由于基础资产的质量不佳，借款人未能按时还款会停止支付合同约定的贷款，导致违约率上升，影响证券的信用评级和市场价值，进而导致投资者的收益受损。

2. 住房抵押贷款证券化风险的控制

（1）发行人风险的控制。

针对上述发行人的风险，可以考虑采取如下的风险控制措施。

一是控制住房抵押贷款资产的定价和交易风险。发行人尽可能详细收集和了解拟购买的住房抵押贷款及其发放人的详尽信息，要求发起人承诺提供的信息必须是真实的，由专业评级机构对证券进行评级。同时，发行人应该制定明确的收购住房抵押贷款资产的标准，避免购入不符合要求的住房抵押贷款资产。

二是控制住房抵押贷款证券发行风险。发行人应该合理预测住房抵押贷款资产池的现金收入流，通过担保、保险等方式提高证券的信用等级，设计好住房抵押贷款证券化品种，选择恰当的发行时机和发行方式，挑选合适的住房抵押贷款证券承销机构，控制住房抵押贷款证券发行风险。

三是控制住房抵押贷款证券的兑付风险。控制住房抵押贷款证券的兑付风险主要在于控制好住房抵押贷款资产购买风险和住房抵押贷款证券的发行风险。另外，发行人还应该挑选合适的服务人和受托人，发挥好服务人和受托人的作用，避免或者减少住房抵押贷款的兑付风险。

（2）投资者的风险控制。

针对上述投资者的风险，可以考虑采取如下的风险控制措施。

一是控制住房抵押贷款证券的兑付风险。对于承诺进行信用增级的住房抵押贷款证券，要求发行人切实信守承诺落实信用增级措施，对于投资者本身也应该选择与其风险承受能力相适应的一定等级的住房抵押贷款证券来投资。同时，发行人应该尽可能采用具有破产隔离机制的 SPV 模式。

二是控制住房抵押贷款证券的流动性风险。投资者应该可以选择投资那些有比较好市场流通条件的住房抵押贷款证券，避免或者减少住房抵押贷款证券的流动性风险。

三、我国推行住房抵押贷款证券化的思考

随着中国经济的持续快速发展和住房制度改革的深入，房地产业相关金融服务

的需求增长迅速，已经具备了进行住房抵押贷款证券化的市场条件。

近二十年来，关于住房抵押贷款证券化问题，我国学术界已经做了大量的前期研究工作，随着我国房地产业的发展、住房制度改革的深入和住房抵押贷款余额规模的扩大，以及经济金融环境的市场化程度的不断提高，大大推进了住房抵押贷款证券化的可行性。尽管美国次贷危机对住房抵押贷款证券化带来了一定的冲击，但是住房抵押贷款证券化仍然是欧美资本市场最重要的融资工具之一。2005年4月20日，中国人民银行、中国银行业监督管理委员会颁布了《信贷资产证券化试点管理办法》，这标志着我国住房抵押贷款证券化步入了实质性的启动阶段。2005年12月15日，"建元2005－1个人住房抵押贷款支持证券"成功发行。这标志着银行信贷资产证券化在我国实现零的突破，是我国金融发展史上的一个标志性事件。

（一）我国推行住房抵押贷款证券化的可行性

1. 我国经济发展迅速为住房抵押贷款证券化的发展提供了一个良好的宏观环境

我国经济的持续快速发展和住房制度改革的深入，尤其是房地产行业，已经成为国民经济的支柱产业。这不仅使我国发展房地产证券化的环境较为良好，而且高速发展的行业需要大量的资金来维持运作，这就需要寻求新的融资渠道，而房地产证券化在国外的成功经验值得我们借鉴。经济的迅速发展使居民拥有大量的储蓄。截至2024年9月末，我国居民的人民币储蓄存款余额为149.71万亿元。大量的储蓄资金形成了潜在的投资者，寻求高收益率的投资途径。

2. 资本市场的发展为住房抵押贷款证券化创造了基本条件

我国金融体制改革不断深化，资本市场快速发展，为抵押贷款证券化创造了一个稳定的大环境。证券经营机构的业务日趋多样化，专业的证券公司开始成为新兴的投资银行。我国证监会对证券市场的监管也越来越严格，越来越成熟，这为住房抵押贷款证券化的发行和交易都创造了条件。

3. 我国已经初步具备住房抵押贷款一级市场的雏形，为发展住房抵押贷款证券化提供了前提条件

住房抵押贷款的原始债务人信用较高，资金流动性稳定，安全性高，是容易进行证券化的优质资产之一。我国的住房抵押贷款发展迅猛并已初具规模，能够为住房抵押贷款证券化的发展提供比较充足的基础资产供给。据统计，2000年我国商业银行个人住房贷款余额为0.33万亿元，2020年以来，银行信贷部门较好地落实中央坚持"房住不炒"的房地产调控总基调，截至2020年底，我国商业银行个人住房贷款余额为33.34万亿元，占金融机构各项贷款余额的比例为19.94%，这对解决居民住房问题和促进房地产业的发展都起到了重要作用。根据国际经验，住房贷款占全部贷款比重达到20%~30%时，就有可能给银行资金的流动性带来威胁，商业银行就会提出住房抵押贷款证券化的要求，并可以通过住房抵押贷款证券化，源源不断地从资本市场上获得资金用于发放住房抵押贷款，以支持更多的人买房。因此，住房抵押贷款证券化必将成为我国商业银行筹集长期性信贷资金的一条主渠道。

（二）我国推行住房抵押贷款证券化的障碍

要实现住房抵押贷款证券化，从根本上要求有一个完备的、健全的制度和市场环境，如健全的相关法律体系、良好的信用体系、严格的交易制度及旺盛的市场需求等。

1. 制度障碍

我国现行的房地产投资与金融还处于改革阶段，改革过程将是个很长的历程。这在制度上限制了住房抵押贷款证券化的发展。

（1）监管体制限制了机构投资者的发展空间。

我国在建立金融监管体系之初，为了防范与控制风险，规定证券业和银行业、信托业、保险业分业经营、分业管理，证券公司和银行、信托、保险业务机构分别设立。然而，这却限制了商业银行的业务扩展，也阻碍了我国资本市场的迅速扩大。为了住房抵押贷款证券化的发展，我国的分业经营制度要逐渐过渡到混业经营制度。

（2）信用体系与资产评估体系限制了证券化的顺利完成。

在住房抵押贷款证券化中，信用体系与资产评估体系对于证券化的顺利完成有着至关重要的作用，但我国由于市场经济起步比较晚，信用体系和资产评估体系等市场经济体系还不够健全和完善，也没有和国际接轨，从而限制了住房抵押贷款证券化的顺利进行。

（3）技术人员的缺乏。

住房抵押贷款证券化是一项综合性很强的融资业务，涉及证券、担保、金融、评估、财务等各个领域，需要大量既掌握法律、信用评级、会计、税收方面知识，又掌握住房抵押贷款证券化方面知识的复合型人才。从我国现状来看，特别缺乏一批既有房地产金融实践经验又有专业理论水平的管理人才和技术人才。今后要有计划、有组织、有系统地培养这方面的人才，使他们在房地产证券市场中充分发挥咨询服务和投资指导的中介作用。

（4）会计制度和税收制度的限制。

我国的会计制度和税收制度目前还远远不能满足证券化发展的需要。这就要求我们根据实际需要设计合理的会计制度和税收制度。

2. 法律障碍

实现和扩大住房抵押贷款证券化面临的主要挑战之一就是法律的障碍。住房抵押贷款证券化在美国发展良好的原因之一是美国建立了完善、健全的法律制度，而在将住房抵押贷款证券化移植到我国时，滞后的法律体系造成了很大的障碍。尽管我们有了《信托法》和《投资基金法》，但资产证券化所需的完善的法律体系尚未形成，这些都将成为我国实施资产证券化的绊脚石。

法律障碍表现在两个方面：一是住房抵押贷款证券化与相关法律的抵触；二是相关法律的缺失。目前，我国有三类法律和证券化业务存在冲突，第一类是《合同法》《民法通则》《担保法》，它们和证券化的冲突主要在于抵押权的转让以及抵押物的登记问题。我国立法对抵押权的单独转让采取绝对否定主义，只有履行了登记手续，才能产生设立抵押权的法律效果。因此，如果 SPV 不进行抵押变更登记，抵押权未生效，则 SPV 无法享有相应的抵押权益。若 SPV 逐一对抵押权进行变更登记，则证券化的成本大大增加，不具备可操作性。证券化作为资产出售过程中高效率、低成本的资产转让方式，将因为法律上的障碍而无法发挥作用。第二类是《公司法》和《破产法》，它们和证券化的主要分歧在于破产问题上。在我国现行破产法框架之下，公司一旦进入破产程序，除了设置担保的财产，公司其余所有的财产均为破产财产，均要用来清偿公司所欠债务。据此，在发起人进入破产程序后，SPV 从发起人处购得的证券化资产也要被列为破产财产，这就不能实现住房抵押贷款证券化中的破产隔离。

3. 市场障碍

住房抵押贷款证券化实施后，市场流通状况决定了证券化的效率。我国推行住房抵押贷款证券化的市场障碍体现在利率的非市场化，金融市场的不规范、不健全，以及对投资者进入的限制。

（1）利率的非市场化。

由于我国现行利率受到国家的高度管制，基本存贷款利率是由中国人民银行统一制定的，利率水平很难反映市场利率真实水平，从而造成借贷双方承担的利率风险加大。在房地产抵押贷款中，借贷期往往达到 20~30 年，借贷合同签订时确定的利率与实际利率往往相差很大，当发生通货膨胀时，债权人利益会受损。因此，为推进抵押贷款证券化，利率的非市场化和非可变性必须逐步加以改善。

（2）金融市场的不规范、不健全。

一个完整的住房抵押贷款证券化结构，包含了一级抵押贷款市场和二级抵押贷款市场。目前我国的一级抵押贷款市场发展迅速，住房抵押贷款占贷款的比例也越来越大，但在发展中，一级抵押贷款市场中资产的质量和标准化程度却被忽视了。目前我国的一级抵押贷款市场问题多多，主要体现在：抵押登记制度不健全，容易导致房地产重复登记，也很难保障银行的利益；抵押物产权不清，由于房地产所有权与土地所有权分离，导致抵押权与收益很难界定；抵押物的处置也是个很大的问题，一旦出现违约情况，银行不能自主处置抵押房产。一级抵押贷款市场的这些风险一旦暴露，会对二级抵押贷款市场的运作和风险造成重大影响。

（3）对投资者进入的限制。

目前，我国对于投资者的限制很多，严格限制了准入机制，缩小了投资范围。目前我国已形成十多类机构投资者，但是他们都受到不同程度的政策限制，尚不能自由进入资本市场。我国的资本市场以"散户为主，机构为辅"的投资模式，制约了资金的合理流动，也阻碍了住房抵押贷款证券化的发展。

（三）我国发展住房抵押贷款证券化的对策

我国发展住房抵押贷款证券化不能操之过急，要在考虑我国国情的基础上借鉴国际成功的经验，探索一条符合中国自身经济和金融发展的证券化道路，有效推动我国住房抵押贷款证券化的发展，提升金融市场的效率和稳定性。

1. 建立健全政府支持体系，促进住房抵押贷款证券化市场健康有序发展

美国房地产证券市场发达的原因之一是存在一个强有力的政府支持体系。一方面，政府担保机构 FHMA、FHLMC 和 GNMA 共同支持抵押市场活动；另一方面，优惠的税收政策，特别是房地产投资信托法人税的豁免，极大地激发了投资者的积极性。可见，政府机构支持和政策鼓励是房地产证券市场发展的重要保证，我国政府应在这方面有所作为，以促进住房抵押贷款证券化市场健康有序的发展。

2. 制定配套的法律规范，为住房抵押贷款证券化提供可以参考的依据

住房抵押贷款证券化在我国作为新生事物，必然会面临一系列问题，因此，完善相关法律法规，建立健全的监管机制，确保市场的规范运作，需要解决法律、会计、税收及监管等方面的问题，避免市场风险。尽管各类相关法规如《证券法》《证券投资基金管理暂行办法》《信托法》《个人住宅抵押担保贷款暂行办法》等均已出台，为住房抵押贷款证券化提供了某种程度上的规范化的法律基础，但这些是远远不够的。参考美国等发达国家在发展住房抵押贷款证券化中完善法律体系的做法，我国应尽快颁布一系列以住房抵押贷款证券化为核心的法律法规，如《房地产证券交易条例》《评估法》和《房地产保险法》等，为住房抵押贷款证券化的顺利推行提供法律保证。

3. 营造良好的住房抵押贷款证券化外部环境，健全中国住房金融市场

住房抵押贷款证券化业务的开展有赖于一个完善、成熟的房地产金融市场。目前要逐步建立健全包括商业银行房地产信贷部在内的房地产金融机构、房地产证券等级评估机构、保险机构、信托机构，尽快形成较为完善的住房金融系统。

住房抵押贷款证券化涉及很多的中介机构，因此加强中介机构的管理，培养优秀的中介机构可以使得证券化顺利实现。独立、客观、公正的信用评估是住房抵押贷款证券化成败的关键，以国外成熟的资产证券化体系为例，一般需要由国家出面，建立全国统一的担保机构，对证券化资产进行担保或保险，对个人信用予以认证，使其信用等级得以保障。另外，可以通过政府担保，增强市场的信心，降低投资者的风险感知，促进市场的健康发展。

由于住房抵押贷款证券化会以打包形式进行，且标的价值比较大，也可能把不同地域的房屋组合在一起，因此，在缺乏有影响力的独立资产评估机构的情况下，对地价、地面建筑质地的评估显然有一定的技术难度。因此，当前亟待进一步加快住房贷款保险市场和担保制度的建设，规范信用评估行为，完善资产评估及个人信用认证的标准体系，从而提高国内信用评估机构的素质和水平，最终防范金融风险。

4. 加强住房抵押贷款证券化人才的培育，组建一支人才队伍

住房抵押贷款证券化是一项技术性、专业性和综合性极强的新型融资方式，它涉及领域包括金融、证券、法律、信托、房地产、评估、保险等多方面，需要一大批既有理论基础知识，又有实践操作经验的复合型人才。因此，我们一方面应加强专业人才的培养，提供技术支持和咨询服务；另一方面要加大相关专业人才和管理技术的引进力度，通过培训和教育，提升从业人员的专业水平，确保市场的专业性和高效性。

住房抵押贷款证券化是一项复杂的社会工程。就现阶段而言，虽然我国市场经济得到一定程度的发展，而且金融体系也在深化改革，但是仍不可避免地存在着各个方面的障碍，使证券化的过程更为艰辛。我们要理性地看待住房抵押贷款证券化，结合我国国情，学习国外成功经验，并积极创新，走出一条适合中国本土的住房抵押贷款证券化之路。

思考题

1. 如何理解信托的内涵？
2. 房地产信托的内涵、特征与功能是什么？

3. 房地产信托资金来源有哪些？
4. 什么是房地产投资信托基金？房地产投资信托基金有哪些类型？
5. 如何理解融资证券化和资产证券化？
6. 资产证券化的特点是什么？
7. 住房抵押贷款证券化的内涵是什么？
8. 住房抵押贷款证券化的类型有哪些？
9. 住房抵押贷款证券化的参与主体有哪些？
10. 简述住房抵押贷款证券化的基本运作模式。
11. 我国推行住房抵押贷款证券化的可行性和障碍有哪些？
12. 简述我国发展住房抵押贷款证券化的对策。

阅读与讨论

我国个人住房抵押贷款证券化产品交易结构案例

［背景分析］：住房体制改革的积极推进和金融行业住房信贷政策的出台，使城镇居民住房消费的积极性不断提高，个人购买商品住房的总量和比重连年提高。

中国建设银行把房地产金融业务确定为全行的一项重要支柱业务，并将个人住房贷款作为房地产金融业务的重点产品。中国建设银行个人住房贷款业务迅猛发展，从1998年的250亿元增加到2005年的3861亿元，住房抵押贷款规模在国内金融机构中居于首位。然而，个人住房贷款业务的快速发展，使资金来源问题、资产负债期限错配问题日益突出。2002年3月中国建设银行总行在房地产金融业务部成立住房抵押贷款证券化处。

［试点推进］：2002年3月中国建设银行总行在房地产金融业务部成立住房抵押贷款证券化处，2003年5月，证监会首次召集建设银行、中国国际金融公司等机构，就如何推进资产证券化试点工作问题进行沟通和探讨。2005年2月25日，国务院批准同意开展信贷资产证券化业务试点，并批准由人民银行牵头成立"信贷资产证券化试点协调小组"，设计试点方案，建立和完善规章制度，开展信贷资产证券化试点。在试点申请过程中，建设银行配合人民银行、银监会、财政部、税务总局、建设部等管理机关建立了信贷资产证券化的相关法律法规。其中资产证券化的主要法律问题，是通过《信托法》《中华人民共和国合同法》等法律来界定的。2005年12月6日，银监会批复同意建设银行和中信信托开办个人住房抵押贷款证券化试点项目；同年12月8日，人民银行批复同意中信信托投资有限责任公司在银

行间市场发行以中国建设银行作为发起机构的个人住房抵押贷款支持证券。

2005年12月15日，中国建设银行举行发行仪式，备受国内外金融同业瞩目、由中国建设银行作为发起机构的国内首单个人住房抵押贷款证券化产品——"建元2005-1个人住房抵押贷款支持证券"正式进入全国银行间债券市场，其交易结构如图9-4所示。

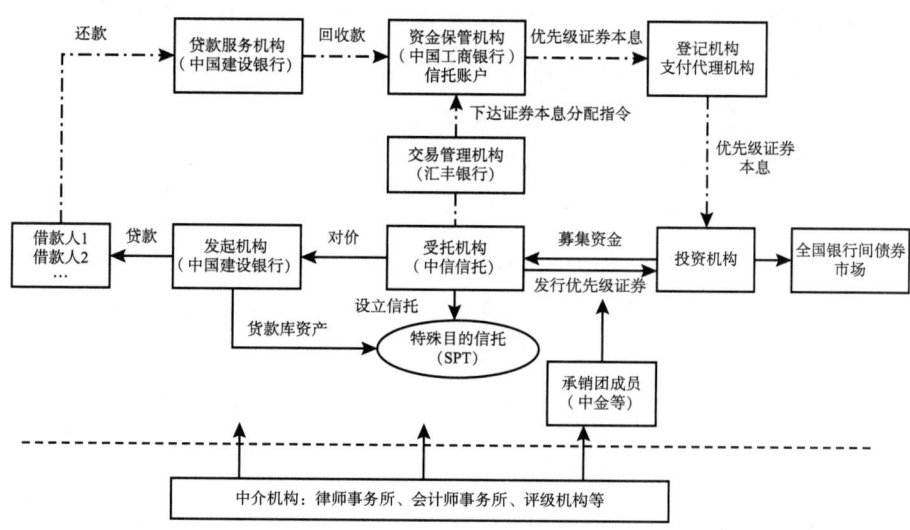

图9-4 "建元2005-1"交易结构

[**住房抵押贷款证券化产品设计与交易结构**]：借鉴国际上资产证券化运作模式，基于中国现行法律框架，中国建设银行设计出切合我国当前实际的个人住房抵押贷款证券化交易结构。从筛选贷款、建立贷款库、设立信托，到证券设计、发行、现金流归集与支付等均完成了较为成型的方案与设计流程。

"建元2005-1"采用了特定目的信托（SPT）这样一种形式的SPV将基础资产（抵押贷款池）与中国建设银行的其他资产隔离开来。信托给中信信托投资有限责任公司（受托机构），依法设立信托，由中信信托作为发行人和受托人，以上述资产所产生之现金流为偿付基础，在全国银行间债券市场发行资产支持证券，凡是在一级或二级市场买入"建元2005-1"的投资人为本SPT的受益人。发行所得资金归建设银行。

[**资产池与证券结构设计**]："建元2005-1"个人住房抵押贷款支持证券总金额共计30.17亿元，包括四个级别资产支持证券，其中A、B、C三级统称为优先级资产支持证券，并分别获得中诚信国际信用评级有限责任公司的AAA级、A级和BBB级评级，在全国银行间债券市场公开发行；最后一级为S级即次级资产支持证券，面值为0.91亿元，为定向发行，未予评级，由建设银行持有。资产池是由从上

海、江苏和福建三家具有较高贷款管理和服务水平试点银行中严格筛选出的15162笔优质个人住房抵押贷款组成。

"建元2005-1"个人住房抵押贷款支持证券A级、B级和C级证券的利率是采用簿记建档方式、通过市场竞标的方式确定的；而利率招标区间的确定则是参考当时银行间债券市场的同期限无风险利率，加上适当的利差以弥补各档次证券的流动性风险、信用风险以及新产品的风险等，最终的中标利差由投资者自愿报价、竞标确定。同时，为了保证资产池每期回收的现金流在支付相关中介费用后足以支付优先级各档次证券的利息，该产品对各档次优先级证券的票面利率设置上限，取值为资产池加权平均贷款利率减去一定点差。

2005年中国建设银行信贷资产证券化试点在中国金融创新史上具有里程碑意义，突出表现为：（1）创立了一个全新的资产证券化市场，结合国际规范和中国实际，为资产证券化市场搭建了基本制度架构，为资产证券化市场的发展建立了基础设施；（2）为资本市场提供了一系列新的投资产品。其灵活多样的设计将在最大程度上满足投资者的需求；（3）为银行提供了一种新的金融工具和技术手段。在增强银行风险管理能力、提高银行综合经营管理水平方面将发挥至关重要的作用；（4）为金融市场的筹资者提供了一个有别于股票、债券融资的新的直接融资渠道，成为银行间接融资方式的有益补充，有助于改善我国以间接融资为绝对主导的融资结构。

资产证券化在中国的发展并不是一帆风顺。2008年肇始于资产支持证券市场的金融危机席卷全球，国内对资产证券化乃至整个金融创新的看法出现分歧，相关工作实质上处于停滞状态。2012年5月17日，人民银行、银监会、财政部联合下发《关于进一步扩大信贷资产证券化试点有关事项的通知》，信贷资产证券化再次启动，监管机构不断优化监管思路，完善监管政策，提升了发行管理效率、激活了参与机构能动性和创造性，使RMBS的发行规模持续攀升。截至2017年12月31日，银行间市场共发行52单RMBS，总计规模3573.41亿元。

第十章 房地产金融市场的外部干预

本章学习目标

- **掌握**：房地产金融调控的理论基础；房地产金融调控的影响因素。
- **熟悉**：金融调控的政策工具；我国房地产金融市场的风险管理。
- **了解**：金融宏观调控的原则；我国房地产金融调控政策的历史演变。

第一节 房地产金融调控的基本原理

一、房地产金融调控的理论基础

（一）市场失灵

以马歇尔（Marshall）为代表的传统的自由市场经济理论认为，完全竞争的市场结构是资源配置的最佳方式。无论是在产品市场还是在生产要素市场，价格和市场竞争都会精确地反映商品的稀缺程度和资源在现在和将来的价值，从而引导生产、投资和消费，达到经济资源的有效配置，即只有以市场作为资源配置的基本工具进行各种经济活动，才能使整个经济取得最高效率。但在现实经济中，完全竞争市场结构只是一种理论上的假设，理论上的假设前提条件过于苛刻，现实中是不可能全部满足的。而且，通过市场调节，从价格形成、信息传递到产品的产出，有一定的时间延迟，从而导致市场调节产生了环节上的滞后性。以凯恩斯（Keynes）等为代表的所谓新自由主义或社会自由主义则放弃了对经济的放任主义立场，主张国家积极干预经济的运作，并力主阶级合作和社会改良，增加对于劳动者的福利待遇。在新自由主义理念的基础上，市场失灵理论认为，市场失灵（market failure）是指在不完全竞争市场下，由于各种原因而无法实现价格机制来配置资源，无法实现效率—帕累托最优。一般认为，导致市场失灵的原因包括垄断、外部性、公共物品和不完全信息等因素。

从市场失灵理论分析可知，市场并不能保证资源高效率的配置，国家为达到经济有效运行，这就需要政府在尊重市场经济的运行规律的基础上，进行合理干预和宏观调控，正确、高效地引导经济个体进行投资决策，即市场与国家调控有效结合，从而发挥最大的综合效益。因此，市场失灵理论为政府对表达自由的干预提供了合法性的基础。

市场失灵理论对于我国社会主义市场经济体制的建立和完善有一定的借鉴意义。一是我国的市场经济要立足于现代市场经济目标模式，其问题的核心，是正确认识和处理计划与市场的关系，即市场在社会主义国家宏观调控下对资源配置起基础性作用；二是要完善市场经济的宏观调控体系，把当前利益与长远利益、局部利益与整体利益结合起来，更好地发挥计划与市场两种手段的长处。既有利于市场的稳定，又有利于共同富裕长远目标的实现；三是我们要加强市场经济的立法，完善市场规则，建立良好的市场经济秩序和环境；四是把增长和发展结合起来，落实好可持续发展战略；五是要明确政府职能，规范政府行为，建立廉洁高效的政府。总之，我国的市场经济目标是立足于社会主义市场经济体制，通过不断改革和完善，构建高水平社会主义市场经济体制，以适应新时代的发展需求，实现社会经济资源的优化配置。

（二）金融宏观调控概述

1. 宏观调控与金融宏观调控

（1）宏观调控。

政府宏观调控是国家根据客观经济规律的发展要求，综合运用行政手段、经济手段（主要是财政手段），以及法律手段，从总体上对社会经济各部门、各地区、各企业和社会再生产各个环节的运行状态与经济关系进行干预和调整的过程，以保证经济结构平衡与经济的持续、协调、健康发展，目的是促进总需求和总供给的基本平衡，以保证现有资源得到充分利用。党的二十届三中全会明确提出，科学的宏观调控、有效的政府治理是发挥社会主义市场经济体制优势的内在要求。必须完善宏观调控制度体系，统筹推进财税、金融等重点领域改革，增强宏观政策取向一致性。因此，在市场经济运行过程中，我们应该把市场经济的创造性与宏观调控全局有机结合起来，通过加强以及完善宏观调控，深化金融调控体制改革，健全投资和融资相协调的资本市场功能，防风险、强监管，促进资本市场健康稳定发展，充分发挥市场经济对社会资源分配的基础性作用。

作为我国经济发展的支柱产业，房地产业对生产、投资、消费都有重要影响，对中国经济保持持续增长起到了举足轻重的作用。2003年8月12日，国务院发布的《关于促进房地产市场持续健康发展的通知》明确指出，"房地产业关联度高，带动力强，已成为国民经济的支柱产业"[①]。房地产业资金密集度高，需求量大，供给方和需求方都离不开金融系统的支持，从本质上看，房地产行业对金融的依赖性较强，具有鲜明的金融属性。同时，房地产业的发展极大助推了第三产业的发展，为第三产业的增长做出巨大贡献。因此，中央银行主要通过控制资金投放房地产业的数量和结构来调整房地产行业的运行情况，最终实现我国总体经济稳步健康增长，达到政府最初制定的宏观经济调控政策目标。

（2）金融宏观调控。

金融宏观调控是中央银行运用货币、信贷、利率等金融手段，调节和控制货币供应量（货币供给），建立全社会总需求与总供给基本平衡的一种对经济运行过程进行控制和管理的活动。随着经济体制改革的发展和深化，传统经济逐步向商品货币经济和信用经济转化，金融已渗透到经济生活中的各个领域，成为联结各部门之间和整个国民经济活动的纽带，成了调节和控制宏观经济活动最重要、最有效的手段。

金融宏观调控最终目标是总供给与总需求的平衡，是经济结构的合理调整，而货币政策目标是金融宏观调控的核心，即金融宏观调控有赖于货币政策的贯彻和实施，特别是在市场经济条件下，货币政策既是整个金融政策的基础，同时又是金融宏观调控的核心。与宏观调控的目标一样，金融宏观调控的目标也是为达到充分就业、物价稳定、经济增长和国际收支平衡而进行的。

金融宏观调控具有如下特征：一是调控客体的金融性与调控主体的行政性相统一。金融领域及金融活动是调控主体的调控对象，调控主体又反过来具有金融性属性，是金融事业及金融活动的领导者、组织者和调控者，它既带有行政领导的一般

---

① 统计数据显示，2011~2020年，我国房地产业对经济的贡献率基本上保持在稳步增长态势，2020年房地产业对国民经济的贡献率为7.34%，房地产和建筑业合计贡献14.5%。近几年，受疫情和宏观经济运行的影响，房地产市场进入调整时期，2022年房地产业增加值约7.4万亿元，占GDP的比重为6.1%。

性属性，又带有从事专业银行存贷款业务的特殊性属性。二是金融调控目标与国家宏观调控目标个性与共性的统一。尽管金融调控目标稳定币值是首要的，通过币值的稳定和金融环境的改善促进经济稳定增长是延伸的、非直接的。但是，金融调控主体的意志是国家宏观调控经济的意志在金融领域的具体体现，这决定了金融调控目标与国家宏观调控相一致并服从服务于国家总体目标的调控特性。三是金融调控手段经济性属性与市场经济体制间接管理要求相统一。货币政策及政策工具的实施作为调控金融的主要手段，具有经济性、间接性特点，这与社会主义市场经济体制对调控方式间接性要求相适应，有利于在搞活微观市场经济的要求下达到宏观调控目标的实现，实现宏观调控与微观市场的统一。

2. 金融宏观调控的原则

金融宏观调控的原则是金融调控本质属性在其自身构建方面的体现，是金融调控行为必须严格遵循的根本准则。金融调控的原则主要包括以下几个方面。

（1）依法行政原则。

金融宏观调控是政府在整个金融领域所采取的各种方针、政策、措施的总和。因此，金融调控必须严格按照法律程序进行，调控主体也必须接受来自金融调控在实体上和程序上的约束和规范，做到调控主体资格法定、宏观调控权力法定、政府调控方式与程序法定，确保调控措施的合法性和有效性。

（2）间接调控原则。

间接的金融调控是指通过改变其他可以影响其交易行为的经济变量来影响市场主体的交易行为，最终达到影响宏观经济的目的，而不是直接作用于市场经济主体的交易行为。比如，中国人民银行通过调整存款准备金率、存贷款利率等手段来影响经济主体的交易成本或者最大交易量，通过引导、规范市场主体间的交易活动间接影响经济市场，从而实现金融市场运行符合金融调控的目标和预期。

（3）调控及时原则。

金融调控的间接性使得调控过程具有一定的时滞效应，因此，中国人民银行在实施金融调控行为的时候，必须建立相应的预警机制，及时对经济形势的变化做出反应，以应对经济形势的快速变化所带来的非预期影响。

（4）适度原则。

金融调控行为必须尊重市场经济的发展规律，因此，适度的金融宏观调控是确保经济平稳运行的关键，是指在实施金融宏观调控时，需要根据经济金融形势和宏观调控的需要来灵活调整的力度和范围，确保银行体系流动性合理充裕，既要避免过度干预导致市场机制失灵，又要防止调控不足导致经济失衡。

(5) 利益公平原则。

利益公平原则的核心是指在金融宏观调控过程中，维护市场公平竞争，形成规范、有序的金融秩序，保护弱势群体的利益，实现金融资源配置的社会福利最大化，促进社会经济的整体协调发展。可见，金融宏观调控的利益公平原则是确保金融市场稳定、维护金融市场的健康发展，促进社会经济的公平和可持续发展的重要保障。

二、金融宏观调控的政策工具

作为房地产市场宏观调控的重要组成部分，房地产金融调控是指政府利用货币政策及相关的货币金融调控手段，控制资金投放房地产业的数量和结构，从而影响房地产市场的经济活动，使房地产市场投资总量和投资结构相适应，以达到住者有其屋、房地产价格稳定、增加就业、促进经济增长等目标。我国房地产金融宏观调控的政策工具主要有公开市场业务、法定准备金率政策、利率政策和再贴现率政策等，除此之外，还有对于购房或是土地开发的首付比例规定，根据金融形势变化进行的如贷款额度控制、银行放款的直接规定、信用分配、流动资产比例的调整等直接信用控制。

（一）公开市场业务

公开市场业务（open market operation）是指中央银行为实现货币政策目标，在证券市场上公开买卖国家债券及其他有价证券，改变商业银行等存款货币机构的准备金数量，进而影响货币供应量和利率，实现货币政策目标的一种政策性工具。当金融市场银根紧缩、利率上升时，中央银行通过公开购买政府债券及其他有价证券投放货币以此缓和金融市场的资金需求；反之，以此收紧银根。公开市场业务每天都在进行，不会导致人们的不良心理预期，货币政策易于达到理想的效应。与其他货币政策工具相比，公开市场业务具有主动性、灵活性和时效性等特点，是中央银行经常使用的工具。

公开市场业务作为中央银行市场化的货币政策调控工具，已在美国、德国、法国、英国等市场经济发达国家得到广泛使用，成为各国中央银行经常使用、灵活有效地调节市场货币供应量的重要工具。1993年12月，国务院发布了《国务院关于金融体制改革的决定》，明确把公开市场业务操作作为货币政策工具之一。我国央行于1994年3月开始启动针对外汇市场调节措施的公开市场业务，属于外汇市场操作。1996年4月9日，中国人民银行正式开办债券公开市场业务，但是效果并不理想，1997年便宣布暂停。1998年5月26日，亚洲金融危机的爆发促使央行为扩大内需重新启动公开市场业务，公开市场业务也逐渐成为央行货币政策的主要工具，对调节货币供应量、调节商业银行流动性水平、引导货币市场利率走势发挥了积极的作用。

公开市场业务会对房地产市场产生一定的影响：一是公开市场业务会影响市场上的资金供给和需求，从而影响利率水平；二是公开市场业务对利率的影响会进一步影响房地产市场的房价。低利率环境下，购房成本降低，房地产需求增加，可能推动房价上涨，反之亦然；三是公开市场业务也会通过市场对货币政策的预期影响房地产市场。市场参与者会根据央行的操作来调整对未来经济形势和投资环境的预期，进而影响他们在房地产市场的投资行为。如2022年1月17日，央行发布《公开市场业务交易公告2022第10号》文件指出，为维护银行体系流动性合理充裕，2022年1月17日人民银行开展7000亿元中期借贷便利（MLF）操作和1000亿元公开市场逆回购操作，中期借贷便利（MLF）操作和公开市场逆回购操作的中标利率均下降10个基点。政策目的旨在继续强调保持银行或金融系统流动性充裕，有助于降低实体经济融资成本，扩大国内需求，房贷等政策放松会对房地产市场产生积极的影响。2024年1月15日，《公开市场业务交易公告2024第10号》开展890亿元公开市场逆回购操作和9950亿元中期借贷便利（MLF）操作，维护流动性合理充裕、传递积极政策信号和管理市场预期，促进房地产市场的健康发展。

（二）法定准备金率

法定存款准备金是指中央银行对商业银行吸收的存款规定一个最低限度的不得用于放贷的准备金。法定准备金率（reserve requirements Rate），即准备率，是指中央银行为保护存款人和商业银行本身的安全，控制或影响商业银行的信用扩张，以法律形式所规定的商业银行及其他金融机构提取的存款准备金的最低比率。商业银行必须严格执行央行的规定，在吸收社会存款之后，按照法定存款准备金率向央行上缴准备金，法定存款准备金以外的存款资金才能被用于投资、贷款等活动。法定准备金率的调整有较强的告示效应。法定准备金率的升降是中央银行执行货币政策的预示器。中央银行视经济发展状况而提高或降低法定准备金率，可以成倍地收缩或增加全社会的货币供给。

1983年9月，《国务院关于中国人民银行专门行使中央银行职能的决定》发布，中国人民银行从1984年1月1日起开始专门行使中央银行职能，1984年5月启动存款准备金制度，2004年4月25日起实施存款准备金政策，此间，中国人民银行频繁使用存款准备金率这一货币工具,至2016年2月,累计调整近55次。存款准备金率直接影响的是商业银行等金融机构的信贷规模,减少商业银行住房贷款的发放,以此来间接调控房屋成交数量,降低购房热度,最终达到调控房地产价格的目的。

中国人民银行决定:自2024年9月27日起,下调金融机构存款准备金率0.5个百分点(不含已执行5%存款准备金率的金融机构),向金融市场提供长期流动性约1万亿元。本次下调后,金融机构加权平均存款准备金率约为6.6%。2024年9月29日,《中国人民银行发布公告2024第11号》,完善商业性个人住房贷款利率定价机制,允许满足一定条件的存量房贷重新约定加点幅度,促进降低存量房贷利率。2024年10月31日,工商银行、农业银行、中国银行、建设银行、交通银行、邮储银行六大商业银行发布公告,将从11月1日起,陆续对商业性个人住房贷款利率实行新的定价机制,预计平均降幅0.5个百分点左右。

对购房者来说,一是降低购房成本,尤其是对首次购房者和寻求改善住房条件的家庭而言,成本降低激发了更强的购房意愿,有助于释放被压抑的购房需求;二是稳定购房预期,向市场传递了政府支持经济稳定增长、稳定楼市的信号。对房企而言,降准为金融市场提供了长期流动性,金融机构加权平均存款准备金率下降,银行可用于贷款的资金增多。对房地产市场而言,一是促进市场交易活跃,有助于房企去库存,回笼资金,也能够带动房地产产业链上相关行业的发展,如建筑、装修、家电等,对宏观经济的稳定增长产生积极影响;二是稳定房价,有助于避免房价的大幅波动,促进房地产市场的平稳健康发展。

(三) 再贴现率

再贴现是通过中央银行干预和影响市场利率以及货币市场上的供给和需求,调节市场货币供应量的一种货币政策。与其他的货币政策工具相比,再贴现工具不仅对信用总量能实现量的控制,而且能实现对信贷结构和产业结构的调整。再贴现率是指商业银行将其未到期票据向中央银行申请再贴现时的预扣利率。在中国资金市场,再贴现率(rediscount rate)政策是指中国人民银行(中央银行)通过调整再贴现率以及控制再贴现业务的规模来调控货币市场资金总额,以实现货币市场稳定发展一种金融政策,也是几乎所有实行市场经济的国家在进行金融宏观调控时都在使用的一种政策工具。

由于商业银行可以凭借商业票据对企业进行贴现放款,因此,商业银行经常持有大量的商业票据。如果商业银行感到资金短缺,可以用这些票据向中央银行进行再贴现以获得所需要的资金。中央银行可以通过调整再贴现率来扩大或收缩对商业银行的信用。当然，商业银行是否进行再贴现，中央银行只能等待商业银行向它借款，而不能要求商业银行这样做。

再贴现率通过影响商业银行的信贷成本、调控货币供应量和市场预期，对房地产市场产生重要影响。一是影响商业银行的信贷成本。当再贴现率提高时，商业银行向中央银行贴现票据的成本增加，会减少商业银行的贷款供给，从而影响房地产市场的资金供应。反之，再贴现率降低则会增加商业银行的贷款供给，有助于房地产市场资金的流动性。二是影响市场预期。当市场预期再贴现率将上升时，可能会导致贷款成本增加，进而抑制房地产市场的投资需求。相反，市场预期再贴现率将下降，可能会刺激房地产市场的投资活动。因此，央行根据货币市场利率和贴现利率适时适度调整再贴现利率非常重要，而且，再贴现率政策通常与其他货币政策工具（如存款准备金率、公开市场业务等）配合使用，以实现更全面的经济调控目标。

（四）利率政策

利率（interest rate）是指一定时期内利息额与借贷资金额（本金）的比率。利率是决定企业资金成本高低的主要因素，同时也是企业筹资、投资的决定性因素。利率政策是我国货币政策的重要组成部分，也是货币政策实施的主要手段之一。改革开放以来，中国人民银行加强了对利率手段的运用，根据货币政策实施的需要，适时地运用利率工具，对利率水平和利率结构进行调整，进而影响社会资金供求状况，改革利率管理体制，实现货币政策的既定目标。

利率政策对我国房地产市场的影响体现在以下几方面。一是利率政策直接影响购房者的借贷成本和还款压力。例如，2024年9月29日，《中国人民银行发布公告2024第11号》，完善商业性个人住房贷款利率定价机制，将贷款市场报价利率（LPR）上加点幅度高于30基点的存量房贷利率统一调整到 LPR – 30 基点，预计调整后存量房贷利率将从当前的加权平均利率 4.06% 降至约 3.55%。这一政策减轻了购房者的还款压力，尤其是对于刚需购房者和改善型需求人群，购房成本降低将激发他们的购房意愿。二是利率政策的变化也会影响房地产市场的供需关系和房价。利率下降会降低购房者的贷款成本，从而刺激购房需求，尤其是在利率下降周期中，浮动利率的引入能够降低购房者的还贷成本，可能推动房价上涨。三是利率政策还会影响房地产开发商的融资成本和市场供给。开发商的融资成本与市场利率紧密相关，贷款利率的下降可能会降低开发商的融资成本，从而增加其开发新项目的意愿和能力。

上述的金融宏观调控政策工具中，采取何种政策工具，要根据当时的经济状况和所要达到的目标而进行正确的选择。

第二节 房地产金融调控政策的作用与影响

一、房地产金融调控的作用

房地产金融调控是指政府通过调整货币政策、信贷政策、税收政策等手段，对房地产市场进行宏观调控。房地产金融调控目的是通过调控房地产市场供求关系、优化资源配置、降低市场风险，以实现房地产市场的平稳健康发展。自2016年以来，根据党中央、国务院的统一部署，人民银行牵头金融部门积极配合做好房地产的调控工作，推动建立房地产市场平稳健康发展的长效机制，加强房地产金融宏观审慎管理，抑制流动性过度流向房地产，促进形成金融与房地产的良性循环。2021年3月11日，十三届全国人大四次会议表决通过的《中华人民共和国国民经济和社会发展第十四个五年规划和2035年远景目标纲要》指出："加强房地产金融调控，发挥住房税收调节作用，支持合理自住需求，遏制投资投机性需求。"

因此，金融调控对房地产业和金融业都有着重要影响，国家应该充分重视金融调控手段的使用，发挥其应有的作用，更好地促进国民经济的健康发展。

（一）房地产金融调控对房地产行业的影响

房地产是资金密集型产业，金融发展规模在促进房地产市场发展过程中有着至关重要的作用，房地产金融的成本与效率决定了房地产金融发展规模的程度。1998年住房制度改革以来，房地产业发展迅速，在国民经济中的比重逐年增加。2003年8月12日，《国务院关于促进房地产市场持续健康发展的通知》指出"房地产业关联度高，带动力强，已经成为国民经济的支柱产业。"根据统计年鉴，2022年房地产业占全国GDP比重为6.1%，建筑业占比6.9%。随着房地产市场的持续快速发展，也引发了如房价过快上涨、房地产泡沫风险增加、房地产金融风险等一系列的问题。房地产金融调控对房地产行业的影响主要体现以下几个方面。一是通过房地产金融调控措施，调整房地产市场供求关系，有效地抑制了投机性购房，使市场回归理性。贷款政策的调整提高了购房门槛，减少了投资客的炒作空间，有助于稳定市场情绪，防止市场出现大起大落。二是促进房地产行业结构优化。一方面，推动资金实力较弱、经营不善的房企进行整合或退出市场；另一方面，通过对房地产行业规模的有效控制，优化房地产市场资源配置，有利于促进房地产企业的良性健康发展，稳定房地产业的发展。三是在金融调控的推动下，房地产市场开始向多元化发展。政府鼓励开发商开发租赁住房、共有产权房等多元化住房产品，以满足不同层次、不同需求的消费者；同时，金融机构也在探索房地产金融创新，如 REITs（房地产投资信托基金）等，为房地产市场提供更多元化的融资渠道。

2023 年中央经济工作会议强调，积极稳妥化解房地产风险，一视同仁满足不同所有制房地产企业的合理融资需求，促进房地产市场平稳健康发展，加快构建房地产发展新模式。因此，房地产企业需要加强自身实力和风险管理能力，以适应市场的变化和政策的要求。同时，政府也需要根据市场变化和行业需求，适时调整金融调控政策，以保持市场的稳定和健康发展。

（二）房地产金融调控对金融行业的影响

随着国家银行贷款业务的发展，商业银行在房地产业中占据着十分重要的位置，商业银行基本上参与了房地产开发的全过程。房地产金融调控对金融行业的影响主要有以下几个方面。一是金融调控政策可以有效降低房地产业的贷款金额，对降低贷款风险、维护商业银行的利益有着重要的作用。这在一定程度上降低了金融风险，保障了市场经济的发展，因此，银行需要更加谨慎地评估风险，并采取更加严格的贷款审批程序。二是房地产金融调控政策对证券市场产生影响。一方面，由于房地产市场的波动性较大，与房地产市场相关的证券产品也面临较大的风险；另一方面，政府通过发行债券等方式支持房地产市场的发展，这为证券市场提供了更多的投资机会。然而，政府需要合理控制债券的发行规模和节奏，以避免对市场造成过大的冲击。三是房地产金融调控政策会对整个金融市场产生影响。政府通过调控房地产市场来控制货币供应量和通货膨胀水平，从而对整体金融市场产生一定的影响，作为金融市场的重要投资领域之一，房地产市场的变化会对整个金融市场的运行产生一定的影响。因此，金融机构需要在复杂的政策环境下灵活调整其业务模式和风险管理策略，以适应市场的变化。

2022 年 11 月 23 日，中国人民银行和中国银行保险监督管理委员会公布《关于做好当前金融支持房地产市场平稳健康发展工作的通知》（以下简称《通知》）指出，全面落实房地产长效机制，因城施策支持刚性和改善性住房需求，保持房地产融资合理适度，维护住房消费者合法权益，促进房地产市场平稳健康发展。《通知》要求保持房地产融资平稳有序，稳定房地产开发贷款投放，支持个人住房贷款合理需求,稳定建筑企业信贷投放,支持开发贷款、信托贷款等存量融资合理展期,保持债券融资基本稳定,保持信托等资管产品融资稳定。《通知》还提出,积极做好"保交楼"金融服务,支持开发性政策性银行提供"保交楼"专项借款,鼓励金融机构提供配套融资支持。同时,要求积极配合做好受困房地产企业风险处置,做好房地产项目并购金融支持,积极探索市场化支持方式。

二、房地产金融调控的影响因素

房地产金融调控的影响因素主要有调控时机选择、政策工具运用、政策力度把握、宏观经济背景分析,以及政策调控的传导机制运行等。

(一)调控时机选择

房地产金融调控的时机不仅指调控政策的出台和实施时间,还包括政策的退出和转换时间,对房地产市场调控时机的把握是否准确对调控效力具有决定性的影响。房地产金融调控政策主要包括紧缩政策和扩张政策两类。房地产金融调控政策的实际选择须考虑社会经济发展状况、市场供需关系、政策环境等综合因素,例如,2003年,房地产市场迎来快速增长期。2005~2007年,为进一步控制房地产市场的过热发展,保障市场的稳定运行,政府出台了一系列房地产调控政策。2008年,政府推出4万亿元刺激经济计划,通过降低首付、降低利率和减税等措施应对国际性的金融危机。为巩固和扩大调控成果,逐步解决城镇居民住房问题,继续有效遏制投资投机性购房,促进房地产市场平稳健康发展,2011年1月26日,国务院常务会议再度推出《国务院办公厅关于进一步做好房地产市场调控工作有关问题的通知》(新国八条),要求强化差别化住房信贷政策,对贷款购买第二套住房的家庭,首付款比例不低于60%,贷款利率不低于基准利率的1.1倍。2014年以来,全国性的限购和限贷政策放松,至2024年,全国性的限购和限贷政策几乎全部取消,首付和利率均为历史最低水平。由此可见,如果对社会经济发展、房地产市场供求等判断不准确,或对调控政策的时机选择不适宜,都将对房地产市场形势产生不利影响。

(二)政策工具运用

房地产金融政策工具的选择在房地产行业中至关重要,直接影响到调控政策的有效性。通常来说,政府可以通过调整利率、限制贷款规模、提高贷款发放条件、加强监管等方式调控房地产金融市场。例如,可以通过优化贷款结构,增加债券发行比例，引入更多信托资金等方式，实现资金的多元化配置。国家金融监督管理总局提倡使用"组合拳"策略，其核心在于通过多种融资工具的协调与配合，提升整体融资效率，从而推动整个行业的健康发展。2024年9月24日，人民银行会同金融监管总局出台五项房地产金融的新政策（"新五条"）包括调整贷款利率、放宽信贷政策、规范资金流向、支持租赁市场发展和优化审批流程等措施，旨在改善房地产融资环境，确保资金流向合理的房地产项目。总之，关键在于是否针对房地产市场中存在的问题有的放矢地运用这些工具，只有房地产金融政策工具运用得当，才能取得较好的效果。

（三）政策力度把握

调控力度是指调控政策紧缩或扩张的变化对调控目标的影响程度。房地产金融调控力度的大小首先是从各货币政策的改变量来衡量，其次是从调控最终目标的改变来体现，或者说是从调控的效力或效果方面来衡量。房地产金融调控力度如果不够，就不能达到预期的效果；力度过大，又容易产生矫枉过正的现象，人为地加大房地产市场的波动幅度。由于金融机构、企业和居民对货币政策的反应不够灵敏，不能迅速对市场信号做出理性反应，所以我国的货币政策通常力度较大，导致了经济的强波动特征。

中央政府高度重视房地产市场平稳健康发展。2024年9月26日，中央政治局会议强调，要促进房地产市场止跌回稳，严控增量、优化存量、提高质量。要回应群众关切，抓紧完善土地、财税、金融等政策，推动构建房地产发展新模式。9月29日，国务院召开常务会议，研究部署具体落实工作，充分赋予城市政府调控自主权，城市政府要因城施策，调整或取消各类购房的限制性措施。2024年以来，一系列房地产金融政策持续优化，从供需两侧发力，降低居民购房成本，促进保交楼、保民生、保稳定，助力构建房地产发展新模式，更好支持刚性和改善性住房需求。

（四）宏观经济背景分析

房地产市场是非常敏感和复杂的市场，影响房地产金融政策有效性的宏观经济因素较多，主要包括房地产金融体系、金融体制、土地制度、住房分配制度、利率水平和通货膨胀率等。如果这些制度和宏观经济背景不能支持政府对房地产市场的金融调控，那么，政府的调控就有可能失效。为了促进房地产市场的平稳健康发展，国家出台了一系列调控政策。2015年以来，央行多次降息和降准，以降低企业和个人的融资成本。

当前，经济社会发展到达了一个新高度，房地产市场供求关系发生重大变化，需要面对人口增长放缓、居民杠杆率较高和城市化进程边际放缓等供求关系重大变化的新形势，需要"适时调整优化房地产政策"。根据党的二十届三中全会精神，为完整准确全面贯彻新发展理念，国家对包括房地产在内的重要领域如何深化改革进行了集中部署。以新型城镇化建设为例，我国的整体城镇化率还有很大提升空间，培育新质生产力将形成更多新的增长点，持续推动新旧动能加快转换。2024年以来，面对当前房地产市场形势依旧充满挑战、风险也在持续扩散的状况，房地产金融调控政策继续保持宽松基调，进一步实施更具扩张性的财政政策、建立国家住房收储制度、全面放开限购与限贷政策，并助力房企化解流动性风险。

（五）政策调控的传导机制运行

金融调控能否取得预期效果，虽然与中央银行决策的正确与否、政策传导过程中各经济主体对中央银行政策的配合程度等有关，但也会受制于货币政策的传导机制（conduction mechanism）。货币政策是各国调控宏观经济最常用的政策手段，是宏观经济政策的主体。货币政策传导机制是指中央银行根据货币政策目标，运用货币政策工具，通过金融机构的经营活动和金融市场传导至企业和居民，对其生产、投资和消费等行为产生影响的过程。市场经济条件下货币政策主要通过信贷、利率、汇率、资产价格等渠道传导。

货币政策的利率传导机制是指货币政策通过提高货币供应量来增加市面上的流动货币，即央行通过调整基准利率来影响货币市场的短期利率，进而影响金融市场参与者的行为。货币政策的信贷传导是指货币供应量的增加会直接导致银行信贷的扩张，从而影响房价的变化，货币供应的增加会导致银行信贷的繁荣，进而会有大量资金流入购房市场，居民的购房热情大涨，推动房价的上涨。货币政策的资产价格传导是指货币政策的实施将直接影响股票市场、房地产市场以及国际大宗商品市场等资产的价格。即当利率的下降会使经济主体倾向拥有更多的货币投资而不是储蓄，作为投资品，经济主体对房地产的投资需求就会增加，从而推动房价的上涨。因此从房地产投资的角度来看，货币政策对房地产行业有直接的影响。我国2005年开始实行单一的、有管理的浮动汇率制度，在开放经济的大环境下，房地产等各行业海外融资的情况也逐渐增加，汇率的波动以及短期资本的流动会对房地产行业带来冲击。例如，在货币供应量的增加引起利率和汇率下降时，人民币相对于外币贬值，企业将抛售资产来应对海外融资成本的增加，具有融资抵押品属性的房地产价格会因抛售资产而下降，同时也会引起短期资本的流出，对房地产行业会造成一定的冲击。

作为消费品的房地产影响经济体的总体财富与消费；作为投资品的房地产，房价的上升和下跌影响着投资决策。资产价格传导是指作为抵押品的房地产可以进入银行系统，影响信贷的扩张与紧缩。一方面，房价上涨会使企业的资产价值提升，改善企业的资产负债表，能够使企业的整体水平和信誉提高，在银行获得更多的融资；另一方面，房价上涨会提高抵押品的价值，减少银行的坏账准备，使银行能够扩大其信贷，推动实体经济的繁荣。

2024年1月5日，《住房城乡建设部和金融监管总局关于建立城市房地产融资协调机制的通知》明确提出建立城市房地产融资协调机制。一是要求明确工作分工，强化统筹谋划，细化政策措施，及时研判本地房地产市场形势和房地产融资需求，协调解决房地产融资中存在的困难和问题；二是搭建政银企沟通平台，推动房地产开发企业和金融机构精准对接；三是保障金融机构合法权益，指导金融机构与房地产开发企业平等协商，按照市场化、法治化原则自主决策和实施。通过协调机制，实现金融和房地产良性循环。

第三节　我国房地产金融调控政策与实践

一、我国房地产金融调控政策回顾

改革开放四十年来，作为重要的先导性、基础性产业，我国房地产业拉动相关产业发展，推动居民消费结构升级、改善民生，成为国民经济发展中的助推器和主要的经济增长点（支柱产业）。伴随着房地产业的发展，我国房地产金融调控政策也处在不断地形成、发展和完善的过程中，我国的房地产金融调控政策的演变大致分为以下几个阶段。

（一）调整与房改的基调形成（1988~1997年）

1. 住房商品化改革的启动与非理性炒作

我国城镇住房制度的改革，住房的商品属性得到确认，出售公房成为启动住房商品化改革的重要内容，由此促进了房地产业的复苏。自1980年提出出售公房，调整租金，提倡个人建房买房的改革总体设想以来，地方开始探索并采取多种方式调整租金、出售公有住房、集资建房等改革措施，推进改革。1988年1月，国务院召开了第一次全国城镇住房制度改革会议,是中国住房制度改革历程中的重要里程碑,标志着中国住房制度改革由试点转入分期分批全面实施的新阶段,为后来的住房制度改革奠定了坚实的基础。1988年2月国务院印发《关于在全国城镇分期分批推行住房制度改革实施方案的通知》,决定在全国城镇分期分批把住房制度改革推开。1988年12月29日,第七届全国人民代表大会常务委员会第五次会议修正的《中华人民共和国土地管理法》规定,"国家依法实行国有土地有偿使用制度,土地使用权可以依法转让"。1987年11月26日,深圳市政府首次公开招标出让住房用地,由此标志着土地商品化时期的到来。1991年2月8日,上海市第九届人大常委会第24次会议通过了《上海市住房制度改革实施方案》,借鉴新加坡公积金制度的成功经验,建立了中国特色的住房公积金制度,以解决房改中的资金问题。

1991年6月,国务院发布了《关于继续稳妥地进行城镇住房制度改革的通知》,确立了以提租为核心,租售并举和注重政策转换的改革政策原则,并提出发展住房金融业务,开展个人购房建房储蓄和贷款业务,实行抵押信贷购房制度,从存贷款利率和还款期限等方面鼓励职工个人购房和参加有组织的建房。1991年10月,全国第二次房改工作会议确定了租、售、建并举,以提租为重点,"多提少补"或"小步提租不补贴"的租金改革原则,其基本思路是通过提高租金,促进售房,回收资金,促进建房,形成住宅建设、流通的良性循环。1992年,邓小平南方谈话和党的十四大之后,中央提出加快住房制度改革步伐。随着房改的全面启动和住房公积金制度的推行,我国的房地产业进入高速增长阶段,迎来了一轮全国性房地产热潮。与此同时,局部房地产市场出现滥设开发区、超计划违规批地、划拨和协议价出让土地等现象,海南、广西北海等局部地区房地产开发过热,经济运行出现严重过热态势和通货膨胀,以"海南"房地产泡沫破裂为标志的房地产市场严冬到来。

2. 局部过热后的调整

为抑制房产泡沫,促进房地产业健康发展,中央政府逐步制定紧缩性宏观调控方案,加强对房地产市场进行限制调整。1993年6月24日,中共中央、国务院发布《关于当前经济情况和加强宏观调控意见》,提出整顿金融秩序、加强宏观调控的16条政策措施,并强调严格控制货币发行,稳定金融形势,严格控制信贷总规模。为此,银根全面紧缩,一路高歌猛进的房地产热顿时被釜底抽薪。经历了宏观经济调控后,房地产业投资增长率普遍大幅回落,房地产市场在经历一段时间的低迷之后开始复苏。

1993年11月,全国第三次房改工作会议确定以"以出售公房为重点,售、租、建并举"的新方案。同年,"安居工程"开始启动。为加强对城市房地产的管理,维护房地产市场秩序，保障房地产权利人的合法权益，促进房地产业的健康发展，1994 年 7 月 5 日第八届全国人民代表大会常务委员会第八次会议通过《中华人民共和国城市房地产管理法》，使中国房地产业走上了有法可依的轨道。1994 年 7 月 18 日，国务院下发了《关于深化城镇住房制度改革的决定》，明确提出改革的根本目的在于建立与社会主义市场经济体制相适应的城镇住房制度，实现住房商品化、社会化，加快住房建设，改善居住条件，满足城镇居民不断增长的住房需求，并全面推行住房公积金制度。1997 年 4 月 28 日，为支持城镇居民购买自用普通住房，规范个人住房贷款管理，维护借贷双方的合法权益，中国人民银行颁布《个人住房担保贷款管理试行办法》。我国房地产在成功实现经济"软着陆"中逐渐开始复苏中，却又遭遇了 1997 年的亚洲金融危机，导致中国经济增速下降，消费者信心衰退，中国房地产业面临消化积压的空置商品房和解决市场有效需求不足的两大难题。

（二）鼓励和支持房地产业发展（1998～2002 年）

为应对亚洲金融危机带来的内需不足、消费不旺的局面，要保证经济增长目标，"拉动内需"成为当时经济工作中的迫切任务。1998 年 4 月 7 日，中国人民银行发布了《关于加大住房信贷投入支持住房建设与消费的通知》，加大住房信贷投入，把住宅业培育为新的经济增长点，允许所有商业银行在所有城镇对所有普通商品住房办理个人住房贷款。积极支持普通住房建设，对新开工的普通住房项目，只要开发商自有资金达到 30%，住房确有销路，商业银行均可发放住房建设贷款。为深化城镇住房制度改革，加快住房建设，稳步推进住房商品化、社会化，1998 年 7 月 3 日，国务院发布了《关于进一步深化城镇住房制度改革加快住房建设的通知》，坚持在国家统一政策目标指导下，地方分别决策，因地制宜，量力而行，停止住房实物分配，逐步实行住房分配货币化，同时，发展住房金融，培育和规范住房交易市场。文件涉及住房的分配、供应、市场、金融、物业管理、中介、行政管理和调控等七方面的改革全面启动，明确提出"促使住宅业成为新的经济增长点"，这标志着中国住房商品化和市场化征程的正式启动，以市场供应为主的住房供应体系确立。

继《关于进一步深化城镇住房制度改革加快住房建设的通知》发布之后，我国又出台一系列配套政策。为确保切实防范金融风险的同时，有效扩大了消费信贷规模，1999 年 2 月 23 日，中国人民银行印发了《关于开展个人消费信贷的指导意见》，从稳步推进和拓展消费信贷业务、加大消费信贷投入、逐步扩大消费信贷的服务领域，以及提供全方位优质金融服务等方面促进消费、扩大内需、推动生产，支持国民经济持续稳定发展以及调整信贷结构，提高信贷资产质量。文件指出，允许所有中资商业银行开办消费信贷业务，逐步建立和完善消费信贷业务的制度和办法；在严格防范信贷风险的基础上，各行可根据情况掌握条件，对购买住房、汽车的贷款的比例可以按不高于全部价款的80%掌握；针对不同的消费信贷品种和贷款对象，在利率、期限、还款方式等方面，向消费者提供多种选择。1999年8月16日，中共中央办公厅、国务院办公厅转发《在京中央和国家机关进一步深化住房制度改革实施方案》，主要内容涉及：停止住房实物分配，进一步完善住房公积金制度，建立住房补贴制度，逐步实行住房分配货币化；继续推进现有公有住房改革，加快实现住房商品化；改革住房供应方式，逐步实行住房供应社会化。2000年2月，建设部部长俞正声在国务院举行的新闻发布会上郑重宣布"住房实物分配在全国已经停止。"按照市场经济的要求，健全土地市场规则，建立公开、公平、公正的资源性资产配置的新机制。2001年6月19日，央行发布《关于规范住房金融业务的通知》强调，严格审查住房开发贷款发放条件，切实加强住房开发贷款管理，企业自有资金应不低于开发项目总投资的30%，开发项目必须具备"四证"。规范住房开发贷款和个人住房抵押贷款审查，强化个人住房贷款管理，严禁发放"零首付"个人住房贷款。2002年4月3日，国土资源部发布《招标拍卖挂牌出让国有土地使用权规定》（国土资源部11号令），明确规定"商业、旅游、娱乐和商品住宅等各类经营性用地，必须以招标、拍卖或者挂牌方式出让"。这一改革使得土地供应更加市场化，为房地产市场的快速发展提供了土地资源的保障。在城市化和住房商品化的推动下，我国房地产业逐步走向繁荣。随着《中华人民共和国信托法》《信托投资公司管理办法》和《信托投资公司资金信托管理暂行办法》等相关法律法规的颁布实施，为房地产融资拓宽了渠道，对我国房地产市场的启动与发展发挥了重要作用。

（三）市场规范和调控（2003~2009年）

1. 快速发展与调控力度加大

面对尚不完善的中国银行金融体系带来的潜在风险，局部地区房价上涨过快和保障性住房建设缓慢等问题成为政府和广大老百姓关注的焦点。为进一步落实房地产信贷政策，防范金融风险，促进房地产金融健康发展，自2003年起，针对部分地区出现的房地产投资增幅过高、商品房空置面积增加、房价过快上涨以及住房供给结构失衡等问题，政府以抑制固定资产投资为重点出台一系列宏观调控政策，旨在以稳定住房价格，防止房价过快增长、建立合理住房供应结构为目标。2003年6月18日，中国人民银行下发《关于进一步加强房地产信贷业务管理的通知》。文件指出，加强房地产开发贷款管理、引导规范贷款投向。贷款应重点支持符合中低收入家庭购买能力的住宅项目，对大户型、大面积、高档商品房、别墅等项目应适当限制；房地产开发企业申请银行贷款，其自有资金（所有者权益）应不低于开发项目总投资的30%。同时，加强个人住房贷款管理，重点支持中低收入家庭购买住房的需要。对借款人申请个人住房贷款购买第一套自住住房的，首付款比例仍执行20%的规定；对购买第二套以上（含第二套）住房的，应适当提高首付款比例。2003年8月12日，国务院颁布《关于促进房地产市场持续健康发展的通知》，首次明确指出"房地产业关联度高，带动力强，已经成为国民经济的支柱产业"。为提高商业银行房地产贷款的风险管理能力，2004年9月2日，中国银监会发布《商业银行房地产贷款风险管理指引》规定，商业银行要建立严格的授信管理体制，加强房地产贷款授信管理，并对房地产开发贷款、土地储备贷款、个人住房贷款、商业用房贷款等不同类型贷款的审批标准、操作程序、风险控制、贷后管理等做了具体规定。为规范信贷资产证券化试点工作，保护投资人及相关当事人的合法权益，提高信贷资产流动性，丰富证券品种，2005年4月20日，中国人民银行、中国银行业监督管理委员会制定了《信贷资产证券化试点管理办法》，是《信托法》以及证券发行、交易方面的法律法规在信贷资产证券化领域中的具体运用，为银行开展证券化业务圈定了基本的法律和政策框架。此后，《资产支持证券发行登记与托管结算业务操作规则》《金融机构信贷资产证券化试点监督管理办法》相继出台并实施，资产证券化业务的相关配套规章、政策基本成型。2005年8月28日，银监会向各地方银监局发布的《关于加强信托投资公司部分业务风险提示的通知》，要求各银监局提示信托公司密切关注存量的证券和房地产风险变化情况，并对信托公司内控制度建设及新发生的房地产业务作出相应规定，提高了房地产信托的门槛，要求自有资金超过35%、四证齐全、二级以上开发资质三个条件全部具备的房地产企业才能融资。2005年12月15日，国家开发银行、中国建设银行在全国银行间债券市场成功发行国内首批资产支持证券。

住房价格一直是社会普遍关注的问题，住房价格上涨过快直接影响城镇居民家庭住房条件的改善，影响金融安全和社会稳定，甚至影响整个国民经济的健康运行。为抑制住房价格过快上涨，促进房地产市场健康发展，2005年3月26日，国务院办公厅下发《关于切实稳定住房价格的通知》，要求建立政府负责制，将稳定住房价格提升到政治高度。4月30日，由建设部等七部委联合下发《关于做好稳定住房价格工作的意见》，并由国务院办公厅转发，以进一步加强对房地产市场的引导和调控，及时解决商品住房市场运行中的矛盾和问题，努力实现商品住房供求基本平衡，切实稳定住房价格。一系列的调控措施显示了政府对于稳定房价、防止房地产市场过热的决心。2006年5月17日，国务院常务会议提出了包括住房供应结构、税收、信贷、土地、廉租房和经济适用房建设等方面促进房地产业健康发展的六项措施。2006年5月24日，国务院办公厅转发了九部委《关于调整住房供应结构稳定住房价格意见的通知》，提出六条十五款的调控措施，把调整住房供应结构、控制住房价格过快上涨纳入经济社会发展工作的目标责任制。通知强调，重点发展普通商品住房，凡新审批、新开工的商品住房建设，套型建筑面积90平方米以下住房（含经济适用住房）面积所占比重，必须达到开发建设总面积的70%以上。进一步发挥税收、信贷、土地政策的调节作用，调整住房转让环节营业税，对购买住房不足5年转手交易的，销售时按其取得的售房收入全额征收营业税，个人购买普通住房超过5年（含5年）转手交易的，销售时免征营业税。严格房地产开发信贷条件，为抑制房地产开发企业利用银行贷款囤积土地和房源，对项目资本金比例达不到35%等贷款条件的房地产企业，商业银行不得发放贷款。为抑制房价过快上涨，有区别地适度调整住房消费信贷政策，个人住房按揭贷款首付款比例不得低于30%，对于中低收入群众购买自住住房且套型建筑面积90平方米以下的首付款比例20%。为进一步落实《关于调整住房供应结构稳定住房价格意见的通知》精神，加强和改进银行业金融机构房地产信贷管理，2006年7月22日，中国银行业监督管理委员会下发的《关于进一步加强房地产信贷管理的通知》强调，严格执行有关信贷管理规定，规范开发贷款行为；加强尽职调查，注重防范土地储备贷款风险；引导合理的个人住房消费，加强按揭贷款管理；强化贷后管理，防范和控制信贷风险；进一步规范信托投资公司房地产贷款业务。

2000~2006年，全国房地产开发投资年平均增长速度为25.4%，远高于同期的GDP年平均增长速度。房地产开发投资占GDP的比重逐年提高，从2000年的5.02%增长到2006年的9.26%。同时，保障性住房建设进展缓慢，2002~2006年，经济适用住房投资连续出现低增长或负增长，而且从1999年的16.6%降至2007年的4.6%，导致供求严重失衡。据建设部通报，2006年全国仍有22%（145）的城市尚未建立廉租住房制度。

涉及民生的住房问题成为2007年两会的第一提案。党中央、国务院高度重视解决城市居民住房问题，始终把改善群众居住条件作为城市住房制度改革和房地产业发展的根本目的。2007年3月至12月，央行连续6次加息。国务院于2007年8月7日发布的《国务院关于解决城市低收入家庭住房困难的若干意见》，清晰地划分出了政府和市场在住房供给上的边界，明确了政府的角色在于完成保障性住房的供给和实施对房地产市场的监管。把"保障性住房"提到前所未有的高度，是中国房改历程中的一个新的里程碑。要求各级政府把解决城市低收入家庭住房困难作为维护群众利益的重要工作，作为住房制度改革的重要内容。2007年9月27日，中国银监会发布《关于加强商业性房地产信贷管理的通知》规定：申请购买第二套（含）以上住房的，贷款首付款比例不得低于40%，贷款利率不得低于中国人民银行公布的同期同档次基准利率的1.1倍；商业用房购房贷款首付款比例不得低于50%，期限不得超过10年。2007年11月，根据《国务院关于解决城市低收入家庭住房困难的若干意见》中规定，建设部相继修订了《廉租住房保障办法》和《经济适用住房管理办法》。2007年可以说是住房保障体系建设的元年。

2. 金融危机下的调控"紧—松—紧"

2008年1月7日，国务院办公厅颁发《关于促进节约集约用地的通知》指出，"严格执行闲置土地处置政策。土地闲置满两年、依法应当无偿收回的，坚决无偿收回，重新安排使用；土地闲置满一年不满两年的，按出让或划拨土地价款的20%征收土地闲置费。"中国人民银行为落实从紧的货币政策要求，继续加强银行体系流动性管理，2008年1月25日至6月15日，连续6次上调存款准备金率。

随着美国次贷危机的蔓延，全球流动性出现危机，国内出口和投资的实际增速下滑，经济增长出现回落，政府转向积极的房地产调控政策。2008年9月16日至12月23日，连续5次下调存款准备金率。中央政府于2008年11月推出了进一步扩大内需、促进经济平稳较快增长的十项措施，初步估计到2010年底约需投资4万亿元。2008年12月17日国务院常务会议，研究部署促进房地产市场健康发展的政策措施。会议指出，加快保障性住房建设，进一步鼓励和支持住房消费，保持合理的房地产开发投资规模。12月20日，国务院办公厅发布《关于促进房地产市场健康发展的若干意见》强调，加大保障性住房建设力度，多渠道筹集建设资金，增加保障性住房供给，对符合贷款条件的保障性住房建设项目，商业银行要加大信贷支持力度；进一步鼓励普通商品住房消费，加大对自住型和改善型住房消费的信贷支持力度，对贷款购买第二套房作出了原则性的"宽松"规定（对已贷款购买一套住房，但人均住房面积低于当地平均水平，再申请贷款购买第二套用于改善居住条件的普通自住房的居民，可比照执行首次贷款购买普通自住房的优惠政策。）

2009年，我国房地产市场经历了年初的"试探性反弹"到新一轮的上涨。2009年5月25日，发改委提出今年将由财政部、税务总局、发展改革委、建设部负责研究开征物业税。为保持房地产市场的平稳健康发展，继续综合运用土地、金融、税收等手段，加强和改善对房地产市场的调控，2009年12月14日，国务院常务会议要求在保持政策连续性和稳定性的同时，加快保障性住房建设，加强市场监管，稳定市场预期，遏制部分城市房价过快上涨的势头，针对普通商品房的有效供给、抑制投资投机性购房、市场监管与房地产信贷风险管理、保障性安居工程建设等四方面提出政策措施（"国四条"），房地产调控政策转向收紧。

（四）遏制房价上涨过快（2010~2016年）

部分城市出现了房价上涨过快等问题，需要引起政府高度重视。为进一步加强和改善房地产市场调控，稳定市场预期，2010年1月7日，国务院办公厅下发《关于促进房地产市场平稳健康发展的通知》，指出，金融机构在继续支持居民首次贷款购买普通自住房的同时，要严格二套住房购房贷款管理，合理引导住房消费，抑制投资投机性购房需求，二套（含）以上住房的贷款首付款比例不得低于40%，贷款利率严格按照风险定价。同时要求落实差别化的土地、金融、税收等政策，抓紧清理和纠正地方出台的越权减免税以及其他与中央调控要求不相符合的规定。2010年4月17日，国务院发布《关于坚决遏制部分城市房价过快上涨的通知》，进一步强调实行更为严格的差别化住房信贷政策，严格限制各种名目的炒房和投机性购房，暂停发放购买第三套及以上住房贷款，北京、上海、广州等一线城市首先实施了限购政策。9月29日，中国人民银行和银监会发布《关于完善差别化住房信贷政策有关问题的通知》规定，各商业银行暂停发放居民家庭购买第三套及以上住房贷款，二套（含）以上住房的贷款首付款比例不得低于50%，贷款利率不低于基准利率的1.1倍。这是4.17新政的进一步升级，政府势必要严控房价上涨。

为巩固和扩大调控成果，逐步解决城镇居民住房问题，继续有效遏制投资投机性购房。2011年1月18日，中国银监会召开2011年工作会议指出，对房地产领域风险，要继续实施差别化房贷政策。2011年1月26日，国务院常务会议再度推出八条房地产市场调控措施（新国八条）从限购、限贷、增税、改善供应结构等多个角度提出具体措施，不断细化和落实，抑制需求与增加供给两手抓，行政与经济手段进一步细化。要求强化差别化住房信贷政策，对贷款购买第二套住房的家庭，首付款比例不低于60%，贷款利率不低于基准利率的1.1倍。2011年1月28日，上海、重庆开始试点房产税。2012年、2013年，政策上继续以巩固房地产调控成果为基调，持续加强各项调控措施。

2013年2月20日，国务院常务会议研究部署继续做好房地产市场调控工作，提出要坚决抑制投机投资性购房，严格执行商品住房限购措施，扩大个人住房房产税改革试点范围。针对房价上涨预期增强，不同地区房地产市场出现分化，2013年2月26日，国务院办公厅下发的《关于继续做好房地产市场调控工作的通知》强调，继续严格执行商品住房限购措施、继续严格实施差别化住房信贷政策、继续严格实施差别化住房信贷政策。2013年11月12日，中国共产党第十八届中央委员会第三次全体会议通过的《中共中央关于全面深化改革若干重大问题的决定》，强调市场对资源配置的决定性作用，在建立城乡统一的建设用地市场、房地产税立法等方面预示着未来建立房地产长效机制的趋势。

经过连续调控，房地产市场步入"区域分化"的发展阶段，一二线高房价和三四线高库存并存。针对国内经济及房地产市场的新形势，房地产调控政策开始转向放松去库存。2014年6月，呼和浩特首先取消实施三年的限购政策，截至2014年底，除北上广深，大部分实行限购的城市取消了限购政策。2014年9月30日，中国人民银行和银监会联合下发《关于进一步做好住房金融服务工作的通知》，提出二套房认定标准由"认房又认贷"改为"认贷不认房"；商贷首套房最低首付比例为30%，利率下限为基准利率0.7倍；支持房企在银行间市场进行债务融资，积极稳妥开展房地产投资信托基金（REITs）试点等。"930新政"后，中国人民银行分别在2014年11月至2015年10月进行6次降息，2015年2月至10月进行4次全面降准，存款准备金率累计下调2.5个百分点。2015年12月中央经济工作会议强调"注重供给侧结构性改革，扩大有效需求，化解房地产库存"，还提到要"鼓励自然人和各类机构投资者购买库存商品房，取消过时的限制性措施"。

2015~2016年房地产市场出现明显分化，在一二线房价暴涨的同时，三四线房价稳定并持续去库存。2016年3月的《政府工作报告》首次提出"因城施策化解库存"的定调。2016年3月25日，上海、深圳率先出台促进房地产市场平稳健康发展意见，从严执行限购政策，拉开了一线城市收紧金融信贷政策的序幕。11月之后，杭州、武汉和深圳等10多个城市在此前基础上进一步收紧了楼市政策，进一步提高购房资格或贷款门槛。2016年7月26日的中央政治局会议要求全面落实"去产能、去库存、去杠杆、降成本、补短板"五大重点任务，强调"抑制资产价格泡沫"，2016年12月，中央经济工作会议强调政策从稳增长转向防风险和促改革，强调"促进房地产市场平稳健康发展"，首次提出"长效机制"，要坚持"房子是用来住的、不是用来炒的"的定位，既抑制房地产泡沫，又防止出现大起大落。房地产政策开始从刺激转向收紧，从全面转向局部，一二线热点城市房市冰封，三四线城市进入去库存阶段。

(五) 房住不炒和长效机制 (2017年至今)

面对宏观经济和外部环境出现一些重大变化和挑战，中央始终保持房地产调控定力，2017年以来的房地产政策在强调坚持住房居住属性背景下，加强房地产市场分类调控，抑制一二线城市投机需求，积极推进三四线城市去库存。2017年1月6日，央行工作会议强调要继续保持货币政策稳健中性，因城施策，继续落实好差别化住房信贷政策。1月10日，银监会提出要完善差异化信贷政策，支持去库存和分类实施房地产金融调控。从2017年3月开始，北京、杭州、厦门、广州、青岛、天津等城市纷纷实行"认房又认贷"，自此房贷利率开始全面上行。2017年10月党的十九大报告强调，"坚持房子是用来住的、不是用来炒的定位，加快建立多主体供给、多渠道保障、租购并举的住房制度，让全体人民住有所居"。2017年12月，中央经济工作会议提出，完善促进房地产市场平稳健康发展的长效机制，分清中央和地方事权，实行差别化调控，释放了支持地方调控向精细化方向转变的信号。在2018~2020年的两会、中央经济工作会议，以及党的十九届五中全会审议通过的《中共中央关于制定国民经济和社会发展第十四个五年规划和二〇三五年远景目标的建议》等重要会议上多次重申，要坚持"房子是用来住的，不是用来炒的"定位，坚持租购并举、因城施策，促进房地产市场平稳健康发展。"房住不炒"成为"十四五"期间我国房地产调控政策的主基调，同时强调"稳房价、稳地价、稳预期"。2018年8月以来，因"三道红线"要求，房地产市场整体有息负债规模增速压降，多地调控政策收紧。为增强银行业金融机构抵御房地产市场波动的能力，防范金融体系对房地产贷款过度集中带来的潜在系统性金融风险，2020年12月31日，人民银行、银保监会发布《关于建立银行业金融机构房地产贷款集中度管理制度的通知》，将根据银行业金融机构的资产规模、机构类型等因素，分档设定房地产贷款集中度管理要求。2021年，"十四五"规划全面开启，中央延续"房住不炒""三道红线"政策效果愈发显现。房地产企业融资受限，房地产行业也面临前所未有的压力，发展节奏整体放缓。

2024年7月18日，党的二十届全会审议通过《中共中央关于进一步全面深化改革 推进中国式现代化的决定》提出加快构建房地产发展新模式，金融机构要围绕城市更新改造、租赁住房等重点领域，加快形成金融支持新模式。特别是在当前形势下，要更加重视从供需两侧发力，降低居民购房成本，更好支持刚性和改善性住房需求，助力构建房地产发展新模式。2024年9月29日，中国人民银行发布《中国人民银行公告〔2024〕第11号》《中国人民银行国家金融监督管理总局关于优化个人住房贷款最低首付款比例政策的通知》《中国人民银行办公厅关于优化保障性住房再贷款有关要求的通知》《中国人民银行国家金融监督管理总局关于延长部分房地产金融政策期限的通知》等四项金融支持房地产政策。其中，《中国人民银行公告〔2024〕第 11 号》完善了商业性个人住房贷款利率定价机制，明确自 11 月 1 日起，个人住房贷款的借贷双方可协商调整加点幅度，也可协商调整重定价周期。《中国人民银行国家金融监督管理总局关于优化个人住房贷款最低首付款比例政策的通知》规定，对于贷款购买住房的居民家庭，商业性个人住房贷款不再区分首套、二套住房，最低首付款比例统一为不低于 15%。《中国人民银行办公厅关于优化保障性住房再贷款有关要求的通知》决定对保障性住房再贷款有关事项进行调整优化，对于金融机构发放的符合要求的贷款，中国人民银行向金融机构发放再贷款的比例从贷款本金的 60% 提升到 100%。《中国人民银行国家金融监督管理总局关于延长部分房地产金融政策期限的通知》延长了部分房地产金融政策的适用期限。

2024 年 10 月 17 日，住房城乡建设部会同有关部门以及地方政府打出一套"组合拳"，包括"四个取消、四个降低、两个增加"政策组合拳，旨在通过一系列调整措施，有效推动房地产市场从低谷稳步回升，迈向更加稳健的发展道路。四个取消是指充分赋予城市政府调控自主权，城市政府要因城施策，调整或取消各类购房的限制性措施，即取消限购、取消限售、取消限价、取消普通住宅和非普通住宅标准。四个降低是降低居民购房成本，减轻还贷压力，支持居民刚性和改善性住房需求，即降低住房公积金贷款利率，降了 0.25 个百分点；降低住房贷款的首付比例，统一一套、二套房贷最低首付比例到 15%；降低存量贷款利率；降低"卖旧买新"换购住房的税费负担。两个增加：一是通过货币化安置等方式新增实施 100 万套"城中村"改造和危旧房改造；二是城市房地产融资协调机制要将所有房地产合格项目都争取纳入 4 万亿元信贷项目"白名单"，应进尽进、应贷尽贷，满足项目合理融资需求。党的二十届三中全会提出允许有关城市取消普通住宅和非普通住宅标准，完善房地产税收制度。2024 年 11 月 12 日，中华人民共和国财政部、国家税务总局、中华人民共和国住房和城乡建设部联合发布《关于促进房地产市场平稳健康发展有关税收政策的公告》，加大住房交易环节契税优惠力度，积极支持居民刚性和改善性住房需求；降低土地增值税预征率下限，缓解房地产企业财务困难，将现行享受 1% 低税率优惠的面积标准由 90 平方米提高到 140 平方米，同时，将各地区土地增值税预征率下限统一降低 0.5 个百分点。

总体上看，政府将继续强调全面落实房地产长效机制，强化城市主体责任，因地制宜、多策并举，促进房地产市场平稳健康发展。此外，未来金融机构在做好房地产新项目金融服务的同时，还需要做好存量房地产领域的金融服务。

二、我国房地产金融风险的监管

（一）实施房地产金融风险监管的意义

尽管中国还没有出现全局性的房地产泡沫问题，但区域性的房地产泡沫问题已十分突出。20世纪90年代的房地产市场调整，导致海南的房地产泡沫破灭；2008年出现的房地产市场调整，有效地挤压了全国的房地产泡沫，房地产市场一度陷入困境。此外，中国金融约束较强，金融深化与金融监管政策还处于不断完善过程之中。因此，高度重视房地产金融风险，未雨绸缪，防范房地产危机引发系统性金融风险，对于维护经济稳定、优化金融资源配置、促进行业健康发展、防范金融危机、保障民生需求等具有重要意义。

1. 有利于维护经济稳定，促进区域协调发展

作为国民经济的重要支柱产业，房地产的健康、稳定发展对整体经济的持续增长至关重要。通过有效的房地产金融风险监管能够及时发现并处理潜在风险，防止风险扩散和累积，从而维护宏观经济环境的稳定。通过房地产金融风险监管，调整优化房地产金融调控政策，实施差别化的房地产政策，引导资金向中西部地区和三四线城市流动，推动房地产市场与经济社会的协调发展，为经济增长提供有力支撑。同时，通过加大对农村住房建设的金融支持力度，推动农村基础设施建设和人居环境改善，有助于缩小城乡差距，实现城乡一体化发展。

2. 有利于优化金融资源配置，支持实体经济发展

通过调整优化房地产金融调控政策，有助于优化金融资源配置，支持实体经济发展。通过合理配置信贷资源、提高资金利用效率、降低金融系统成本等措施，可以促进金融资源向更具发展潜力的房地产项目和领域倾斜，有助于提升金融资源的整体效益，推动经济的转型升级。同时，通过调整房地产信贷政策，引导资金更多地流向实体经济领域，特别是支持新兴产业、创新创业等领域的发展，有助于提高我国经济的内生动力，实现经济结构的优化升级。

3. 有利于保障民生福祉，提高居民生活质量

房地产市场的稳定发展，关系到广大居民的切身利益。调整和优化房地产金融调控政策，有助于保障民生福祉，有效保护购房者的合法权益，提高居民生活质量。通过调控房价，使更多的中低收入家庭能够买得起房子，缓解住房紧张问题。同时，通过完善住房保障体系，加大对困难家庭的住房补贴力度，确保低收入家庭的基本住房需求得到满足，促进社会和谐稳定。

4. 提高金融市场稳定性，防范金融风险

房地产市场的稳定与否直接影响到金融市场的稳定。通过监测、评估和控制房地产市场的金融风险，实施房地产金融风险监管，有助于提高金融市场稳定性，防范金融风险。加强房地产市场的监管，规范市场秩序和企业行为，打击违法违规行为，督促企业遵守法律法规和行业规范，有效防范房地产市场的风险传导至金融市场。同时，通过加强金融市场监管，提高金融机构的风险防范意识，有效防范金融风险，提高金融体系的弹性和抵御风险的能力，有助于维护金融市场的稳定运行。

5. 稳定市场预期，引导房地产市场平稳运行

近年来，我国房地产市场在经历了高速发展之后，市场泡沫逐渐显现，房价过快上涨，导致购房者承受巨大压力。适时调整和优化房地产金融调控政策，可以加强对房地产市场的监测和干预，维护市场的公平和透明，有助于稳定市场预期，引导房地产市场平稳运行。通过调整房贷利率、首付比例等政策，可以规范市场秩序，有效遏制不正当竞争和投机炒房行为，降低市场风险，使房地产市场回归理性，并保持房地产市场的平稳健康发展。

（二）房地产金融风险监管的措施

金融是国民经济的血脉，也是资源配置和宏观调控的重要工具。金融安全是国家安全的重要组成部分，是经济平稳健康发展的重要基础。防范化解金融风险关乎国家长治久安、中国式现代化建设全局和人民群众切身利益，为实体经济发展提供更高质量、更有效率的金融服务，促进经济和金融良性循环。因此，必须始终坚持以人民为中心，以实际行动践行金融工作的政治性、人民性，坚决维护金融消费者合法权益，让广大群众更好共享金融发展成果。

1. 强化风险的多主体分担，防范系统性金融风险

化解房地产金融风险的有效途径是建立多主体分担的体制机制。一是探索房地产指数期货建设。针对中国房地产行业普遍存在的高价格、高空置率等短时间内难以解决的问题，可以通过构建并推行如房地产指数期货等房地产金融衍生品，为银行业、房地产企业和普通购房者提供房地产金融创新避险工具。二是努力拓宽融资渠道。大力推行"信托+银行"的房地产金融组合工具，增加房地产资金的供给渠道，缓解银行房贷风险过于集中的压力。适当放宽房地产企业上市的条件，使其通过股票上市、增发股票和发行公司债等直接融资渠道，将过于集中在商业银行的房地产金融风险转移、分散到金融市场中众多的参与者身上，实现资金来源主体的多元化。同时，完善住房公积金制度，规范住房公积金使用投向，提高资金使用效率，扩大住房公积金的覆盖面，增加政策性房地产资金的融资渠道。三是发展和完善适合国情的房地产金融保险制度。一方面要积极建立房地产金融担保机构，发挥导向与带动作用，为政策性房贷提供保险服务，以化解政策性房贷金融风险。另一方面，针对房地产金融保险的范围、方式、条件等，对房地产金融再保险予以一定的优惠政策，以鼓励和促进房地产金融保险业的快速发展。此外，应重点依靠社会力量组建房地产贷款保险组织，针对中国居民人均收入水平不高、中低层收入群体占有较大比重等诸多情况，鼓励发展商业性的担保与保险服务，降低房地产金融风险。

2. 建立房地产金融风险的监测与预警机制

金融风险预警机制关系到后续干预措施能否及时到位，对避免房地产市场演变为经济泡沫的温床、产生与积聚新的金融风险十分必要。借鉴国外房地产金融风险预警实践经验，对中国未来房地产金融风险进行预警。一是全面、完整、及时地收集必要的房地产金融信息，并确保信息的真实性、可靠性。二是结合中国房地产金融发展的实际情况，选择合适的金融风险测评模式，如采取指数预警法、统计预警法、回归预警法等，也可以同时选用不同的方法综合、全面、系统地对房地产金融风险进行测评和识别，并分析引起这类风险的主要原因。三是制定房地产金融风险控制指令和风险处置行为标准，并与风险预警信号测评模式建立对应关系，确保风险测评的准确性和管理的连续性，根据风险危害性的大小确定预警强度，以便采取适当的预防措施。

3. 抑制房地产过度投机投资，切实稳定房价

政府可以运用信贷政策、税收政策等抑制投资性需求从而平抑房地产价格。一是在房地产信贷政策方面，对于购买多套住房的消费者采取提高贷款利率、减少抵押贷款成数等限制手段加以控制；对于已经在本市购买了一套住房的非常住人口购买多套房屋时，可以适当采取本地银行不予贷款的政策，限制投机性炒房。二是在税收政策方面，对短期内频繁倒买倒卖的住房投资者，提高其个人所得税和营业税的征收税率。面对房屋空置率的问题，开征房屋空置税、物业税，提高投机者的购房投机成本和持有成本，有效降低真正购房需求者的购房成本，稳定住房价格。三是建立土地储备库，根据土地不同的建设用途，管理规划中的土地。通过市场的土地供求来决定土地供应数量，尽量摆脱政府垄断供给。对于土地储备贷款的使用需要更加公开化、透明化，加强社会监督。四是及时、全面地公布房地产信息，引导公众心理预期，避免投机者受一些开发商和媒体炒作与宣传引导，在房地产市场上盲目买进。

4. 完善信用评级机制，加强银行对信用风险的控制和防范

信用风险是房地产贷款的主要风险，如果能有效判断信用级别和预防信用风险，就能有效预防房地产金融风险。因此，建立与完善房地产业信用评级体系已迫在眉睫。一是夯实房地产业信用评级和资产评估体系的网络基础。充分发挥政府的调控资源优势，收集可靠的基础数据，结合不动产登记制度的推行，构建起信息化的房地产业信用评估系统性平台。二是加强企业和个人通用信用档案建设，为金融机构甄别贷款人信用级别提供便利，让金融机构不但可以全面了解贷款者的信用度，还可以根据此系统对不同信用级别的贷款者给予不同的贷款条件和金额。三是转变房地产信用评估机构的发展与管理模式，由政府驱动型转变成市场驱动型，让房地产信用评级机构和资产评估机构的兴衰取决于其能否满足市场的需求，而政府只需加强监督管理和立法支持。四是设立统一的房地产信用评估标准和指标体系，并根据不同时期的经济形势进行动态调整，结合不同地区的发展实际设计细则，使其具有更强的可操作性。

5. 健全房地产金融市场法律法规体系，完善监管模式

市场经济是法治经济，任何经济活动都应该在法律规定的范围内进行，房地产金融尤其必要。首先，尽快出台包括个人信用、住房公积金、住房储蓄、房地产抵押担保、房地产金融市场运作管理等领域的相应法律法规，规范市场主体行为，保护房地产金融参与各方的合法权益。其次，构建一个良好的监管环境，使房地产金融业务在法律规范下有序展开，能够及时发现并处理房地产市场资金流通环节出现的新问题。房地产金融涉及很多政府部门，各部门应各司其职，形成有效的分业监管模式，并用市场化手段引导公众理性投资，实现资金合理配置。最后，在执法过程中，做到"有法必依、执法必严"，为房地产金融的健康发展创造良好的法律氛围。

总之，金融风险与房地产风险、地方债务风险相互交织、密切联系，风险具有隐蔽性、突发性、传染性强等特点，未来的房地产市场面临着诸多挑战，房地产市场的金融监管与风险管理至关重要。因此，必须适应房地产市场供求关系发生重大变化的新形势，推动积极稳妥化解房地产风险，促进金融与房地产良性循环，健全房地产企业主体监管制度和资金监管，完善房地产金融宏观审慎管理，为加快构建房地产发展新模式提供有效金融支持，以维护市场的稳定和秩序，保护消费者的利益，促进金融体系的健康发展，实现未来房地产市场健康稳定的发展。

思考题

1. 什么是市场失灵？市场失灵理论对我国社会主义市场经济体制的建立和完善有哪些借鉴意义？
2. 什么是金融宏观调控？金融宏观调控的原则是什么？
3. 金融宏观调控的政策工具有哪些？
4. 简述房地产金融调控的作用。
5. 房地产金融调控的影响因素有哪些？
6. 简述我国房地产金融调控政策的演变和实践。
7. 简述实施房地产金融风险监管的意义和措施。

阅读与讨论

2023年中央金融工作会议的房地产金融调控政策解读

2023年10月30~31日的中央金融工作会议明确指出，促进金融与房地产良性循环，健全房地产企业主体监管制度和资金监管，完善房地产金融宏观审慎管理，一视同仁满足不同所有制房地产企业合理融资需求，因城施策用好政策工具箱，更好支持刚性和改善性住房需求，加快保障性住房等"三大工程"建设，构建房地产发展新模式。本次会议系统全面地指出当前涉房地产金融工作的重点，为做好当前和今后一个时期的房地产工作指明了方向。对于政策的解读有以下几个方面。

（1）促进金融与房地产良性循环，是有效防范化解金融风险的重要环节。针对当前一些房地产开发企业债务违约、商品住房难以按时交付、资金监管不足、违规挪用预售资金等风险，应通过加大对刚需和改善性住房需求的支持力度，促进企业销售回款，银行等金融机构加大对房地产企业的资金支持力度，帮助企业恢复拿地积极性，让房地产行业的销售和供给等环节畅通起来。

（2）本次会议首次提出"健全房地产企业主体监管制度和资金监管，完善房地产金融宏观审慎管理"，表明政府将加快房地产企业监管制度建设，明确监管主体及责任、监管企业范围，监管内容方面重点是预售资金的监管、企业债务及流动性的监管等。既有助于行业规范发展，又能保护购房者权益。完善金融宏观审慎管理就是要前瞻性提升防范系统性金融风险的能力。面对当前房地产市场的调整，金融宏观审慎管理有助于促进市场企稳回升，防止局部风险蔓延，健全具有硬约束的金融风险早期纠正机制，提高系统性金融风险防范能力。

(3）因城施策用好政策工具箱,更好支持刚性和改善性住房需求。近期各地出台了涉及降低首付比例、优化套数认定标准(如"认房不用认贷")、提高贷款额度、提供购房补贴、取消限购、优化限贷条件、取消限售等房地产金融调控政策,以适应市场变化、稳定市场供求关系、支持刚性和改善性住房需求,推动经济结构的优化和转型。

(4）加快保障性住房、城中村改造和"平急两用"公共基础设施建设等"三大工程"建设,不仅能够更好地解决城镇居民住房问题,改善民生,也对带动投资和促进经济增长有重要作用。城市更新、老旧小区改造、城中村改造、保障性住房、"平急两用"基础设施建设等,都是房地产发展新模式的有益探索,需要金融大力支持。因此,应积极发挥金融对"三大工程"的支持作用,坚持多渠道筹措改造资金,充分发挥市场机制作用,鼓励和吸引更多民间资本参与"平急两用"公共基础设施的建设改造和运营维护,将引导资金流向新的领域和市场,促进经济的多元化和可持续发展。

附　录

中华人民共和国民法典（节选）——第十七章：抵押权

第十七章　抵押权

第一节　一般抵押权

第三百九十四条　为担保债务的履行，债务人或者第三人不转移财产的占有，将该财产抵押给债权人的，债务人不履行到期债务或者发生当事人约定的实现抵押权的情形，债权人有权就该财产优先受偿。

前款规定的债务人或者第三人为抵押人，债权人为抵押权人，提供担保的财产为抵押财产。

第三百九十五条　债务人或者第三人有权处分的下列财产可以抵押：

（一）建筑物和其他土地附着物；

（二）建设用地使用权；

（三）海域使用权；

（四）生产设备、原材料、半成品、产品；

（五）正在建造的建筑物、船舶、航空器；

（六）交通运输工具；

（七）法律、行政法规未禁止抵押的其他财产。

抵押人可以将前款所列财产一并抵押。

第三百九十六条　企业、个体工商户、农业生产经营者可以将现有的以及将有的生产设备、原材料、半成品、产品抵押，债务人不履行到期债务或者发生当事人约定的实现抵押权的情形，债权人有权就抵押财产确定时的动产优先受偿。

第三百九十七条　以建筑物抵押的，该建筑物占用范围内的建设用地使用权一并抵押。以建设用地使用权抵押的，该土地上的建筑物一并抵押。

抵押人未依据前款规定一并抵押的，未抵押的财产视为一并抵押。

第三百九十八条　乡镇、村企业的建设用地使用权不得单独抵押。以乡镇、村企业的厂房等建筑物抵押的，其占用范围内的建设用地使用权一并抵押。

第三百九十九条 下列财产不得抵押：

（一）土地所有权；

（二）宅基地、自留地、自留山等集体所有土地的使用权，但是法律规定可以抵押的除外；

（三）学校、幼儿园、医疗机构等为公益目的成立的非营利法人的教育设施、医疗卫生设施和其他公益设施；

（四）所有权、使用权不明或者有争议的财产；

（五）依法被查封、扣押、监管的财产；

（六）法律、行政法规规定不得抵押的其他财产。

第四百条 设立抵押权，当事人应当采用书面形式订立抵押合同。

抵押合同一般包括下列条款：

（一）被担保债权的种类和数额；

（二）债务人履行债务的期限；

（三）抵押财产的名称、数量等情况；

（四）担保的范围。

第四百零一条 抵押权人在债务履行期限届满前，与抵押人约定债务人不履行到期债务时抵押财产归债权人所有的，只能依法就抵押财产优先受偿。

第四百零二条 以本法第三百九十五条第一款第一项至第三项规定的财产或者第五项规定的正在建造的建筑物抵押的，应当办理抵押登记。抵押权自登记时设立。

第四百零三条 以动产抵押的，抵押权自抵押合同生效时设立；未经登记，不得对抗善意第三人。

第四百零四条 以动产抵押的，不得对抗正常经营活动中已经支付合理价款并取得抵押财产的买受人。

第四百零五条 抵押权设立前，抵押财产已经出租并转移占有的，原租赁关系不受该抵押权的影响。

第四百零六条 抵押期间，抵押人可以转让抵押财产。当事人另有约定的，按照其约定。抵押财产转让的，抵押权不受影响。

抵押人转让抵押财产的，应当及时通知抵押权人。抵押权人能够证明抵押财产转让可能损害抵押权的，可以请求抵押人将转让所得的价款向抵押权人提前清偿债务或者提存。转让的价款超过债权数额的部分归抵押人所有，不足部分由债务人清偿。

第四百零七条 抵押权不得与债权分离而单独转让或者作为其他债权的担保。

债权转让的，担保该债权的抵押权一并转让，但是法律另有规定或者当事人另有约定的除外。

第四百零八条　抵押人的行为足以使抵押财产价值减少的，抵押权人有权请求抵押人停止其行为；抵押财产价值减少的，抵押权人有权请求恢复抵押财产的价值，或者提供与减少的价值相应的担保。抵押人不恢复抵押财产的价值，也不提供担保的，抵押权人有权请求债务人提前清偿债务。

第四百零九条　抵押权人可以放弃抵押权或者抵押权的顺位。抵押权人与抵押人可以协议变更抵押权顺位以及被担保的债权数额等内容。但是，抵押权的变更未经其他抵押权人书面同意的，不得对其他抵押权人产生不利影响。

债务人以自己的财产设定抵押，抵押权人放弃该抵押权、抵押权顺位或者变更抵押权的，其他担保人在抵押权人丧失优先受偿权益的范围内免除担保责任，但是其他担保人承诺仍然提供担保的除外。

第四百一十条　债务人不履行到期债务或者发生当事人约定的实现抵押权的情形，抵押权人可以与抵押人协议以抵押财产折价或者以拍卖、变卖该抵押财产所得的价款优先受偿。协议损害其他债权人利益的，其他债权人可以请求人民法院撤销该协议。

抵押权人与抵押人未就抵押权实现方式达成协议的，抵押权人可以请求人民法院拍卖、变卖抵押财产。

抵押财产折价或者变卖的，应当参照市场价格。

第四百一十一条　依据本法第三百九十六条规定设定抵押的，抵押财产自下列情形之一发生时确定：

（一）债务履行期限届满，债权未实现；

（二）抵押人被宣告破产或者解散；

（三）当事人约定的实现抵押权的情形；

（四）严重影响债权实现的其他情形。

第四百一十二条　债务人不履行到期债务或者发生当事人约定的实现抵押权的情形，致使抵押财产被人民法院依法扣押的，自扣押之日起，抵押权人有权收取该抵押财产的天然孳息或者法定孳息，但是抵押权人未通知应当清偿法定孳息义务人的除外。

前款规定的孳息应当先充抵收取孳息的费用。

第四百一十三条　抵押财产折价或者拍卖、变卖后，其价款超过债权数额的部分归抵押人所有，不足部分由债务人清偿。

第四百一十四条　同一财产向两个以上债权人抵押的，拍卖、变卖抵押财产所得的价款依照下列规定清偿：

（一）抵押权已经登记的，按照登记的时间先后确定清偿顺序；

（二）抵押权已经登记的先于未登记的受偿；

（三）抵押权未登记的，按照债权比例清偿。

其他可以登记的担保物权，清偿顺序参照适用前款规定。

第四百一十五条　同一财产既设立抵押权又设立质权的，拍卖、变卖该财产所得的价款按照登记、交付的时间先后确定清偿顺序。

第四百一十六条　动产抵押担保的主债权是抵押物的价款，标的物交付后十日内办理抵押登记的，该抵押权人优先于抵押物买受人的其他担保物权人受偿，但是留置权人除外。

第四百一十七条　建设用地使用权抵押后，该土地上新增的建筑物不属于抵押财产。该建设用地使用权实现抵押权时，应当将该土地上新增的建筑物与建设用地使用权一并处分。但是，新增建筑物所得的价款，抵押权人无权优先受偿。

第四百一十八条　以集体所有土地的使用权依法抵押的，实现抵押权后，未经法定程序，不得改变土地所有权的性质和土地用途。

第四百一十九条　抵押权人应当在主债权诉讼时效期间行使抵押权；未行使的，人民法院不予保护。

第二节　最高额抵押权

第四百二十条　为担保债务的履行，债务人或者第三人对一定期间内将要连续发生的债权提供担保财产的，债务人不履行到期债务或者发生当事人约定的实现抵押权的情形，抵押权人有权在最高债权额限度内就该担保财产优先受偿。

最高额抵押权设立前已经存在的债权，经当事人同意，可以转入最高额抵押担保的债权范围。

第四百二十一条　最高额抵押担保的债权确定前，部分债权转让的，最高额抵押权不得转让，但是当事人另有约定的除外。

第四百二十二条　最高额抵押担保的债权确定前，抵押权人与抵押人可以通过协议变更债权确定的期间、债权范围以及最高债权额。但是，变更的内容不得对其他抵押权人产生不利影响。

第四百二十三条　有下列情形之一的，抵押权人的债权确定：

（一）约定的债权确定期间届满；

（二）没有约定债权确定期间或者约定不明确，抵押权人或者抵押人自最高额抵押权设立之日起满二年后请求确定债权；

（三）新的债权不可能发生；

（四）抵押权人知道或者应当知道抵押财产被查封、扣押；

（五）债务人、抵押人被宣告破产或者解散；

（六）法律规定债权确定的其他情形。

第四百二十四条　最高额抵押权除适用本节规定外，适用本章第一节的有关规定。

城市房地产抵押管理办法（2021年修订）

（1997年5月9日建设部令第56号发布，根据2001年8月15日建设部令第98号、2021年3月30日住房和城乡建设部令第52号修改）

第一章 总则

第一条 为了加强房地产抵押管理，维护房地产市场秩序，保障房地产抵押当事人的合法权益，根据《中华人民共和国城市房地产管理法》、《中华人民共和国担保法》，制定本办法。

第二条 凡在城市规划区国有土地范围内从事房地产抵押活动的，应当遵守本办法。

地上无房屋（包括建筑物、构筑物及在建工程）的国有土地使用权设定抵押的，不适用本办法。

第三条 本办法所称房地产抵押，是指抵押人以其合法的房地产以不转移占有的方式向抵押权人提供债务履行担保的行为。债务人不履行债务时，债权人有权依法以抵押的房地产拍卖所得的价款优先受偿。

本办法所称抵押人，是指将依法取得的房地产提供给抵押权人，作为本人或者第三人履行债务担保的公民、法人或者其他组织。

本办法所称抵押权人，是指接受房地产抵押作为债务人履行债务担保的公民、法人或者其他组织。

本办法所称预购商品房贷款抵押，是指购房人在支付首期规定的房价款后，由贷款银行代其支付其余的购房款，将所购商品房抵押给贷款银行作为偿还贷款履行担保的行为。

本办法所称在建工程抵押，是指抵押人为取得在建工程继续建造资金的贷款，以其合法方式取得的土地使用权连同在建工程的投入资产，以不转移占有的方式抵押给贷款银行作为偿还贷款履行担保的行为。

第四条 以依法取得的房屋所有权抵押的，该房屋占用范围内的土地使用权必须同时抵押。

第五条 房地产抵押，应当遵循自愿、互利、公平和诚实信用的原则。

依法设定的房地产抵押，受国家法律保护。

第六条 国家实行房地产抵押登记制度。

第七条 国务院建设行政主管部门归口管理全国城市房地产抵押管理工作。

省、自治区建设行政主管部门归口管理本行政区域内的城市房地产抵押管理工作。

直辖市、市、县人民政府房地产行政主管部门（以下简称房地产管理部门）负责管理本行政区域内的房地产抵押管理工作。

第二章　房地产抵押权的设定

第八条　下列房地产不得设定抵押：

（一）权属有争议的房地产；

（二）用于教育、医疗、市政等公共福利事业的房地产；

（三）列入文物保护的建筑物和有重要纪念意义的其他建筑物；

（四）已依法公告列入拆迁范围的房地产；

（五）被依法查封、扣押、监管或者以其他形式限制的房地产；

（六）依法不得抵押的其他房地产。

第九条　同一房地产设定两个以上抵押权的，抵押人应当将已经设定过的抵押情况告知抵押权人。

抵押人所担保的债权不得超出其抵押物的价值。

房地产抵押后，该抵押房地产的价值大于所担保债权的余额部分，可以再次抵押，但不得超出余额部分。

第十条　以两宗以上房地产设定同一抵押权的，视为同一抵押房地产。但抵押当事人另有约定的除外。

第十一条　以在建工程已完工部分抵押的，其土地使用权随之抵押。

第十二条　以享受国家优惠政策购买的房地产抵押的，其抵押额以房地产权利人可以处分和收益的份额比例为限。

第十三条　国有企业、事业单位法人以国家授予其经营管理的房地产抵押的，应当符合国有资产管理的有关规定。

第十四条　以集体所有制企业的房地产抵押的，必须经集体所有制企业职工（代表）大会通过，并报其上级主管机关备案。

第十五条　以外商投资企业的房地产抵押的，必须经董事会通过，但企业章程另有规定的除外。

第十六条　以有限责任公司、股份有限公司的房地产抵押的，必须经董事会或者股东大会通过，但企业章程另有规定的除外。

第十七条　有经营期限的企业以其所有的房地产设定抵押的，所担保债务的履行期限不应当超过该企业的经营期限。

第十八条 以具有土地使用年限的房地产设定抵押的，所担保债务的履行期限不得超过土地使用权出让合同规定的使用年限减去已经使用年限后的剩余年限。

第十九条 以共有的房地产抵押的，抵押人应当事先征得其他共有人的书面同意。

第二十条 预购商品房贷款抵押的，商品房开发项目必须符合房地产转让条件并取得商品房预售许可证。

第二十一条 以已出租的房地产抵押的，抵押人应当将租赁情况告知抵押权人，并将抵押情况告知承租人。原租赁合同继续有效。

第二十二条 设定房地产抵押时，抵押房地产的价值可以由抵押当事人协商议定，也可以由房地产价格评估机构评估确定。

法律、法规另有规定的除外。

第二十三条 抵押当事人约定对抵押房地产保险的，由抵押人为抵押的房地产投保，保险费由抵押人负担。抵押房地产投保的，抵押人应当将保险单移送抵押权人保管。在抵押期间，抵押权人为保险赔偿的第一受益人。

第二十四条 企业、事业单位法人分立或者合并后，原抵押合同继续有效，其权利和义务由变更后的法人享有和承担。

抵押人死亡、依法被宣告死亡或者被宣告失踪时，其房地产合法继承人或者代管人应当继续履行原抵押合同。

第三章 房地产抵押合同的订立

第二十五条 房地产抵押，抵押当事人应当签订书面抵押合同。

第二十六条 房地产抵押合同应当载明下列主要内容：

（一）抵押人、抵押权人的名称或者个人姓名、住所；

（二）主债权的种类、数额；

（三）抵押房地产的处所、名称、状况、建筑面积、用地面积以及四至等；

（四）抵押房地产的价值；

（五）抵押房地产的占用管理人、占用管理方式、占用管理责任以及意外损毁、灭失的责任；

（六）债务人履行债务的期限；

（七）抵押权灭失的条件；

（八）违约责任；

（九）争议解决方式；

（十）抵押合同订立的时间与地点；

（十一）双方约定的其他事项。

第二十七条　以预购商品房贷款抵押的，须提交生效的预购房屋合同。

第二十八条　以在建工程抵押的，抵押合同还应当载明以下内容：

（一）《国有土地使用权证》、《建设用地规划许可证》和《建设工程规划许可证》编号；

（二）已交纳的土地使用权出让金或需交纳的相当于土地使用权出让金的款额；

（三）已投入在建工程的工程款；

（四）施工进度及工程竣工日期；

（五）已完成的工作量和工程量。

第二十九条　抵押权人要求抵押房地产保险的，以及要求在房地产抵押后限制抵押人出租、转让抵押房地产或者改变抵押房地产用途的，抵押当事人应当在抵押合同中载明。

第四章　房地产抵押登记

第三十条　房地产抵押合同自签订之日起 30 日内，抵押当事人应当到房地产所在地的房地产管理部门办理房地产抵押登记。

第三十一条　房地产抵押合同自抵押登记之日起生效。

第三十二条　办理房地产抵押登记，应当向登记机关交验下列文件：

（一）抵押当事人的身份证明或法人资格证明；

（二）抵押登记申请书；

（三）抵押合同；

（四）《国有土地使用权证》、《房屋所有权证》或《房地产权证》，共有的房屋还必须提交《房屋共有权证》和其他共有人同意抵押的证明；

（五）可以证明抵押人有权设定抵押权的文件与证明材料；

（六）可以证明抵押房地产价值的资料；

（七）登记机关认为必要的其他文件。

第三十三条　登记机关应当对申请人的申请进行审核。凡权属清楚、证明材料齐全的，应当在受理登记之日起 7 日内决定是否予以登记，对不予登记的，应当书面通知申请人。

第三十四条　以依法取得的房屋所有权证书的房地产抵押的，登记机关应当在原《房屋所有权证》上作他项权利记载后，由抵押人收执。并向抵押人颁发《房屋他项权证》。

以预售商品房或者在建工程抵押的，登记机关应当在抵押合同上作记载。抵押的房地产在抵押期间竣工的,当事人应当在抵押人领取房地产权属证书后,重新办理房地产抵押登记。

第三十五条　抵押合同发生变更或者抵押关系终止时,抵押当事人应当在变更或者终止之日起 15 日内,到原登记机关办理变更或者注销抵押登记。

因依法处分抵押房地产而取得土地使用权和土地建筑物、其他附着物所有权的,抵押当事人应当自处分行为生效之日起 30 日内,到县级以上地方人民政府房地产管理部门申请房屋所有权转移登记,并凭变更后的房屋所有权证书向同级人民政府土地管理部门申请土地使用权变更登记。

第五章　抵押房地产的占用与管理

第三十六条　已作抵押的房地产,由抵押人占用与管理。

抵押人在抵押房地产占用与管理期间应当维护抵押房地产的安全与完好。抵押权人有权按照抵押合同的规定监督、检查抵押房地产的管理情况。

第三十七条　抵押权可以随债权转让。抵押权转让时,应当签订抵押权转让合同,并办理抵押权变更登记。抵押权转让后,原抵押权人应当告知抵押人。

经抵押权人同意,抵押房地产可以转让或者出租。

抵押房地产转让或者出租所得价款,应当向抵押权人提前清偿所担保的债权。超过债权数额的部分,归抵押人所有,不足部分由债务人清偿。

第三十八条　因国家建设需要,将已设定抵押权的房地产列入拆迁范围的,抵押人应当及时书面通知抵押权人;抵押双方可以重新设定抵押房地产,也可以依法清理债权债务,解除抵押合同。

第三十九条　抵押人占用与管理的房地产发生损毁、灭失的,抵押人应当及时将情况告知抵押权人,并应当采取措施防止损失的扩大。抵押的房地产因抵押人的行为造成损失使抵押房地产价值不足以作为履行债务的担保时,抵押权人有权要求抵押人重新提供或者增加担保以弥补不足。

抵押人对抵押房地产价值减少无过错的,抵押权人只能在抵押人因损害而得到的赔偿的范围内要求提供担保。抵押房地产价值未减少的部分,仍作为债务的担保。

第六章　抵押房地产的处分

第四十条　有下列情况之一的,抵押权人有权要求处分抵押的房地产:

(一)债务履行期满,抵押权人未受清偿的,债务人又未能与抵押权人达成延期履行协议的;

(二)抵押人死亡,或者被宣告死亡而无人代为履行到期债务的;或者抵押人的合法继承人、受遗赠人拒绝履行到期债务的；

（三）抵押人被依法宣告解散或者破产的；

（四）抵押人违反本办法的有关规定，擅自处分抵押房地产的；

（五）抵押合同约定的其他情况。

第四十一条　本办法第四十条规定情况之一的，经抵押当事人协商可以通过拍卖等合法方式处分抵押房地产。协议不成的，抵押权人可以向人民法院提起诉讼。

第四十二条　抵押权人处分抵押房地产时，应当事先书面通知抵押人；抵押房地产为共有或者出租的，还应当同时书面通知共有人或承租人；在同等条件下，共有人或承租人依法享有优先购买权。

第四十三条　同一房地产设定两个以上抵押权时，以抵押登记的先后顺序受偿。

第四十四条　处分抵押房地产时，可以依法将土地上新增的房屋与抵押财产一同处分，但对处分新增房屋所得，抵押权人无权优先受偿。

第四十五条　以划拨方式取得的土地使用权连同地上建筑物设定的房地产抵押进行处分时，应当从处分所得的价款中缴纳相当于应当缴纳的土地使用权出让金的款额后，抵押权人方可优先受偿。

法律、法规另有规定的依照其规定。

第四十六条　抵押权人对抵押房地产的处分，因下列情况而中止：

（一）抵押权人请求中止的；

（二）抵押人申请愿意并证明能够及时履行债务，并经抵押权人同意的；

（三）发现被拍卖抵押物有权属争议的；

（四）诉讼或仲裁中的抵押房地产；

（五）其他应当中止的情况。

第四十七条　处分抵押房地产所得金额，依下列顺序分配：

（一）支付处分抵押房地产的费用；

（二）扣除抵押房地产应缴纳的税款；

（三）偿还抵押权人债权本息及支付的违约金；

（四）赔偿由债务人违反合同而对抵押权人造成的损害；

（五）剩余金额交还抵押人。

处分抵押房地产所得金额不足以支付债务和违约金、赔偿金时，抵押权人有权向债务人追索不足部分。

第七章　法律责任

第四十八条　抵押人隐瞒抵押的房地产存在共有、产权争议或者被查封、扣押等情况的，抵押人应当承担由此产生的法律责任。

第四十九条 抵押人擅自以出售、出租、交换、赠与或者以其他方式处分抵押房地产的，其行为无效；造成第三人损失的，由抵押人予以赔偿。

第五十条 抵押当事人因履行抵押合同或者处分抵押房地产发生争议的，可以协商解决；协商不成的，抵押当事人可以根据双方达成的仲裁协议向仲裁机构申请仲裁；没有仲裁协议的，也可以直接向人民法院提起诉讼。

第五十一条 因国家建设需要，将已设定抵押权的房地产列入拆迁范围时，抵押人违反前述第三十八条的规定，不依法清理债务，也不重新设定抵押房地产的，抵押权人可以向人民法院提起诉讼。

第五十二条 登记机关工作人员玩忽职守、滥用职权，或者利用职位上的便利，索取他人财物，或者非法收受他人财物为他人谋取利益的，依法给予行政处分；构成犯罪的，依法追究刑事责任。

第八章 附则

第五十三条 在城市规划区外国有土地上进行房地产抵押活动的，参照本办法执行。

第五十四条 本办法由国务院建设行政主管部门负责解释。

第五十五条 本办法自1997年6月1日起施行。

《商业银行房地产贷款风险管理指引》

(银监发〔2004〕57号)

第一章 总则

第一条 为提高商业银行房地产贷款的风险管理能力,根据有关银行监管法律法规和银行审慎监管要求,制定本指引。

第二条 本指引所称房地产贷款是指与房产或地产的开发、经营、消费活动有关的贷款。主要包括土地储备贷款、房地产开发贷款、个人住房贷款、商业用房贷款等。

本指引所称土地储备贷款是指向借款人发放的用于土地收购及土地前期开发、整理的贷款。土地储备贷款的借款人仅限于负责土地一级开发的机构。

房地产开发贷款是指向借款人发放的用于开发、建造向市场销售、出租等用途的房地产项目的贷款。

个人住房贷款是指向借款人发放的用于购买、建造和大修理各类型住房的贷款。

商业用房贷款是指向借款人发放的用于购置、建造和大修理以商业为用途的各类型房产的贷款。

第二章 风险控制

第三条 商业银行应建立房地产贷款的风险政策及其不同类型贷款的操作审核标准,明确不同类型贷款的审批标准、操作程序、风险控制、贷后管理以及中介机构的选择等内容。

商业银行办理房地产业务,要对房地产贷款市场风险、法律风险、操作风险等予以关注,建立相应的风险管理及内控制度。

第四条 商业银行应建立相应的监控流程,确保工作人员遵守上述风险政策及不同类型贷款的操作审核标准。

第五条 商业银行应根据房地产贷款的专业化分工,按照申请的受理、审核、审批、贷后管理等环节分别制定各自的职业道德标准和行为规范,明确相应的权责和考核标准。

第六条 商业银行应对内部职能部门和分支机构房地产贷款进行年度专项稽核,并形成稽核报告。稽核报告应包括以下内容:

(一)内部职能部门和分支机构上年度发放贷款的整体情况;

(二)稽核中发现的主要问题及处理意见;

（三）内部职能部门和分支机构对上次稽核报告中所提建议的整改情况。

第七条　商业银行对于介入房地产贷款的中介机构的选择，应着重于其企业资质、业内声誉和业务操作程序等方面的考核，择优选用，并签订责任条款，对于因中介机构的原因造成的银行业务损失应有明确的赔偿措施。

第八条　商业银行应建立房地产行业风险预警和评估体系，对房地产行业市场风险予以关注。

第九条　商业银行应建立完善的房地产贷款统计分析平台，对所发放贷款的情况进行详细记录，并及时对相关信息进行整理分析，保证贷款信息的准确性、真实性、完整性，以有效监控整体贷款状况。

第十条　商业银行应逐笔登记房地产贷款详细情况，以确保该信息可以准确录入银行监管部门及其他相关部门的统计或信贷登记咨询系统，以利于各商业银行之间、商业银行与社会征信机构之间的信息沟通，使各行充分了解借款人的整体情况。

第三章　土地储备贷款的风险管理

第十一条　商业银行对资本金没有到位或资本金严重不足、经营管理不规范的借款人不得发放土地储备贷款。

第十二条　商业银行发放土地储备贷款时，应对土地的整体情况调查分析，包括该土地的性质、权属关系、测绘情况、土地契约限制、在城市整体综合规划中的用途与预计开发计划是否相符等。

第十三条　商业银行应密切关注政府有关部门及相关机构对土地经济环境、土地市场发育状况、土地的未来用途及有关规划、计划等方面的政策和研究，实时掌握土地价值状况，避免由于土地价值虚增或其他情况而导致的贷款风险。

第十四条　商业银行应对发放的土地储备贷款设立土地储备机构资金专户，加强对土地经营收益的监控。

第四章　房地产开发贷款的风险管理

第十五条　商业银行对未取得国有土地使用证、建设用地规划许可证、建设工程规划许可证、建筑工程施工许可证的项目不得发放任何形式的贷款。

第十六条　商业银行对申请贷款的房地产开发企业，应要求其开发项目资本金比例不低于35%。

第十七条　商业银行在办理房地产开发贷款时，应建立严格的贷款项目审批机制，对该贷款项目进行尽职调查，以确保该项目符合国家房地产发展总体方向，有效满足当地城市规划和房地产市场的需求，确认该项目的合法性、合规性、可行性。

第十八条　商业银行应对申请贷款的房地产开发企业进行深入调查审核：包括

企业的性质、股东构成、资质信用等级等基本背景，近三年的经营管理和财务状况，以往的开发经验和开发项目情况，与关联企业的业务往来等。对资质较差或以往开发经验较差的房地产开发企业，贷款应审慎发放；对经营管理存在问题、不具备相应资金实力或有不良经营记录的，贷款发放应严格限制。对于依据项目而成立的房地产开发项目公司，应根据其自身特点对其业务范围、经营管理和财务状况，以及股东及关联公司的上述情况以及彼此间的法律关系等进行深入调查审核。

第十九条　商业银行应严格落实房地产开发企业贷款的担保，确保担保真实、合法、有效。

第二十条　商业银行应建立完备的贷款发放、使用监控机制和风险防范机制。在房地产开发企业的自有资金得到落实后，可根据项目的进度和进展状况，分期发放贷款，并对其资金使用情况进行监控，防止贷款挪作他用。同时，积极采取措施应对项目开发过程中出现的项目自身的变化、房地产开发企业的变化、建筑施工企业的变化等，及时发现并制止违规使用贷款情况。

第二十一条　商业银行应严密监控建筑施工企业流动资金贷款使用情况，防止用流动资金贷款为房地产开发项目垫资。

第二十二条　商业银行应对有逾期未还款或有欠息现象的房地产开发企业销售款进行监控，在收回贷款本息之前，防止将销售款挪作他用。

第二十三条　商业银行应密切关注房地产开发企业的开发情况，确保对购买主体结构已封顶住房的个人发放个人住房贷款后，该房屋能够在合理期限内正式交付使用。

第二十四条　商业银行应密切关注建筑工程款优于抵押权受偿等潜在的法律风险。

第二十五条　商业银行应密切关注国家政策及市场的变化对房地产开发项目的影响，利用市场风险预警预报机制、区域市场分类的指标体系，建立针对市场风险程度和风险类型的阶段监测方案，并积极采取措施化解因此产生的各种风险。

第五章　个人住房贷款的风险管理

第二十六条　商业银行应严格遵照相关个人住房贷款政策规定，不得违反有关贷款年限和贷款与房产价值比率等方面的规定。

第二十七条　商业银行制定的个人住房贷款申请文件应包括借款人基本情况、借款人收支情况、借款人资产表、借款人现住房情况、借款人购房贷款资料、担保方式、借款人声明等要素（其中具体项目内容参见附件1）。

第二十八条　商业银行应确保贷款经办人员向借款人说明其所提供的个人信息

（包括借款人所提交的所有文件资料和个人资产负债情况）将经过贷款审核人员的调查确认，并要求借款人据此签署书面声明。

第二十九条　商业银行应将经贷款审核人员确认后的所有相关信息以风险评估报告的形式记录存档。上述相关信息包括个人信息的确认、银行对申请人偿还能力、偿还意愿的风险审核及对抵押品的评估情况（具体内容参见附件2）。

第三十条　商业银行的贷款经办人员对借款人的借款申请初审同意后，应由贷款审核人员对借款人提交文件资料的完整性、真实性、准确性及合法性进行复审。

第三十一条　商业银行应通过借款人的年龄、学历、工作年限、职业、在职年限等信息判断借款人目前收入的合理性及未来行业发展对收入水平的影响；应通过借款人的收入水平、财务情况和负债情况判断其贷款偿付能力；应通过了解借款人目前居住情况及此次购房的首付支出判断其对于所购房产的目的及拥有意愿等因素，并据此对贷款申请做整体分析。

第三十二条　商业银行应对每一笔贷款申请做内部的信息调查，包括了解借款人在本行的贷款记录及存款情况。

第三十三条　商业银行应通过对包括借款人的聘用单位、税务部门、工商管理部门以及征信机构等独立的第三方进行调查，审核贷款申请的真实性及借款人的信用情况，以了解其本人及家庭的资产、负债情况、信用记录等。

商业银行对自雇人士（即自行成立法人机构或其他经济组织，或在上述机构内持有超过10%股份，或其个人收入的主要来源为上述机构的经营收入者）申请个人住房贷款进行审核时，不能仅凭个人开具的收入证明来判断其还款能力，应通过要求其提供有关资产证明、银行对账单、财务报表、税单证明和实地调查等方式，了解其经营情况和真实财务状况，全面分析其还款能力。

第三十四条　对以个人身份申请的商业用房贷款，如借款人是自雇人士或公司的股东、董事，商业银行应要求借款人提供公司财务报表，业务资料并进行审核。

第三十五条　商业银行应根据各地市场情况的不同制定合理的贷款成数上限，但所有住房贷款的贷款成数不超过80%。

第三十六条　商业银行应着重考核借款人还款能力。应将借款人住房贷款的月房产支出与收入比控制在50%以下（含50%），月所有债务支出与收入比控制在55%以下（含55%）。

房产支出与收入比的计算公式为：（本次贷款的月还款额＋月物业管理费）／月均收入

所有债务与收入比的计算公式为：（本次贷款的月还款额＋月物业管理费＋其

他债务月均偿付额）/月均收入

上述计算公式中提到的收入应该是指申请人自身的可支配收入，即单一申请为申请人本人可支配收入，共同申请为主申请人和共同申请人的可支配收入。但对于单一申请的贷款，如商业银行考虑将申请人配偶的收入计算在内，则应该先予以调查核实，同时对于已将配偶收入计算在内的贷款也应相应的把配偶的债务一并计入。

第三十七条 商业银行应通过调查非国内长期居住借款人在国外的工作和收入背景，了解其在华购房的目的，并在对各项信息调查核实的基础上评估借款人的偿还能力和偿还意愿。

第三十八条 商业银行应区别判断抵押物状况。抵押物价值的确定以该房产在该次买卖交易中的成交价或评估价的较低者为准。

商业银行在发放个人住房贷款前应对新建房进行整体性评估，可根据各行实际情况选择内部评估，但要由具有房地产估价师执业资格的专业人士出具意见书，或委托独立的具有房地产价格评估资质的评估机构进行评估；对于精装修楼盘以及售价明显高出周边地区售价的楼盘的评估要重点关注。

对再交易房，应对每个用作贷款抵押的房屋进行独立评估。

第三十九条 商业银行在对贷款申请做出最终审批前，贷款经办人员须至少直接与借款人面谈一次，从而基本了解借款人的基本情况及其贷款用途。对于借款人递交的贷款申请表和贷款合同需有贷款经办人员的见证签署。

商业银行应向房地产管理部门查询拟抵押房屋的权属状况，决定发放抵押贷款的，应在贷款合同签署后及时到房地产管理部门办理房地产抵押登记。

第四十条 商业银行对未完全按照前述要求发放的贷款，应有专门的处理方法，除将发放原因和理由记录存档外，还应密切关注及监控该笔贷款的还款记录。

第四十一条 商业银行应建立逾期贷款的催收系统和催收程序。应将本行内相关的个人信用资料包括逾期客户名单等实行行内共享。

第六章 风险监管措施

第四十二条 银监会及其派出机构定期对商业银行房地产贷款发放规模、资产质量、偿付状况及催收情况、风险管理和内部贷款审核控制进行综合评价，并确定监管重点。

第四十三条 银监会及其派出机构根据非现场监管情况，每年至少选择两家商业银行，对房地产贷款的下列事项进行全面或者专项检查：

（一）贷款质量；

（二）偿付状况及催收情况；

（三）内部贷款审核控制；

（四）贷后资产的风险管理；

（五）遵守法律及相关规定；

（六）需要进行检查的其他事项。

第四十四条　银监会及其派出机构对现场检查中发现的房地产贷款管理存在严重问题的商业银行，将组织跟踪检查。

第四十五条　银监会及其派出机构或银行业自律组织对介入房地产贷款的中介机构，一旦发现其有违背行业规定和职业道德的行为，将及时予以通报。

第七章　附　则

第四十六条　本指引由银监会负责解释。

第四十七条　本指引自发布之日起施行。

参 考 文 献

[1] [美] 克劳瑞特, 西蒙斯. 房地产金融: 原理与实践 [M]. 5版. 王晓霞, 汪涵, 谷雨译, 张志强, 蒋一军, 杨开清, 校. 北京: 中国人民大学出版社, 2012.

[2] [美] 威廉·B. 布鲁格曼, 杰弗里·D. 费希尔. 房地产金融与投资 [M]. 15版. 北京: 中国人民大学出版社, 2021.

[3] 蔡真. 房地产金融: 中国实践与国际借鉴 [M]. 广州: 广东经济出版社, 2019.

[4] 曹振良. 房地产经济学通论 [M]. 北京: 北京大学出版社, 2003.

[5] 陈琳, 谭建辉. 房地产项目投资分析 [M]. 北京: 清华大学出版社, 2015.

[6] 董藩, 赵安平. 房地产金融 [M]. 2版. 北京: 清华大学出版社, 2019.

[7] 方建国. 房地产投资与融资简明教程 [M]. 北京: 清华大学出版社, 2015.

[8] 冯加庆. 房地产投融资法律操作实务与典型案例 [M]. 北京: 法律出版社, 2014.

[9] 高波. 现代房地产金融学 [M]. 2版. 南京: 南京大学出版社, 2019.

[10] 葛春凤, 李贵良. 房地产金融实务 [M]. 2版. 武汉: 武汉理工大学出版社, 2017.

[11] 何元斌, 杜永林, 罗倩蓉. 工程经济学 [M]. 2版. 成都: 西南交通大学出版社, 2021.

[12] 何元斌. 房地产开发项目管理 [M]. 北京: 高等教育出版社, 2023.

[13] 胡晓龙. 房地产投资与分析 [M]. 北京: 中国电力出版社, 2008.

[14] 兰峰等. 房地产开发与经营 [M]. 北京: 中国建筑工业出版社, 2008.

[15] 李菁. 房地产金融 [M]. 2版. 北京: 首都经济贸易大学出版社, 2018.

[16] 刘秋雁. 房地产投资分析 [M]. 6版. 大连: 东北财经大学出版社, 2020.

[17] 刘胜欢. 房地产投资分析 [M]. 武汉: 武汉理工大学出版社, 2011.

[18] 龙胜平，方奕．房地产金融与投资概论［M］．2版．北京：高等教育出版社，2018．

[19] 吕萍等．房地产开发与经营［M］．4版．北京：中国人民大学出版社，2016．

[20] 乔志敏，宋斌，李德峰．房地产金融与投资［M］．2版．上海：立信会计出版社，2015．

[21] 施建刚．房地产开发与管理［M］．3版．上海：同济大学出版社，2014．

[22] 谭术魁，李洪波．房地产经营与管理［M］．2版．北京：首都经贸大学出版社，2013．

[23] 王巍．房地产信托融资实务及典型案例［M］．北京：经济管理出版社，2011．

[24] 王重润，张超．房地产金融［M］．2版．北京：北京大学出版社，2019．

[25] 徐勇谋，王仁涛等．房地产金融学——房地产项目投（融）资分析［M］．北京：中国建筑工业出版社，2008．

[26] 叶剑平，谢经荣．房地产业与社会经济协调发展研究［M］．北京：中国人民大学出版社，2005．

[27] 殷世波．房地产项目投（融）资实务［M］．北京：北京大学出版社，2011．

[28] 张红．房地产金融学［M］．2版．北京：清华大学出版社，2013．

[29] 张永岳，陈伯庚．新编房地产经济学［M］．北京：高等教育出版社，1998．

[30] 周京奎．金融支持过度与房地产泡沫：理论与实证研究［M］．北京：北京大学出版社，2005．

[31] 周小平，熊志刚，等．房地产投资分析［M］．北京：清华大学出版社，2011．

[32] 周颖，孙秀峰．项目投融资决策［M］．北京：清华大学出版社，2010．